上海“三农”决策咨询研究

——2017年度上海市科技兴农软课题研究成果汇编

张国坤　主编

上海财经大学出版社

图书在版编目(CIP)数据

上海"三农"决策咨询研究.2017年度上海市科技兴农软课题研究成果汇编/张国坤主编.—上海:上海财经大学出版社,2018.5

ISBN 978-7-5642-2977-1/F·2977

Ⅰ.①上… Ⅱ.①张… Ⅲ.①三农问题-研究-上海 Ⅳ.①F327.51

中国版本图书馆CIP数据核字(2018)第047572号

□ 责任编辑 刘 兵

□ 封面设计 张克瑶

SHANGHAI SANNONG JUECE ZIXUN YANJIU

上海"三农"决策咨询研究

——2017年度上海市科技兴农软课题研究成果汇编

张国坤 主编

上海财经大学出版社出版发行

(上海市中山北一路369号 邮编200083)

网 址:http://www.sufep.com

电子邮箱:webmaster @ sufep.com

全国新华书店经销

江苏凤凰数码印务有限公司印刷装订

2018年5月第1版 2018年5月第1次印刷

889mm×1240mm 1/16 16.5印张 361千字

定价:60.00元

主　编　张国坤

副主编　王国忠

编　委　方志权
莫云华

目　录

1. 上海推进农业供给侧结构性改革的调研报告

2017 年中央 1 号文件指出：推进农业供给侧结构性改革，是当前和今后一个时期我国农业政策改革和完善的主要方向。这项工作上海起步比较早，2016 年 7 月 29 日市政府就出台了《上海市人民政府关于本市推进供给侧结构性改革的意见》（沪府发〔2016〕55 号），对本市农业供给侧结构性改革做出了部署，明确提出要加快推动农业结构调整，转变农业发展方式。2017 年，上海推进农业供给侧结构性改革，在全国提出构建生产、产业、经营“三大体系”的基础上，还强调健全科技创新体系和政策支撑体系。作为建设都市现代农业的上海，究竟如何全面推进农业供给侧结构性改革？2017 年以来，在张国坤主任、邵启良秘书长和王国忠总经济师的率领下，我们结合对区的调研，提出了上海推进农业供给侧结构性改革的主要路径和具体措施，形成以下调研报告。

一、基本概况

（一）上海推进农业供给侧结构性改革的基本特征和几点认识

从总体来看，当前农业农村发展进入新的历史阶段，具体到推进农业供给侧结构性改革，上海具有自身的特征：一是鲜明的都市现代农业特征。多年的发展实践表明，上海发展都市现代农业最具备的基础和条件，就是在功能上具有经济、生态、服务等集成功能，在模式上重点发展高效生态农业，在生产经营上表现为高度集约化、市场化。二是巨大的市场容量。上海是人口超过 2 400 万的国际性大都市，人口的集聚营造了对农产品巨大的市场需求。其中，年消耗粮食约 120 亿斤、蔬菜 650 万吨、生猪 1 200 万头。三是全球卓越城市建设提出了更高要求。上海新一轮城市总体发展目标定位，把生态环境作为城市实现创新、绿色、共享发展的底线和红线，把科技创新作为推动城市创新发展的主要动力，在城市规划中更加凸显“以人为本”，强调提高城市品质。上海农业的量很小，自然禀赋条件相对较弱，农业占全市生产总值的比重只有 0.3%，耕地也只有 280 万亩。在建设全球卓越城市的大背景下，上海发展农业，更多不是仅仅为了生产保障而是突出生态功能，大力发展环境友好型的生态农业，更加注重农业对人居环境改善、保障农村宜居宜业的促进作用。

通过调研，我们认为农业供给侧结构性改革是一个时期以来农业结构调整的“升级版”，也是当前加快转变农业发展方式的“总抓手”。上海推进农业供给侧结构性改革一定要结合都市农业的特点，既要保障主要农产品有效供给，又要为城市生态提供服务；既要以问题为导向，着力补齐“短板”，又要以目标为引领，加快农业现代化进程；既要优化农业发展的外部环境，更要增强农业生产经营主体的内生动力，核心是提高农业全要素的生产力，真正使农业成为大有奔头的朝阳产业。具体把握三个方面：一是着眼于产品，要降成本增效益、适应消费需求。通过优化土地、劳动力、资本、技术四大要素组合方式和促进制度创新，降低生产成本，提高农业全要素生产率，提升农业发展的质量和效益，实现中高端农产品的有效供给，增强农业的竞争力。二是着眼于产业，要实现绿色发展、可持续发展。通过有序开发资源，高效利用自然资源，合理施用农业投入品，从外延式、粗放式增长转变为内涵式、集约式发展，减轻对资源环境的压力，降低资源环境成本，实现资源节约、环境友好，促进农业可持续发展。三是着眼于主体，要培育各类新型经营主体、提升人力资本。通过加大科技推广、公共服务体系建设和政策支持力度，增强农业从业主体的经济实力和发展活力，形成高素质农业从业主体，为推进农业供给侧结构性改革提供强劲的内生动力。

（二）上海推进农业供给侧结构性改革的基本现状和初步成效

调研显示，近年来上海推进农业供给侧结构性改革已经取得初步成效。

1. 合理配置农业要素资源

一是调整茬口安排。在农业秋播时推广麦子、绿肥、深耕晒垡“三三制”模式，优化种植结构，因地制宜建立了用地、养地结合的耕作制度。全市夏熟作物茬口中绿肥、冬耕晒垡等早茬口比例超过50%，茬口比例逐步趋于合理。二是优化品种结构。加大粮油作物优良品种和先进生产技术应用。粮油作物实现良种统供，良种覆盖率达到99%。在稳定杂交稻面积的前提下，积极推广早、中、熟品种，逐步形成早、中、晚熟合理搭配的品种结构。三是优化产业布局。通过有序推进区域特色农产品基地项目建设，使高效经济作物产业布局逐步优化，区域特色显著增强，“一区一品”“一区多品”格局基本形成。四是总结推广生态种养模式。梳理和总结了种养结合、林下经济的典型生产模式，如金山区的“稻鸭共作”、崇明区的“稻鳖公作”模式等，通过典型案例的调研总结，建立可推广复制的技术规范，指导区县推广生态种养模式。

2. 不断提升农产品品质品牌效应

一是筛选优良品种。“花优14”“秀水134”等一批高产优质品种逐渐成为本市水稻种植的主导品种。西甜瓜、草莓等经济作物良种覆盖率超过90%。二是积极加强种源建设。种源影响力日益凸显，如本市浦东鸡、浦东白猪等相继被列入国家级保种场，国外引进的优秀种畜禽品种得到有效利用，本市畜禽种质资源库得到极大丰富。三是改进栽培方式。以设施栽培、避雨栽培促品质提升，本市葡萄、西甜瓜、草莓设施栽培比例分别达到75%、88%和85%，通过设施栽培、避雨栽培可以有效减少经济作物病害发生,果品品质明显得到提升。目前,地产上市农产品中60%以上实现包装品牌化销售。

3. 促进农村一二三产业联动发展

一是促进农业与二三产业的联动发展。以农业为基本依托,通过产业联动、产业集聚、技术渗透、体制创新等方式,将资本、技术以及资源要素进行跨界集约化配置,使农业生产、农产品加工和销售、餐饮、休闲以及其他服务业紧密相连、协同发展,涌现出浦东清美豆制品加工、鑫博海中央厨房等一批农产品加工企业。二是发展休闲农业。通过集聚项目、资金、技术、人才等资源,整合原有产业,逐步形成了生产种植园、水果科研园、采摘游乐园、观光休闲园、文化体验园等不同形式的农业休闲旅游产业。目前,本市拥有农业休闲旅游点250多个,其中日接待游客万人以上的有90多个。三是加大农产品产销对接力度。积极搭建电子商务等各类营销平台,引导各种营销企业与生产基地建立长期共生的合作关系,如国兴农现代农业有限公司等一批电商企业在农产品销售中发挥了越来越大的作用。

4. 夯实现代农业发展基础

一是加强农业面源污染综合防治。实施化肥减量、农药减施工程,加强农作物秸秆禁烧与综合利用,开展畜禽不规范养殖整治,农业面源污染得到初步控制。其中,秸秆综合利用率达到93%,畜禽粪尿资源化利用率达到80%。二是出台休闲农业与乡村旅游扶持政策,解决用地问题。出台了支持本市休闲农业和乡村旅游产业发展的规划土地政策,建立差别化的土地供应政策,可采取公开招拍挂、划拨、定向挂牌等土地供应方式,支持本市乡村旅游发展。三是积极开展新型职业农民培训。人是生产力发展中最重要因素,只有大力培育新型职业农民,切实解决农民老龄化、兼业化、弱质化的突出问题。

二、上海推进农业供给侧结构性改革中存在的问题和“瓶颈”

通过调研,我们也清晰地看到,上海农业基础依然比较薄弱,农村发展依然相对滞后,农民收入依然不高。农业现代化滞后于工业化、信息化、城镇化,仍然是整个现代化建设的短板和弱项,表现为生产成本高、环境压力大、产业链条短、经济效益低、市场竞争弱。**从资源环境看**,发展生态循环农业任务艰巨,农业面源污染不同程度存在,成为制约农业发展的主要“瓶颈”。**从产品供给看**,全市绿色农产品的水平仍然较低。**从经营形式看**,虽然适度规模经营有新发展,但专业化、集约化水平还不高,农业科技引领的作用尚未凸显。**从要素配置看**,市场经营主体活跃度不够,土地、支农政策等市场化配置程度不高,需要转变思想观念,调整财政支农政策,改善工作手段。

对当前上海农业供给侧结构性改革中存在的具体问题和“瓶颈”,我们进行了梳理:

(一)农业规划布局有待进一步细化落地

目前,上海的全部规划中,农业的规划只是一个初步规划,最需要进一步深化。根据上海到2040年建成卓越城市的目标,农业不能像原来那样摊大饼一直摊下去,上海农业要以固化2040年为目标,从规划层面落实农业专项规划。因为农业供给侧结构性改革首先是落实规划,没有规划,未来就一直在移动。这其中,最大的问题是蔬菜生产碎片化。据调研，随着城市化进程的推进，近郊区域化布局的蔬菜基地逐渐向远郊转移，由于产业规划没有得到有效实施，造成了蔬菜基地布局的碎片化。目前，全市已形成区域化布局的蔬菜基地，除了崇明芦笋、花菜，青浦茭白，浦东白扁豆以外，其余均以点状方式分布于郊区。通过土地流转平台建设设施菜田中，500 亩以上规模菜田面积只占 10.9%，从而制约了生产的专业化程度。调研还发现，上海蔬菜复种指数超过 3，高于全国平均水平，超出土壤承载能力，导致部分设施菜田出现连作障碍，土传病害发生严重。种菜劳动力紧缺，使得蔬菜生产基地“3 个菜农 200 岁”的现象比较普遍。总的来说，上海农业整体规划布局还有待进一步细化落地。

（二）农业信息化平台有待进一步整合建设

据调研，由于缺少整体的宏观规划和统一的顶层设计，本市农业信息化系统与平台较为分散、相对独立。目前，全市市级涉农信息系统或平台有 54 个，涉农网站有 18 个。由于信息资源整合不足，共享机制尚未建立，导致农业信息资源出现“碎片化”和“孤岛化”，存在资源重复建设和农业信息资源无法有效整合与共享的问题。此外，农业信息人才队伍建设相对滞后，数据采集监测体系不太健全，技术标准和业务标准不尽统一等情况，也对农业信息化平台的进一步整合造成了较大的制约。

（三）农业提质增效的路径有待进一步拓展延伸

据调研，当前制约农业提质增效的问题主要有三个方面。一是“三品”认证农产品发展水平相对较低。截至 2016 年底，本市农产品“三品”认证量约为 442 万吨，其中绿色有机农产品比例仅为 5.7%。在产品分布方面，绿色农产品主要集中在种植业领域，占总数的 89.3%，绿色食品认证存在产业发展不平衡问题；在产品效益方面，绿色、有机蔬菜的流通也以批发为主，在销售价格上无法体现优质优价，造成绿色农产品的效益反而低于常规农产品的效益。这些问题都导致本市绿色农产品品牌创建意识不强，品牌影响力不大，品牌管理薄弱的局面。二是主要农产品销售路径狭窄，市场竞争力还不强。以水稻产业为例，影响其发展的主要“瓶颈”是经营主体的组织化程度和经营能力难以适应市场化营销的需求，在销售过程中受限于品牌影响力不强、品牌附加值较低、抵御市场风险能力较弱、产销对接渠道不畅、加工保鲜设施装备不足等因素，导致水稻产业难以由“卖稻谷”向“卖大米”转变，产品优质优价较难实现。三是产业融合发展能力相对较弱。由于上海农地面积有限，生产的农产品数量较少，促进一产与二产融合发展的潜力相对有限，但一产与三产结合则拥有很大潜力。因为随着人民生活水平的提高，发展旅游休闲农业已成为一个重要的方向。从总体来看，目前上海的休闲农业和乡村旅游水准还不高，前一轮的布局较散，规模较小，满足不了国际化特大型城市市民的生活需求。鉴此，上海农业提质增效的路径还有待进一步拓展延伸。

（四）农业环境保护与治理有待进一步加强

据调研，目前，郊区养殖业粪尿资源化利用、化肥、农药等农业面源污染控制形势依然严峻，保护农业生态环境和加强整治任务依然艰巨。这其中，反映最大的是畜牧业生产面临较大的环保压力。由于畜牧业布局没有完全做到以种定畜，使得部分养殖场分布在水源保护区、城郊接合部、居民集聚区和城市主干道附近，布点不够合理。同时，畜牧业发展中也存在养殖规模没有畜田匹配突破环境承载力，种养业经营主体分离还导致粪尿还田不畅，畜禽粪尿处理模式不完善等问题。此外，农作物秸秆利用途径单一，化肥农药的过量使用也成为农业环境保护的"瓶颈"。据调研，由于本市复种指数较高，使得化肥农药减量难度较大；由于缓释肥、生物肥料、生物农药、物理防治等技术成本高，推广难度较大。因此，上海农业生态环境保护与治理工作有待进一步加强。

（五）促进农业农村发展的体制机制有待进一步健全

当前农业供给侧结构性改革面临的最大问题是市级层面缺少统筹、地方政府各自为政，体制机制受限，导致在农产品生产和流通领域呈现局部化、碎片化，资源无法得到优化配置，难以形成结构合理、保障有力的农产品有效供给。以大米为例，各区在选择主打品种时缺少必要的沟通交流，要么过于雷同、要么过于分散，最后提供的品种、数量和质量不能有效契合消费者个性化、多元化需要，粮食生产效益和市场满意度不尽如人意，这类情况在其他农产品供给上也同样存在。据调研，制约促进农业农村发展的体制机制因素还有：生产成本上升的压力日益加大，土地流转费用居高不下，劳动力成本不断提高，农产品生产成本面临不断上升的压力，依靠大量低成本劳动力支撑现代化发展的空间逐渐减少；农业从业人员不同程度存在年龄偏大、学历偏低、技能偏弱等问题，非农就业困难和劳动力短缺同时并存。

三、下阶段上海推进农业供给侧结构性改革的主要目标、重点任务和工作突破口

经过调研，我们认为，当前和今后一个时期，**上海要以绿色发展为引领，以品牌建设为抓手，以质量效益为目标，以坚持供给侧结构性改革为主线，把增加绿色农产品供应放在突出位置，努力走产品绿色、产出高效、产业融合、资源节约、环境友好的都市现代农业发展之路。**

（一）发展定位

一是坚持以推进供给侧结构性改革为主线，发展都市现代农业。关键是要做到"三个强化"：(1)**强化要素配置**，就是要改革优化现有的资源要素配置，提高资源要素利用效率，优化资源配置，为农业供给侧结构调整提供坚实的基础。(2)**强化市场作用**，就是要改革农业供给结构，充分发挥市场在资源配置中的决定性作用，更好地发挥政府作用，让市场力量引领结构调整。(3)**强化主体创新**，就是要调整农业结构，促进农业农村发展，都要依靠各类人才在都市现代农业的创新创业。

二是坚持以绿色发展为手段，转变农业发展方式。关键是要做到"三个注重"：(1)**注重淘汰低效落后产能。**要破解资源和环境两道"紧箍咒"，突破成本和补贴两块"天花板"，在农业领域要旗帜鲜明地提出转型升级，淘汰低效落后产能。通过依靠科技创新和劳动者素质提升，提高土地产出率、资源利用率、劳动生产率。(2)**注重农业环境友好。**农业和环境最相融，稻田是人工湿地，菜园是人工绿地，果园是人工园地，都是"生态之肺"。加快治理农业环境突出问题，重现农业生态的本色。(3)**注重促进生态保育。**改变粗放的农业生产方式，改善农业生态系统结构和功能，推行农业项目建设负面清单制度，提高项目建设的准入门槛，培育可持续、能循环的发展模式，将农业建设成为美丽

乡村的生态支撑。

三是坚持以建设2040卓越城市为目标，调整优化农业结构。 在发展过程中，要妥善处理好政府、农民与市场之间的关系；高强度投入追求产出与保持良好生态环境之间的关系。要着力做好调整优化的文章：**在产品结构上，**不断适应消费升级和需求多元化的趋势，大力发展优质绿色农产品，工作着力点放在提升农产品质量上。同时要将上海农产品的主攻方向放在品质提升和品牌创建上。**在产业布局上，**确保80万亩粮食生产功能区。未来上海的粮食生产要把生产能力建设作为根本，实施“藏粮于地、藏粮于技”战略。要处理好数量和质量的关系，以生产优质稻米为先，不片面追求产量。**在产业结构上，**妥善处理好粮菜关系、粮经关系，划定蔬菜生产保护区，确保满足城市需要的绿叶菜的供给，增加优质、鲜活、安全、特色农产品的供给。

在此基础上，衡量上海农业供给侧结构性改革，实现农业现代化的标志则是实现“五个提升”：

一是以国际先进水平为标杆，提升科技化水平。 上海农业要提质增效，必须把科技放在更加突出的位置。要围绕增加绿色农产品这一重点，充分发挥大城市科技资源集中、技术人才集聚的优势，推动产学研结合，以市场需求为导向，以企业为主体，以规模经营为重点，加大科技创新和推广应用力度，大力开发应用化肥农药替代技术，倡导绿色低碳健康种养方式，发展高端农业，不断增强上海农业的核心竞争力。

二是以发展绿色农产品为引导，提升生态化水平。 民以食为天，食以安为先。以最严格的食品安全城市为目标，牢牢把握农产品质量“既是生产出来的，也是管理出来的”这一关键，坚持有所为、有所不为，科学安排与城市环境容量承载相适应的农业，并按照人与自然和谐发展的要求，实现种养业良性循环发展，全面推进农业标准化清洁生产，形成从农田到餐桌全过程可追溯的农产品质量安全保障体系，使上海成为全国农产品质量最安全最放心的城市。

三是以构建多元化经营主体为载体，提升组织化水平。 上海农业要提质增效，核心要解决农业生产经营方式的问题，重点推进农业的专业化、集约化、产业化、信息化、品牌化。为此，要继续推广家庭农场模式，鼓励发展种养结合、粮经结合、机农结合的多种经营模式，提升家庭农场经营能力和水平。要促进“合作社＋农户”为主的模式发展，提高合作社运作的规范性，形成专业优势和竞争力，实行政策资金聚焦，要在提高合作社发展质量上下功夫。要做大做强农业龙头企业，构建农业企业和农户的利益连接机制。要促进各类经营主体的融合发展，提高农业的组织化程度。

四是以延长农业产业链为手段，提升产业融合水平。 通过“接二连三”，延长农业产业链，促进产业升级，推进农产品从“田间到餐桌”的全产业链贯通，实现农业提质增效。上海农业在数量上没有优势，因而依托加工业提高农业产值的潜力并不大，但第一产业与第三产业融合则大有文章可做。上海是典型的江南水乡，美丽乡村建设又已初具特色，因此，完全可以通过大力发展富有特色的休闲农业、旅游农业，来提高农业的综合经济效益。

五是以发挥政策引领为保障，提升支农政策水平。 过去面对家庭经营的财政支农政策已难以适应新形势发展的需要，必须调整财政支农政策的方向，由偏重直接补贴和价格补贴转变为促进综合生产能力的补贴，由以侧重农户为主的补贴转变为促进农业规模经营的补贴，由高强度投入追求高产出的补贴转变为促进绿色生产方式的补贴，由过去小而全的补贴转变为促进标准化、集约化、专业化发展的补贴，从而增强财政政策的指向性和精准性。

（二）主要目标

上海农业供给侧结构性改革的主要框架是紧紧围绕市场需求变化，以增加农民收入、保障有效供给为主要目标，以提高农业供给质量为主攻方向，以体制改革和机制创新为根本途径，建立健全农业产业体系、生产体系、经营体系、科技创新体系、政策支撑体系，提高土地产出率、资源利用率、劳动生产率，促进农业农村发展由过度依赖资源消耗、主要满足"量"的需求，向追求绿色生态可持续、更加注重满足"质"的需求转变。

到2020年，上海推进农业供给侧结构性改革工作的主要目标是：建设80万亩粮食生产功能区和50万亩蔬菜生产保护区，推进粮田配套设施建设，创建蔬菜生产标准园，提高功能区和保护区设施装备能力；不断提高经济作物标准化生产水平，力争建成100个百亩以上的经济作物标准园；推进水果、花卉等区域特色产业标准化生产基地建设，重点突出基础设施、抗灾设施和加工设施的改造提升，每年建设15～20个基地，面积1万亩左右；主要畜禽品种养殖量，域内控制在200万头标准猪以内，域外控制在150万头标准猪以内；秸秆禁烧、畜禽污染综合治理、生态循环农业示范点建设、农业污染物监测等重点任务基本完成，切实减少农业面源污染；着力打造休闲农业农事观光产业圈、农耕体验产业圈、生态度假产业圈三大产业圈为主的休闲农业和乡村旅游。

（三）重点任务

我们认为，上海推进农业供给侧结构性改革，其重点任务是应加强五个体系的建设。

1. 健全农业生产体系，提高农业综合生产力

一是调整优化种植结构。整建制推进农业现代示范区建设，优化种植业结构和茬口布局，继续推广秋播麦子、绿肥、深耕晒垡"三三制"模式，适度降低复种指数。稳定水稻生产，优化水稻品种结构，扩大优质早熟品种种植，稳定杂交水稻面积，积极推进粮食产销对接。积极推广种养结合、水旱轮作、粮菜轮茬耕作方式，有效改良农作物生长土壤生态环境。二是发展高效养殖业。全面实施《上海市养殖业布局规划》，推进畜禽标准化示范场和水产健康养殖示范场建设，提高畜禽、水产养殖的生产水平和疫病防控能力。稳定奶业生产，引导扩大生鲜乳消费，培育国产优质品牌。调减压缩近海、长江捕捞能力，规范有序发展远洋捕捞。严格落实禁休渔制度，提升执法监管能力，继续开展涉渔"三无"船舶整治。三是全面提升农产品质量和食品安全水平。坚持质量兴农，继续完善农业标准体系，提升园艺作物标准园、畜禽标准化示范场、水产健康养殖示范场和优质果品标准化生产水平。加快推进无公害、绿色、有机农产品发展，支持新型农业经营主体申请"三品一标"认证，强化证后监管，积极推行农药、化肥减量化生产，控制农、兽药残留，净化产地环境。深入推进国家农产品质量安全示范市创建，全面建设市

民满意的食品安全城市，探索建立有效的基层农产品质量安全和食品监管工作合作机制。

2. 建设农业产业体系，促进产业融合发展

一是做大做强优势特色产业。以农业设施化、机械化水平提升为抓手，推进蔬菜瓜果、花卉苗木、食用菌和特色养殖等产业提档升级。以优势企业和行业协会为依托，引入现代要素改造提升传统名优品牌，推进区域农产品公用品牌建设。依托市场优势，开发具有地方特色的名特优新品种，支持整合特色农产品品牌。以品牌为纽带，促进新型农业经营主体融合发展。支持农业企业和农民合作社申报驰名商标、著名商标和上海名牌。二是大力发展休闲农业和乡村旅游。充分发挥农业、农村、农民及特色乡村等各类物质与非物质资源富集的独特优势，利用“旅游＋”“生态＋”等模式，推进农业、乡村、林业（湿地）与旅游、教育、文化、康养等产业深度融合。推进全市休闲农业、乡村旅游及林地（湿地）休憩等产业设施布局规划落地。加大休闲农业、乡村旅游及林地（湿地）休憩等项目立项、用地供地、财税金融、生态环境等方面的政策扶持力度，加大公共设施配套建设支持。加快完成休闲农业与乡村旅游用地试点工作，重点聚焦市级示范项目和重点项目，选择有条件的项目进一步扩大用地试点工作。建立并完善休闲农业、乡村旅游及林地（湿地）休憩等行业标准，建立健全食品安全、消防安全、环境保护等监督规范。

3. 健全农业经营体系，促进适度规模经营

大力培育新型农业经营主体和服务主体，通过引导农户委托村集体统一流转承包地等方式，加快发展多种形式适度规模经营。鼓励和支持流出的土地由本村农户经营，并逐步向家庭农场、农民专业合作社等适度规模经营主体集中。继续推进粮食生产家庭农场发展，鼓励种养结合、机农结合、粮经结合等多种类型家庭农场发展。提升农民合作社发展质量，鼓励发展农民合作联社；支持蔬菜等经济作物发展“农民合作社＋家庭农场”等经营模式。支持农民合作社建设农产品加工仓储冷链物流设施和应用高性能、智能化农机装备，允许财政补助形成的资产转交农民合作社持有和管护。组织开展市级示范家庭农场、农民合作社市级示范社评定工作。支持农业龙头企业做强做大和资本上市，进一步健全农业龙头企业与农民利益联结机制，强化农业龙头企业对农民增收的辐射带动作用。支持供销、粮食收储、加工、农机等系统转型，开展农机作业、农机维修、植保统防统治、粮食烘干、大米加工等经营性服务活动，完善为农综合服务平台。

4. 加强科创体系建设，提高农业科技水平

一是加强农业科技创新。整合科技创新资源，完善农业科技创新体系和现代农业产业技术体系建设，打造浦东孙桥、崇明、市农科院三个农业科技创新中心，建立若干个农业产业技术创新战略联盟和工程技术中心等科技创新平台，推进资源开放共享与服务平台基地建设。进一步优化创新资源配置，建立以市场为导向、企业为主体、农科教结合、产学研用协同创新机制。大力推进农业科技自主创新，优化科技创新重点，聚焦种源农业、生态农业、农产品质量安全、农业机械化、农业信息化等重大科技问题，推进基础研究、应用研究和试验示范的衔接贯通。实施种业科技创新工程，培育“育繁推一体化”种业企业，提高企业核心竞争力，壮大种源农业产业。二是强化农业科技推广。

完善农业科技成果转化交易平台，建立农业科技成果转化交易机制，推动农业科技成果转化和产业化。深入推进基层农技推广体系改革与建设，提升基层农技推广服务能力和服务水平，加大先进适用技术推广力度，提升农业科技成果的入户率、到位率和覆盖率。三是完善农业科技创新激励机制。加快落实科技成果转化收益、科技人员兼职取酬等制度规定。开展种业科研成果权益改革试点，深入推进种业科研成果权益分配改革，探索成果权益分享、转移转化和科技人员分类管理机制。依托农业科技创新中心、重大农业科研项目、重点学科、科研基地，加强农业科技创新团队建设，培育农业科技高层次人才特别是领军人才。

5. 完善农业政策体系，促进农业可持续发展

一是完善农业补贴制度。提高农业补贴政策的指向性和精准性，重点支持粮食生产功能区和蔬菜生产保护区、适度规模经营、农民增收、绿色生态、农业科技、品质安全。积极调整改进“黄箱”支持政策，逐步扩大“绿箱”支持政策实施规模和范围，提高农业补贴政策效能。加强对农村耕地修复的补贴，加大对农作物秸秆综合利用的扶持力度。二是改革财政支农投入机制。坚持把农业农村作为财政支出的优先保障领域，确保农业农村投入适度增加，着力优化投入结构、创新使用方式、提升支农效能。固定资产投资继续向农业农村倾斜。发挥规划统筹引领作用，多层次、多形式推进涉农资金整合。推进财政支农项目预算编制环节源头整合改革，探索实行“大专项＋任务清单”管理方式。创新财政资金使用方式，推广政府和社会资本合作，实施以奖代补和贴息，建立健全担保机制，撬动金融和社会资本更多投向农业农村。三是探索建立农业农村发展用地保障机制。坚持规划引领，进一步优化城乡建设用地布局，合理安排农业农村各业用地，完善新增建设用地保障机制。在不增加农村建设用地总量、不占基本农田的前提下，加大盘活农村存量建设用地力度。对通过村庄整治、宅基地整理等节约的用地，通过入股、联营等方式，重点支持乡村休闲旅游、养老等产业和农村三产融合发展，严禁违法开发房地产或建私人庄园会所。强化规划引领，完善农业用地政策，对符合都市现代农业发展的设施用地予以保障。加强耕地保护责任落实，严格执行耕地占补平衡管理办法，落实耕地占补平衡责任。

（四）工作突破口

为了推进农业供给侧结构性改革，2017 年以来，我们重点抓了几项工作，概括起来就是“四统筹三推进”。

1. 统筹产业规划

规划在“三农”工作中具有重要的先导作用。根据上海 2040 年建成卓越城市的目标，我们着力从规划层面落实农业专项规划。国家对农业发展确定了三个区，粮食生产为功能区，大宗产品为保护区，其他经济作物为优势区。对照国家要求，我们提出建设好粮食生产功能区和蔬菜生产保护区。建设蔬菜生产保护区在上海尤为重要，目前是个短板，蔬菜生产碎片化比较严重。为解决这一问题，我们组织力量在全市永久基本农田范围内，推进 50 万亩蔬菜生产保护区地块的划定工作，要求 2017 年底完成划定任务，2018 年上半年做到划定的地块全部建档立册、上图入库。通过 3～5 年建设，有效

推进蔬菜生产规模化、专业化、装备化、品牌化，实现信息化和精细化管理。另外，我们还在组织编制并实施各类专业规划，加强与农林水联动，确保农业区域布局落地。

2. 推进绿色生产方式

绿色发展是上海推进农业供给侧结构性改革的根本要求。我们着力做好"减、退、转、治、保"五篇文章。"减"，就是严格规范农业生产过程，控肥、控药、控添加剂，把过量使用的农药、化肥等农业投入品尽快减下来，提高化肥、农药利用率。"退"，就是把好生产环境安全关，严格按照环保标准，淘汰落后产能，优化产业布局。对一些不达标的养殖场要坚决关停并转，切实把超过农业资源环境承载能力的生产切实退出来。"转"，就是要把农业废弃物转化成为资源和财富，化害为利、变废为宝。通过新产业、新业态、新技术、新模式，集成节肥、节药、节水、节种等适用技术，加强农业废弃物综合利用，力争使养殖废弃物综合利用率和秸秆利用率均达到95%以上。"治"，就是注重治地治水，实现种养结合，发展循环农业，把地力下降的土壤改良好，把受损的生态环境逐步修复治理好。"保"，就是要把农业发展的根基和命脉坚决保住。永久基本农田、粮食生产功能区和蔬菜生产保护区一旦划定以后，谁都不能占，对违反者要依法进行处罚，真正实现农业的可持续发展。

3. 统筹产业融合发展

产业融合是上海推进农业供给侧结构性改革的必然选择。2017年我们正着力建设三个"链"：**一是延伸产业链**。以特色优势主导产业为支持重点，推进一二三产业深度融合、上中下游一体，再造农业全产业链。在上海，"一产"与"三产"融合发展有很大的潜力。要学习浙江经验，把发展休闲农业与乡村旅游、新农村建设和现代农业建设相结合，使之做到横向拓展、纵向深化。休闲农业要突出"农"的特色，体现与市民的互动，注重规模化发展。鼓励和动员村集体经济组织和农民参与，重点是盘活和利用存量集体经营性建设用地和空置农房资源。**二是提升价值链**。通过发展品牌农业、高品质农业实现价值链增值。进一步加大优质农产品认证力度，增加有影响力的品牌农产品数量。**三是拓展供应链**。通过建立快速的农产品流通通道，改善农产品配送模式，降低农产品流通成本，提高综合效益。比如2017年调整水稻种植品种和结构，扩大早熟品种种植面积，充分利用早熟水稻品种与东北大米上市的时间差，为上海市场提供质优品佳的"国庆"新米。与百联联手，在商场设置专柜销售，实现优质优价，提升稻米产业的效益。

4. 推进农业农村改革

推进改革是增强农业供给侧结构性改革的内在动力。**在农业领域**，今后改革的着力点是调整和完善农业生产关系，使生产关系更加适应生产力发展。一是在坚持家庭经营的基础上，通过制度创新，培育家庭农场、农民合作社、农业龙头企业等各类新型经营主体和职业农民。二是大力发展农业社会化服务组织，支持发展各种为农服务。三是发挥不同类型组织在对接市场、引入现代生产要素和创新经营模式等方面的比较优势，使各类经营组织各尽所能、各展所长、各得其所。

在农村领域，重点是通过增强农业农村内在活力，赋予农民更多财产权利。农村改革涉及两大问题，一个是"三块地"，一个是农村集体产权制度改革。我们的工作着力点是，对方向、路径已经明确的改革，加快推进。农村集体产权制度改革，对村一级，2017年可做到应改尽改，不断健全治理机制，规范内部运行，提高改制质量；对镇一级，坚持稳妥扎实推进的原则，成熟一个推进一个。对宅基地等难度比较大的改革，要积极稳慎，防止发生不可逆转、无法弥补的错误，切实维护好农民的合法权益和长远利益。

5. 统筹财政支农政策

为适应农业供给侧结构性改革的要求，对现有的财政支农政策要分门别类进行梳理，不断调整完善，使财政支农政策目标更加清晰，导向更加明确。**一是聚焦重点。**进一步强化农业补贴政策的指向性和精准性，围绕推进农业供给侧结构性改革和绿色生态发展，重点向粮食功能区、蔬菜保护区、农业产业园、农业科技园以及新型农业经营主体适度规模经营倾斜。**二是完善方式。**进一步创新支农资金投入方式，在近年专项资金归并整合的基础上，完善市区两级财政支农资金管理方式，实施“支农专项＋任务清单”，突出约束性任务，明确指导性任务，同时采取项目制与“以奖代补”相结合的办法，改变“多、散、小”，提高支农政策的实效性。**三是提升绩效。**加强涉农资金绩效管理，设立绩效目标，加强过程监管，开展涉农资金绩效评价，并与下一年支农资金投入相挂钩，充分发挥支农资金使用效率。**四是激发活力。**处理好政府引导与市场主导的关系，发挥财政资金“四两拨千斤”的撬动作用，引导带动更多社会资本、金融资本投入并支持现代农业建设。

6. 推进部门职能转变

近年来，随着农业农村工作的对象、内容、领域发生明显改变，原有的管理服务模式已难以适应发展的要求。推进农业供给侧结构性改革，必须要跳出以往政府职能部门依靠下指标、分任务、催种催收、分钱分物的老套路，而要转为重视研究市场、发挥市场作用。要善于运用行政引导市场，用市场引导生产。为此，我们正着力从三个方面转变职能：**一是更加注重运用信息化手段推动工作。**信息技术已经从根本上改变了农民的生产生活方式和思维方式，要更好地利用信息化手段指导生产、引导市场、改善管理，提供服务。2017年我们正在建设全市统一的农业公共信息化平台，实现对粮食生产功能区、蔬菜生产保护区、农业生产等重要农业信息的精准化控制。**二是更加注重运用典型模式推动工作。**通过总结培育可复制可推广、可观可学的典型模式，进而上升到政策，指导推动面上工作。**三是更加注重运用法治方式推动工作。**要通过注重依法保障农业发展，注重运用法治的思维、方式和手段来凝聚共识、争取支持、推动工作、解决问题。

7. 统筹发展壮大集体经济

2017年要继续组织落实好相关扶持政策，促进城乡公共资源均衡配置；要运用市场机制，引导城市资金、技术、信息、人才、管理等现代要素向农业农村流动，用工业化成果装备农业，用信息化成果引领农业，用城镇化成果撬动农业，全面提升农村地区的发展水平。着力抓好两项工作：一是加强农村综合帮扶。探索与农村综合帮扶相结合，以区级为平台，扶持经济薄弱村集体经济发展，促进农民持续增收。对有关区条件成熟的农村综合帮扶项目，按照“一事一议”的原则予以支持。市财政已安排5亿元帮扶资金，用于更好地发展“造血”机制。为做好这项工作，要求从区级层面加强统筹规划，提高

“造血”项目的能级，注重政府引导，实行公益导向，加快从农业领域公共产品的直接“提供者”，向社会资本“合作者”和项目“监管者”改变。二是促进农村集体经济转型发展。倡导集体经济组织依托开发区实行区区联动，促工农互惠，集体发展，合作共赢。强化镇一级对自身及所属村级集体经济组织拥有的资产和资金的统筹，鼓励农村集体经济组织以入股等形式参与开发，实现抱团发展。

四、完善推进上海农业供给侧结构性改革的保障措施

（一）打破体制

下阶段深化农业供给侧结构性改革，要以维护生产者和消费者利益为出发点，着力破解当前僵化的农业行政体制束缚，要加强市级层面的统筹和各区之间的协调，逐步形成开放、统筹、协调、安全的农产品供给格局。市级层面要建立健全市农业主管部门牵头、各区政府参加的联席会议制度，统筹和分类指导本市农产品供给目标、主要任务和政策措施。各区要依据农产品供给的总体安排，打破地域围墙，着眼全局，结合自身实际，科学安排农业产品结构，指导本地农业生产。同时，要健全覆盖全市生产、流通、消费的农产品供给信息网络，及时发布农产品品种、质量、品牌、价格等信息，完善市场监测、预警和信息发布机制，建立健全诚信体系，引导科学生产和合理消费。

（二）激活机制

推进上海农业供给侧结构性改革，要求进一步激活机制，推动市场机制调整优化要素配置结构，构建形成适应现代农业产业体系、生产体系、经营体系的政策法规和制度环境。一是激活市场。在对已有农业补贴政策进行整合的基础上，进一步提高农业补贴政策的指向性和精准性，引导农业结构调整和农业生产方式转变，重点补生产大区、对适度规模经营给予补贴、农民收入、重点补贴绿色生态环境。充分发挥市场在资源配置中的决定性作用，更好地发挥政府作用，让市场力量引导结构调整。二是激活主体。在发展粮食生产家庭农场的基础上，通过加大科技推广、公共服务体系建设和政策支持力度，培育种养一体、机农一体、经作型家庭农场，农民合作联社以及产学研一体的农业龙头企业等各类新型农业经营主体，增强农业从业主体的经济实力和发展活力，形成高素质农业从业主体。三是激活要素。通过土地流转、土地入股、合作社统一经营等，推进多种形式的适度规模经营；探索建立农业农村发展用地保障机制，激活土地要素；对现有的财政支出、资金项目的管理机制体制进行改革，完善财政扶持、金融保险等一揽子政策支持，通过财政资金撬动金融资本、社会资本，激活资本要素。

（三）加强服务

通过提供统一服务，加强对已流转土地的条件管理，发挥专业化、规模化优势，推行标准化、绿色化生产，可以有效提高先进科技和物质装备运用水平，降低生产成本、提高生产效率。加强和改善服务供给，要大力发展多种形式适度规模经营，通过土地流转、土地入股、合作社统一经营等多种形式，实现土地的规模化；通过发展农业生产性服务业，在产业、产中、产后各环节提供统一服务，促进服务的规模化；通过发展订单农业、会员制农业，通过龙头企业和合作社的统一标准和技术规范要求，实现组织的规模化。坚

持主体多元化、服务专业化、管理标准化、运行市场化方向，引导各类专业化服务组织和农业服务型企业统一标准、集中调度、统一作业、规范管理，向经营方式灵活化、服务品种多样化、服务形式特色化、服务质量精细化的方向发展，强化农业公共服务基础，激发农业经营性服务组织活力，不断提高为农服务能力和服务水平。研究制定推进农业社会化服务的配套政策，在财政扶持、工商登记、规范建设、金融支持等配套上加大力度。加强以互联网、大数据、云计算等现代技术为主的管理方式，为新型农业经营主体提供更有针对性的服务。

牵头领导：张国坤　邵启良　王国忠
牵头处室：研究室　上海农科院信息所
课题组成员：方志权　张莉侠　章黎东　金　峰
张　晨　楼建丽　林厉军　李　娟
蔡　蔚　刘增金　俞美莲

2. 上海建设农业公共信息化平台的调研报告

一、引言

（一）背景

近年来，国家和本市先后出台了一系列指导信息化发展文件，从 2015 年起，国务院出台了《关于积极推进“互联网＋”行动的指导意见》《促进大数据发展行动纲要》，国务院办公厅发布了《整合建立统一的公共资源交易平台工作方案》《关于推进公共信息资源开放的若干意见》，上海市政府发布了《上海市政务数据资源共享管理办法》《上海市大数据发展实施意见》等文件，都把**推进数据资源整合、开放、共享和发展大数据**作为重要的战略方向。2015 年 12 月农业部发布了《关于推进农业农村大数据发展的实施意见》，明确要求到 2017 年底前要形成跨部门、跨区域数据资源共享共用格局。2016 年 10 月，农业部将**上海**列入全国农业农村大数据试点省（市）之一。农业信息化的发展正从“技术驱动”向“数据驱动”转变。

“十二五”以来，本市农业农村信息化在探索实践中发展，信息技术在农业生产、经营、管理、服务领域渗透和应用日渐深入，对农业产业发展的促进作用逐步显现。政府推动、市场运作、多元参与、合作共赢的农业农村信息化发展机制初步形成，信息化与农业现代化融合发展取得阶段性成效，有力促进了本市农业增效、农民增收。然而，**本市农业信息化系统与平台较为分散、相对独立，部门之间信息与业务流程衔接不紧密，存在市区两级重复建设、信息孤岛化、数据碎片化、信息不对称、共享不充分的现象，直接制约了跨部门、跨区域、跨行业的互联互通、共建共享、协作协同，大数据“大”不起来。**

为顺应信息技术发展趋势，积极应对“互联网＋”和大数据时代的机遇与挑战，迫切需要加强顶层设计，统一规划，横向整合各类业务系统、纵向整合各层级数据资源，构建一个“信息共享、业务集成、功能强大、操作简便、覆盖农业农村管理和信息服务工作”的**上海农业公共信息化平台，作为市农委对内业务管理、对外提供信息服务的统一、唯一**

窗口。为管理部门、生产部门、市民提供“一站式”精准信息服务，让农业农村信息资源共享更加彻底、资源利用更加高效、服务流程更加规范、服务功能更加便捷、管理决策更加科学、信息应用更加安全。

（二）调研情况

根据市农委主任办公会议（2017.3）精神，市农委于2017年2月开始开展“关于建设上海农业公共信息化平台”调研。

1. 调研目标

要求在摸清本市现有各类农业信息化平台现状的基础上，进一步整合资源，提升能力，建立统一的上海农业公共信息化平台，重点在农业地理信息系统、电子政务公开、信息进村入户（APP软件）、农产品质量追溯等方面提出建设目标和具体实施措施。

2. 调研方法

一是组建课题调研组，制订调研实施方案。明确调研范围、主要内容、职责分工与时间安排等。

二是设计市本级信息化系统与平台调研表（主要包括本市农业信息化预算2015、2016运维项目，已完成的新建项目，“十一五”以来重大信息化项目，申请过二期、三期的信息化项目）、区农委重点信息化系统平台调研表（主要涉及农业地理信息、电子政务公开、农产品质量追溯、信息进村入户四类）统计本市农业信息系统建设情况，收集系统平台名称、核心表格名称、数据记录条数、核心表格字段、运维管理单位、技术支持单位等基础信息。

三是调研组赴市政府公众信息网管理中心、市测绘院、市食品药品监督管理局、上海市民信箱信息服务有限公司等单位部门学习其在数据资源整合及公共服务平台建设中好的经验和做法。

3. 调研情况

市政府公众信息网管理中心——强有力的行政推动是实现跨部门系统整合数据共享的首要条件。2015年为推进上海市网上政务大厅建设，市政府成立网上政务大厅建设与推进工作领导小组，由时任市长杨雄同志任组长，各区县政府、市政府各部门行政主要负责同志为领导小组成员，定期召开领导小组会议通报平台建设情况，在强有力的行政推动下，截至2016年底，涉及37个委办局的市级审批事项100%完成接入网上政务大厅。市网上政务大厅在标准建设、数据质量管理、平台数据对接与安全运维等方面也值得我们学习借鉴。

市测绘院——统一的技术标准是实现异构系统整合的基础。市测绘院在数据生产、数据加工、数据应用、数据归档方面有完善的规范制度，是“市三大数据库”之一（即地理空间库）的建设单位。采用全国统一的技术标准框架，建成“天地图（上海）公共服务平台”，实现“国家、省、市”三级平台的互联互通，数据的共建共享，业务的协作协同。也为农业部门提供了标准基础要素图。

市食品药品监督管理局——数据链构建中数据融合关联是关键。“上海市食品安全追溯信息查询平台”，在数据融合关联方面做了很多创新性探索，通过“商品＋批次号”的方式链接上下游，实现了从生产、流通到消费、追溯的完整数据融合关联。根据《上海市食品安全信息追溯管理品种目录(2015年版)》要求，现已完成粮食、畜禽、水果、豆制品、蔬菜、乳制品、食用油等9大类，20个品种的安全追溯。

上海市民信箱信息服务有限公司(市民云)——“以我为中心”的设计理念是趋势。 2013年以“互联网+公共服务”为目标，进行APP应用和服务整合，建成了为市民提供综合服务的市民云APP，已整合水电煤账单、养老金、公积金、信用报告、纳税情况、机动车违章记录等20多项个人服务和50多项城市服务，拥有610多万实名注册用户。目前计划在信息进村入户上与其开展深度合作，共同打造为本市农民服务的“农业云”。

近年来，国内在农业信息系统整合、数据资源共享和发展农业农村大数据方面做了诸多探索与实践。北京、天津、广东、贵州等省市在探索与实践过程中，形成了一些好的经验和做法值得我们学习借鉴。

北京——加强管理制度建设。 北京市围绕共建共享和互联互通，建立了一系列的管理制度规范，逐步规范了数据资源的管理与运维，推进了农业农村信息资源的集成共享。

天津——需求导向、领导高度重视。 2016年底由天津市农委主任担任领导小组组长。以农业、农村、农民、生态、改革五个领域24个主题为主线，建设三农大数据平台；制定一套标准规范体系，一个数据采集监测体系。

广东——全面实施系统整合与数据融合。 广东省按照“一图、一库、一网、一平台”的思路，构建“广东省农业应用支撑与数据交换平台”，实现了多个应用系统之间的高效集成，及对信息资源的集中统一管理，提升信息化应用能力，提高资源协同运作的效率。

贵州——加强顶层设计与统一规划。 贵州省计划投资1.3亿元，搭建“一个中心、两个平台”(即贵州省农业大数据中心、农业综合业务管理平台和农业公共服务平台)。

2016年10月农业部在北京、上海等21个省市开展农业农村大数据应用试点。力争通过三年左右的时间，在“数据共享、单品种大数据建设、市场化建设投资运营机制、大数据应用”四个方面实现突破。根据农业部要求，上海重点开展省级农业农村大数据共享服务平台建设，推进涉农数据共享和绿叶菜单品种大数据全产业链应用研究这三项任务。

二、本市农业信息化现状

(一)现有数据资源情况

1. 数据量情况

据不完全统计，截止到2016年底本市农业信息化系统和网站在建设与运行维护的过程中，沉淀了超过3TB的数据量(其中2TB为非结构化数据)，3.8亿多条信息，形成了物联网软硬件开发、信息系统开发、数据交换等27项标准与规范，囊括了农业生产、经营、管理与服务各方面。上海自承担国家农业物联网区域试验工程项目以来，利用各类传感器采集了大量实时数据，截止到2016年底共有1.31亿条数据，其中农业生产类数据6 200万条，加工流量类数据5 856万条，安全追溯数据1 033.9万条。

2. 结构化数据资源情况

目前调研组已完成了 28 个系统的表结构、元数据的梳理工作。从梳理结果上看，共有 118 个数据资源类、数据项共计 1 314 个，详见《上海农业数据资源目录》。

3. 空间地理数据情况

市级农业 GIS 系统建设起步较早，版本几经迭代。从 2003 年开始建设“上海农业 GIS 应用系统”，主要围绕林业、畜牧业和土壤环境三个方向，侧重于农业要素的可视化表达。2013 年采用华东师范大学自主研发的 GIS 平台，构建“上海农业布局规划动态管理系统”，完成 2013 年全市农用地现状采集工作，形成 1∶2 000 比例尺的全市农用地现状图，形成《上海市农用地分类体系》《上海市农业用地数据采集规技术规范》等规范。2015 年，以《农用地综合管理平台在种植业中的应用》建设为抓手，建成基于农用地地块的精确、可持续上海农用地基础信息库，建设上海农业地理信息底图平台，即“上海农业一张图”框架。

2013 年以来各区县 GIS 平台也相继开始建设，代表性的有“浦东新区农用地信息化管理系统”“闵行区农业 GIS 系统”等。金山、青浦、嘉定、松江等区相继开始建设，奉贤、崇明区也已列入建设计划。

4. 数据资源开放共享情况

(1)与市网上政务大厅对接情况。根据市网上政务大厅建设要求，市农委行政审批事项及办事指南 56 项、服务事项 3 项已实现与市政府网上政务大厅数据实时交换。按照市政府网上政务大厅平台八个节点(网上申报、网上预审、收件、补正、受理、特别程序、审查与决定、发证)过程信息一一对接。

(2)与市法人库对接情况。截至 2016 年底，市农委完成 24 项(已减除消减的 1 项)行政许事项与市法人库对接，实际推送 16 项共 2 232 条信息，下一步根据要求进行梳理，扩大行政许可事项涉及法人类信息与法人库的对接。

(3)与市双公示库的对接情况。2016 年，完成市农委 4 类处罚信息，按照模块格式，按月报送市双公示库，目前已报送 3 类 63 条处罚信息。

(4)与事中事后综合监管平台的对接情况。根据牵头单位工商局的提法，有监督类系统的单位接口对接，未开发系统的单位直接应用市统一平台上。市畜牧兽医办、市饲料办、市水产办、市农机办四个业务办先在市统一平台上应用，市场信息处负责用户账号的开通和管理。在事中事后综合监管平台中，市农委落实审批事项清单 19 项、处罚事项清单 4 项、监管事项清单 13 项。

(5)与上海市数据资源服务网对接情况。根据市经信委《上海市政务数据资源共享和开放 2016 年度工作计划》要求，2016 年市农委在上海市政府数据资源服务网上，通过应用接口和 Excel 表格形式开放了包括蔬菜生产田间档案、道口监测、饲料生产许可证审核、内陆捕捞主要管理业务数据等在内的共计 45 项数据资源。

(二)现有农业网站和信息化系统情况

1. 市农委及直属事业单位网站情况

据统计，市农委及直属事业单位网站共 18 个，市农委门户网站——“上海农业”网站——始建于2000年3月，由时任上海市副市长冯国勤题词并点击开通。主要栏目有网上办事、政务动态、政务信息公开、主任信箱、沪郊概览等。市农委直属事业单位网站15个、党建网站1个。

2. 市级农业信息化系统或平台情况

据统计，本市可整合的市级信息化系统或平台45个，建设时间2007～2016年，这些平台围绕农业生产、经营、管理、服务等环节，其中，农业生产类7个、农业经营类4个，农业管理类26个，信息服务类8个，管理和服务类占75.6%。

(三)电子政务建设情况

市农委行政许可网上办事系统。2005年底开始建设市农委行政许可网上办事系统，业务管理上由政策法规处牵头，技术上由信息中心负责开发，统一向社会提供行政许可事项办理。2008年8月信息中心负责进行全新改版，实现50项行政审批事项在线申报办理。2013年底实现网上办事系统市法人库的数据对接，定期推送行政许可办理信息。2015年12月完成行政审批系统接入市“网上政务大厅”，实现66项行政审批事项全部接入，其中在线申报办理35项、导入类25项、标准模块6项。2016年，行政许可办理事项11 733件，向市法人库推送信息2 232条。

市农委OA办公系统。2002年，市农委机关开始建设OA办公系统，先后经历了4个版本更新升级，目前最新版本OA办公系统还在试运行中。委内事务实现了全程电子化，公文痕迹保留、档案集中入库并与市档案局实现电子档案对接。2016年收文办理552件，发文369件，归档电子档案1 691件。据不完全统计，目前市农委信息中心、中华鲟保护区管理处、上海农展馆等单位均已开发应用了OA办公系统，市农委信息中心的移动OA办公应用比较成熟。

政务信息资源共享。2015年，市政府办公厅会同市经信委，建设了“上海市政府数据资源服务平台”，把政务资源共享工作完成情况纳入各委办局年度考核范畴。截至2016年底，市农委系统完成24个系统、202个资源目录、3 087项数据项的编目，报送各类数据表22项，完成25个数据接口开发发布。2017年，市农委针对市经信委提出41项内容共享需求，经征询种植业办、畜牧办等处室意见，确定了16项可以共享，7项基本可以共享，18项不宜共享。

(四)存在的问题

1. 统筹规划不够，顶层设计缺乏

近年来，上海农业信息化建设日益受到各级政府和业务主管部门的高度重视，纷纷制定了区域性和行业性的农业信息化建设发展规划。但是，由于市农委缺少整体的宏观规划和统一的顶层设计，缺乏部门间的统筹协调和系统的工作推进机制，致使各涉农部门间出现了各自为政、条块分割、各行其道的局面，本市农业信息化系统与平台较为分散、相对独立，部门之间信息与业务流程衔接不紧密，存在市区两级重复建设，直接制约了跨部门、跨区域、跨行业的互联互通，这在一定程度上造成了人力、物力、财力浪费和资源闲置。

2. 信息资源整合不足，共享机制尚未建立

农业领域所涉及的信息种类之多是其他任何一个领域都无法相比的。农业信息资源呈现出量大、多维、动态、不完全、不确定等各种特性，当前我市农业信息资源缺乏统一的资源表达与操作标准，使得农业信息异构、分散等现象普遍存在，导致农业信息资源的“碎片化”和“孤岛化”。据统计，本市市级涉农信息系统或平台就有 54 个，涉农网站 18 个，这还不包括区、镇等各级政府和农业生产经营者建立的系统、平台和网站。大部分涉农系统、平台和网站是由市区镇各级政府主导建立的，存在着资源重复建设和农业信息资源无法有效整合与共享的问题。这也导致为农民和市民提供的信息服务经常出现信息重叠、信息差异和信息滞后等现象，导致信息难以互通共享。

3. 人才队伍建设相对滞后，数据采集监测体系不健全

市农委农业信息化管理服务人员不足，市场信息处信息化统筹管理人员不足，目前仅 1 名借用人员负责信息化专员日常工作。信息中心编制 15 人，实有 13 人，与兄弟省市相比，缺口很大、力量相对薄弱。区农委信息中心仅 4 个区设有独立或相对独立机构，另外 5 个区设在农技中心或农经站，农业信息化兼职人员不到 50 人，绝大部分缺乏信息技术技能。本市 3 500 家家庭农场、3 200 家农民专业合作社、386 家农业龙头企业中信息化人才也缺乏。从总体上来看，我市农业信息服务人才总量不足且整体质量不高，尤其是缺乏既专于农业农村工作，又精通信息化技术的复合型人才。不少农业专业技术人员信息技术观念淡薄，不会主动整理数据发布到信息网上。不少信息管理员只懂建网站，发布信息，对农业信息的采集、整理、加工能力欠缺，致使数据监测数据更新不及时，时效性差，实用性不强。数据采集监测体系还缺乏技术保障，没有市级统一的农业信息数据采集系统。数据采集和管理缺少部门间的沟通和委内的统筹共享，缺少监督检查机制。数据采集监测没有建立数据采集资源编目和数据采集范围和采集频率、数据监督检查机制。

4. 技术标准不统一，业务标准不一致

委内已建的信息系统建设标准各异，没有统一的技术标准。一是在数据标准方面，各单位、各部门、各类系统在数据采集、数据应用上缺乏统一的数据标准，造成数据内涵不清、指代不明、数据之间缺乏关联，造成了大数据跨域关联和交叉验证困难。二是在数据接口方面，各系统尚无统一的数据接口标准，如实现数据资源统一归集与资源共享，需要开发数据交换接口。系统间还存在业务标准不一致的现象，以农用地管理类相关应用系统为例。一是田块编码方式不统一。市级编码上采用了 10 位数字与字母混合编码方式，而浦东新区采用 15 位纯数字编码方式。二是田块大小粒度各不相同，导致同一块农田在市区两级平台上有不同的编号、不同的面积、不同的属性。三是在农用地分类统计口径不一致。市级平台按照耕地、园地、林地等 5 大类 12 小类的常用分类方法，区级分类与市级不完全一致。

三、上海农业公共信息化平台建设目标

以整合共享资源、统一制度规则、创新体制机制为重点，按照目标导向、问题导向、

需求导向，紧密围绕用户需求，加强顶层设计，构建一套全新架构的上海农业公共信息服务平台。使之成为市农委服务三农的总窗口、数据汇聚的总入口和信息服务的总出口。围绕“五纵、两横、一轴”，实现六个“统一”、五个“转变”，建成上海农业“一图、一库、一系统、一应用、一服务、一标准、一体系”总目标。

计划分三个阶段推进：

2017年底，完成上海农业公共信息化平台框架设计；启动农业公共服务门户（一网）建设，启动建设一批与上海农业公共信息平台建设紧密相关的农业农村大数据、信息进村入户等项目。

2018年6月底，完成上海农业公共信息化平台框架搭建；“一图、一库、一系统、一应用、一服务”重点项目取得阶段性进展；完成现有系统、网站信息资源的整合与共享。

2018年底，基本建成上海农业公共信息化平台；实现市农委政务信息系统与市政府有关部门数据共享交换、各区农业公共信息与市农业公共信息平台互联互通、部市农业农村大数据共享取得实质性进展。

四、上海农业公共信息化平台实施路径

按照摸家底、定标准、搭平台、聚资源、建服务的建设思路，推进上海农业公共信息化平台（一张网）建设。

（一）摸清现有数据家底，梳理数据资源，编制资源目录

市农委机关及所属事业单位已建有45个系统（平台），涉及政务类3个、综合类4个、农经类3个、种植业类8个、蔬菜类3个、畜牧类3个、水产类9个、农机类4个、人才类2个、信息类6个。所有系统（平台）都要完成系统表结构、元数据、数据量、数据更新频率、系统运行情况等方面梳理。据统计，截至2016年底，本市农业信息化系统（平台）、网站在建设与运行维护的过程中，沉淀了超过3TB的数据量（其中2TB为非结构化数据），3.8亿多条信息，形成了物联网软硬件开发、信息系统开发、数据交换等27项标准与规范，涵盖了农业生产、经营、管理与服务各方面。从目前完成的28个系统资源编目结果上看，在118个数据资源类共计1 314个数据项中，涉及自然人的数据表有63个，涉及企业的有104个，涉及地理位置的有18个，涉及资金的有56个，涉及农产品有45个，涉及投入品的有5个。下一步将继续认真完成数据资源目录的编制工作。

（二）研究制定相关技术标准和业务规范

平台建设需要一系列的技术标准与业务规范。通过整理统计汇编了一份参考资料，包括140项可借鉴基础标准、技术标准、业务标准、制度规范，内容涉及数据储存、数据交换、数据安全、系统整合集成等环节。率先启动了上海农业“一张图”相关标准制定工作，组织完成了《上海市农业用地分类体系标准》（讨论稿）、《上海市农用地地块编码方案》（讨论稿）编制。平台构建中还将进一步研究制定具有针对性的平台技术标准和业务规范。

（三）细化平台技术方案，搭建核心平台

平台总体技术架构采用“资源、数据、服务、流程、开发、门户”六统一要求进行搭建。

计算机资源、存储资源、网络资源、IT 运维与监控、批处理调动等方面进行资源统一管理;元数据、数据质量、业务数据、数据交换等方面进行统一数据处理;服务管理、服务总线、服务监控等方面进行统一服务;流程梳理与建模、流程监控、流程引擎等方面进行统一流程管理;需求、设计、开发、测试、集成、运维通过开发平台和技术平台进行统一开发管理;所有用户和授权、集中任务中心、网站门户、移动门户、及时通信等方面进行统一门户管理。细化平台技术方案,依次研究制定数据采集、数据管理、数据服务、数据应用平台数据流程设计,研究制定数据管理子模块间的逻辑管理和控制关系,研究制定数据资源目录子模块逻辑关系,研究制定数据集成子模块流程控制关系,研究细化数据交换共享模块流程关系,研究细化数据应用子模块流程控制关系等。

(四)按照"五纵、二横、一轴"聚合委内外数据资源

以"涉农人、涉农土地、支农资金、农产品、农业投入品"五个要素为纵轴,以"服务农业行业条线、服务农业行政区域"两个切面为横轴,以年份刻度为时间轴,对委内外各类数据资源进行整合。"五纵"整合,**一是**以身份证号为要素,整合"涉农人"的信息资源;**二是**以农用地统一编码为要素,整合"涉农土地"的信息资源,全市农用地统一编码,以村队集体土地、农民承包地整片面积为单元,实现一田一码;**三是**以各级财政支农资金为要素,整合"资金、资产"的信息资源,以公开透明为出发点,将各类项目扶持资金、形成的资产等,全部纳入统一的数据资源库;**四是**以"农产品"为要素,整合播种面积、产量、产值、质量、品牌等信息资源;**五是**以"农业投入品"为要素,以农业不同行业领域、区域、时间为要素整合信息资源。

(五)以需求为导向,深入用户需求分析,构建精准服务

围绕农民、新型职业农民(农业龙头企业、合作社、合作联社、家庭农场)、市民、农业管理者进行需求分析、画像刻画、提供针对性服务。**一是**基于新型农民的企业名称、企业代码、身份证号码、田块编码、农产品质量等基本信息,为农民、新型职业农民提供农技服务、农事气象、病虫害预警、政策法规、业务申请等服务信息,还提供市场信息、补贴信息、投保信息等查询应用。**二是**为各级农业管理者提供农业布局规划、产业分布、区域面、行业线等层级数据,相关数据比较分析,可以由面向点,依次钻取逐层分析。还可以提供趋势判断、风险预警等加工后数据信息,为判断和决策提供数据依据。**三是**为市民提供农业品牌、质量追溯、农产品价格、宠物饲养、花卉养护、农业旅游、特色农产品、休闲农业、12316 咨询以及展会和公益活动等查询和服务信息。促进农产品服务市民,方便市民走进农村,农业对接城市。

五、上海农业公共信息化平台建设内容

上海农业公共信息化平台(一张网)建设将完成市农委系统门户网站、应用系统(平台)等信息资源汇聚整合,形成统一的一张网。并以此为基础深化农业"一张图"、农业数据资源库、农产品质量安全追溯系统、农业电子政务应用、信息进村入户服务等信息化应用建设。

（一）市农委门户网站（一网）

推进市农委系统各网站向"上海农业"归并整合。根据"一个区一个网站、一个委办局一个网站"的要求，委内现有网站原则上整合成"上海农业"一个网站，实现采编用户统一管理。**一是**充分利用信息中心现有350兆光纤宽带、30多台网络及安全设备、100多台各类服务器、机房专业空调消防设备，基本达到三级等保水平B类标准机房条件，实现市农委系统相关网站整合，实现统一入口和单点登录。完成各处室（单位）网站历史重要内容向"上海农业"数据库归集，市农委各处室（事业单位）通过"上海农业"管理后台，进行维护、审核和发布，并按"上海农业"要求统一考核、统一监测。**二是**通过统一计算资源池、统一存储资源池、统一安全保障体系、统一基础支撑软件等农业云基础设施，保障上海农业公共信息化平台（一张网）各项应用的安全运行、数据处理和带宽分配，实现统一基础设施、统一规范管理、统一数据管理、统一系统维护、统一安全管理、统一信息发布、统一用户入口、统一应用出口八个统一。

（二）上海农业"一张图"（一图）

根据"市区一致、部门一致、纵横一致、图库一致"原则和"一田一码、一物一码"的要求，让田块与农作物形成一一对应关系，构建本市上海农业"一张图"，以信息化手段为支撑，强化农业规划落地，促进粮食生产功能区和蔬菜生产保护区内地块全部建档立册、上图入库，实现信息化精准化管理，确保涉农补贴相关数据的准确性。**一是**开发基础地图服务、资源管理服务、统计分析服务、数据采集与更新服务、标准化数据服务接口以及应用程序接口（API）开发接口等核心模块。**二是**通过基础地理数据、影像数据、农用地现状与规划、设施农业用地、永久基本农田、粮食主产功能区、承包经营数据、农业设施用地、耕地等级、土壤环境、作物种植、种植补贴等多图层叠加，进行汇总统计、查询分析，实现信息管理可视化。**三是**制定全市统一的农用地分类、农业分类、地块编码等标准，为区级农业"一张图"提供全市统一标准与数据更新服务，指导嘉定、松江、奉贤、崇明、宝山5区加快上海农业"一张图"建设，提供技术服务。**四是**整合委内外农业地理空间数据资源，建立农用地数据共享交换的技术标准和运维机制，实现市、区两级上海农业"一张图"数据采集与更新的协同工作。

（三）上海农业数据资源库（一库）

进一步梳理采集汇聚市农委系统现有的45个业务系统、市区共享的信息、部委共享的信息、互联网获取的信息以及其他报送信息等信息资源；**一是**归类集成为综合库、政务库、农经库、人才库、种植库、蔬菜库、畜牧库、水产库、农机库、信息库等基础业务库。**二是**通过融合治理加工形成人（农民、经营者、市民）、地理信息库、资金资产库、农产品信息库、投入品信息库、行业信息库、区域信息库等服务共享库。**三是**按照统一的数据标准、业务模型，数据的采集、加工、处理通过数据治理平台自动或半自动完成，实现从数据采集、存储、治理、管理、监控为一体的数据归集治理流程。实现各业务库数据的实时获取、加工、管理、监控，构建统一的上海农业数据资源库。**四是**通过数据接口分别与农业部农业农村大数据对接，与市政府有关部门数据对接，与区县农委农业数据库对接。各类数据库直接或间接服务于市民、农民、新型职业农民、农业管理者等。

(四)上海农产品质量安全追溯系统(一系统)

按照构建全市统一农产品质量安全管理战略发展规划要求,构建本市地产农产品质量安全追溯系统。**一是**实现“三品一标”农产品安全监管。推进“三品一标”质量认证后的过程数字化、常态化管理,实现“三品一标”认证产品认证后的动态监管。**二是**梳理各级检测部门的监测检测数据。把散落在各级检测机构中大量的快速检测、抽检数据等整合起来,纳入市级统一的农产品质量安全追溯系统中。**三是**加强农产品安全监管队伍建设。利用信息化手段,通过手机 APP 加强从业人员动态管理与业务技能培训,建立考核奖励机制,激发工作积极性。**四是**整合目前蔬菜安全生产管理、经济作物安全追溯、动物及动物产品监管等各个条线上已有的系统或平台,按照市政府 33 号令要求,抽取相关数据,纳入到市级农产品安全追溯系统中。

(五)上海农业电子政务应用(一应用)

按照“全程网上办理、统一网上受理、网上预约预审”要求,改进完善市农委网上办事系统。**一是**优化网上办事系统软件架构,按流程类、导入类、零事项类事项进行分组和设置,数据采集坚持“应采尽采”。**二是**归集整理市农委行政办理过程、结果信息,形成政务库,开发数据交换接口,实现与市政府有关部门的系统对接与数据实时交换。**三是**制定市农委政务系统的标准和规范,增设行政处罚、行政监督等事项流程,加强监管类事务的管理和信息入库,按法人类、自然人类、许可类、处罚类、监管类进行信息归集与共享。**四是**延伸拓展市农委 OA 系统,拓展实施移动办公系统,将市农委 OA 系统中的部分事项、部分环节应用到移动互联网中。**五是**积极推进电子证照、电子文件、电子印章、电子档案等在政务工作中的应用。**六是**加强电子政务内网安全体系建设,建立安全保密监管和运维系统,开展网络安全监测和通报预警,加强日常安全管理,进一步落实涉密信息系统分级保护和非涉密信息系统等级保护相关主体责任,推进网络安全保密测评工作。

(六)上海信息进村入户服务工程(一服务)

贯彻落实党中央、国务院关于“信息进村入户”的部署要求,推进本市涉农行政村信息进村入户全覆盖。按照“六有(场所、人员、设备、宽带、网页、持续运营能力)”标准,建设 1 000 多个标准型益农信息社,100 个专业型益农信息社,将政类服务、民类服务、商类服务延伸到村,信息精准到户。**一是**构建农业云,整合公益服务、便民服务、培训体验服务等委内资源,拓展民生服务、政务服务等委外资源,为农民服务。**二是**采集休闲体验农业服务、特色农产品推介等郊区农业农村资源为市民服务。**三是**通过市民云 APP 嵌入农业云,扩大受众面。**四是**2017 年金山整区推进信息进村入户试点,2018 年全市推进,按照“政府+运营商+服务商”三位一体的推进机制,终端重点推进不同类型专业型益农信息社。

(七)上海农业公共信息化平台标准规范(一标准)

以现有国家标准规范为基础,编制一套上海农业公共信息化平台建设所需要相应标准规范,并根据平台建设的实际需要制定符合上海本地实际的标准规范。**一是**制定基础标准、业务标准、技术标准、管理规范,基础标准包括术语和使用指南两方面内容;

业务标准包括农业从业人员、合作社、家庭农场、土地、资金、农产品、投入品、蔬菜、畜牧、种植业、渔业、农机等主要业务标准；技术标准包括与信息化系统建设相关的开发标准、规范，数据资源标准。二是制度规范主要人员管理、工作流程、系统运维、安全保障、数据采集、共享服务六方面管理服务制度规范。

(八)上海农业数据资源监测采集体系(一体系)

数据准确、及时、完整是上海农业公共信息化平台(一张网)的基石，因而需要从行政推动，技术保障，责任落地等方面推进建设一个农业数据资源监测采集体系。**一是**行政推动，加强执行力度。以申请和使用财政资金为抓手，凡是需要申请和使用财政资金支持的，必须首先按市农委农业数据标准规范要求，上报数据。凡是曾经获得财政资金支持的部门或生产者，在用系统平台，需要按照市农委农业数据标准规范的要求上报实时数据。凡是准备申请和使用财政资金支持的新建系统，按市农委农业数据标准规范要求进行设计开发，确保上报数据准确及时。凡是根据责任要求，必须上报数据但没有业务系统的生产者，需要登录市农委通用数据采集和上报系统，填报数据。**二是**技术保障，提高数据自动采集技术水平。建设统一数据报送监管系统，逐步通过农业物联网等技术手段与产品实现数据自动化采集、网络化传输、可视化应用。**三是**落实责任，强化考核手段。市农委有关处室和事业单位需要根据业务需求，年初制订数据报送计划，年终对照计划考核完成情况，责任到人。**四是**数据采集遵循基层单位部门上报、逐级审核、统一发布的原则，由业务处室负责条线进行数据把关，信息中心负责数据的存储和安全。

六、上海农业公共信息化平台建设重点项目

2017年7月至2018年底，计划安排7个项目13个子项目。

(一)上海农业门户网站建设

◆ 子项目1：上海农业门户网站建设

新增一套支撑后台，用于归并后上海农业网站新增的各二级栏目和三级栏目管理。原栏目继续由原TRS后台支撑。形成双后台支撑并行，进而比较两者的稳定性、拓展性(移动应用方向)、便捷性。完成新增栏目模板设置，页面美工处理，人员权限配置等，同步完成新增栏目移动门户的开发以及农业无障碍功能延伸应用等，完成上海农业网站编辑、审核、发布组织架构的建设，以及各责任人员的网站工作的考核和管理。

(二)上海农业“一张图”(一图)

◆ 子项目2：本市农用地分类、编码规则、数据共享交换标准制定

根据市区现有农业GIS系统在农用地分类、农用地编码、数据共享交换的基础，参照国家相关标准，制定统一的农用地(耕地、园地、林地、养殖用地、设施用地、其他农业用地)的一级、二级、三级分类标准，指导市区两级农业GIS平台建设；制定统一的农用地地块编码方案，地块编码具有唯一性、确定性和可扩展性。支持地块的分割、合并等动态变化，同时形成农用地标准化采集与上图规则；制定数据采集更新与共享交换标准，实现市区农业GIS数据的适时更新和共享，同时满足与上海市基础地理空间数据资

源服务对接的要求。

◆ 子项目 3：上海农业 GIS 公共服务系统

公共服务系统汇聚市区两级 GIS 数据，形成全市农业“一张图”，包括基础地图服务、资源管理模块、统计分析服务、数据采集与更新服务、标准数据服务接口以及 API 开发接口等核心模块，具备农业 GIS 数据资源发布、审核、权限设置功能，具有快速定制应用系统 API 功能，具有标准化数据服务接口管理功能，围绕业务需求具有可视化统计分析和专题图制作功能。

◆ 子项目 4：“一张图”示范应用

围绕种植、蔬菜、畜牧、水产、布局规划、农机等各产业需求开展基于“一张图”的示范应用，形成各产业的专题分析图及数据统计表。“一张图”为浦东新区、金山区提供基础数据底图服务，为奉贤区、崇明区提供快速系统搭建服务。

（三）上海农业数据资源库

◆ 子项目 5：上海农业数据资源库采集监控系统

实现从农委直属机构及 9 个涉农区的数据采集及监控；建设数据快速采集工具，实现数据的快速填报、汇集；实现对外部数据及互联网数据的采集。在农委信息中心机房部署数据采集服务，并在农委直属机构机房及 9 个涉农区县机房部署数据采集客户端。搭建农委信息中心与各农委直属机构及 9 个涉农区数据交互平台，实现数据的实时交换与监控。

◆ 子项目 6：上海农业数据资源库数据治理系统

现正常运行的 45 个业务系统或平台抽取核心业务数据，通过加工处理，最终汇集成数据资源库。首先按业务条线进行数据抽取、汇集，其次根据业务需要进行数据的加工处理，最后形成主题数据资源库。按业务条线进行数据抽取、归集，并对采集到的数据进行标准化处理、转换，并通过元数据及业务模型的定义，归集、整理各类数据，形成数据资源中心的各条线的数据库。包括蔬菜、畜牧、渔业、种植业、农机、人力资源、农业规划等业务条线。根据各业务对应的系统或平台进行数据归集，形成业务资源库。

◆ 子项目 7：业务系统整合及升级改造

业务系统的整合主要通过单点登录、统一认证实现 45 个业务系统或平台的整合。整合后用户可以从统一的登录入口进入整合后的业务系统，不再需要多次登录；同时整合如通知、公告、办事提醒等通用功能，进一步提高工作效率；对 45 个业务系统或平台中涉及个人信息及合作社、家庭农场等核心业务主线内容的模块进行功能完善，要求必须对身份证号码、企业信用码等唯一标识进行补充，保证信息的完整性、有效性。

◆ 子项目 8：上海农业数据资源库应用系统

实现对农业数据库各类数据资源的应用开发。实现数据的可视化、检索、统计、挖掘、分析、共享、服务、科学研究等多方面应用开发；开发一个方便使用的数据资源应用系统，同时开发相关应用 APP，为日常办公及公众提供数据服务。为日常办公提供数据支撑，主要是实现业务数据的可视化，让业务人员可以快速浏览所有相关业务数据，并实现业务数据的快速汇总统计，明细数据查看，问题定位；同时实现对数据的快速检索,包括结构化及非结构化(文档)数据,方便资料查找。

(四)上海农产品质量安全追溯监管系统

◆子项目9:上海农产品质量安全追溯监管系统

监管系统按照市、区划分数据监管权限。汇总市级(上海蔬菜安全生产管理系统、上海经济作物农产品质量安全溯源平台、上海市道口动物防疫及动物检疫监督信息管理系统等)、区级(浦东新区农产品安全追溯系统、崇明农产品质量安全监控及追溯信息平台、金山区蔬菜标准园生产信息管理系统等)以及重点企业追溯监管系统,开发统一登录入口。各级政府监管部门依照职能分工对农产品可追溯体系实施系统管理,整理现有的各个单项追溯系统,通过数据交换体系对农产品生产监管数据、安全检测数据进行汇总分析,形成质量信息数据库,基于统一的产品追溯代码,实现农产品的监管和追溯。开发数据上报模块,将各零散的追溯系统数据,统一纳入到农业数据库中。

(五)上海农业电子政务应用

◆子项目10:市农委政务服务管理系统

根据市政府要求,不断完善市农委网上政务大厅建设。拓展行政许可办事系统服务内涵,推进市农委行政执法系统建设,构建市农口系统在线化、数据化、标准化的统一行政执法系统,实现许可和执法数据与市级统一平台的互联互通。建设市农委电子政务数据库,逐步建设完善市农委许可类、处罚类、监管类网上办事系统。汇聚市农委行政办理结果信息,按法人类、自然人类、许可类、处罚类、监管类等进行汇聚。根据各市级系统平台(市政府政务大厅、市法人库、市自然人库、公共信用信息服务平台、事中事后综合监管平台等)要求,统一开发接口,完成数据对接与交互。推进市农委系统政务数据资源编目、共享和应用。

◆子项目11:延伸拓展市农委OA系统

依托政务外网,延伸市农委机关OA系统应用,增加单位数、用户数,首先完成参公事业单位,其次完成直属非参公事业单位OA应用流程配置和功能设计;开发完成市农委机关移动OA系统,方便主要用户的应用;开通重要应用岗位的移动OA功能;完成市农委OA系统与直属事业单位OA系统重要数据项之间的接口开发。

(六)上海信息进村入户服务工程

◆子项目12:上海信息进村入户服务工程

2017年,金山区为上海市信息进村入户试点区整体推进,建设专业型益农信息社10个、标准型益农信息社100个。2018年,完成其余8个区的整体推进,全市完成专业型益农信息社100个,标准型益农信息社1 000个。在市民云开放平台的统一标准下进行涉农补贴资金、地产农产品价格、上海12316三农服务热线、农业旅游、优质农产品等APP应用开发。开展农民智能手机应用培训。

(七)上海农业公共信息化平台标准规范

◆子项目13:上海农业公共信息化平台标准规范

标准规范的制定主要是为保障上海农业公共信息化平台按照约定的标准规范进行开发、建设、管理、应用,并为平台今后的运营提供保障。根据目前的实际情况,上海农业公共信息化平台标准规范的制定重点在上海农业相关各业务条线业务标准的制定，以及在业务标准基础上相关业务元数据标准及元数据信息化标准的制定。

七、保障措施

（一）加强组织领导，组建专业队伍

根据国务院办公厅《政务信息系统整合共享实施方案》关于“强化各级政府及部门主要负责人对政务信息系统统筹整合和政务信息资源共享工作的责任，原则上部门主要负责人为第一责任人”的要求，建议尽快成立上海农业公共信息平台建设工作推进领导小组，市农委主任任领导小组组长，分管副主任任副组长，全力推进农业公共信息平台建设。尽快配齐配强市农委信息化部门人员，尽快充实市农委信息中心专业人员队伍。

（二）落实实施机构，确保资金到位

抓紧落实上海农业公共信息平台建设各类项目的牵头单位和实施机构，编制上海农业公共信息平台建设项目申报方案，按照国务院办公厅关于“政务信息资源整合共享相关项目建设资金纳入政府固定资产投资，政务信息资源整合共享相关工作经费纳入部门预算统筹安排”的要求，协调政府有关部门，确保农业信息化项目资金到位。

（三）简化审批流程，完善扶持机制

坚持政府引导、市场推动，拓展融资渠道，鼓励投融资机构、企业等社会资本以多种方式参与；设立农业信息化发展投资基金，扶持创新发展的骨干企业和产业联盟。鉴于农业公共信息平台建设项目范围广、时间紧，建议简化审批流程，采取信息化项目制、奖补制、先建后补、购买服务等多种形式，探索建立信息化项目建设投资审批和运维经费审批的跨部门联动机制。

（四）部门区域协同，营造良好氛围

农业公共信息平台建设，与市农委机关各部门、各直属单位的业务工作密切相关，各部门应各负其责，会同业务归口事业单位按照职责要求，制订方案，明确责任，细化措施；信息化职能部门应加强对方案执行情况的督促检查，协调解决工作中遇到的问题，确保本市农业公共信息平台建设顺利开展。积极争取农业部各相关司局、市政府有关部门的支持与配合，努力营造全社会支持上海农业公共信息平台建设的良好氛围。

牵头领导：殷　欧　叶军平

牵头处室：市场信息处

课题组成员：张建庭　张向飞　舒学军　叶有灿　陈　旭　王运圣　李毓婷　姚　俊　梁　婷　钱　玮

3. 上海发展绿色有机农产品目标路径与对策措施的调研报告

新时期下大力发展绿色食品、有机农产品(以下简称绿色有机农产品),是满足特大型城市消费升级的根本点,是建成卓越全球城市的支撑点,是推进农业供给侧结构性改革的着力点,是践行质量兴农战略的落脚点,是增强市民对农业获得感的切入点。上海作为全国现代农业、都市农业发展的排头兵、先行者,积极探索绿色有机农产品工作模式,按照农业部和上海市"三农"工作的总体部署,稳步推动绿色有机农产品持续健康发展,在绿色有机农产品认证、发展规模、品牌营销等方面取得了一定成效,但仍存在一定的发展空间。本报告旨在分析掌握本市绿色有机农产品的基本情况和发展潜力,形成绿色有机农产品发展基础数据库,系统研究本市发展绿色有机农产品的目标、任务、路径和对策。

一、研究背景

(一)绿色食品概念及全国发展现状

绿色食品指产自优良生态环境、按照绿色食品标准生产、实行全程质量控制并获得绿色食品标志使用权的安全、优质食用农产品及相关产品。第二次世界大战后,欧美和日本等发达国家在农业生产中大量使用农药、化肥等化学物质,导致环境危害日趋严重。1990 年,我国农业部开创性地做出了发展绿色食品的战略决策,决定开发无污染、安全、优质的营养食品,并定名为"绿色食品",以农药、化肥减量化为关键措施,旨在实现保环境、保产量、保价格、保品牌的平衡发展,揭开了我国绿色食品事业发展的序幕。

经过 20 余年的发展,我国绿色食品已建成一套成熟的制度体系和技术标准体系,认证企业数量蓬勃发展(如图 1 所示),市场认可度也逐年提升。截至 2016 年底,全年认证绿色食品企业数逐年增长至 3 949 家,全国有效使用绿色食品的企业总数累计达 10 116 家,产品总数累计达 24 027 个,共有 489 个单位累计建成绿色食品标准化基地 696 个,种植面积达到 1.73 亿亩,带动农户 2 198 万个,对接企业 2 716 家,每年直接增加农民收入近15亿元，总产量1.095亿吨。

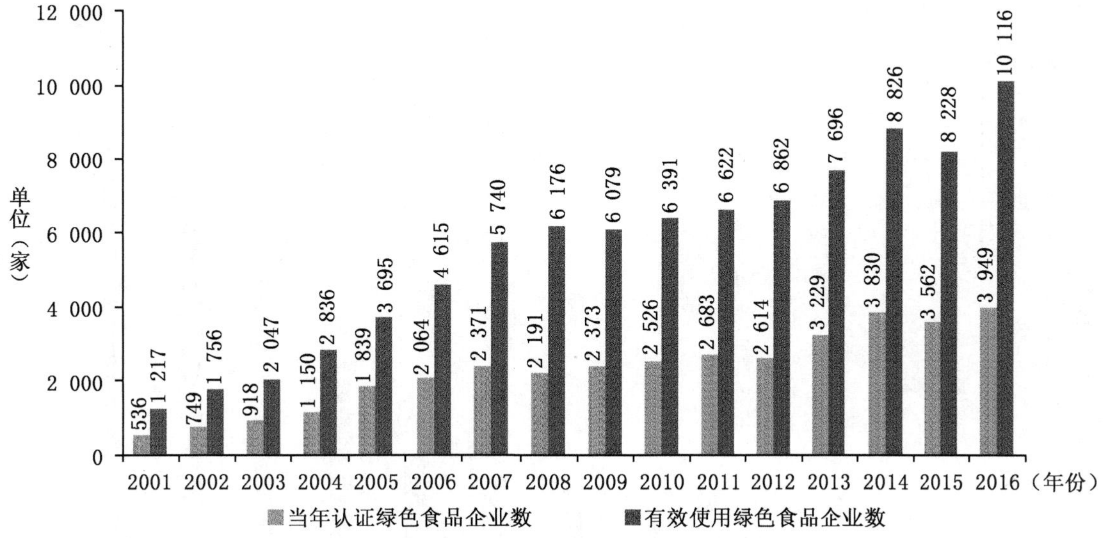

图1　中国绿色食品发展趋势(2001～2016年)

目前，绿色食品标志商标影响力不断扩大。现已在美国、俄罗斯、中国香港、世界知识产权局等11个国家、地区和国际组织成功注册，澳大利亚、加拿大、缅甸3个国家、4个企业的32个产品使用绿色食品标志。绿色食品经济效益明显增加，国内销售额由1997年的240亿元增加到2016年的3 866亿元，绿色食品产品出口额为25.1亿美元。

(二)有机农产品概念及全国发展现状

有机农产品是指生产、加工和销售符合中国有机产品国家标准的供人类消费、动物食用的农产品。有机产品必须来源于有机农业生产方式，即遵照特定的农业生产原则，在生产中不采用基因工程获得的生物及其产物，不使用化学合成的农药、化肥、生长调节剂、饲料添加剂等物质，遵循自然规律和生态学原理，协调种植业和养殖业平衡，采用一系列可持续的农业技术以维持持续稳定的农业生产体系的一种特定的农业生产方式。

我国有机农业的发展背景与绿色食品基本相似。1989年，国家环境保护局南京环境科学研究所农村生态研究室①作为首个中国成员加入了国际有机农业运动联合会，浙江省杭州市临安区的裴后茶园和临安茶厂于1990年获得荷兰SKAL的有机认证。②1992年，农业部批准组建中国绿色食品发展中心并开始认证AA级绿色食品。③ 1999年，《有机产品认证标准(试行)》由国家环境保护总局发布成为行业标准。2002年，中国绿色食品发展中心组建中绿华夏有机食品认证中心，成为在国家认监委登记的首家有机食品认证机构。2004年，国家质检总局公布《有机产品认证管理办法》④和国家标

① 我国最早从事生态农业研究、实践和推广工作的机构，1994年改组成立“国家环境保护总局有机食品发展中心”，后改名为“南京国环有机产品认证中心”。
② 这是中国农场和加工厂首次获得有机认证。
③ 该标准等同于有机食品标准。
④ 该办法于2015年修订。

准《有机产品 GB/T19630—2005》[1]，标志我国有机认证进入法制化、规范化、标准化、市场化发展的快速发展轨道(如图2所示)。

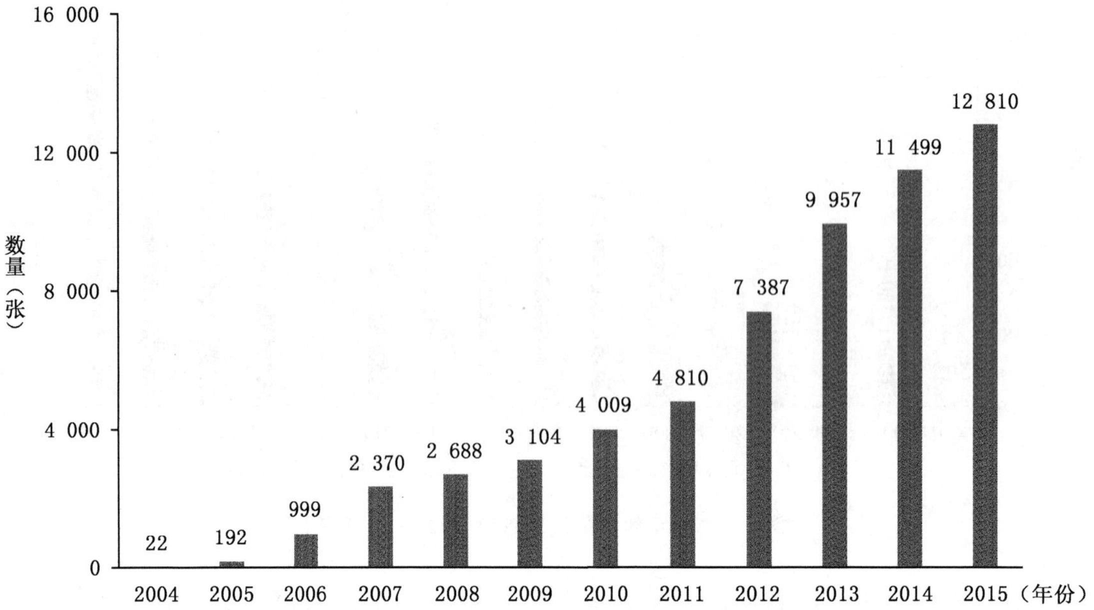

图2　中国有机食品有效证书张数(2004～2015年)

截至2015年底，我国24家认证机构颁发的有机产品有效证书12 810张，获证企业数为10 949家，有机作物种植面积为92.7万公顷，野生采集面积为59.7万公顷。植物总产量596.6万吨，畜禽总产量为107万吨，加工产品259万吨。认证产值1 299亿元，销售额600亿元，出口9亿美元。

(三)国外有机产品发展状况及经验借鉴

国外有机农业的发展已达到较高水平，致力于发展集生态、社会和经济为一体的合理的、可持续发展的农业体系，旨在满足人们对安全、优质、营养食品的需要。《世界有机农业》[2]发布的数据显示，2015年全球发展有机食品的179个国家中，用地总面积为5 100万公顷，约占全球耕地总面积比例为1.1%，其中澳大利亚为2 270万公顷，占比最大，阿根廷与美国分列第二、三位，分别为310万公顷和200万公顷。全球有机农业生产者数量达240万人，印度以58.5万人占比最高，埃塞俄比亚和墨西哥分别有20.3万人和20万人，而中国仅为1万人。全球有机市场贸易额达816亿美元，其中美国占比最大，约为47.7%，德国和法国分别以11.5%和7.3%位列第二、三位，而中国占比仅为6.3%。此外，全球有机食品的人均消费为11.1美元，瑞士、丹麦和瑞典甚至达到人均300美元左右。

国际经验为中国拓展绿色、有机农产品道路提供了借鉴。首先，要加大宣传，让绿色、有机理念深入人心；其次，要完善认证与监管体系，普及标准化生产方式，对绿色有

① 该标准于2011年修订。
② 本报告由有机农业研究院与国际有机农业运动联合会于2017年发布。

机农产品实行全链条全程质量监控；再次，将政策扶持资金向有机农业开发倾斜，保护绿色有机农业生产者积极性，并建立多元化流通模式，确保优质优价得以体现；最后，要加快绿色有机农业生产关键技术的研究，运用现代农业技术，为绿色有机农业的发展提供技术支撑。

二、现状分析

（一）本市绿色有机农产品发展情况

“十二五”期间，本市绿色食品发展稳中有升，绿色食品企业数和产品数逐年平稳增长（如图 3 所示）。2016 年，本市共有 84 家企业的 111 个产品获得绿色食品证书，有效内使用绿色食品标志的企业总数为 209 家，产品总数为 305 个，分别比 2015 年同期增长了 9.4%和 10.9%。现有绿色食品包括种植业产品、畜禽类产品、渔业产品、加工类产品 4 大类 24 个小类，覆盖农产品及加工产品的 100 余品种，主要集中于种植业产品的瓜果类和粮油类，生产总量达 34.33 万吨，占全市地产农产品商品量的 5.65%。

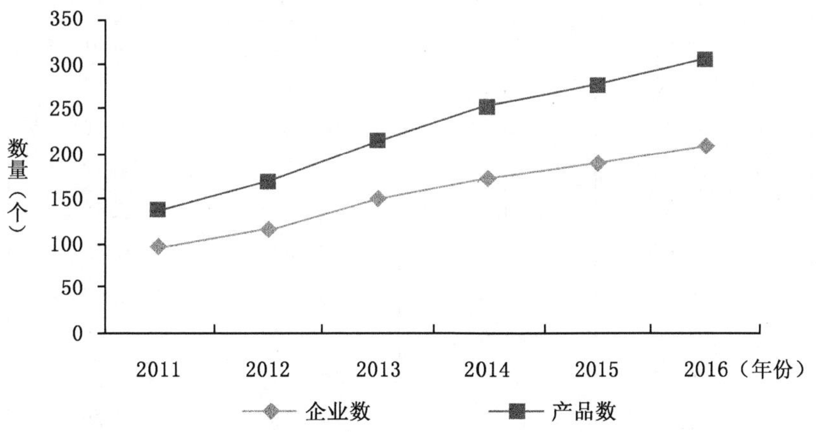

图 3 本市绿色食品认证企业及产品数量趋势(2011～2016 年)

全市经各类有机认证机构认证的有机企业 63 家、产品 551 个，2.40 万吨，占全市地产农产品商品量的 0.40%。其中经农口系统[①]认证的有机食品企业 11 家、产品 27 个，产品包括生产、加工 2 大类 8 个小类，主要集中于蔬菜、稻米，生产总量达 3 904 吨，占全市地产农产品商品量的 0.06%。

上海绿色有机农产品获证企业数和产品数在全国占比不高，这与本市地域面积、自然环境、产业布局和人力资源成本等因素影响均有关系。其中，绿色农产品获证企业数及产品数分别占全国的 2.07%和 1.27%，有机农产品获证企业数及产品数分别占全国的 1.16%和 0.70%。

此外，受自然环境、地理位置、产业发展等因素限制，本市绿色有机农产品还存在三方面不平衡现象，主要表现在：

首先，无公害农产品、绿色食品、有机农产品（以下简称“三品”）发展比例不平衡。

① 仅指通过中绿华夏有机食品认证中心认证。

在“三品”中，绿色和有机农产品占比还偏低，绿色有机农产品商品量只占全市地产农产品商品量的 6.05%，而无公害农产品占 67.08%；绿色有机农产品仅占“三品”总量的 8.3%，无公害农产品占 91.7%。

其次，绿色有机农产品的区域发展不平衡(如表 1 所示)。本市崇明区和光明集团的认证率超过 10%，其他区均少于 4%，最低的青浦区仅有 0.39%。从获证产品的数量来看，2016 年崇明区绿色食品企业 89 家、产品 125 个，获证产品数占全市绿色食品总数的四成；有机农产品 11 个，占全市有机食品数量的一半，均远远高于全市平均水平。除崇明区外，浦东新区也是绿色有机农产品发展较好的郊区之一。截至 2016 年底，浦东新区有绿色食品认证企业 19 家，认证产品数 47 个，认证产量 1.25 万吨。宝山区由于农业产业体量小、农业生产面积逐步减少，加之发展工业对生产环境带来诸多影响，绿色有机农产品发展一直较为薄弱。

表 1　　2016 年度上海市“三品”认证率分区统计

排名	区/集团	已获证产量(吨)	三品认证率(%)	无公害认证率(%)	绿色认证率(%)	有机认证率(%)
1	闵行	77 889.95	86.23	82.19	3.81	0.22
2	嘉定	207 162.76	82.65	80.75	1.29	0.60
9	崇明	1 157 055.46	79.54	64.44	14.26	0.84
7	金山	574 228.68	79.08	76.12	2.92	0.04
10	光明	366 016.80	73.33	57.51	15.47	0.36
8	青浦	474 930.87	73.19	72.80	0.33	0.06
4	浦东	786 375.50	69.35	67.79	1.05	0.50
5	奉贤	506 491.26	68.97	67.69	1.23	0.05
6	松江	220 562.46	68.55	66.44	1.62	0.49
3	宝山	70 741.25	64.71	62.42	2.29	/
	全市	4 441 454.99	73.13	67.08	5.65	0.40

最后，绿色有机农产品的品种发展不平衡(如表 2 所示)。果品类认证比例最高，达到 16.09%，粮油类次之为 12.38%，蔬菜类 4.08%，西甜瓜 2.5%，水产类和畜产品均不到 1%，分别为 0.52%和 0.16%。

表 2　　2016 年度上海市“三品”认证率分专业统计

排序	分类	获证产品产量(吨)	三品认证率(%)	无公害(%)	绿色(%)	有机(%)
1	粮油类	952 690.34	94.00	81.62	12.19	0.19
2	畜产品	437 776.31	79.85	79.69	0.09	0.07
3	蔬菜类	2 601 620.92	70.86	66.78	4.04	0.04
4	果品类	255 249.79	65.55	49.46	16.05	0.04
5	水产类	68 688.85	51.61	51.09	0.47	0.05
6	西甜瓜	105 255.68	33.20	30.70	2.50	/

（二）产地环境质量

1. 土壤

根据绿色食品对产地环境的要求①，本研究对 3 164 个土壤重金属砷、汞、铅、铬、镉 5 项重金属不完全判别②，结果显示符合绿色样本占比 92.2%，其中崇明区最高为 96.9%，嘉定区最低为 75.2%。根据有机农产品对土壤标准的要求③，全市有机的样本占比 97.2%，其中闵行区样本全部合格，青浦区最低为 93.4%（如表 3 所示）。

表 3　全市土壤重金属符合绿色有机农产品标准情况表

区名	样本总数	符合绿色要求样本		符合有机要求样本	
	个	个	%	个	%
浦东	751	713	94.9	741	98.7
闵行	43	40	93.0	43	100.0
嘉定	165	124	75.2	156	94.5
宝山	58	52	89.7	57	98.3
奉贤	406	381	93.8	399	98.3
松江	244	203	83.2	229	93.9
金山	406	382	94.1	391	96.3
青浦	392	345	88.0	366	93.4
崇明	699	677	96.9	693	99.1
总计	3 164	2 917	92.2	3 075	97.2

另外，从市环保局提供“十一五”期间抽查的 163 个耕地点位结果看，符合绿色食品标准的占 90.2%，符合有机标准的占 90.8%。本研究还对照了浦东、闵行、嘉定、奉贤、松江等区提供的土壤监测结果，本市绝大多数地块都符合绿色、有机农产品标准的要求。

2. 水质

由于缺乏全市范围的水质监测报告，本研究结合本市农产品质量安全中心的监测结果，重点调查了闵行、浦东、嘉定 3 个区，并与及市环保局提供的水质监测数据进行比较。结果显示，灌溉水与养殖用水基本达到绿色、有机农产品标准的要求。

灌溉水方面，闵行区除总大肠菌群有 2 个样品不符合绿色食品，7 个不符合有机产品标准外，其他指标均符合绿色食品和有机产品标准；④嘉定区除粪大肠菌群数外均符

① 具体指《NY/T 1054—2013 绿色食品 产地环境调查、监测与评价规范》。

② 数据来自上海市农业技术推广服务中心服务中心 2012～2015 年农产品产地重金属监测项目，包括全市 9 区土壤样品 3 164 个，布点原则是按照农田面积平均分布，覆盖绝大部分乡镇。土壤样品采集标准为粮田 2 000 亩、蔬菜 500 亩左右。

③ 有机食品的土地标准符合 GB15618—1995。

④ 数据来自闵行区动植物检测检验中心 2016 年委托上海食品安全工程技术研究中心的抽样检测结果，监测对象包括 36 个粮食合作社灌溉水水质样本的 pH、镉、铬、铅、砷、汞、氟、COD 8 个项目参数；40 个蔬菜合作社还增加了总大肠菌群项目参数。

合要求，且这一指标逐年改善，到 2016 年已经全部符合绿色、有机农产品的生产要求。[①]浦东新区样本全部符合绿色食品和有机产品标准要求。[②] 另外，根据市环保局提供的 2016 年水质检测点的月度富营养化指标，9 个涉农区 197 个所测的化学需氧量指标都不超过 60mg/L，五日生化需氧量指标都不超过 15mg/L，均符合绿色、有机农产品产地环境标准的要求。

养殖用水方面，畜禽养殖用水现执行生活饮用水卫生标准，符合绿色食品产地环境标准畜禽养殖用水质量要求。嘉定区的养殖用水监测数据[③]显示，渔业水质的溶解氧基本符合绿色食品产地标准项目。市环保局提供的 2016 年水质检测点的月度富营养化指标与绿色食品渔业水质标准的比较结果显示，部分月份的溶解氧指标不符合要求，但考虑到实际渔业生产采用增氧措施，因此，河道中部分溶解氧指标不符合要求对绿色认证影响不大。

3. 空气

本研究分析 9 个涉农区 2015～2016 年 1～12 月份空气 SO_2、NO_2、CO、PM10、PM2.5、O_3 共 6 项监测数据达标率[④]，并依此计算全市的平均达标率[⑤]（如表 4 所示）。

表 4　　全市空气达标率(%)

区名	SO_2	NO_2	PM10	CO	PM2.5	O_3
浦东	100.0	97.1	98.1	100.0	89.5	85.9
闵行	100.0	95.8	98.2	100.0	91.0	81.7
嘉定	100.0	92.9	96.2	100.0	91.0	75.5
宝山	100.0	91.9	97.0	100.0	93.8	79.6
奉贤	100.0	98.7	97.5	100.0	88.6	83.3
松江	100.0	96.6	98.1	100.0	89.9	77.6
金山	100.0	92.9	96.2	100.0	91.0	75.5
青浦	100.0	97.2	98.3	100.0	83.5	75.8
崇明	100.0	99.5	98.5	100.0	89.1	84.0
平均值	100.0	95.8	97.6	100.0	89.7	79.9

结果显示，除了 O_3 指标外，其余指标均符合绿色、有机农产品产地空气质量要求。对绿色食品来说，SO_2 指标全部符合绿色食品认证的要求，NO_2 的达标率为 95.8%。对有机农产品来说，SO_2 和 CO 全部符合要求，NO_2 和 PM10 的达标率都超过 95%，

① 嘉定区 2014～2016 年对各河流断面取水口水质进行了监测，监测指标包括 pH 值、总汞、镉、总砷、总铅、六价铬、氟化物、化学需氧量、石油类、粪大肠菌群数共 10 项。其中，粪大肠菌群数最高值已从 2014 年的 54 000 个/100mL 降至 2016 年的 700 个/100mL。

② 浦东新区在主要河道抽取了 20 个灌溉水样，监测项目为 pH 值、汞、镉、砷、铅、六价铬、氟化物。

③ 嘉定区水产养殖渔业水质检测指标与绿色食品产地环境标准渔业水质要求指标不完全一致。其中，有 2 项符合绿色食品产地环境标准渔业水质要求，分别是色臭味项检测均无异色、异臭、异味，pH 值稳定在 6.5～8.5；渔业水质的溶解氧指标普遍≥4mg/L，绿色食品标准要求溶解氧指标>5mg/L。

④ 原始数据来源于市环保局。

⑤ 6 项指标按有机产品标准要达到 GB3095—2012 规定的二级限值要求，SO_2 与 NO_2 同时符合绿色食品产地环境标准 NY/T 391 的要求。

PM2.5 达标率则接近 90%，O_3 达标率最低为 79.9%。

(三)认证主体类型、生产规模、行业分布、区域分布情况

1. 绿色食品获证主体情况分析

表 5 分类统计了全市已获证绿色食品的主体类型。结果表明，合作社和企业分别有 144 个和 62 个，是本市绿色食品认证的主体类型，分别占全市 69.56%和 29.95%，个体工商户相对较少。

表 5　　全市绿色食品获证主体情况调查

分类	合作社	企业	个体工商户	其他
个数	144	62	1	0
规模(公顷)	6 905.8	36 909.29	2	0
产量(吨)	100 312	333 697	20	0
名牌产品	10	14	0	0
著名商标	10	13	0	0

注：由于蔬菜产品复种指数高，种植规模数据包含复种面积统计。

表 6 分析了全市已获证绿色食品的行业类型。结果表明，全市绿色食品认证存在产业发展不平衡，主要集中于种植业产品。按数量排列依次为瓜果、粮油、蔬菜、水产品、畜牧业、食用菌、纯加工品及其他。其中，瓜果、粮油、蔬菜的认证产品数分别为 132 个、67 个和 61 个，共计占认证产品总数的 89.3%；而水产品、畜牧产品由于政策导向、认证要求高等原因，使得认证产品数、产量、规模等均较低。

表 6　　全市绿色食品获证产品情况调查

分类	蔬菜	食用菌	瓜果	粮油	畜牧业	水产品	纯加工品
个数	61	7	132	67	7	15	2
规模(公顷)	3 550.37	22.9	2 566.08	36 594.1	0	1 082.74	0
产量(吨)	137 360.5	32 280	62 043.6	189 927.8	292.5	624.6	11 500

注：由于蔬菜产品复种指数高，种植规模数据包含复种面积统计。

表 7 分析了全市 9 个涉农区及 2 个市级农业企业的企业数和产品数。结果表明，绿色食品认证存在区域发展不平衡，各区之间存在显著差异。崇明区的企业数和产品数均在四成以上、领先于金山、浦东、奉贤、松江四个区，其余区绿色食品认证相对较少，特别是宝山区由于工业化发展和产地环境不利等因素，基本没有绿色食品。

表 7　　绿色食品认证企业和产品分布情况

区名/集团名	企业数(个)	企业数占比(%)	产品数(个)	产品数占比(%)
浦东	19	9.18	45	15.46
闵行	9	4.35	9	3.09
嘉定	9	4.35	10	3.44
宝山	0	0	0	0

续表

区名/集团名	企业数(个)	企业数占比(%)	产品数(个)	产品数占比(%)
奉贤	18	8.7	20	6.87
松江	16	7.73	20	6.87
金山	27	13.04	31	10.65
青浦	10	4.83	10	3.44
崇明	87	42.03	126	43.3
光明	9	4.35	17	5.84
上实	3	1.45	3	1.03

2. 有机农产品获证主体情况分析

表 8 发现，本市有机农产品认证的主体类型主要为企业和合作社，数量分别为 39 个、20 个，另有 1 家以事业单位为主体类型。

表 8　　全市有机产品获证主体情况调查

分类	合作社	企业	个体工商户	国有农场	事业单位	其他
个数	20	39	0	0	1	0
规模	526.89 公顷	2 157 公顷＋0.013 万头	0	0	40.3	0
产量(吨)	2 746.735	21 183.82	0	0	146.5	0
名牌产品	6	5	0	0	0	0
著名商标	5	7	0	0	1	0

注：由于蔬菜产品复种指数高，茬次多，种植规模数据包含复种面积统计。

表 9 表明，全市有机农产品主要集中分布于种植业产品，而畜牧养殖业产品均较少。其中，粮油类有机产品认证产量最大，为 11 329.17 吨，占全市有机农产品认证总量的 47.1%；蔬菜类为 8 967.71 吨，占全市有机农产品认证总量的 37.2%；食用菌和瓜果认证产量较少，分别占全市有机农产品认证总量的 8% 和 5.1%；畜牧业和水产品分别认证 420 吨和 142.82 吨，分别仅占全市有机农产品认证总量的 1.7% 和 0.6%。

表 9　　全市有机产品获证产品情况调查

分类	蔬菜	食用菌	瓜果	粮油	畜牧业	水产品	纯加工品	其他
个数	470	10	13	40	1	9	0	8
规模(公顷)	684.9	24.28	326.96	1468.71	0.013 万头	225.36	0	6.05
产量(吨)	8 967.71	1 916.19	1 220.59	11 329.17	420	142.82	0	80.58

注：由于蔬菜产品复种指数高，茬次多，种植规模数据包含复种面积统计。

目前，我国有资质可开展有机农产品认证的机构有 40 余家，其中在沪开展有机农产品认证的机构有 9 家(如表 10 所示)，认证有机企业的数量分别为：南京国环 36 个、中绿华夏 10 个、北京中安 5 个、浙江万泰 5 个、中合金诺 2 个、北京五岳 2 个、爱科赛尔 1 个、新疆生产建设 1 个、以及中环联合 1 个。其中，经由南京国环认证的企业数占比

57.1%，中绿华夏占比15.8%，其余约27%为其他认证机构认证。

表10　　在沪开展有机产品认证机构情况调查表

分类	中绿华夏	南京国环	浙江万泰	北京中安	爱科赛尔	中合金诺	新疆生产建设	北京五岳	中环联合
个数	10	36	5	5	1	2	1	2	1
规模(公顷)	982.82公顷+0.013万头	1 532.27	17.86	93	11.24	14.79	26.79	41.3	4.97
产量(吨)	7 793.5	12 073.78	337.98	2 231.74	363.4	622	294.9	344.96	14.8

注：由于蔬菜产品复种指数高，茬次多，种植规模数据包含复种面积统计。

从以往的调查和监管情况看，各有机认证机构对有机认证标准的把握，宽严不一，甚至出现存在矛盾的现象，如同一家申报主体，在一家认证机构通不过有机认证，换了另一家就能通过；或者同一家申报主体，因达不到相应标准未通过绿色食品认证，但转而申报某家机构的有机认证，便能轻松获得有机认证证书。

鉴于以上原因，加之上海耕地面积小，人口相对稠密，有机农业生产区域很难和常规农业生产区域进行有效的生态隔离，故本研究认为，综合考虑，上海更适宜大力发展绿色食品。

（四）无公害农产品的绿色升级潜力分析

基于本市农业发展水平，绿色食品应当成为现有无公害农产品提升的方向。因此，表11仅分析了本市已获证的无公害农产品企业的绿色升级潜力。结果表明，如果按照绿色食品的申请准入规模是无公害认证规模的2倍[①]来计算，全市1 797家无公害农产品认证主体中，只有319家具备升级潜力(如图4所示)，数量占比17.8%，产量占比12.2%，均不到20%，可以升级的产量仅占全市地产农产品商品量的9.0%，升级潜力低下。虽然42家水产品企业和17家畜牧业企业符合上述规模升级条件，但由于养殖饲料问题难以解决，养殖业的升级潜力几乎为零(如图5所示)。

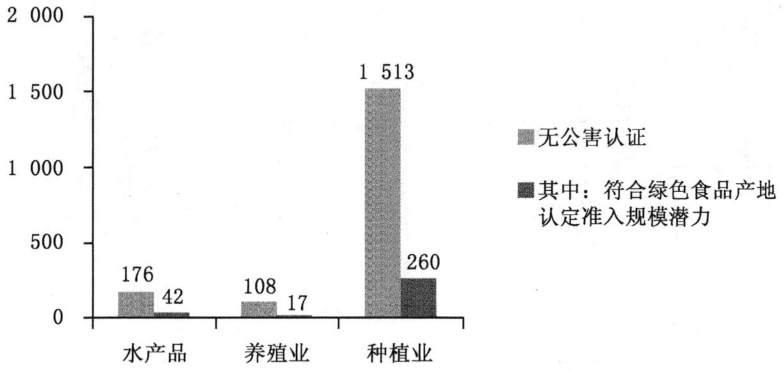

图4　上海市无公害升级绿色有机潜力企业数

① 本市现在执行的绿色食品认证规模。

表 11　无公害农产品的绿色升级潜力分析

分类	产品	2015 年底商品量（吨）	无公害认证				符合绿色食品产地认定准入规模潜力			
			准入规模	企业数量（个）	生产规模（公顷、万头、万羽）	产量（吨）	准入规模	企业数量（个）	生产规模（公顷、万头、万羽）	产量（吨）
水产品	所有	116 949	2 公顷（工厂化养殖 1 000m³）	176	8 961.79	59 119	4 公顷（工厂化养殖 1 000m³）	42	1 910.53	19 627
养殖业	猪肉	221 445	1 000 头/年（出栏）	33	96.71 万头	162 361	2 000 头/年（出栏）	7	25 万头	22 625
	牛肉	0	100 头（存栏）	0	0	0	200 头（存栏）	0	0	0
	禽肉	35 565	2 万羽/年（出栏）	40	1 571.1 万羽	20 385	4 万羽/年（出栏）	4	221 万羽	3 720
	禽蛋	45 328	5 000 羽（存栏）	12	228.8 万羽	9 167	10 000 羽（存栏）	1	6 万羽	554
	奶牛	275 368	100 头（存栏）	17	0.45 万头	28 260	200 头（存栏）	3	0.2 万头	10 400
	羊	0	180 头（存栏）	6	4.33 万头	4 371	360 头（存栏）	2	1.08 万头	516
种植业	蔬菜	3 055 367	1 公顷（蔬菜园艺场除外）	598	34 484.91	2 288 934	2 公顷（蔬菜园艺场除外）	125	6 082.94	296 310.54
	食用菌	143 631	工厂化栽培：300 公斤/日	25	7 098.61	24 343	工厂化栽培：600 公斤/日	9	24.9	7 983
		0	一般栽培：0.5 公顷	67	47 291.45	123 540	一般栽培：1 公顷	14	12 030	6 634
	稻米、小麦	759 595	10 公顷	276	66 916.46	747 571	20 公顷	23	8 539.24	60 606.91
	西瓜、甜瓜	243 846	6 公顷	106	1 750.33	92 706	12 公顷	5	34	1 080
	草莓	323 644	1 公顷（含轮作备用地）；（特殊品种 1 公顷）	86	868.73	15 994	2 公顷（含轮作备用地）；（特殊品种 2 公顷）	15	358.33	6 274
	果树		2 公顷（特殊品种 1 公顷）	280	7 960.19	248 109	4 公顷（特殊品种 1 公顷）	35	719.78	12 163.25
	多品种混种		4 公顷	75	4 151.23	39 270	8 公顷	34	1 603	22 032
合　计			无公害企业总数 1 797 个，产量 3 864 128.37 吨，其中，种植业企业数 1 513 个，生产规模 170 521.905 公顷，产量 3 580 466.04 吨；水产品企业数 176 个，生产规模 8 961.79 公顷，产量 59 119.42吨；养殖业企业数 108 个，产量 224 542.91 吨				具备升级潜力企业总数 319 个，总产量 470 525.7 吨，其中，种植业企业数 260 个，生产规模 29 392.19 公顷，产量 413 083.7 吨；水产品企业数 42 个，生产规模 1 910.53 公顷，产量 19 627 吨；养殖业企业数 17 个，产量 37 815 吨			

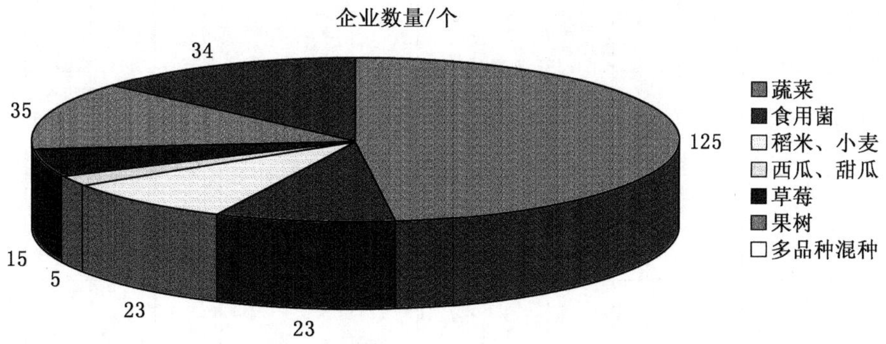

图 5　上海市无公害种植业产品升级绿色有机潜力企业分布

结合本市农业面积规模较小，今后发展的重点是推进区域性绿色食品的整体认证与产业化发展，本研究将绿色食品的准入规模要求与无公害农产品准入规模相同，重点分析了现有无公害种植业企业（除了食用菌）的绿色升级潜力（如表 12 所示）。结果说明，已经获得无公害认证的 1 421 家种植业企业中，平均生产规模从大到小为稻米、蔬菜、果蔬、西甜瓜①，平均产量从大到小为蔬菜、稻米、水果、西瓜、甜瓜。当前，上海蔬菜自给率 50%以上（绿叶菜的自给率 90%以上），稻米、水果、西甜瓜的自给率约 15%，大力推进蔬菜的绿色食品认证工作，既提升了本市“菜篮子”产品质量的保障水平，又增强了市民对优质农产品的获得感。因此本研究认为这些无公害认证的企业中升级潜力由大到小的顺序，即优先发展为绿色有机的顺序应该是：蔬菜、稻米、果树、西瓜、甜瓜，最后在条件具备的情况下再发展水产品和畜牧产品以及加工品。

表 12　无公害种植业企业绿色升级潜力

产品	准入规模	数量（家）	生产规模（公顷）	平均规模（公顷）	产量（吨）	平均产量（吨）
蔬菜	1 公顷	598	34 484.91	57.67	2 288 933.95	3 827.65
稻米、小麦	10 公顷	276	66 916.46	242.45	747 570.52	2 708.59
西瓜、甜瓜	6 公顷	106	1 750.33	16.51	92 705.95	874.58
草莓	1 公顷（含轮作备用地）	86	868.73	10.10	15 993.8	185.97
果树	2 公顷（特殊品种 1 公顷）	280	7 960.19	28.43	248 109.21	886.10
多品种混种	4 公顷	75	4 151.23	55.35	39 269.8	523.60

注：生产规模、平均生产规模是指亩次。

（五）工作体系情况分析

表 13 反映出本市 9 个涉农区和 2 个市级农业企业的绿色有机农产品工作机构及人员基础。区、乡镇两级工作机构均同时承担无公害农产品、绿色食品和农产品地理标志不同阶段的申报及管理工作，所以统计机构均为挂靠机构，工作人员均为兼职。结果表明，除市级工作机构人员 14 人为专职外，区级工作机构 76 人和乡镇级工作机构人员 127 人均为兼职，认证只是其一部分工作。

① 草莓、多品种混种由于量小，可忽略。

表 13　**上海市绿色认证工作体系队伍情况统计**

所属地区/集团	市级机构			性质	区级机构						镇(乡)级机构					
					专职机构			挂靠机构			专职机构			挂靠机构		
	数量(个)	专职(人)	兼职(人)		数量(个)	专职(人)	兼职(人)	数量(个)	专职(人)	兼职(人)	数量(个)	专职(人)	兼职(人)	数量(个)	专职(人)	兼职(人)
上海	1	14		全额												
浦东								1		5				20		13
闵行								1		6				3		8
嘉定								1		6				9		6
宝山								1		6				5		10
奉贤								1		10				7		12
松江								1		6				7		8
金山								1		18				10		20
青浦								1		6				12		15
崇明								1		4				17		35
光明								1		1				0		0
上实								1		8				0		0
合计	1	14						11		76				90		127

（六）现有支持政策及未来政策需求分析

1. 现有支持政策

根据各区的调研报告，大部分区对“三品一标”都制定了政策文件，政策主要体现在：

一是资金奖补引导。从各区调查，各区（光明食品集团除外），均已出台相关政策对企业认证绿色食品、有机产品给予数额不等的直接资金奖补，松江区、青浦区虽无出台政策，但也都有配套奖补支持“三品一标”发展，总体来看，各区的直接资金奖补能够基本补偿绿色食品、有机农产品认证过程中发生的各类认证费用。

二是项目配套推动。各区普遍把申请农民专业合作社项目资金扶持、农业产业化贷款贴息、农业旅游项目资金扶持、标准化示范场（园）资金扶持以及农业企业各类评优评奖等与“三品一标”农产品认证挂钩，未通过农产品认证的，不给予资金扶持或评优推荐。

三是政府绩效考核协同。从2012年起，市农委将“三品认证率”纳入对区政府的考核指标，促进了各区“三品”认证工作的快速提高。

2. 未来政策需求

一是加大政策整合力度。进一步加强部门之间的沟通和联系，形成合力，将农产品认证与标准化示范区（园、场）建设、农业产业化龙头企业认定等相结合，以农产品是否通过认证作为项目实施、验收和获得政策扶持的前置条件或重要指标。

二是加大奖补力度。面对大市场、大流通的竞争格局，地产绿色有机农产品在市场竞争中还处于劣势，有些地方还出现“劣币驱逐良币”的现象，绿色食品、有机产品市场的优质优价还需一定阶段的培育。市级层面要加大对绿色有机农产品奖补力度，提升企业生产优质农产品的积极性。

三是加强市场渠道推介力度。与多部门联合出台综合鼓励措施，鼓励集体用餐配送单位、中央厨房、学校食堂、中型以上饭店、连锁餐饮企业优先采购本市地产绿色食品、有机产品，优先采购本市具有优良品种、优异品质、优秀品牌的“三优”绿色食品龙头企业产品。

四是加强品牌宣传力度。鼓励各级农业部门、绿色食品、有机产品企业通过电视、报刊、网络等现代媒体，积极开展绿色食品、有机农产品、品牌农产品宣传，提升市民对品牌农产品认识，促进产销对接，培育优质优价的市场氛围，提高生产者自愿申请绿色有机认证的内在动力。

三、制约本市绿色有机农产品发展的问题分析

（一）对发展的重要意义认识还普遍不够

从各区来说，大部分区尚无专门绿色有机农产品工作规划和设定工作目标，没有预算专门的绿色食品工作经费，个别区分管领导对绿色食品发展认识不足，甚至还准备取消对绿色食品的奖补政策。

各产业管理部门及技术推广部门也以抓好日常生产管理为主要工作，没有将发展

绿色有机农产品作为工作的一部分，对绿色有机农产品相关政策、标准了解不透，在技术推广上，绿色有机生产技术推广意识不强。

（二）全市发展绿色有机农产品的工作的合力还不足

由于对发展绿色有机农产品的重要性认识不足，因此各部门普遍认为发展绿色有机农产品主要是认证部门的工作，造成了目前生产管理部门和绿色有机农产品发展部门的工作还基本上处于各自为政的状态。

（三）符合绿色有机生产要求的投入品严重缺乏

一是本市农药重点推荐品种难以满足绿色食品生产。从已经获证企业调查情况看，有 21%的企业觉得绿色食品农药清单难以遵守。对比分析《NY/T393－2013 绿色食品农药使用准则》和《上海市 2017 年农药重点推荐品种》（如表 14 所示），本市的农药推荐是明确生产企业生产的某个农药产品，农业部的绿色食品农药使用准则主要明确哪些农药产品可用于绿色食品生产。准则中绿色食品生产允许使用的农药和其他植保产品清单中共列出了 181 种农药及其他植保产品，而上海市 2017 年农药重点推荐品种有 144 种[①]，其中仅 84 种农药可以在绿色食品生产中使用。

表 14　　本市 2017 年农药重点推荐品种与绿色食品农药清单对照

序号	行业	农药种类	推荐农药品种个数	可用于绿色生产的个数	不可用于绿色生产的个数
1	粮油	杀虫剂	24	14	10
2		杀菌剂	23	9	14
3		杀鼠剂	2	0	2
4		除草剂	13	5	8
5	蔬菜	杀虫剂	25	18	7
6		杀菌剂	23	17	6
7	瓜果	杀虫杀螨剂	8	6	2
8		杀菌剂	25	15	10
9		除草剂	1	0	1
合计			144	84	60

在 84 种可以在绿色食品生产上使用的农药当中，由于农药登记作物的限定[②]，绿色生产中经常出现无药可用的情况。例如，本市 2017 年农药重点推荐品种蔬菜目录中，在有 18 种杀虫剂和 17 种杀菌剂在绿色食品上可以使用，但这些农药所登记使用的作物大多只有 1 种，无法满足蔬菜病虫害防治的需要。按照现在的推荐农药清单，本市种植面积较广的生菜、芦笋等作物在申请绿色认证过程中会出现没有一种杀虫剂和杀菌剂可以使用的窘迫情况。[③]

① 不含性诱剂、杀虫灯等绿色防控产品。

② 即按照登记时所规定的作物使用，如超范围使用为违法行为。

③ 从农业部农药鉴定所“中国农药信息网”查询也可以得到同样的结果，http://www.chinapesticide.gov.cn/hysj/index.jhtml。

二是绿色有机生产资料的认定严重不足，也阻碍了绿色有机农产品的发展。本市目前仅有 2 家生资企业通过了绿色食品生产资料的认定，仅有 1 家企业通过了中绿华夏有机微生物菌肥的生产资料认定。生资认定很少的原因主要有三点：一推行工作力度不够；二生资的认定费用较高；三补贴政策没有涵盖生资补贴。

三是绿色有机农产品生产的原料供应也严重短缺，造成畜牧、水产养殖场以及加工产品申报绿色食品、有机产品发生困难。无论绿色食品，还是有机产品，在申报绿色和有机认证时，都要求喂养动物时吃的饲料必须是绿色有机认证过或者是按照绿色有机生产方式生产的，绿色有机加工品的原料也要求必须是经过认证的或是原料基地提供的，目前由于绿色有机原料不足，远不能满足规模化畜牧养殖场、水产养殖场及加工厂的认证需要。

（四）生产主体方面存在的问题

一是符合申报条件的生产主体缺乏认证积极性。生产主体追求效益第一位，绿色有机农产品在没有形成品牌的情况下，还不能实现优质优价，投入与产出不成正比，影响了申报积极性。从绿色食品企业调查情况看，85％的受访企业认为绿色食品生产增加了企业成本，28％的受访企业认为生产绿色食品是政府部门的要求，但已经通过绿色食品认证的企业超过 95％的受访企业有意愿继续保持绿色食品认证。

二是生产主体综合素养不高。绿色有机农产品要求生产主体具备先进的经营理念和管理、技术、设施水平，本市大多数合作社管理人员年龄偏大，文化水平不高，技术、管理、设施均难以达到绿色食品有机农产品标准要求。

三是生产规模小、专业化程度不高。目前本市除粮食生产有一定规模外，其他如蔬菜、经济果林生产总体规模小，种植品种多，增加了认证难度。

（五）生产过程中存在的主要问题

一是近 10％的土壤由于重金属的超标不符合绿色有机标准的要求，对于这些超标的点位，亟须修复治理。本市对农业生产的产地环境缺乏统一的监测评价规划和安排，没有掌握本市产地环境质量的“家底”，现在的监测要素和指标还不全面，没有达到指标要求全覆盖。

二是管理水平粗放与绿色有机农产品的严要求存在差距。体现在生产主体的生产管理制度与规程的制定与遵循，生产全过程的质量控制，记录文件，质量追溯、人才队伍等还不能达到绿色食品、有机产品的管理标准的要求，亟待提高和规范。

三是绿色有机农产品高投入与市场营销中还不能完全做到优质优价。超过 85％的企业认为绿色有机农产品生产过程投入成本高，技术水平高，产品本身体现高安全、高质量，赋予了绿色、环保、可持续发展社会效益，生态效益。但市场营销人力、资金和经验都不足，营销成本高，好产品卖不上好价钱。在商品市场上，50％的绿色食品企业对产品销售情况不满意，40％的绿色食品企业产品不能当年完全销售，36％的绿色食品企业认为绿色食品与常规产品没有价格差异，消费者对高品质高价格的绿色有机农产品的接受度还有限，绿色产品不能全面实现优质优价，影响生产者积极性。

(六)工作机构及专业队伍方面存在的问题

一是区“三品一标”工作机构不健全、经费不足。金山区、闵行区挂牌成立农产品质量安全中心,其他区均为区农委农产品质量安全职责科室或农委下属事业单位兼职承担“三品一标”认证管理工作,没有专门机构,绿色食品认证管理、指导、服务、证后监管难以得到充分保障;只有金山区、崇明区有工作经费,其他区级对口工作机构均没有专门绿色食品认证工作经费,制约绿色食品、有机产品工作开展。

二是队伍人才不足、经费不足。区、乡镇绿色食品检查员、监管员队伍以兼职为主,乡镇检查员、监管员待遇水平普遍偏低,队伍老龄化,队伍不稳定,交通保障困难,工作专业性、积极性、主动性欠缺,服务指导水平不高。

(七)现有政策方面存在的问题

根据各区机构、工作经费、绿色食品奖补情况摸底统计(如表 15 所示),现有政策方面存在的问题如下。

表 15　各区机构、工作经费、绿色食品奖补情况摸底统计

区/集团	绿色食品、有机产品区农委奖补情况		对口专门工作机构	工作经费
	绿色食品	有机产品		
浦东	5 万元/绿色食品,20 万元封顶	5 万元/基地,20 万元封顶	无	无
闵行	200 元/亩	200 元/亩	有	无
嘉定	50%配套市财政奖补	50%配套市财政奖补表	无	无
宝山	2 万元/企业,封顶 10 万元	3 万元/企业,封顶 15 万元	无	无
奉贤	2 万元/绿色食品	3 万元/基地	无	无
松江	1 万元/企业	无	无	无
金山	3 万元/绿色食品,封顶 7 万元	5 万元/基地	有	1 万元(绿色内检员培训)
青浦	50%配套市财政	10 万元/基地	无	无
崇明	3 万元/绿色食品,封顶 7 万元	6 万元/基地	无	有
光明	无	无	无	无

一是直接补贴力度不平衡。有些区绿色有机农产品认证补贴标准高,如浦东新区绿色食品企业补贴 5 万元/张证书,每个获证企业 20 万元封顶。有些区补贴标准低,如嘉定、青浦等区只是与市财政补贴额度 50%比例配套,而光明食品集团除了市财政补贴外,集团没有额外补贴,调查普遍反映希望市、区建立统一的补贴标准。

二是直接补贴额度不够。现行补贴政策市财政“三品一标”认证产品按获证产品产量 85 元/吨补贴,每个企业绿色食品补贴下限 8 000 元,上限 5 万元;有机农产品每个企业补贴下限 1 万元,上限 6 万元。绿色有机产品获证产品测算补贴标准为 0.085 元/公斤,需要 580 吨以上产量才能获得补贴上限,有机产品要 700 吨以上才能获得补贴上限。对很多小规模生产企业、合作社扣除绿色食品、有机产品认证费用,实际享受到的补贴已经很低了,在市场品牌优势还未建立的情况下,这一补贴标准对申报主体的吸引

力极为有限，从企业调查看，64%的受访企业认为补贴政策不到位。

三是产业引导政策对绿色有机农产品倾斜不够。各区农委已经将“三品一标”认证纳入农业产业化、农业标准化、三园两场建设等项目的前置条件，但绝大部分仅以通过无公害认证作为通过条件。各生产主体也习惯于通过标准要求最低的无公害农产品认证满足项目前提要求，对要求较高的绿色食品、有机产品由于政策上没有特别要求，生产主体积极性不高。

（八）认证后的可持续发展问题

一是持续满足绿色有机农产品技术标准要求难点长期存在。绿色食品、有机产品对农药、肥料的限制使用，需要种、土、肥、水、病、虫、草综合配套技术服务，而目前相关成熟的技术成果不足，有些成果也没有与农户及企业实现有机结合，缺乏综合控制病虫草害技术，精准科学施肥技术。

二是生产方式、经营模式尚未取得“现代化”突破。大多数农产品企业规模小，生产技术水平粗放，经营理念、经营模式传统。龙头企业和专业合作经济组织规模小、实力弱，带动力不强，与广大农户之间还缺乏有效、合理的利益分配调节机制，使千家万户的小生产，始终难以实现现代标准化生产、规模化经营，品牌化销售，有影响力的拳头产品总量少，面对上海“大市场、大流通”的商品格局，生产规模、生产成本、生产效率、特色品质、特色品牌、市场营销等难以形成显著优势，影响了发展绿色有机农产品的积极性。

三是市场价格优势体现不普遍。价格优势来源于品牌，品牌农产品的打造，优良的品种是基础，优秀的品质是保障。认证产品最终还是靠“优秀品质与质量安全”打动消费者，而补贴政策的扶持具有阶段性，补贴资金数额不可能足够，从长远看申报主体还是要在市场竞争中获得综合经济效益。效益不好，企业持续保持绿色食品、有机产品认证积极性就会受影响。

（九）品牌建设方面存在的问题

一是品牌创建意识不强。受传统农业生产经营观念的影响，当前许多农业生产者满足于传统的营销模式和已有的销售渠道，对打造品牌缺乏应有的认识，创建品牌的积极性不高，品牌建设力度不大，产品打入大市场的不多。不少农民、企业生产者存在依赖政府的心理，创建品牌的主动性、自觉性不高，缺乏品牌意识。从企业调查情况看，超过 70%的受访企业有意愿打造企业绿色食品品牌。

二是品牌影响力不大。品牌的档次较低，品牌效应没有得到充分发挥，品牌产品对农业的带动和辐射作用不明显，真正在市场上叫得响的不多。农产品大多集中于原材料、初加工、传统产业，初级产品比重大，加工企业规模小，加工精度和开发深度不够，产品大众化，产品不“特”，科技含量不高，制约了品牌建设。

三是品牌产品规模小。品牌产品生产能力低下，生产分散，规模较小，企业与基地、农户之间关系松散，对产业的带动性较弱。企业与产业之间比例失衡，出现有产业，无龙头；大产业，小龙头等现象。

四是农产品品牌管理薄弱。消费者对品牌农产品认可度不够，占有市场份额不高。企业对品牌产品的质量、形象设计、品牌定位、品牌传播与品牌保护等方面重视力度还不够。在品牌管理方面资金投入较少，缺乏专业的品牌管理人才。

四、发展目标

（一）总体目标

绿色发展代表了未来中国农业的发展方向，更是特大型城市都市现代农业确保质量兴农发展的新焦点。按照习近平总书记在 2017 年“两会”提出的“主攻农业供给质量，注重可持续发展，加强绿色、有机、无公害农产品供给”的精神，遵循十八届五中全会提出的“创新、协调、绿色、开放、共享”的发展理念，结合《上海市现代农业“十三五”规划》相关要求，“十三五”期间，本市现代农业将绿色发展理念与绿色发展价值相结合，拓展有效推进绿色发展的新诉求，努力实现本市绿色有机农产品产业规模持续扩大，以涵养绿色环境作为自然前提，以转变绿色发展方式作为重要前提，以发展绿色技术作为技术支撑，以提倡绿色消费行为作为发展途径，实现本市农产品质量水平大幅提升。

（二）近期目标与中长期目标

根据各区提出的绿色有机农产品发展目标，本研究估算了本市的最低的发展目标（如表 16 所示），并据此提出本市绿色食品和有机农产品近期、中期、长期发展目标，即：

近期目标：到 2018 年绿色有机农产品认证率达 10%以上；

中期目标：到 2020 年绿色有机农产品认证率达 20%以上；

长期目标：到 2030 年绿色有机农产品认证率达 30%以上。

表 16　上海市各区绿色有机农产品认证近期与中长期目标统计

区名/集团	2016 年绿色有机认证产量（吨）	2018 年目标		2020 年目标		2030 年目标	
		认证率（%）	认证产量（吨）	认证率（%）	认证产量（吨）	认证率（%）	认证产量（吨）
浦东	17 622.75	5%	62 379.74	10%	119 077.90		119 077.93
闵行	3 646.86		3 646.86		3 646.86		3 646.86
嘉定	4 759.08		4 759.08	15%	39 113.13	60%	151 907.26
宝山	2 500		2 500		2 500		2 500
奉贤	9 409.06		9 409.06	翻一番	18 444.56		18 444.56
松江	6 785		6 785	5%	17 676.87	10%	33 765.75
金山	21 482.53		21 482.53	15%	109 207		109 206.97
青浦	2 549.82	5%	32 828.91	10%	65 273.01	15%（2022 年目标）	97 717.10
崇明	219 660.56	35%	481 072.06	50%	681 993.70		681 993.67
光明	78 985.80		78 985.80	90%	451 003.80		451 003.80
全市估算	367 401.46	11.6%	703 849.03	25.3%	1 507 937	28.1%	1 669 263.90

根据 20%的“十三五”中期发展目标[①]，按照本研究分析得出的产业优先发展顺序，

① 据统计，本市“十二五”末期绿色有机农产品总认证率为 5.7%。

即蔬菜→粮油→水果→有条件后再发展绿色养殖业，结合现有认证基础，①测算出到"十三五"末，本市蔬菜、粮油、水果的绿色有机认证率分别至少需要达到 20%、50%、50%。

五、实现路径与对策措施

（一）实现路径

要扩大本市绿色食品和有机农产品的供应量，达到上述发展目标，应该做到"以点带面、基品兼顾、先种后养"。

一是从工作布局来看，要"以点带面"。首先做好崇明重点区域的绿色有机农产品的认证推进工作，积累经验，然后复制推广到各个区。

二是从工作推进方式来看，要"基品兼顾"。在开展产品认证的同时，推进绿色食品原料标准化生产基地的建设，每个区都要结合自己区域特色产品来建设绿色食品原料标准化生产基地，为绿色食品和有机农产品认证打好基础。

三是从工作抓手来看，要"先种后养"。紧紧围绕"菜篮子""米袋子"及其精深加工产品加以推进，在大力推进种植业产品认证的同时，加快推进绿色食品和有机农产品生产资料的认定，不断提高畜禽产品（乳制品）和水产品的比例，满足消费结构多样化的要求。亦即按照前文所述的优先发展为绿色有机的顺序应该是：蔬菜、稻米、水果，在条件具备的情况下再接力发展水产品和畜牧产品以及加工品。

（二）对策措施

1. 提升认识，形成合力

注重统一思想，加强完善体制机制。发展绿色有机农产品是国务院赋予农业部门的重要职能。本市各级农业行政管理部门和工作机构要从新时期农业农村经济发展的全局出发，充分认识发展绿色食品和有机农产品的重要意义，落实农业供给侧结构性改革任务，始终把扎实推动都市现代绿色农业发展、持续推进本市农业现代化作为转变农业发展方式的关键环节，把绿色安全放在更加突出的位置，坚持以绿色、质量、效益为目标，推动绿色农产品比重逐年上升，带动有机农产品发展。在市级层面建立推进绿色有机农产品发展工作小组，协调各部门、各处室共同推进全市绿色有机农产品发展工作，将生产推广部门的工作中心聚焦到绿色有机农产品标准化生产技术的推广上来。

形成全市合力，共同推进绿色发展。始终把发展本市绿色有机农产品作为推动农业转型升级、强化农产品质量安全工作的重要内容。注重规划引领作用，总结推广绿色发展经验，提出本市绿色有机农产品发展实施办法，争取将其纳入本市农业农村经济发展整体规划。

2. 完善标准，按标生产

强化源头管理，完善地方标准体系。切实加强源头生产管理，建立一套与都市现代农业标准化工作相适应的、科学合理的农业标准化体系。加大推动绿色有机农产品技

① 绿色有机蔬菜认证率 4.08%、粮油 12.38%、果品 16.09%。

术操作规程标准、生产管理标准等的制定。筛选和组装配套适用的生产技术，推动农产品生产全程质量控制。推动以绿色有机农产品为代表的现代农业基础设施标准化建设，提高绿色有机农产品标准化生产普及程度。

促进园区共建，发挥示范带动效果。在大力推进农业标准化过程中，要着力抓好生产基地建设与发展绿色有机农产品相结合，如创建农业标准化示范县(区、农场)、科技示范场、优粮工程基地、无规定动物疫病区等。发挥骨干企业的引领作用。指导国家级、市级农民专业合作社示范社生产绿色有机农产品，发挥其在标准化生产中的示范带动作用。

3. 扩大规模，扶强主体

提高组织化水平，提高产业化规模化程度。大力引导各类龙头企业，特别是国家级和市级农业产业化龙头企业、大型食品企业、外向型企业发展绿色食品，指导地市级以上农民专业合作社示范社发展绿色食品，鼓励引导地方特色农产品生产主体大力发展绿色食品。引导农产品生产者以绿色食品和有机农产品生产为目标，实施生产全过程管理，建立农产品生产档案，提高生产水平和产品质量。

推进基地建设，扩大绿色农业比重。稳步推动绿色食品原料标准化基地建设，强化产销对接，促进基地与加工(养殖)联动发展，在崇明创建本市首个绿色食品原料标准化基地的基础上，适时总结经验，结合各区特色优势产业创建一批绿色原料基地，以基地建设带动周边生产，全面提高农产品质量安全水平，为后续绿色养殖业和加工业的认证建立基础，打造一批绿色食品生产、加工、销售、餐饮、体验、休闲融为一体的绿色食品综合示范园区。绿色发展条件较好的特色农产品主要包括各区的水稻、崇明的花椰菜和柑橘、青浦的茭白和草莓、奉贤的黄桃和蜜梨、松江的水晶梨、金山的蟠桃、浦东新区的8424 西瓜和水蜜桃、嘉定的葡萄等。

协调认证资格，推动蔬菜园区认证。改进本市目前执行的绿色食品认证规模要求，与工商部门协调解决家庭农场(或其他主体)由于规模偏小、没有主体注册资格而不能申请绿色有机认证的尴尬局面。针对蔬菜单个主体生产面积小，种植品种多、难以认证的情况，将全市 152 家市级蔬菜标准园和 24 家部级蔬菜标准园实行以园为单位进行认证。

4. 狠抓农资，制定清单

强化农资供应，保障绿色生产需求。依据《NY/T393—2013 绿色食品、农药使用准则》的规定，在扩大绿色食品可使用农药在本市常规种植品种登记范围的基础上，联合相关部门加快制定并推荐“本市绿色食品农药使用目录清单”，并通过在农资销售门店设置“绿色农药专柜”，为农业生产主体提供选购便利。

掌握发展基础，扩大农资供应主体。梳理本市肥料、农药、饲料及饲料添加剂、兽药、食品添加剂等适合进行绿色有机生产资料认定的企业名单，开展申请认定指导，争取在本市认定一批合适的绿色有机生产资料企业，为绿色食品和有机农产品的发展打下基础。

5. 修复环境，持续发展

强化监测评价，确保产地环境优良。加快开展不合格土壤的修复工作，制定全市统一的产地环境监测评价制度和土壤修复办法。按照绿色农产品生产标准设计产地环境监测计划，预算专门监测经费，确保水、土、气每年都能按照计划进行监测，摸清“家底”。建立全市不合格区域、地块的数据库，对全市不符合绿色食品标准的土壤开展有针对性的土壤环境修复和管控工作。开展产地环境治理研究，进一步优化种植结构，研究制定本市耕地休耕标准，制修订产地环境评价规范、集中力量解决土壤盐渍化等突出问题，使耕地得以修复。开展设施土壤质量预警技术研究工作，对设施土壤质量退化的生产基地进行预警提示。

节约发展资源，打造环境友好农业。坚持打造“绿水青山就是金山银山”的都市现代农业新业态，构建与资源环境承载力相匹配的本市都市现代农业新体系，推动农业绿色发展，加快形成资源利用高效、生态系统稳定、产地环境良好、产品质量安全的农业发展新格局。充分利用本市都市现代农业的要素水平与技术优势，进一步发挥本市农业的生态作用，维护生态平衡，为全市发展提供生态屏障，不断提升农业的可持续发展水平。以种养结合为抓手，推进种植、养殖生态模式示范和推广，推进规模化畜禽养殖场粪便资源化利用工程建设，探索构建农业废弃物资源化利用的有效治理模式，实施化肥和农药减量化行动，减少盲目施肥行为，有效推进科学施肥，大力推进绿色防控、统防统治，保障农业生产安全、农产品质量安全和生态环境安全。

6. 建设队伍，夯实职能

精准队伍定位，打造高效工作体系。“三品一标”工作队伍是农产品质量安全监管体系的重要组成部分和骨干力量，将“三品一标”队伍纳入本市农产品质量安全监管体系统筹谋划，加快绿色食品检查员和监管员的培养，完善激励约束机制，全力做好农产品质量安全监管的业务支撑和技术保障工作。

紧跟改革动向，优化重点核心职能。建议结合农业部整合组建新的农产品质量安全中心，并对中国绿色食品发展中心等单位职责进行调整的经验，在市级层面对有关单位的职能进行充实完善，进一步强化事业单位对行政监管的支撑保障作用，全力构建与质量安全监管新形势新任务相匹配的体系队伍。在区级层面，要指导和督促没有和市农产品质量安全中心对口单位的区，加快设立或挂牌成立区级农产品质量安全中心，对口市农产品质量安全中心进行工作。

充实专家队伍，保障技术合作支持。充分利用现有资源，发挥专家智库、行业协(学)会和检验检测、风险评估、科学研究等技术机构作用，强化绿色有机农产品发展人才梯队培养，合力推进“三品一标”工作。

7. 配齐政策，注重引导

出台规划文件，加大资金支持力度。市级要根据农业部《关于推进“三品一标”持续健康发展的意见》的要求，抓紧出台适合本市的“三品一标”发展规划和推动发展的实施意见，将绿色食品和有机农产品工作经费纳入年度财政预算，区镇农业部门也要积极争取同级财政部门的支持，将绿色食品和有机农产品工作经费纳入年度财政预算。各区要在市级奖补的基础上进行配套奖补，力度不低于市级奖补政策，不断提高生产经营主体和广大农产品生产者发展绿色有机农产品的积极性。

提高实施标准，扩大奖励补贴范围。市级抓紧出台新的《上海市“三品一标”奖补实施办法》，按照基层的要求，扩大“三品一标”奖补范围，在提高对前期“三品一标”生产主体奖补标准的基础上，增加对产地环境监测费的直接补贴或预算，增加对绿色有机农产品生产基地的奖补，增加对绿色有机生产资料认定(认定费和产品检测费)的奖补。

8. 强化培训，夯实基础

加强技术培训，规范生产经营行为。要结合科技入户、测土配方施肥和农村劳动力转移培训等项目，加大对绿色食品和有机农产品生产技术培训，普及农产品质量安全基础知识，提高广大农产品生产者的科技素质和生产技能，准确掌握绿色食品和有机农产品生产技术和操作规范。

提升认识水平，提高从业基础技能。开展本市农业系统全员培训，夯实人才培养基础。提升对发展绿色有机农产品重要性的认识。对生产技术推广部门进行绿色食品标准和有机农产品标准的知识培训，以便在今后的推广工作中应用。

9. 完善管理，培育品牌

促进提质增效，实施农业品牌战略。对绿色有机农产品品牌工作进行统筹规划，强化品牌农产品的质量支撑。开展农产品加工销售能力建设，打造高集中度的绿色有机农产品品牌，提高品牌经营效益。不断扩大各类认证农产品的品种与数量，提高上市农产品的质量，满足市民对不同农产品的需求。推进农业生产与农产品加工业、农产品市场服务业的深度融合，通过品牌化发展来提高农业附加值。加快名牌绿色有机农产品的培育，积极培育开发一批品牌绿色有机农产品，逐步实现基地培育绿色有机品牌，绿色有机品牌促进基地发展的良性循环。依托现代农业科技创新平台，推进绿色有机农产品品牌农产品科技创新。宣传具有代表性的绿色有机农产品品牌，拓展绿色有机农产品传统销售渠道，推动品牌绿色有机农产品建立“线下与线上”相结合的营销推广体系。

严把认证审查，建立品牌发展秩序。加快制定本市绿色食品管理细则，加快完善绿色有机农产品审核流程和技术规范，严格产地环境监测、评估和产品认证检测，牢固树立风险意识，认真落实审核监管措施，加大获证产品抽查和督导巡查，防范系统性风险隐患。健全淘汰退出机制，严肃查处不合格产品，严格规范绿色有机农产品标签标识管理；依据《商标法》《绿色食品标志管理办法》等法律法规，持续开展绿色食品标志的保护工作。

培育优质品牌，实现绿色优质优价。围绕质量兴农战略，发挥市场调节机制，充分利用农交会、绿博会、有机博览会等农产品展览展示活动，大力推介和推广认证产品。在农产品产销批发市场、大型超市等农产品集散地设立绿色食品和有机农产品专销网点、柜台和展示区，拓宽市民选购绿色有机农产品的渠道。充分利用农业信息网，建立农产品市场营销公共信息平台，及时发布绿色有机农产品生产、消费、贸易、认证等信息，推进绿色有机农产品网上交易。充分利用公共传媒，加大对绿色食品和有机农产品的宣传，培育并提升绿色有机农产品在消费市场的公信力，提高消费者的质量安全意识，通过扩大消费需求拉动无绿色有机农产品的生产、贸易和流通，实现品牌绿色有机农产品优质优价。

牵头领导：陆　鸣
牵头处室：农产品质量安全监管处
课题组成员：孙　海　王　南　汪学才　李建颖
陈建芳　叶建平　唐中文　肖　嘉
曹世娟　曹正伟

4. 上海市划定蔬菜生产保护区提高常年菜田综合生产能力的调研报告

根据农业供给侧结构性改革和现代都市农业发展的需要，为科学合理划定蔬菜生产保护区，进一步优化布局和种植品种，提高常年菜田综合生产能力，市农委蔬菜办公室、城镇规划处、上海蔬菜食用菌行业协会对上海蔬菜发展情况开展了调查研究。调研组制订调研方案，发放并回收230余份问卷，查询分析相关统计资料，组织召开11次、共计172人参加蔬菜生产保护区划定工作座谈会，赴南京、无锡考察学习江苏省"菜篮子"工程蔬菜基地建设情况，先后与江苏省农委、南京市农委、无锡市农委等部门负责人座谈。

一、上海蔬菜业基本情况

上海市从2011年开始实行"菜篮子"区县长负责制，逐步形成了设施建设、生产扶持、价格保险、安全监管、信息监测和考核奖励等常态化机制，不断促进蔬菜特别是绿叶菜的生产，保障地产绿叶菜的稳定供应和质量安全。2016年4月27日，农业部部长韩长赋在全国都市现代农业现场交流会上，肯定"上海市建立了绿叶菜调控制度，实施蔬菜价格保险、气象指数保险，每年投入超过5亿元支持蔬菜生产，绿叶菜自给率达到90%以上"。

(一)蔬菜价格保持基本稳定

2008年，本市开始实施农产品最低保有量制度，蔬菜设施菜田28万亩，其中绿叶菜基地10万亩。2010年11月，市政府与9个郊区县以及光明食品集团、上海实业集团签订了《确保蔬菜生产保障市场供应工作责任书》，市政府办公厅印发《稳定蔬菜生产确保市场供应工作责任制的考核办法》。2013年8月，新一届市政府继续与上述11个单位签署了责任书，并制发了考核办法，要求考核结果继续与市级主副食品价格稳定基金奖励挂钩，从而将常年蔬菜种植面积稳定在50万亩左右，"夏淡"绿叶菜种植面积达21万亩以上，维持了绿叶菜价格平稳。据定点监测，2016年青菜每公斤田头交易均价

2.02 元，其中“夏淡”期间交易均价 2.16 元，波动区间较前三年同期逐年缩小。

（二）设施装备条件明显改善

“十二五”期间，推进 2.1 万亩设施菜田生产设施建设，实施了 6 万亩已建设施菜田和 2.1 万亩新建设施菜田的水利配套，菜田生产和抗灾能力不断增强。蔬菜生产机械化水平有所提升，在耕整地环节基本实现了机械设施全覆盖，管棚设施内的灌溉设施配置率也较高，基本能够保证蔬菜生产灌溉需求，对于减少劳动力、降低生产成本起到了积极的作用。同时，“十二五”期间全市完成建设 10 家主要产区地产蔬菜加工贮藏中心，有力推进了地产蔬菜储藏保鲜处理问题的解决，推动了蔬菜企业的进一步发展。

（三）标准化生产水平有所提升

按照农业部和上海市蔬菜标准园的创建安排，共创建农业部蔬菜标准园 24 家，上海市蔬菜标准园 150 家。市郊菜区紧紧围绕规模化种植、标准化生产、品牌化销售、商品化处理和产业化经营“五化”目标实现，认真落实各项标准化生产措施，建立和完善各项管理制度，市郊蔬菜标准化生产水平和质量安全水平进一步提升。蔬菜品牌建设继续推进，形成了上海济洪蔬菜配送中心有限公司、上海艾妮维农产品专业合作社等 10 余家上海市著名商标企业和上海多利农业发展有限公司、上海城市超市有限公司、上海博海餐饮集团有限公司等近 20 家上海市名牌产品企业。

（四）产销衔接更加顺畅

市郊菜区主动适应大市场大流通和蔬菜物流零售的新格局，积极培育蔬菜市场流通的新型主体。从 2011 年开始，将市级财政合作社项目扶持资金的 50%用于扶持蔬菜产销合作社。充分发挥各类营销组织的作用，加强“农超对接”“农标对接”“农社对接”“农校对接”“团购直销”等工作，减少流通环节，提高生产经营效益，目前已形成 33 家 2 000万元以上规模的配送企业。从 2010 年 12 月起，本市对所有通过收费公路的、装载着鲜活农产品的车辆免收通行费，并进一步明确免收“菜篮子”工程车的贷款道路建设车辆通行费。目前市郊菜区配有 860 辆“菜篮子”工程专用车和 107 张“市区货运汽车通行证”，为市郊蔬菜进城发挥了重要作用。2016 年、2017 年连续两年将新建改建标准化菜市场建设列为市政府实事项目，市商务委大力推进规划建设力度，着力解决网点补缺，已建成标准化菜市场 869 家。

（五）安全监管力度不断加大

从 2009 年开始，在市郊建立安全监管网格化管理制度，进一步完善更新网格化管理名单，层层明确安全生产责任，安全使用农药告知书发放率和蔬菜质量安全承诺书签订率达到 100%。上海市农药新品种推荐委员会每年制定《上海市蔬菜重大病虫防治药剂推广名单目录》，指导蔬菜生产上选用和推广高效、低毒、低残留农药新品种。大力推行以杀虫灯、防虫网、性诱剂、色板为主的绿色防控技术，减少农药的使用量。加强市郊蔬菜生产档案农业建设，统一印发田间档案记录本，200 多家规模化生产基地或生产企业统一应用了蔬菜生产管理信息系统。同时，农药残留监测力度不断加大，例行监测项目由 30 种增加到了 58 种，目前已形成蔬菜产品质量安全政府监测和企业自律性检测的蔬菜质量安全检测制度，实现了快速检测范围全覆盖。

（六）风险保障能力持续增强

2012年将蔬菜农资综合补贴标准提高至每亩90元，实施“夏淡”种植绿叶菜专项补贴，重点支持淡季绿叶菜生产，市级财政每亩补贴80元。充分发挥金融保险对蔬菜生产的风险保障作用，从2011年开始创新完善“冬淡”和“夏淡”绿叶菜成本价格保险机制，为稳定绿叶菜淡季供应、保障菜农基本利益和完善价格调控保障体系发挥积极作用，被上海市人民政府授予2011年度上海金融创新成果二等奖。2013～2014年冬春和2016～2017年冬春期间，蔬菜价格保险累计理赔6 000多万元，有效弥补了菜农的经济损失。同时，试点探索高温人身伤害险和露地青菜气象指数保险，进一步保障菜农利益，增强抵御自然和市场风险的能力。

二、存在问题和原因分析

（一）菜区零星分散，种植面积递减

一是蔬菜基地碎片化。随着城市化进程的推进，原来形成的近郊区域化布局的蔬菜基地受到动拆迁，逐渐转移至金山、崇明等远郊地区，产业规划没有得到有效实施。目前，已形成区域化布局的蔬菜基地，除了崇明芦笋、花菜，青浦茭白，浦东白扁豆以外，其余均以点状方式分布于郊区。

二是蔬菜产业布局不合理。通过土地流转平台开展设施菜田建设，受到设施菜田建设规模100亩以上的连片土地流转率不高的影响，造成设施菜田建设比较分散。本市除了光明集团、上实集团蔬菜种植面积比较集中连片，其他菜区都比较零星分散。闵行等区多个设施菜田项目紧邻城市发展集建区。

三是设施菜田保护力度弱。本市从“十一五”起开始建设设施菜田，但由于一直没有出台设施菜田管理办法，只是采用奖补政策给予一定维修补贴的方式进行考核，每年合格率停留在80%左右。个别设施菜田建成后，没种过一天菜，管理部门对此却毫无办法。此外，约有15%的已建设施菜田，由于建设时间较早，维修成本较高，多年失修，抗灾能力和生产能力已明显下降。部分已建设施菜田不在永久基本农田区域内，被动拆迁的设施菜田逐年增加，据初步统计，目前约有3 000多亩保护地设施菜田被征用，占保护地设施菜田4%左右，没有按要求“占一补一”的有2 000多亩。约有7.5万亩已建成的设施菜田没有划入永久基本农田内。

四是蔬菜种植面积递减。受田间窝棚整治、林地建设、发展粮食家庭农场等综合因素影响，本市蔬菜种植面积出现逐年减少的趋势，2013年、2014年、2015年、2016年分别下降到56.5万亩、55.6万亩、49.7万亩、47.7万亩，三年共有8.8万亩常年菜田被调整。其中，减幅较大的分别为：上实集团减少52.0%，青浦区减少22.8%，松江区减少21.5%，闵行区减少21.0%。

（二）生产规模偏小，劳动力紧缺

一是种植规模偏小。本市10亩以上蔬菜规模种植面积34.1万亩，其中50亩以上蔬菜规模种植面积25.5万亩，占常年菜田面积的53.7%；500亩以上的有5.2万亩，只占10.9%。设施菜田建设累计投入建设资金37.4亿元，推进设施菜田建设21.8万亩

(其中保护地设施菜田 7.9 万亩,露地设施菜田 13.9 万亩),共涉及郊区 460 多个蔬菜基地,集中连片千亩以上、设施装备齐全的寥寥无几,且多以单体棚为主。

二是专业化程度低。单个蔬菜园艺场种植蔬菜品种较多,种植结构不尽合理,造成蔬菜生产专业化程度较低。据 212 家蔬菜生产信息化上网单位统计,蔬菜种植品种平均 30 种以上,个别蔬菜生产基地种植品种达到 88 种。2016 年全市主栽的蔬菜品种涉及 10 大类、61 个种类、2 300 多个品种。

三是劳动力紧缺。由于规范外来菜农种植,外来菜农人数不断减少。2013 年外来菜农 6.5 万人,到 2016 年下降到 3.4 万人,减幅达到 47.7%。从事蔬菜生产劳动强度大、条件差、收入低,种植蔬菜的青壮年劳力严重不足,目前市郊从事蔬菜生产的主要以 60 岁以上的老年农民为主,蔬菜生产基地"3 个菜农 200 岁"的现象比较普遍。

四是机械化推进缓慢。本市虽然确定了 17 个蔬菜生产机械化示范点,但在面上机械化推进较慢,尤其是在移栽和采收阶段适合机械较少。蔬菜采后储运设备缺乏,蔬菜品种又繁多,给蔬菜机械化推进带来较大难度,导致蔬菜商品化处理率较低,在夏季高温季节损耗较大。

(三)复种指数偏高,安全监管存在隐患

一是连作障碍显现。本市蔬菜复种指数超过 3,高于全国平均水平,土壤承载能力有限,导致部分设施菜田土壤出现连作障碍,土传病害发生严重。据统计,现有设施菜田中,近 5 万亩出现了连作障碍问题,其中 2 万亩发生较严重,需要休耕改良养地。

二是农药化肥施用偏高。个别蔬菜基地盲目追求产量,不注意土地用养结合,过分依赖农药和化肥,土壤次生盐渍化和根肿病等问题日益突出。由于复种指数高,化肥、农药施用量总体水平偏高,分别接近 50~60 公斤/亩和 1 260 克/亩(有效量 319 克/亩),导致土壤板结,病虫害高发,蔬菜产品品质下降。

三是不规范用药较普遍。根据"四个最严"和新施行的《上海市食品安全条例》,上海蔬菜质量监管要求越来越高。但是目前蔬菜生产从业人员普遍年龄大、文化程度偏低,蔬菜生产中不规范用药现象比较普遍。蔬菜品种登记农药较少,特别是小品种蔬菜登记农药更少,容易造成具体蔬菜品种超范围使用,使菜农和蔬菜生产基地很难把握蔬菜农药安全间隔期,导致上市蔬菜农残超标。据统计,2016 年,市食药局对市场上销售的 776 份蔬菜农药定量检测,其中 15 个样品超标,超标率达到 1.9%;市农委组织对 5 604份地产蔬菜农药定量检测,其中 68 个样品超标,超标率达到 1.2%。

(四)扶持力度欠缺,菜农缺乏获得感

一是扶持政策聚焦不够。目前,蔬菜生产上的补贴主要是种植类补贴、保险类补贴,均以普惠制方式下达。绿叶菜奖励资金也是按照各区和有关单位的绿叶菜上市量完成情况,直接分解奖励资金。虽然市农委要求将 50%的绿叶菜奖励资金聚焦到蔬菜绿色防控技术推广工作上,但实际比例不足 20%。

二是生产成本持续增加。近年来,本市蔬菜生产成本不断上涨,尤其是劳动力成本。2016 年蔬菜生产成本中劳动力成本为 1 421.95 元/亩次,占比 50.3%,比 2012 年 1 288.8 元/亩次高出 10.3%,叶菜生产的劳动力成本占比更高。据对设施菜田经营状况的调研，除去政府补贴后，2015 年共有 53 家生产单位亏损，约占调研总数的 25%。部分生产基地缺少对市场需求和价格信息的判断，个别品种集中生产、集中上市现象仍然存在，造成价格下跌，收益下降。一些设施菜田改种其他高效经济作物。据统计，已建成的设施菜田中，彻底改种其他高效经济作物的有 2.2 万亩，约占总面积的 12.1%；有 1/3 的设施菜田季节性种植草莓、西甜瓜等作物。去冬今春，蔬菜持续低价运行严重打击郊区菜农种菜积极性，质量安全监管压力直接指向蔬菜生产基地，菜农得不到社会认同，缺乏获得感。

三是基层种菜积极性不够。从乡镇干部而言，认为安全监管风险大，工作繁；市场风险大，菜卖不掉，上访多；外来人口管理也麻烦，带来环境脏乱差、搭窝棚、治安隐患等。从合作社和农民而言，劳动力等成本逐年增加；申请设施农用地程序复杂，审批要求高，项目进度滞后；蔬菜扶持政策力度不够，与粮食差得远；无临时看护用房等。面对完成蔬菜生产任务与其他工作出现矛盾时，基层普遍做法是将蔬菜生产任务放一边。个别镇保有量任务 5 400 亩，有信心划保护区的只有 2 000 亩，不足 50%。现有的蔬菜生产考核机制，还不能彻底扭转基层领导不重视、不支持蔬菜生产的局面。

三、国内外蔬菜生产管理经验借鉴

（一）国外经验借鉴

美国、欧洲和日本等发达国家和地区在蔬菜消费习惯上与我国有较大差异，特别是在绿叶菜的消费需求上少有针对性的经验可循，但其在蔬菜机械化生产、社会化服务、产销衔接和政策调控等方面积累了较好的经验，值得借鉴。

美国。重点控制蔬菜生产、服务和产销三个环节。首先，在生产环节美国实现了高度的专业化和机械化，并在社会化服务的推动下，朝着机械大型化和自动化方向发展。其次，美国依靠高质量、专业化的社会化服务体系，为蔬菜生产的稳定、市场供求信息的获取提供了便利，为稳定蔬菜价格提供了支持。再次，美国蔬菜产销实现了很高的组织化程度，产销一体化的经营模式较为成熟，没有中间商的介入，流通环节少，损耗小，不仅有效避免了供求结构失衡，还减少了无谓的损耗。与此同时，美国实施鲜活果蔬产品价格支持政策。在不破坏市场机制调节农产品供求的基础上，缓解由于农产品过剩所导致的经济和社会动荡。

欧盟。在蔬菜生产过程中的规模化、机械化和标准化方面与美国有相似之处，在产后加工保鲜、质量监管和价格支持政策方面也有经验值得借鉴。一是注重采后保鲜加工。大部分农场都配有冷库，90%以上的蔬菜产品都经过商品化处理或加工后进入市场，既提升了产后产值又降低了损耗。二是建立了完善的质量监管体系。欧盟共有 13 类 173 个关于食品安全的法规，对农产品生产及投放市场做出了详细的规定。在涉及农产品质量安全的问题上，欧盟委员会和欧盟议会共同协商，并实行欧盟和成员国的两级监管制度。三是采取保护性的价格支持政策。事先规定保证价格，包括目标价格（上限价格）和干预价格（下限价格），当市场价格高于目标价格时，共同体管理机构动用共同农业基金抛售农产品，保护消费者利益；当市场价格低于干预价格时，动用共同农业基金收购农产品，保护生产者利益。

日本。城市人口密度高，与我国大城市蔬菜产销情况有相似之处，日本依靠完善的蔬菜价格机制保持了价格的平稳，特别是在 2011 年大地震期间，蔬菜价格波动依然不大。首先，日本国内蔬菜生产实施“紧平衡”政策，即定量、定地与定人，国内的生产供给小于需求，通过进口政策的调控来稳定国内蔬菜生产与供应，当国内蔬菜生产出现紧张时，通过放宽进口检验标准，加大进口力度，确保国内供应，而当国内生产供应正常时，又通过严格进口检验标准来控制进口量。其次，日本通过充分发挥农协作用，保障国内生产正常有序。日本从中央到地方都有农协组织，专业农民几乎百分之百参加了农协，通过农协把农民与销售终端或加工企业联系起来，实现了蔬菜的产销一体化。再次，日本有着健全的蔬菜市场监测体系，在批发市场设立信息监测点，及时发布蔬菜供求波动和价格信息，引导蔬菜生产，维持稳定供应。

（二）国内经验借鉴

在保障绿叶菜的生产供应方面，与上海有着相似蔬菜消费习惯的杭州、南京、无锡等城市也探索总结了一系列经验做法。

杭州市以“叶菜生产功能区”建设为平台建立叶菜生产应急机制。通过整合都市农业示范园区、中低产田改造、标准地力提升、蔬菜产业提升、设施农业、“菜篮子”基地等项目，大力开展叶菜生产功能区建设，到“十二五”末，全面建成叶菜生产功能区 1 万亩。政府与叶菜生产功能区签订应急生产责任合同，落实叶菜应急生产面积 2 000 亩，在灾期、淡季等非常情况下，基地必须按照行政指令实行计划生产和上市。落实叶菜种子储备制度，年储备速生叶菜种子 4 000 公斤，确保淡季和灾期叶菜生产功能区应急生产所需种子。落实生产储备制度，叶菜生产功能区采取“藏菜于地”“藏菜于棚”的措施，有效保障节日市场的叶菜供应和价格平稳。建立应急恢复机制，对列入叶菜生产功能区的蔬菜基地，在受到自然灾害严重危害时，按受灾程度对损毁的农业设施和农产品给予一定的救济补助；在市场价格异常波动时，基地蔬菜产品必须按照行政指令实行降价销售，在实行应急管理、平价让利销售期间的损失，政府也将给予一定补助。

南京市严格落实菜地最低保有量制度。规划按照人均 0.03 亩菜地最低保有量的标准，至 2017 年底完成改、扩、新建 20.5 万亩的省级菜篮子蔬菜基地，重点建成 16 个永久性标准化蔬菜基地。永久性标准化蔬菜基地建成后，蔬菜生产供应能力得到提升，全市蔬菜自给率提高 10 个百分点以上，其中叶菜类自给率达到 90%以上。2013 年以来，在省级“菜篮子”蔬菜基地范围内大力推进标准化菜地示范方项目建设，目前已建和在建的项目累计 44 个，累计投入市级财政资金近 1.9 亿元。从 2009 年至 2017 年，市级财政每年投入 1 亿元用于发展设施农业。截至 2016 年底，已建成设施蔬菜园艺面积达 75.48 万亩，占比 21.2%。每年 7～8 月份，南京叶菜供应处于种植换茬的“伏缺”季节，加上这个阶段灾害性天气频发。为保证蔬菜市场供应，稳定蔬菜销售价格，南京市安排叶菜种植补贴资金，组织扩种速生叶菜，紧急采购耐热青菜种子分发到各生产基地和大户，指导农户防汛抗灾，有序合理组织生产，使叶菜均衡上市。

无锡市加强叶菜基地的建设和管理。2011 年修订颁布《无锡市蔬菜基地条例》，从立法层面加强对蔬菜基地的保护，第八条明确“蔬菜基地建设面积实行指标控制。全市蔬菜基地总面积按照不低于常住人口人均 0.01 亩的标准确定。蔬菜基地的建设指标由市人民政府根据实际情况在县级市和有关区统筹安排”，据此在全市划定蔬菜基地 6.5 万亩。2012 年启动以生产叶菜为主的 4 万亩市属高标准蔬菜基地建设，在此基础上又规划省级“菜篮子”工程蔬菜基地 80 960 亩。2013 年以来，市财政安排专项扶持资金近 2 亿元，全面提高蔬菜基地综合生产能力。2014 年起启动生态补偿机制，市属蔬菜基地每年每亩补助 200 元，市、区分别承担 100 元，截至 2016 年底，共补偿 1 258 万元，累计补偿蔬菜基地面积 5.53 万亩。在扩大种植面积的同时，无锡市提高了蔬菜大棚建设标准，由原来的宽 6 米提高至宽 8 米，以便于搬运设施、机械化除草除虫，提高生产效率。

四、上海划定蔬菜生产保护区的初步设想

上海是一个有近 2 500 万人口的超大城市。“三天不见青，两眼冒金星”，形象地展现了上海市民对绿叶菜的特殊偏好。新鲜蔬菜的生产和供应一直是市委、市政府高度重视的一项民生工程，自 20 世纪 80 年代就开始实行“菜篮子”市长负责制，历经近 30 年发展，改变了上海蔬菜供应短缺、品种单调的局面，尤其是以绿叶菜为主的地产蔬菜质量安全放心、市场均衡供应、价格基本稳定。为认真贯彻《国务院关于建立粮食生产功能区和重要农产品生产保护区的指导意见》（国发〔2017〕24 号）和《农业部关于推进农业供给侧结构性改革的实施意见》（农发〔2017〕1 号）文件精神，牢固树立和贯彻落实创新、协调、绿色、开放、共享的发展理念，以保障绿叶菜有效供给为目标，以深入推进农业供给侧结构性改革为主线，以上海市现代农业“十三五”规划和农业布局规划为依托，以永久基本农田为基础，将蔬菜生产保护区细化落实到具体地块，优化区域布局和要素组合，促进农业结构调整，提升农产品质量效益和市场竞争力，为推进本市农业现代化建设、全面建成小康社会奠定坚实基础。

（一）划定目标

2017 年在本市永久基本农田范围内，完成 50 万亩蔬菜生产保护区地块的划定任务（包括 10～15 个蔬菜保护镇），2018 年上半年力争将划定的地块全部建档立册、上图入库，实现信息化和精准化管理。通过蔬菜生产保护区划定与建设达到以下目标：

进一步稳定农产品生产基地，强化合作组织和龙头企业的带动作用，提高农业生产标准化水平，做到“绿色发展，提质增效”。上海的蔬菜产业基本实现区域化布局、专业化种植、机械化生产、社会化服务、产业化经营、品牌化销售，形成现代种植业产业体系；农产品生产努力实现种植面积稳定、质量安全可控、产出能力提高、供应基本均衡、价格波动可控、产销更加顺畅，满足本市城乡居民生活水平日益提高的需要。其中，地产蔬菜年平均自给率稳定在 50％左右，地产绿叶菜自给率稳定在 85％左右；蔬菜农药残留合格率达到 99％以上；保护地设施菜田稳定在 10 万亩左右。

（二）划定思路

按照全市规划 3 000 万人口，年人均消费 200 公斤蔬菜，地产供应 50％以及年 20％

菜地休耕养地的需要，划定蔬菜生产保护区 50 万亩。划定工作做到“四个衔接”：

1. 与现有生产责任制相衔接

蔬菜生产责任制自 2010 年实施以来，在稳定蔬菜种植面积上发挥了重要作用，为划定蔬菜生产保护区奠定了良好的基础。

2. 与相关发展规划相衔接

镇村规划、土地利用规划以及《上海现代农业发展“十三五”规划》都是蔬菜生产保护区划定的重要依据，保护区要以崇明、浦东、青浦、奉贤、金山等区为重点进一步挖掘发展空间。

3. 与永久基本农田相衔接

蔬菜生产保护区的划定将以永久基本农田为底版，确保划定后 10 年内不做大的调整。

4. 与设施菜田建设相衔接

永久基本农田上已建成的设施菜田整体划入蔬菜生产保护区，今后设施菜田建设聚焦蔬菜生产保护区。对于不在永久基本农田内的设施菜田采用调整补划、异地拆建等方式逐步予以落实。

（三）划定原则

1. 多规衔接，科学划定

围绕上海 2040 卓越的全球城市目标愿景，开展蔬菜生产保护区划定与建设工作。结合土地利用总体规划、永久基本农田划定方案、农业布局规划、土地整治规划等，科学合理制订建设规划，划足划好蔬菜生产保护区，既要基于现状，更要基于发展规划。

2. 统筹协调，确保重点

蔬菜生产保护区必须在永久基本农田上划定，要统筹好“三区”（蔬菜生产保护区、粮食生产功能区和特色农产品优势区）关系。“三区”划定中，蔬菜生产保护区是重中之重。永久基本农田范围内的现状耕地，要优先划定为蔬菜生产保护区。已划设的粮食功能区可根据蔬菜生产保护区划定需要，进行相应调整。鼓励整建制推进蔬菜镇的划定。同时，要统筹好与果林、林地的关系，统筹与生产现状的关系。

3. 完善机制，建管并举

蔬菜生产保护区一经划定要进一步加大投入力度，通过 3～5 年建设，将蔬菜生产保护区逐步建成生态环境良好、设施装备齐全、生产能力高效、相对集中连片的农产品生产示范基地。要严格管理，划入蔬菜生产保护区的每个片块都要明确设施管护责任，进一步强化区内的永久基本农田保护，确保其数量不减少、质量不降低。

（四）划定要求

1. 自上而下分解任务

根据本市蔬菜生产保护区划定总任务，结合各区及市有关单位目前承担的蔬菜生产任务以及发展现状，由市下达划定任务。各区及市有关单位要按照划定标准和任务，综合考虑当地资源禀赋、发展潜力、产销平衡、经营水平等情况，将本区（单位）的划定任务分解到镇或下级单位。

2. 科学确定划定标准

蔬菜生产保护区划定要同时满足以下条件：生态环境良好，水土资源条件较好，相对集中连片，生产配套设施齐全、抗灾能力强，产地环境符合无公害农产品产地要求。蔬菜生产保护区必须处于永久基本农田保护区域内，优先选择已建成或规划建设的高标准农田进行蔬菜生产保护区划定，符合绿色食品产业发展要求的田块要优先划入蔬菜生产保护区。

3. 精准落地上图入册

各区和市有关单位按照全市统一的标准和划定任务，结合永久基本农田划定和农村土地承包经营权确权登记颁证工作，明确蔬菜生产保护区具体地块并统一编号，标明“四至”及拐点坐标、面积以及灌排工程条件、种植类型、承包经营主体、土地流转情况等相关信息，建立电子地图和数据库，建档立卡、登记造册。

4. 审核汇总划定成果

区农委会同区规土局等单位，按照蔬菜生产保护区划定任务逐镇、逐村、逐地进行划定审核和汇总，并落地上图，形成全区蔬菜生产保护区一张图，上报市农委、市规土局。同时，与全市土地利用总体规划图相衔接，确保蔬菜生产保护区一经划定，不得随意占用或挪用。

(五)划定方法

蔬菜生产保护区划定分区、片、块三个层级。其中，“区”指的是划定总量，包括片和块。“片”指的是相对集中连片的耕地区域，一般应有明确的经营主体、管护主体或能统一生产管理，由块组成。“块”指的是具体田块，以实际宽度不小于1米的农村道路、沟渠、水系等现状地物或行政区域为边界所划定的具体空间种植单元。

1. 保证规模，“连片”划定

蔬菜生产保护区划定的区域面积规模为1 000亩以上。“连片”是指相对区域面积，在其区域中可以有少许果林、林地等，但蔬菜种植面积应大于果林、林地等面积。扣除果林、林地后的永久基本农田面积即为蔬菜生产保护片面积。蔬菜生产保护区、粮食生产功能区、特色农产品优势区三者不能重叠划定。

2. 基于现状，划足面积

蔬菜生产保护区划定必须做到应划尽划，划准划足。对蔬菜集中连片种植面积低于1 000亩的，特别是对已建设施菜田不足1 000亩的，可通过适当调整菜田周围的粮食种植面积，保证蔬菜生产保护片划定面积达到1 000亩。已被划为粮食生产功能区的设施菜田和常年种植的菜田，可通过统筹调整划为蔬菜生产保护区。

3. 整域推进，鼓励特色

在蔬菜生产保护区划定时鼓励整建制推进蔬菜主产镇划定。原则上在镇域内永久基本农田达到1万亩以上，其中蔬菜种植面积占永久基本农田2/3以上的镇，鼓励推进整建制蔬菜主产镇划定与建设。对于5 000亩以上不足1万亩，但以蔬菜种植为主的或规划重点发展蔬菜产业的镇，亦可采取整建制划定方式确定为蔬菜主产镇。

4. 区内统筹，总量平衡

设施菜田与蔬菜标准园要优先划入蔬菜生产保护区。对已批复待建的设施菜田，如不在划定的蔬菜生产保护区内，调整到蔬菜生产保护区。对划定的蔬菜生产保护区实行面积签约，保证总量不变。各区按照现有蔬菜生产情况划定蔬菜生产保护区，可结合产业发展规划在全区范围内进行布局统筹。

（六）划定分工

1. 市级层面

市农委牵头全市划定工作，市规土局配合，对各区的划定工作进行联合指导、联合抽查、联合验收。市发改委、市财政局按照职责做好相关配合工作。

2. 区级层面

区政府统筹本区划定工作，区规土局、区农委对各乡镇的划定工作进行联合指导、联合复查。

3. 乡镇政府

负责落实完成区分配的划定任务，对技术单位完成的蔬菜生产保护区划示成果进行核实、认定和自查。

4. 技术单位

上海市地质调查研究院作为划定工作的具体承担技术单位，全面负责基础底板制作、蔬菜生产保护区划示、数据核验、上图入库、建档立册和技术培训等相关工作。

五、蔬菜生产保护区建设的主要任务

建设上海蔬菜生产保护区的主要任务是，围绕提高常年菜田综合生产能力的总体目标，发展都市型高效蔬菜产业，对蔬菜生产的区域布局结构、产品结构做进一步的调整和优化。以绿叶菜核心基地建设为抓手，改善蔬菜生产设施和装备条件，提高可持续发展的能力。提高从业人员素质，提高组织化程度，促进蔬菜产业化经营和品牌化营销体系的形成，增强蔬菜综合竞争能力。

（一）建立绿叶菜生产核心基地

围绕市委市政府对市郊蔬菜生产保障城市蔬菜稳定供应的要求，增强责任意识，强化政策措施，努力实现生产稳定发展，产销衔接顺畅，质量安全可靠，市场波动可控，农民稳定增收，市民得到实惠。到 2020 年末，市郊绿叶菜种植面积要稳定在 21 万亩，重点扶持 10 万亩以青菜、杭白菜为主的大宗绿叶菜生产基地，形成一批产地环境良好、经营主体诚信、品种面积保证、种植模式生态、种植模式生态、产品质量安全、产销对接畅通的绿叶菜核心基地，确保淡季绿叶菜的市场供应。

（二）打造蔬菜经济产业园

对具有蔬菜产业发展优势的蔬菜镇、村，结合 2040 年“卓越的全球城市”规划要求，聚集市场、资本、科技、信息、人才等现代生产要素，逐步将蔬菜经济产业园打造为品牌突出、业态合理、效益显著、生态良好的优势特色产业发展先行区；打造为技术先进、金融支持有力、设施装备配套的现代技术和装备加速应用的集成区；打造为一二三产业相互渗透、交叉重组的融合发展区；打造为农民合作社、农业产业化龙头企业等新型经营主体“创业见习、创客服务”的孵化区；打造为示范引领上海蔬菜业转型升级、提质增效、绿色发展的核心区。

（三）推广绿色生产体系

坚持蔬菜绿色发展理念，大力推行以杀虫灯、防虫网、性诱剂、色板为主的绿色防控技术，减少化学农药的使用，选用和推广高效、低毒、低残留农药新品种，同时完善农药残留定量检测和快速检测体系，加大农药残留检测力度，提高地产蔬菜质量安全水平。有序推进“十三五”期间上海市蔬菜标准园创建，带动面上蔬菜生产标准化示范作用。进一步开展绿色生产，提高蔬菜绿色产品认证的比例。探索科学蔬菜生产轮茬与休耕制度，保证蔬菜生产可持续、蔬菜生态环境安全。加强新型社会化服务体系，探索专业化统防统治服务模式，开展蔬菜病虫害科学防治。加强蔬菜废弃物资源化利用，确保蔬菜生产循环利用与改善生态环境。

（四）推进蔬菜标准化生产

充分发挥绿叶菜产业技术体系和标准园创建工作的成果，全面推进蔬菜标准化生产。加强对蔬菜标准化知识的宣传、培训，在全社会形成了解、认识、掌握标准化的氛围，增强蔬菜生产者、经营者、管理者和消费者的标准化意识。大力推进标准化示范基地建设，继续创建好蔬菜标准园的同时，对已创建的150家市级标准园进行巩固提升，同时再创建100家市级标准园。推进标准化生产和专业化病虫害统防统治，构建质量安全控制长效机制，促进绿叶菜生产由简单粗放向集约规范的转变。建立健全土壤保育制度，做到种地与养地相结合，从制度上防止对土壤掠夺性生产。加强土壤夏季高温闷棚、有机质提升、轮作茬口安排、平衡推荐施肥、障碍土壤修复等土壤质量保育技术集成示范与推广，保护蔬菜土壤生态环境，提高菜地可持续生产能力。

（五）完善蔬菜产业链设施装备

加强装备的配置和优化，提升上海蔬菜生产水平和市场供应能力。加强种苗工厂化生产设施的建设，提升种苗质量；加强蔬菜生产适用耕作、植保机械的推广应用，减少用工，节省成本；加强清洗、分级、包装、配套设备投入，提升产品附加值；加强以田头冷库、冷链运输车辆、冷藏中心、低温销售柜为主的运销冷链系统的建设，提高蔬菜产品品质，减少中间环节的损耗。到2020年末，保护区内地产蔬菜冷链物流发展水平与“四个中心”和现代化国际大都市地位相匹配，蔬菜冷链物流运行模式与上海消费需求相适应，基本形成布局合理、设施先进、功能完善，运行规范的冷链物流产业体系。

（六）提高蔬菜经营效益

充分发挥农民专业合作社、农业龙头企业的作用，做强做大蔬菜产业经营主体；加强技术培训与现场指导，引导生产经营者与农产品市场、连锁超市、流通企业融合，蔬菜生产郊区主动与中心城区打造蔬菜产销服务平台。建立稳定的蔬菜经营体系，坚持传统蔬菜生产方式向现代蔬菜生产方式转变，坚持示范引领作用，重点培育和发展“互联网＋”等新业态，不断提高蔬菜生产标准化、信息化、品牌化水平，不断提高蔬菜市场经济效益。到2020年末约有10万蔬菜从业人员普遍接受蔬菜生产实用技术培训，并形成人员信息档案，其中有50%的专业菜农接受系统的专业知识和技能培训。

六、保障措施

（一）加强组织领导

建立健全相关工作机制，进一步明确发展和改革、规划土地、财政、商务、水务、环境保护以及农业等部门的工作职责，使蔬菜生产保护区能够真正得到有效保护。广泛开展宣传工作，积极引导新型经营主体参与蔬菜生产保护区划定。加强对区、镇等相关人员的技术培训工作，帮助其熟悉和掌握划定要求。加强蔬菜生产保护区划定与建设的考核管理，将此项工作纳入《国务院关于建立粮食生产功能区和重要农产品生产保护区的指导意见》和《国务院办公厅关于印发“菜篮子”市长负责制考核办法的通知》的专项考核范围，评价考核结果与蔬菜生产保护区扶持政策相挂钩。严格蔬菜生产保护区范围内永久基本农田管理，确保其数量不减少、质量不降低。按照“谁使用、谁受益、谁管护”的原则，将保护区地块的农业基础设施管护责任落实到经营主体，督促和指导经营主体加强设施管护。

（二）强化政策聚焦

建议会同法制部门，围绕保护区的划定和建设、生产和经营、保护和管理等方面，借鉴兄弟省市经验，推进上海市蔬菜生产保护区地方立法工作；建议财政、发改、环保、水务等部门的现代农业发展专项、生态专项、农业综合开发、农田水利等各类财政扶持项目，优先安排在蔬菜生产保护区，同时加大绩效评价力度，形成激励与制约相统一的政策支持体系；建议财政部门对年久失修的设施大棚，经评估后维护或报废；建议规土部门支持保护区内合理用地指标，如设施菜田的临时看护房；建议财政、发改部门进一步优化财政支农结构，推进保护区范围内各类涉农资金整合和统筹使用，优化蔬菜补贴政策效能，由生产补贴为主向绿色生态延伸；会同财政、安信保险公司在保护区内推进蔬菜保险全覆盖，优先探索建立蔬菜生产基本收益保障制度，完善蔬菜种植保险、保淡绿叶菜成本价格保险和菜农人身意外险的保险方案和补贴政策；配合商务部门加强对地产蔬菜的产销服务和管理，提高地产蔬菜竞争力和整体效益。

（三）加大资金投入

把保护区作为农业固定资产投资安排的重点领域，现有的农业基础设施建设投资向保护区倾斜。设立蔬菜生产保护区建设基金，围绕基础设施、机械装备、管理用房等方面继续加大投入和扶持力度，积极引导蔬菜生产保护区向规模化、专业化、机械化、智能化、品牌化方向发展生产。重点扶持10万亩以青菜、杭白菜为主的大宗绿叶菜核心基地，确保地产绿叶蔬菜稳定供应。鼓励蔬菜生产保护区开展工厂化育苗、机械化耕作、自动化灌溉、采后整理清洗分级包装流水线设施建设以及蔬菜储藏保鲜冷库建设。同时，推进蔬菜农机与农艺的结合，实施蔬菜生产“机器换人”工程，加大对水肥一体化等省工省力设备和绿叶蔬菜全程机械化生产的资金扶持力度。积极引导工商资本、社会资本参与蔬菜保护区建设，形成多元化投入机制。

（四）强化社会化服务

加快构建公益性服务与经营性服务相结合、专项服务与综合服务相配套的新型农业社会化服务体系。加强技术指导和市场信息服务，构建上海蔬菜的生产、流通、消费各个环节的信息监测、预警和发布机制，引导生产经营者与农产品市场、连锁超市、流通企业合作，扶持发展订单农业，建立稳定的产销关系，畅通销售渠道。建立植保、农机、营销等服务性组织，整合现有的涉农服务平台，强化农技推广机构的公益性服务职能，充分发挥公共服务机构的作用，开展技术培训、从业资格认定和保护。

（五）促进科技进步

加快蔬菜生产的科技成果转化，依靠科技进步，从偏重数量增长转向数量与质量并重。完善生产设施装备，引进、试验、示范、推广各类适合于蔬菜生产的机械装备。加强技术体系支撑，积极推广“互联网＋”、物联网、云计算、大数据等现代信息技术，建立保护区监测监管体系，定期对保护区范围内蔬菜品种和种植面积等进行动态监测，深入分析相关情况，实行精细化管理。建立保护区信息报送制度，及时更新蔬菜生产保护区电子地图和数据库。建立规范化的电子档案和蔬菜质量安全监管信息平台，强化安全生产指导和质量追溯体系建设，加大绿色防控技术的推广力度，有效降低农药使用量。

牵头领导：冯志勇　王国忠
牵头处室：蔬菜办公室
课题组成员：史　明　应建敏　叶建平　汪湖北
叶胜舟　孙占刚　侯明明

5. 种养结合背景下上海畜牧业布局、规模和模式的研究

在农业生态系统中，种植业子系统与畜牧业子系统是人类食物生产系统的两大支柱。种植业是第一性生产，畜牧业是第二性生产并依赖和受制于第一性生产。种养结合就是按照生态和经济规律，以各种农畜产品的社会需求量、资源状况和经济效益为基础，合理调整农业生产中种植和养殖的结构，将物质和能量在动物和植物之间进行转换及良好的循环，使系统从总体上获得最佳的经济效益、生态效益和社会效益。种养结合以低消耗、低排放、高效率为基本特征，是当前畜牧业最迫切需要的可持续发展模式。

本报告就是以种养结合生态循环为目标，以通过优化本市畜牧业的布局、规模和模式为突破口，于 2017 年 2～3 月间，对本市崇明、金山等 6 个涉牧区和光明集团开展专题调研，力求对上海畜牧业如何实现绿色发展、可持续发展进行再思考、再定位，并为今后的再出发提供有益的参考。

一、研究背景

上海畜牧业的蓬勃发展始于改革开放，1988 年上海实施“菜篮子工程”后，畜牧业更是如雨后春笋，欣欣向荣。至 2001 年，全市千头以上养猪场 560 个，万羽以上蛋鸡场 57 个，10 万羽以上肉鸡场 100 个，百头奶牛场 171 个，全年上市生猪 480 万头，肉鸡 1.3 亿羽，鲜蛋 16.8 万吨，鲜奶 26 万吨，奶牛存栏 6 万头，上海的畜禽养殖量达到历史顶峰。上海畜牧业彻底摆脱了过去“散兵游勇”唱主角的情形，全面进入以规模化养殖为主的阶段，完成了上海畜牧业转型发展的第一步。2012 年，上海颁布了《上海市养殖业“十五”发展专项规划》，标志着上海畜牧业发展从“量”的增长过渡到对“质”的追求。尤其是从 2007 年起，聚焦动物防疫和饲养设备，在本市启动了畜牧标准化生态养殖基地建设。截至 2010 年，共对 250 余家畜牧养殖场进行了标准化改造，累计投入建设资金约 7.4 亿元，本市畜牧业标准化水平得到显著提升。上海畜牧业走好了转型发展的第二步。2011 年后，在持续推进畜牧标准化养殖场建设的同时，本市开始探索适合都市

特点的生态畜牧业发展道路。至2015年底,完成崇明区养殖场户沼气项目67个,松江区种养结合家庭农场79个,规模化畜牧养殖场污染减排项目89个,关闭不规范养殖场户9 000余家。上海畜牧业发展的目标任务逐渐从保供给、保安全的生产领域向保生态的环保领域拓展,迈出了上海畜牧业转型发展的第三步。

然而受历史阶段和认知水平的限制,上海畜牧业在过去30多年的快速发展中,过多地追求规模扩张带来的经济效益,却忽视了生态效益。因畜牧业布局不合理和畜禽养殖规模突破环境承载力导致的畜禽粪尿污染环境的问题日益尖锐,居民举报,媒体曝光,人大、政协督办的关于畜禽养殖对周边环境影响的事件逐年增加,体现农业精华,承载农耕文明,传承了5 000多年的种养结合生态循环的平衡已经被打破。虽然近些年,本市已经开始着力于提升畜牧业的生态化水平并取得了一些成效,但上海地少人多,受资源和环境两道"紧箍咒"的硬约束尤为明显,加上畜牧业在生态治理上的历史欠账多、基础设施差、环保意识弱,在短时间内不可能做到一蹴而就。农牧分离、种养脱节导致畜禽粪尿得不到充分的资源化利用和无害化处理成为畜牧业发展中的关键短板和重要"瓶颈",对正常的生产、生活、生态产生了严重影响。畜牧业发展已经到了必须加快转变发展方式,更加注重合理利用资源、更加注重保护生态环境、更加注重可持续发展的历史新阶段。同时,化肥、农药等化学物质的长期过量使用会导致土壤退化、生物多样性破坏、环境污染加重,种植业也需要通过推广使用畜禽粪肥,促进农业资源循环、高效、永续利用,减少农业面源污染,实现资源节约生态循环。

进入"十三五",党中央高瞻远瞩,提出了"创新、协调、绿色、开放、共享"的发展理念。习近平总书记指出,加快推进畜禽养殖废弃物处理和资源化,关系6亿多农村居民生产生活环境,关系农村能源革命,关系能不能不断改善土壤地力、治理好农业面源污染,是一件利国利民利长远的大好事。农业部韩长赋部长2016年在上海调研时强调,要以化肥农药减量化、畜禽污染综合治理、秸秆综合利用等为重点,大力推进农业废弃物资源化综合利用,促进种养结合、生态循环、绿色发展。时光辉副市长也要求市农委加强对畜禽粪尿的治理,推进种养结合,不断改善农业生态环境,提高农业可持续发展水平。中央的精神和各级领导的讲话,为我们畜牧业指明了绿色发展的方向和种养结合生态循环的道路,是我们今后工作的基本遵循和重要依据。种养结合是解决好畜禽养殖污染问题的根本途径,是畜牧业发展的必由之路,发展种养结合生态循环畜牧业意义重大、势在必行。

二、当前本市畜牧业布局、规模和模式的概况

从畜牧业角度看,实现种养结合的关键点在于畜禽粪尿的充分资源化利用和无害化处理,而实现这一目的的现实基础就是需要畜牧业有一个合理的空间布局、适宜的养殖规模和科学的生产模式,形成一个稳定持久的三角支撑体系,其中空间布局是前提、养殖规模是基础、生产模式是支撑,因此有必要厘清当前的现状。

(一)空间布局

上海的畜牧养殖场(户)在空间布局上分为域内和域外两大块。域内的畜牧养殖场

(户)主要分布在崇明岛和杭州湾北岸的远郊区域。根据上海市畜牧年报统计口径(奶牛存栏 100 头,生猪出栏 1 000 头,蛋鸡存栏 1 万羽,肉鸡出栏 10 万羽),2014 年内,上海域内生猪、奶牛、蛋鸡、肉鸡四大规划管控品种的规模化养殖场总计 407 家,其中崇明区、浦东新区、奉贤区、金山区、松江区 5 个区(含光明集团)合计有 374 家(如图 1 所示),占全市总量的 92%。另外,本市还有 600 余家小型的畜牧养殖场和 2 700 余家不规范养殖户也大多集中在上述区域。嘉定区、闵行区、宝山区、青浦区等区的养殖场(户)数量相对较少。

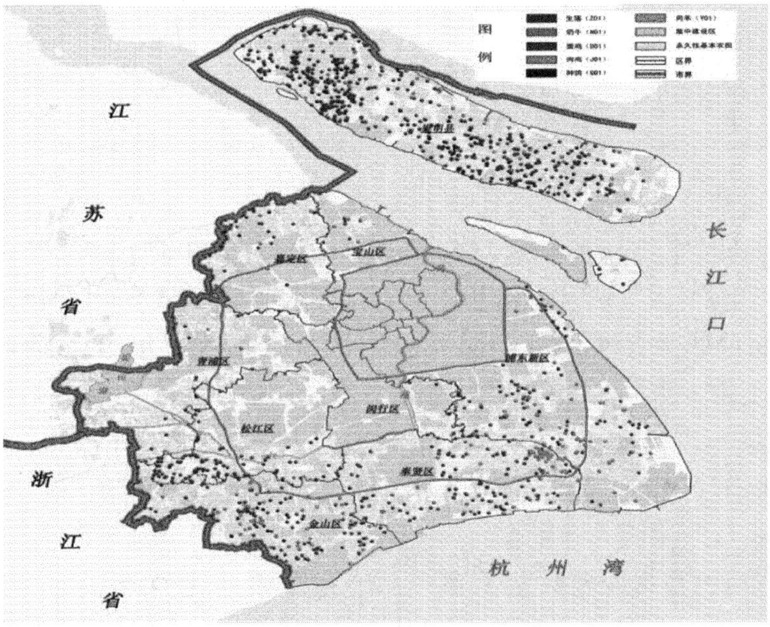

图 1　2014 年上海域内畜牧养殖场(户)空间分布

2015 年起,本市畜牧业拉开了力度空前的退养大幕,先后有 2 700 多家不规范养殖户和近 300 家小型养殖场被关闭。2016 年内,本市域内规划管控品种的规模化畜牧养殖场已经下降到 348 家(如表 1 所示),根据此次调研掌握的情况,预计到 2018 年末,将进一步下降到 220 家左右,小型养殖场也将基本被关闭。届时,闵行区、宝山区、青浦区的规模化畜牧养殖场将彻底退出历史舞台,原先的养殖大区浦东新区和奉贤区将与嘉定区一样,只留存少量的畜牧养殖场,本市域内的规模化畜牧养殖场将主要集中在崇明区、金山区和松江区。

域外的畜牧养殖场都属于光明集团,基本保持在 25 家左右,其中 2 家奶牛场位于安徽省黄山市的练江农场,其他场均位于江苏省大丰市的上海农场,均为规划保留场。

表 1　　**上海域内四大规划管控品种规模养殖场分布情况**　　单位:个;%

区/集团	2014 年		2016 年		2020 年规划情况	
	场数	占比	场数	占比	场数	占比
闵行	5	1.2	4	1.1	0	0.0
宝山	7	1.7	8	2.3	0	0.0

续表

区/集团	2014 年		2016 年		2020 年规划情况	
	场数	占比	场数	占比	场数	占比
青浦	12	2.9	4	1.1	0	0.0
嘉定	9	2.2	6	1.7	3	1.2
松江	53	13.0	75	21.6	119	47.4
奉贤	73	17.9	65	18.7	30	12
金山	53	13.0	33	9.5	26	10.3
浦东	102	25.1	76	21.8	18	7.2
崇明	47	11.5	31	8.9	18	7.2
光明	46	11.3	46	13.2	37	14.7
合计	407	100	348	100	251	100

(二)养殖规模

“十二五”期间，本市年均生猪出栏 276.64 万头，奶牛存栏 7.47 万头，家禽出栏 2 943万羽，牛奶生产 33.56 万吨，禽蛋生产 5.83 万吨，除家禽年均上市量未达标外，其他各项数据均超最低保有量指标(生猪年出栏 250 万头，牛奶年产 26 万吨，奶牛年存栏 6 万头，禽蛋年上市 5 万吨，家禽出栏 4 000 万羽)。其中，奶牛存栏和单产水平实现“五连增”，生猪整体产能呈现“四连升”，域外产能实现“五连阳”。本市肉、蛋、奶等主要畜产品自给率从总体上达到了最低保有量指标，基本实现了“保供给”这个畜牧业的基本任务。

2016 年，上海的畜禽养殖数量和畜产品产量总体呈现下降态势。全年，全市生猪累计出栏 250.9 万头，同比下降 6.7%，其中域内出栏 170.4 万头，同比下降 16.8%，域外出栏 80.5 万头，同比增长 25.2%。家禽累计出栏 1746.2 万羽，同比下降 10.5%。鲜蛋累计产量 4.15 万吨，同比下降 22.1%。奶牛存栏 7.73 万头，同比下降 5.4%，其中域内存栏 5.06 万头，同比下降 12.8%，域外存栏 2.67 万头，同比增长 12.7%。鲜奶累计产量 36.37 万吨，同比下降 1.9%。

2017 年，上海的畜禽养殖规模还将加速下滑。生猪的年出栏量预计在 200 万头以下，其中域内数量约为 110 万头，已经接近 2020 年出栏 96 万头生猪的规划目标。奶牛的存栏量预计跌入 6.4 万头，其中域内数量 3.8 万头，已低于规划的 2020 年的奶牛存栏数。

表 2　　2011 年以来上海主要畜禽规模化养殖率　　单位:%

年份	奶牛(存栏百头)	生猪(出栏千头)	蛋鸡(存栏万羽)
2011	99.7	66.3	62.5
2012	100	69.7	64.1
2013	100	74.0	68.2
2014	100	76.7	74.6

续表

年份	奶牛 （存栏百头）	生猪 （出栏千头）	蛋鸡 （存栏万羽）
2015	100	82.5	88.0
2016	100	89.4	70.8

表 3　　2011 年以来上海主要畜禽数量　　单位：万头；万羽

年份	生猪出栏量	奶牛存栏量	家禽出栏量
2011	266.2	7.05	4 275
2012	272.3	7.26	3 623
2013	285.5	7.37	2 664
2014	290.2	7.49	2 202
2015	269.0	8.17	1 951
2016	251.3	7.73	1 746

表 4　　上海域内四大规划管控品种规模养殖数量(标准猪)　　单位：万头；%

区/集团	2014 年规模养殖情况		2016 年规模养殖情况		2020 年规划情况	
	养殖量	比例	养殖量	比例	养殖量	比例
闵行	3.49	1.2	2.4	0.9	0	0.0
宝山	5	1.7	5.79	2.3	0	0.0
青浦	9.56	3.2	5.17	2.0	0	0.0
嘉定	7.15	2.4	4.03	1.6	5.6	2.8
松江	17.19	5.7	19.59	7.7	17.91	9.0
奉贤	56.01	18.6	49.59	19.4	21.97	11.0
金山	27.29	9.1	20.33	7.9	21.28	10.6
浦东	66.97	22.3	39.39	15.4	26.62	13.3
崇明	29.96	10.0	26.51	10.4	34.84	17.4
光明	77.77	25.9	83.16	32.5	71.77	35.9
合计	300.38	100	255.97	100	200	100

（三）生产模式

“十二五”以来，本市畜牧生产在注重经济效益和社会效益的同时，开始更加注重生态效益。我们以种养结合生态循环为目标，重点聚焦畜牧生产的末端环节即畜禽粪尿的资源化利用和无害化处理，因地制宜地探索符合本市资源和环境承载力的可持续发展的畜牧业生产模式。五年来，通过畜牧标准化建设、现代农业生猪产业发展、规模化畜牧养殖场污染减排等近 200 个项目的实施，本市畜牧业的基础设施得到大为改善，先进装备得到推广应用，饲养管理技术和粪尿处理水平得到较好提高，本市畜牧业的规模化、标准化、生态化水平呈良好发展态势，其中奶牛和种猪的生产水平已对接国际水准。目前，本市已基本形成了大规模工厂化畜牧业、适度规模经营畜牧业、集约化经营畜牧业三种畜牧业生产模式，并在各自的生产实践中呈现出各具特点的表现形式。

1. 大规模工厂化畜牧业代表光明集团畜牧业种养结合的做法

大规模工厂化畜牧业主要是指以规模化、机械化、设备化为主要特征的高投入、高产出、高效益的畜牧业类型，典型代表为美国和加拿大。土地资源丰富、人力资源紧缺和资金技术实力雄厚是发展大规模工厂化畜牧业的基本条件。

光明集团国有农场有着大量的土地资源，因此开展大规模工厂化养殖具有先天优势，一些奶牛场的存栏量已达万头，养猪场的出栏量达到5万头。集团按照“种养结合、适度规模、规范养殖、生态平衡”的原则，初步建立了以生态还田和沼气工程为主的种养结合循环模式。**一是生态还田。**集团的大部分养殖场采取生态还田模式消耗畜禽产生的粪尿，促进种植业的增产，实现循环农业发展。如一些猪场采用干清粪工艺，通过人工清理，把猪粪集中在干粪收集池，经充分发酵后定期外运给农田施用；一部分奶牛场充分利用周边种植的青贮饲料等作物养殖奶牛，奶牛产生的粪便处理堆积发酵后回用农田，提高土壤肥力。**二是沼气工程。**养殖场采用雨污分流、干湿分离模式，将栏舍尿液和清粪污水收集后排入沼气池发酵，通过铺设地下管网等途径，推进沼液、污水在农田、林地、果园等环境的适度利用，形成了“畜－沼－田”生态循环模式。以畜禽粪尿为原料，发酵沼气供养殖场发电，沼渣制作成有机肥或烘干成垫料回用，形成“养殖、沼气、种植”三位一体循环模式。

2. 集约化经营畜牧业代表松江区畜牧业种养结合的做法

集约化经营畜牧业主要是指土地资源稀缺，以资金和技术集约为主要特征的畜牧业发展类型，典型代表为日本、韩国。这些国家的共同特点是人多地少，但经济和科技水平较高，主要以家庭农场饲养为主。

松江区于2008年起探索发展猪粮型种养结合家庭农场。该模式以上海松林公司为龙头企业，采用“公司＋农户”的经营模式，猪场由政府投资建设，区镇兽医部门提供技术服务，公司为农户统一供苗、供料、管理、收购和结算。2012年，猪粮型种养结合家庭农场被全国都市现代农业现场交流会作为典型推荐，2013年家庭农场模式被写入中央一号文件。至2016年末，松江区共建成猪粮型种养结合家庭农场79家，年出栏生猪10.23万头，目前还有12家在建中。仅生猪养殖这一项，可为每个家庭农场每年提供12万～17万元收入，经济、社会、生态三项效益实现共赢。据松江区反馈，松林公司薛家猪场等5家规模化养殖场采取雨污分流、干湿分离、干清粪的减量化方式收集粪尿，并通过沼气工程进行处理，年处理粪污量约16.72万吨。沼气被用于场内的生产发电和生活用气，沼液沼渣还到周边配套的7 800亩农田，干粪被制作成有机肥施用于花卉、水果及蔬菜。家庭农场根据年出栏1 500头生猪的生产规模，配套一座1 000立方米氧化塘和150亩农田，产生的粪尿由田间发酵池曝氧发酵4～6个月后就近还田。

3. 适度规模经营畜牧业代表崇明区和金山区畜牧业种养结合的做法

适度规模经营畜牧业主要是指规模适度、农牧结合、环境友好的畜牧产业模式，典型代表为德国、法国、丹麦等畜牧业发达国家。这些国家地形以平原为主，耕地资源规模适中但劳动力资源有限。

崇明区：该区是本市畜牧养殖中小散户最多的区，在畜禽粪尿的资源化利用上，依靠市区两级资金，依托同济大学科研成果，开展了以行政村为单元的集中收集、集中发酵、集中供气和沼渣沼液生态还田的片区沼气工程。目前，已在崇明 14 个乡镇建立了 21 个片区沼气工程点，另外还有 31 个小沼气工程点和 4 个大沼气工程点，解决了 220 家生猪养殖户 6.75 万头存栏生猪的粪尿处理难题，处理量占整个崇明中小户生猪养殖总量的 70%。调研发现，有 81 家养猪户通过片区沼气，全年处理粪尿 9.5 万吨，还田 3.7 万亩，基本实现资源化利用。除沼气工程外，生态还田也是该区畜牧养殖场粪尿处理的主要方式。在调研的 8 家奶牛场中，有 7 家通过“雨污分流—干湿分离—厌氧发酵—有机还田”的方式处理粪尿，并无偿提供给周边 9 500 亩水稻田使用。调研的 122 家养禽场(户)，多采用“粪尿收集—厌氧发酵—有机还田”的处理方式，全年处理粪尿 9 040吨，其中外销 6 965 吨，其余用于周边 3 668 亩农田。

金山区：该区是本市的农业大区，也是畜牧业的适度发展区域。在调研的 26 家规模化养殖场中，有 7 家采用有机肥生产，12 家采用生态还田，4 家采用污水纳管，3 家采用沼气工程模式处理畜禽粪尿。其中，猪场和牛场的固粪主要是送有机肥厂，禽场的粪便基本供应给附近的果树和菜田。近几年，该区针对部分畜牧养殖场没有足够的粪尿消纳地的问题，在畜禽粪尿综合处理上做了一些有益尝试，如以委托第三方开展的污水纳管排放模式。该模式是将畜牧场的粪尿污水交给第三方专业化公司进行处理，场方只需付托管费用，专业化公司根据合同约定，对粪尿污水进行充分的生物发酵和降解，处理后的污水纳入市政污水管道排放。

三、当前种养结合在畜牧业环节上的主要问题

上海畜牧业的发展一直受到资源和环境的硬约束，同时也受到意识和技术的软约束，使得畜禽粪尿在一定时间、一定区域内没有做到种养结合妥善利用，污染了环境。当前，影响本市畜牧业种养结合的主要问题如下：

(一)畜牧业布局存在欠缺没有完全以种定畜

畜牧业和种植业是种养结合的两条腿，相互依存，缺一不可，其中种植业布局决定畜牧业布局，畜牧业布局带动种植业布局，也就是“以种定畜、以畜补种”。2016 年，本市永久基本农田约 205 万亩，主要集中在崇明、金山、奉贤、浦东、青浦、松江六个区，占全市总量的 93%。本市畜牧业主要集中在崇明、金山、奉贤、浦东、松江 5 个区，占本市域内养殖总量的 93%(如表 5 所示)。从区域整体看，当前全市的种植业和畜牧业的布局在宏观上基本吻合，只有青浦区因水源保护的原因导致种养业布局不匹配。但从过往历史和微观局部看，本市畜牧养殖场的具体布点存在一些不合理的情况，相当一部分的畜牧养殖场分布于水源保护区、城郊接合部、居民集聚区和城市主干道附近，远离基本农田，或周边农田较少。如 2016 年经相关部门统计，仅本市城乡中小河道周边就有 121 家畜牧养殖场需要开展综合整治，其中 88 家场需要关闭。部分畜牧养殖场在布局选址上存在硬伤，导致种养结合往往需要“翻山越岭、跋山涉水”，增加了实施难度。

表 5　　上海各区基本农田和规划管控畜禽品种规模养殖量分布(含光明集团)　　单位:万亩,万标准猪

区名	永久基本农田	2016 年规模养殖量	2020 年规划养殖量
宝山	1.33	5.79	0
闵行	2.38	2.4	0
嘉定	11.08	5.03	5.60
松江	17.58	19.59	17.91
青浦	20.58	7.37	0
浦东	25.26	45.79	26.62
奉贤	26.10	72.24	39.31
金山	29.44	30.73	32.96
崇明	71.07	67.03	77.58
合计	205	255.97	200

(二)养殖规模没有畜田匹配突破环境承载力

畜禽环境承载力是指在一定农耕区域范围内,从农业生态环境系统中养分平衡的角度出发,区域所能持续支持畜禽养殖的最大数量。目前,多采用特定地理区域消纳畜禽粪尿中氮磷养分的能力来计算,以作物养分需要量和畜禽粪尿养分产量来确定单位农用地承载的畜禽数量。因不同区域的基础地力、作物品种、种植茬口、气候环境、粪尿养分含量、粪尿处理模式、作物吸收效率等各不相同,尚没有一个普遍适用的精确的测算方法。

1. 参照国际标准推算上海畜禽环境承载力

上海人口密集、水网密布、资源短缺,畜禽环境承载力的确定需从严把握。根据市领导提出的对标国际先进水平和本市环保部门从严管控的要求,我们参照发达国家亩均承载 1.2～4.0 头出栏标准猪的标准(如表 6 所示),同时结合多年对本市郊区农村水环境和土环境质量的监测结果,确定本市每亩地承载 3 头出栏标准猪(由于东京、巴黎等国际大都市高度城市化,基本没有畜牧业,不适合作为参照)。

表 6　　各国/地区畜禽环境承载力标准　　单位:出栏标准猪/亩

国家/地区	畜禽环境承载力	主要土壤类型
德国	1.2～2	灰化土/弱育土
丹麦	3	灰化土
荷兰、挪威、瑞典	3.4	灰化土/弱育土
加拿大	4	灰化土/淋溶土
中国	10	红壤、黑土、水稻土等 12 种
上海	3	水稻土、滨海盐土
嘉兴	3	水稻土

根据上海市基本农田类型和主要农作物种植规模(如表 7 所示),在测算适宜直接

消纳畜禽粪尿的农田面积时，一是将闵行、宝山、青浦三个禁止畜禽规模养殖区的24万亩农田面积去除，二是将其他区水稻种植规模100亩以下、蔬菜种植规模50亩以下和种植其他农作物的64万亩农田面积去除，三是将其他区内位于畜禽禁养区、控制养殖区和因粪尿、沼液长距离运输不便等问题导致种养分离的近40万亩农田面积去除，则实际可直接用于种养结合的农田面积约为80万亩。按此推算，本市域内畜禽养殖量控制在240万头标准猪以内较为合适。

表7　本市基本农田类型和主要农作物种植规模　单位：万亩

基本农田				
分类	水稻田	设施菜田	其他农田	合计
全市面积	143	39	23	205
水稻田				
分类	50亩以下	50～100亩	100亩以上	合计
全市面积	24	12	107	143
闵行、宝山、青浦的面积	0.8	2.5	11.7	15
其他区的面积	23.2	9.5	95.3	128
设施菜田				
分类	30亩以下	30～50亩	50亩以上	合计
全市面积	9	3	27	39
闵行、宝山、青浦的面积	1	0.4	5.4	6.8
其他区的面积	8	2.6	21.6	32.2

2. 根据生猪固粪产生量推算上海畜禽环境承载力

根据环保部2009年颁布的《畜禽养殖业污染治理工程技术规范》，一头猪每天产生固粪2公斤，则每年产生0.73吨固粪。以农业部制定的《畜禽粪便还田技术规范》为依据，按1～3级不同农田本底肥力水平测算，每亩农田种植一茬水稻所需的猪固粪量分别为1.46吨、1.2吨、1.06吨。以上海205万亩基本农田全部种植水稻为前提，其中80万亩农田直接实现种养结合，按照一年一茬的种植制度，1～3级不同本底肥力的农田每年约可承载320万、263万、232万头标准猪。

3. 根据氮元素推算上海畜禽环境承载力

根据农业部畜禽养殖土地承载力测算方法，我们还是以上海205万亩基本农田全部种植水稻为前提，按照一年一茬的种植制度，以本底肥力2级推算出每公顷农田需要264公斤氮养分，若其中80万亩农田直接实行种养结合，则全年需要氮养分1 408万公斤。按每头猪每天排泄氮养分0.03公斤，收集阶段氮损失率87%，处理阶段氮损失率70%，则全年排泄有效氮养分6.66公斤。若粪肥施用比例为30%，作物氮吸收率为25%，则全年大致可承载254万头标准猪。

综合以上三种测算方法，初步推算本市域内适宜的畜禽养殖量在240万头标准猪以内，当前上海市养殖业布局规划确定的四大品种的养殖量为200万头标准猪。从总体看，上海的畜禽养殖量在2001年达到峰值，全年出栏标准猪高达730万头。按照200万头标准猪的规划要求，上海畜禽养殖量最高时超标3.6倍，按照80万亩可直接用于种养结合的农田面积测算，亩均承载了9头标准猪，极大突破了环境承载力。此后，上海的畜禽养殖量呈逐年下降趋势，至2016年域内已下降到287万头标准猪。即便如此，按规划标准，畜禽养殖量仍超标1.44倍，亩均仍承载了3.56头标准猪。此外从个体看，随着本市畜牧业生产水平的提升，一些畜牧场的养殖规模快速扩张，在局部出现畜田匹配严重失衡的状况，因畜禽粪尿缺乏正常的处置渠道引起的乱排偷排现象较为严重。2015年上半年，上海电视台、《新民晚报》《解放日报》等新闻媒体连续曝光十多起畜牧养殖场违法排污事件，诸如“关注我们身边的小河”“猪粪尿排河里，谁来管?”等报道引起社会广泛关注，人民群众反映十分强烈。

（三）种养业经营主体分离导致粪尿还田不畅

我国传统农业的精髓是种养结合，农牧循环。但随着社会经济的发展，出现了分工分业、种养分离、农牧分割的问题，这在上海显得更为突出。传统以家庭为单位的种养一体、种养结合的模式逐渐消亡，取而代之的是各自独立的经营主体，这使得农牧循环需要一定的利益连接机制才能完成。调研发现，除松江猪粮型种养结合家庭农场外，本市大部分的畜牧养殖场和种植业主是分离的，甚至包括最有条件实现种养结合的光明集团，因其本市域内的畜牧养殖场和农田分属于不同的子公司，同样存在这样的问题。许多养殖场通过租赁周边的农田，或者与种植业主签订还田协议来解决畜禽粪尿出路问题，但真正能做到畜田匹配，实现无缝对接，长期稳定运行的不多。很多种植业主因畜禽粪尿味道大、肥效慢、运输难，加上易受时间空间和人力成本的限制，不愿使用畜禽粪肥。很多畜牧养殖场虽然在形式上做到了种养结合，但其实际效果有待考证。

（四）畜禽粪尿处理模式不完善技术支撑滞后

“十二五”期间，本市基于畜牧养殖现状和粪尿处理水平，确定了生态还田、沼气工程、污水纳管和达标排放四种污染减排模式，并完成了88个场的减排工程。实践证明，污水纳管和达标排放是用工业化思路去处理农业问题，成本太高，据对11家养殖场调查发现，平均成本在40万～50万元/年。同时畜禽粪尿没有作为资源加以利用，违背了种养结合生态循环的初衷。沼气工程可较好实现畜禽粪尿的资源化利用和无害化处理，但设备投资高（一般在400万～600万元），维护成本高（运行维护成本30万～50万元/年，可通过“三沼”使用收回部分成本），技术要求高，一般养殖企业难以承受。同时沼气工程还存在安全隐患问题，且在寒冬季节使用效果欠佳。生态还田是当前较为合适的粪尿处理模式，也为欧美国家普遍采用。根据对50个场的调查情况看，生态还田不仅投资相对其他模式要少1/2，运行成本少2/3，而且操作简便、管理便捷、运行稳定。不过生态还田需要配备较大面积的发酵池和储存池，往往会受到附属设施用地规模的限制，并且粪尿在还田过程中也面临着施用不便和金属超标的隐患。总的来看，当前畜禽粪尿的处理模式多样，但能真正做到大面积推广、经济高效的处理模式不多，技术工艺支撑不足以实现生态效益和经济效益的双赢。

（五）畜牧业总体环保意识不足部分问题突出

长期以来，本市畜牧业发展环境整体宽松，环境容量问题一直没有得到足够重视，但随着全社会环保意识的不断增强，畜禽养殖污染问题已是政府关注、行业关切、群众关心。然而从整体看，畜牧业相对弱质，畜牧从业者相对弱势，在《畜禽规模养殖污染防治条例》、"水十条""土十条"等法律法规的高标准严要求面前，无论在主观认识上还是客观行为上，都没有跟上形势要求，导致环保意识淡薄，主体责任缺失，污染事件多发。2015 年，市农委和市环保局对 60 多家做过减排项目的规模化养殖场进行检查，结果发现有一半以上的场运行不合格(如表 8 所示)。2016 年再次检查，发现运行状况较 2015 年有明显改善，但仍有 19％的养殖场减排设施运行不合格，甚至存在污水直排的违法行为。而其他未做过减排项目的畜牧养殖场的情况相对更加严重。

表 8　　规模化养殖场减排项目运行检查情况　　单位：个；％

分类	主要问题	2015 年		2016 年	
		数量	占比	数量	占比
合格	基本无问题	10	17	10	15
基本合格	固液分离机露天放置、固体粪露天堆放等	18	30	44	66
差	污水达不到本市纳管标准、污水过量还田、减排设施闲置不用等	12	20	7	11
极差	规避监管违规排放、污染人工湿地、污水储存池无防渗膜等	20	33	5	8
合计		60	100	66	100

（六）对畜牧业的认知存在误区政策有失偏颇

农业部副部长于康震指出，畜禽粪尿只是废弃物，不是污染物，是放错了地方的资源。中华传统农耕文化也告诉我们，种养结合是农业生产的最佳搭配。畜禽粪尿对畜牧业来说是废弃物，但对于种植业来说就是宝贝，是种植业保持土壤肥力、减少化肥使用、持续循环发展的重要保障，是发展绿色农业、有机农业的必要前提。现阶段，个别区以落实养殖业布局规划和环境整治为由，大幅扩大畜禽禁养区范围，简单采取一关了之的做法，畜禽退养力度远超规划要求和发展阶段，力度之大，史上空前。一些地区畜牧产业已所剩无几，种养结合的基础被破坏。

四、对以种养结合为背景下畜牧业布局、规模和模式的建议措施

综合以往情况和当前现状，总的来看，我们要牢固树立"创新、协调、绿色、开放、共享"的发展新理念，切实贯彻落实中央和本市有关生态文明建设的决策部署，以畜牧业生产与生态环境保护协调发展为导向，以加强畜禽粪尿综合治理推动开展种养结合为突破口，加快优化本市畜牧业的布局、规模和模式，着力培育畜牧业和种植业可持续发展的新动能，保护和改善本市生态环境。具体有以下建议。

（一）围绕种养结合优化畜牧产业布局

对畜牧业来说，种植业既为畜禽提供饲料解决吃的问题，也为畜禽消纳粪污解决拉的问题，因此畜牧业布局要与种植业布局相衔接，做到以种定畜。在具体选址时，畜牧

养殖场要尽可能与农田、果林相近，通过专用管道或灌溉渠系把畜禽粪尿、沼液沼渣输送到田里，培肥地力。同时，畜牧养殖场的选址要符合城乡规划环保规划的要求，避开人口集聚区和饮用水源保护区。2016 年，上海市政府颁布了《上海市养殖业布局规划(2015～2040 年)》。相关区和光明集团要根据规划要求和市政府指示，在 2018 年底前完成 1 013 家规划不保留畜牧养殖场的关闭，其中纳入本市中小河道综合整治范围内的 88 家畜牧养殖场要提前至 2017 年 9 月底完成。今后，本市禁止养殖区内规模化畜牧养殖场应一律关闭，控制养殖区内不宜再新增规模化畜牧养殖场，适度养殖区内的畜禽养殖要坚持种养结合，实现畜禽粪尿的无害化处理和资源化利用，形成畜牧业和种植业相互融合、生态循环的良好格局。当前，本市个别区在畜禽退养过程中“发力过猛”，不论该养殖场规划保留与否、有无污染环境，都实行“一锅端”，破坏了种养结合的基础，打破了生态循环的平衡。我们建议，今后在适当的时候，还是要在规划允许的农田连片的区域，适当布局一些畜牧养殖场，平衡生态环境。

（二）围绕适度规模推进畜禽标准养殖

坚持生态优先的原则发展畜禽标准化规模养殖，做到生产数量服从生态质量。在养殖数量上，当前要坚决落实规划要求，全市域内年出栏标准猪不超过 200 万头，各个区和光明集团不能突破各自的规划数量，单个场的养殖规模要与其畜禽粪尿处理能力和周边土地消纳能力相匹配。在养殖品种上，除纳入规划管控的生猪、奶牛等四大品种外，优先考虑养殖污染小、市场潜力大的肉羊、珍禽等特色品种。在养殖模式上，光明集团土地丰富、资金雄厚、技术先进、设备领先，可发展大规模工厂化畜牧业；浦东、奉贤、金山等区仍保留有一定量基本农田，可发展适度规模经营畜牧业；崇明区的畜禽养殖要服务于国际生态岛建设规划，重点打造绿色生态畜牧业，试点开展旅游观光畜牧业；松江区可继续优化猪粮型种养结合家庭农场，其他非农就业充分、土地流转畅通的地区也可以借鉴推广。另外，对于本市每亩地承载 3 头标准猪的畜禽环境承载力标准，我们认为其适用于指导整个畜牧业面上的生产，具体到每一个畜牧养殖场，由于粪尿处理工艺、还田模式、作物品种等各不同，可以制定一场一方案，最终以环保实测数据为判定标准。接下来，可以组织相关部门开展专项研究，进一步细化、优化畜禽环境承载力标准，指导畜牧业生产。

（三）围绕生态平衡建立农业循环机制

以生态平衡为目标，通过种养结合实现畜禽粪尿和作物秸秆的资源化利用和无害化处理，在本市域内构建起种养业相互依存、三级循环互为补充的生态农业循环模式。以单个畜牧养殖场为对象，做好粪尿的源头减量、过程控制、末端处理和就近还田，实现单体小循环；以区域内多个种养主体为单位，通过农牧对接、产业融合、化肥减量、秸秆利用、过腹还田，实现区域中循环；以市域为整体，统筹产业布局、有机肥加工、沼渣沼液配送、农业废弃物异地利用，实现市域大循环。建议在崇明、松江、金山等重点区和光明集团等重点单位开展先行先试和典型示范，推动农业生态循环机制的建立。建议在闵行、宝山、青浦等畜禽禁养区，通过有机肥异地配送，解决种养结合生态循环问题。

（四）围绕技术集成加强粪尿综合处理

进一步推进畜牧养殖场基础设施改造和提升，重点推广干清粪方式和节水工艺，实行干湿分离、雨污分流，最大限度减少粪污特别是污水的产生量，降低后端粪污综合利用难度。以生态还田、沼气工程和有机肥加工模式为主，污水纳管、中水回用、发酵床等模式为辅，蚯蚓饵料、牛粪燃料棒、食用菌培养基为补充，完善推广一批投资少、成本低、效果好、易操作的畜禽粪尿处理新技术、新设备、新模式，重点解决好畜牧养殖场污水处理这个“瓶颈”问题。积极推广饲料科学配方和疫病净化技术，降低金属添加和兽用药物使用，提高饲料转换率和畜禽生产效率，从源头减少畜禽粪尿产生量和有害物质残留量。

（五）围绕耕地修养科学施肥严密监测

根据本市耕地地力水平、种植作物、茬口安排等情况，研究推广畜禽全粪、沼渣沼液、秸秆绿肥、商品有机肥的生产规范和施用还田技术。以规划保留畜牧场为主体，以符合环保部门要求为前置条件，调整优化有机肥厂的布局，持续提升使用畜禽固粪制作商品有机肥的产能，加大有机肥料替代化学肥料力度，3 年内推广应用商品有机肥 60 万吨，到 2020 年全市化肥使用量比 2015 年减少 20％。推进作物秸秆肥料化、饲料化、基料化、燃料化和原料化等综合利用，不断拓展秸秆综合利用产业链，综合利用率达 96％以上。建立完善耕地质量检测技术和监测网络，其中耕地地力定位监测点 500 个、土壤环境定位监测点 100 个、田间肥效跟踪监测点 50 个、农户肥情监测点 500 户、土壤墒情定位监测点 5 个，对土壤质量和有效态金属进行监测预警。

（六）围绕服务职责加强政策支持力度

进一步发挥都市现代农业发展专项资金和基本农田生态补偿资金的作用，拓宽农机购置补贴范围，支持购买适用于沼液、沼渣、有机肥等运输、施用的农用机具，提高畜禽粪尿利用的设施化水平。加大商品有机肥生产和使用的补贴力度，在产业政策上支持规划保留畜牧养殖场开办有机肥生产加工厂，加大绿色食品、有机农产品认证力度，激励引导农民使用有机肥。以“先建后补”或“以奖代补”的形式，积极支持社会资本参与畜禽粪尿综合利用，探索建立覆盖设计、施工、运维全过程的专业化生产、公司化运营的 PPP 模式，形成以政府投入为导向、主体投入为主导、社会力量投入为补充的多元化投入机制。优化设施农用地管理政策，支持畜牧养殖场在场内配套建设必要的粪污收集、处理、储存设施，在农田内配套建设必要的粪尿和沼液的储存池和运输管道。进一步加大土地流转力度，支持畜牧养殖场配套解决相应的粪尿消纳土地。

（七）围绕依法行政加强行业监督管理

加大农业环境保护的执法力度，严厉查处畜牧养殖场违法排放污染土壤和水体的行为。依法规范兽药、饲料及饲料添加剂等农业投入品市场秩序，严厉打击非法制售和使用违禁药物行为。依法严格保护耕地，加强耕地质量定位监测点建设和动态管理。新建规模化畜牧养殖场，必须符合养殖业布局规划要求，并配套落实畜禽粪尿消纳地，通过环境影响评价，做到种养结合；现存的规模化畜牧养殖场，要严格落实“谁污染、谁治理”的主体责任，配套建设粪尿贮存、处理、利用设施，并确保设施正常运行。要建立倒逼机制，对本市保留的规模化畜牧养殖场在2018年底前全部实行《排污许可证》和《动物防疫条件合格证》双证管理。持续开展农业技术人员和专业农民的培训，不断提高从业人员环保意识和应用技能。

（八）围绕取得实效加强宣传引导考核

推进种养结合是畜牧业发展的根本出路，也是发展绿色农业、生态循环农业的重要前提。要充分利用各类新闻媒体加强宣传报道，引导各级政府和社会各界认识到保留一定的畜禽养殖量并推动开展种养结合工作，对改善土壤肥力、降低化药使用、保障应急供应、丰富市民“菜篮子”的重要作用。要及时总结工作中的好经验、好做法，加强典型示范，营造良好氛围。要把推进种养结合工作纳入市政府对各区三农工作的考核内容，市相关委办局要各司其职强化对种养结合工作的统筹协调，相关区和光明集团也要因地制宜、积极调整畜牧业的布局、规模和模式，确保责任到人、措施到位，取得实效。

牵头领导：叶军平

牵头处室：畜牧兽医办公室

课题组成员：沈　悦　李建颖　沈　斌　许　峰　施　彬　李建刚　沈富林　陆雪林　许　栋

6. 增强集体经济发展活力、深化农村集体产权制度改革的调研报告

2016 年 12 月底，中央、国务院出台了《关于稳步推进农村集体产权制度改革的意见》，为今后一个时期深化农村集体产权制度改革，增强集体经济发展活力指明了方向。为进一步积极稳妥扎实推进农村集体产权制度改革，2017 年以来，由房忠桥、王国忠同志领衔的课题组，深入基层开展调研，采取解剖麻雀的办法，梳理现状，分析问题，提出对策。现将调研成果汇总如下：

上海推进农村集体产权制度改革起步较早，在全国各省市中率先进行了农村集体资产的清产核资（农村集体总资产 5 347 亿元，净资产 1 581 亿元），建立了市、区、镇、村四级“三资”监管平台，完成了集体经济组织成员界定和农龄统计（成员 591.5 万人，总农龄 1.26 亿年），形成了完整的产权制度改革政策体系，在此基础上，积极开展将农村集体经营性资产确权到户量化到人。到 2017 年 8 月底，上海已累计完成改制 1 628 个村，占全市 1 677 个总村数的 97.1%；镇级改制累计完成 50 个，占全市 122 个总镇数（有农村集体资产的镇、街道）的 41%。全市已改制村全面理顺村经关系，推进村经分离，实施分账管理。

推进农村集体产权制度改革，有利于增加了农民的财产性收入。据统计，全市镇级、村级改制集体经济组织进行了 2016 年度收益分红，年总分红 15 亿元，涉及分红股民数 148 万人，人均分红 1 015 元。列入全国农村改革试验区的闵行区积极开展对农村集体资产股份的占有、收益、有偿退出及抵押、担保、继承六项权能改革的试点，农民获得感明显增强，12.51 万人年度人均分红 5 019 元，户均 20 076 元，包括股份收入在内的财产性收入占到农村居民家庭收入的 18.3%，成为全国城乡差距最小的地区之一（1.41∶1）。

通过调研，课题组认为当前影响上海农村集体产权制度改革比较突出的有两大问题：一是制约集体经济发展的“瓶颈”问题，二是推进集体产权制度改革的政策性问题。针对上述瓶颈和问题，课题组从两个方面进行了细化调研。

一、关于集体经济发展的“瓶颈”问题

（一）集体经济发展现状

近年来，随着城乡一体化的快速推进，本市农村集体经济得到了较快发展。据统计，截至2016年底，上海共有1 677个村级集体经济组织，实现村级集体经济组织总收入644.6亿元，其中经营性收入470.7亿元，总支出566.5亿元，净收益78.1亿元。

1. 村级资产情况

近年来，本市村级集体经济组织的资产规模逐步扩大，总量不断增加。截至2016年底，本市村级集体总资产1 568亿元（占全市农村集体总资产5 347亿元的29.3%），村均9 351万元，是全国村均集体资产532万元的17倍多。其中：经营性资产903亿元，占57.6%，村均5 389万元；净资产717亿元，村均4 276万元。

2. 村级可支配收入情况

近年来，本市村级集体经济组织可支配收入水平逐年提高，是全国村级组织收入水平最高地区之一。市统计局跟踪调查数据显示，2015年本市1 584个行政村的可支配收入共计86.02亿元，增幅0.3%；其中经营净收益36.17亿元，增幅0.3%；补助及财政转移支付25.27亿元，增幅16.8%。村均543万元，是全国村均收入水平51.4万元的8倍多。

（二）农村集体经济发展的“瓶颈”问题

在调研中，基层反映，随着本市“五违”整治工作的不断推进，特别是“198”区域低效建设用地减量化工作的开展，使得农村集体经济受到不同程度的影响，迫切需要整合聚焦有关支持政策，破解集体经济发展“瓶颈”，促进农村集体经济转型发展。

通过调研，我们认为发展农村集体经济面临的“瓶颈”问题主要集中在以下四个方面：

一是区域经济发展不平衡。从地区发展的差异性来看，中远郊与近郊村级资产差距明显。本市1 677个村级集体经济组织，净资产1 000万元以上的900个村级集体经济组织中，551个集中在近郊地区，占总数的61.2%；而净资产为负的村级集体经济组织共计89个，其中66个集中在中远郊地区，占总数的74.2%。净收益500万元以上的村级集体经济组织共计148个，其中120个集体在近郊地区，占总数的81.1%；而净收益10万以下的村级集体经济组织共计533个，其中340个集中在中远郊地区，占总数的63.8%。从收入差异的分布来看，中远郊与近郊村均可支配收入差距明显。2015年，近郊地区村均可支配收入1 088万元，中远郊地区村均可支配收入245万元，相差4倍多。目前本市可支配收入最高的村的收入高达4.4亿元，最低的仅有21万元，收入水平相差已超过2 000倍；本市134个人均可支配收入不足400元的村中，中远郊122个，占91.0%；近郊12个，占9.0%。

二是集体增收能力动力不强。由于区域发展规划限制较多，增收渠道同质化明显且趋于紧缩，村级经济缺乏发展空间，不同程度存在“有钱的找不到方向，没钱的办不成事”。特别是多数经济薄弱村、空壳村缺乏发展条件，领导班子缺乏发展思路和发展动

力,配置资源能力不强,创收增收渠道不多,主要依赖各级财政补助。部分承担基本农田和水源保护的地区,村级集体经济缺乏有效的发展空间,不同程度存在"一产只能种、二产不能动、三产空对空"的现象,经济相对困难村比较集中。与此同时,村级集体经济组织存在固有的制度缺陷,虽然法律规定村级集体资产的所有权属于村集体,但集体资产的经营所得与集体组织成员之间的利益关系并不直接,造成集体缺乏发展的内在动力。

三是集体经济负担沉重。由于历史原因和现行行政管理体制的缺陷,村委会在一定程度上扮演了"小政府"的角色,担负了较多本该由政府承担的社会管理职能。随着经济社会发展和新农村建设推进,近年来农村道路、文化设施、农民养老、医疗保障、绿化保洁、社会治安等已逐渐成为郊区农村重要支出项目,社会福利和管理费用等经常性支出呈刚性增长。

四是政策落实仍需加强。虽然各级党委政府对发展壮大集体经济的认识不断加深,但一些政策配套不够,扶持政策落实还不完全到位。比如,资金整合难,现行扶持村集体经济发展"政出多门",缺乏通盘计划,专项资金整合难,难以真正形成合力;农村推进土地征地留用地等政策较难落实,村级集体经济发展缺乏合理用地指标,缺乏进一步发展的空间。

上述"瓶颈"问题,究其原因,既有长期历史发展中积累下来的,也有现实发展中形成的,还有许多涉及体制机制的,而且交织在一起;既有客观因素,也有主观因素。

一是集体经济组织法人主体地位不明确。农村集体经济组织与企业等法人组织属于完全不同的组织类型,其法人地位并未明确。因此,农村集体经济组织虽有法律地位却无法人地位,这就导致农村集体经济组织无法作为完整的市场主体参与经营竞争。

二是集体经济组织所处的地理环境。地理环境直接影响着集体经济组织的资源条件、交通条件、信息条件以及产业结构等,因而对于集体经济的发展具有重要影响。中远郊地区的村级集体经济基础薄弱,缺乏发展资源和空间,在很大程度上要依托财政扶持,目前全市还有 66 个村级集体经济组织无自营收入,完全依靠政府补助来维持自身运转。

三是集体经济组织所处的经济区位。经济区位直接决定了村级集体发展的外部经济环境,特别是对村级集体经济组织发展非农产业具有重要影响。受体制机制的影响,一些位于城乡接合部、开发区等特殊区域的村级集体经济组织,能分享城市基础设施、城市产业辐射以及为城市产业提供配套服务的好处,其经济发展条件得天独厚,而其他地区的村经济区位条件较差。

四是村干部的能力素质水平。村干部特别是村党支部书记和村委会主任是发展村级集体经济的"领头羊",他们的素质高低,不仅决定其自身把握市场机遇、开发生产资源、发展集体经济的能力,而且也决定整个村级领导班子的素质。另外,各类经营管理方面的专业人才也相对缺乏,对发展壮大村级集体经济影响较大。

(三)农村集体经济发展的对策措施

1. 探索经济发展路径

2016年底，市农委会同市发改委、市规土局、市财政局联合出台了《关于新形势下促进农村集体经济转型发展的指导意见》，为促进农村集体经济转型发展起到了政策支撑作用。各区积极探索农村集体经济转型发展新路径，取得了较好成效。对此，我们通过调研总结，归纳了本市五种发展农村集体经济的类型。

一是购置留存楼宇物业。这一类型主要是指近年来，为保障农村集体经济组织权益，由各区将减量后的指标统筹平移到新城、区级工业园等发达区域，在开发建设时按照约定的比例为集体经济组织留存物业，由集体经济组织用节余的减量化补贴资金按照成本价购置，确保长期稳定的经营性收益。结合“198”区域土地减量化工作，青浦区2015年在练塘镇先行实行这一发展模式，通过对接新城开发建设项目，以土地附条件出让方式，在开发成本价以内购置优质的商业物业。据测算，2016年练塘镇该项目年净利润为416.1万元，投资利润率为6%。除了练塘镇，青浦全区各街道还利用各自区域特点和开发机遇，积极寻找集体经济发展路径和渠道。奉贤区通过统筹集聚村级集体闲置资金，聚小为大，由镇村两级集体经济组织出资，跨区投资商务楼宇物业。如金汇镇通过债券众筹的模式到城市投资优质物业，投资村每年可获得固定利率收益、分红收益。

二是合作开发产业园区。这一类型主要是指市级产业园区与相关镇开展“区区合作”“品牌联动”，形成“一区多园”发展格局，镇级层面统筹农村集体资金、资源优势共同参与园区开展建设。松江区新桥镇在2006年由镇集体资产经营公司出资4 000万元，占注册资本的40%（目前已增至49%），与漕河泾开发区共同建设了漕河泾开发区松江高新产业园，有效促进了镇级集体经济的发展壮大。累计2016年底，镇集体收益总额2.4亿元。在一期基础上，2016年漕河泾开发区和新桥镇又追加二期投资6亿元，其中农民集体和园区各投入3亿元，预计未来收益将会有明显增长。在此基础上，松江区从2015年起在中山街道、九亭镇、佘山镇等街镇积极推广这一模式，合作园区面积达1 000余亩，并已取得了很好的经济效果。

三是建立集体资产托管平台。该类型主要是指以区级或镇级层面建立统一平台，整合村集体经济经营性资产，明确村集体经济组织的股东身份，建立区级或镇级层面的股份合作实体，在区级或镇级层面提升资产经营管理水平，促进村级资产的保值增值。这种形式是近年来在开展农村综合帮扶，促进经济相对薄弱村发展中探索的一种新形式。奉贤区“百村公司”是典型案例，改变原来全区100个经济相对薄弱村“单打独斗”的发展方式，构建村级经济发展平台，建立了“百村公司”，100个经济相对薄弱村分别成了公司的股东。各类扶持资金和资源也相对集中投入，以往的纯粹“输血”变成了“造血”，改变了过去“村村冒烟”的低层次村级经济发展，让农村集体经济也能“进城”分享城镇化发展的“红利”。2014年、2015年、2016年每个村分别获得了收益30万元、50万元和70万元，增长效应明显。

四是盘活存量资产出效益。近年来，松江区中山街道在努力壮大集体资产、让农民长效得益的同时，在规范管理上大胆实践，在全区首开向行政办公占用使用集体用房收租的先河，使集体资产的产权归属更加明晰。一方面，中山街道通过规范各直属公司租赁合同管理和租赁行为，促进经营性资产更有效利用。街道出台了《中山街道关于进一步规范各直属公司租赁合同管理和租赁行为的暂行办法》，要求各直属公司统一使用街道经管站拟定的《房屋租赁合同》和《土地使用权出租合同》样本，并统一录入“三资”监管平台。同时对不同类型的资产明确了租赁单价下限和租赁年限上限，对于突破限制的都须经镇集体资产监督管理委员会讨论同意。此外，对于历史上价格不合理和租期超长的合同，积极采取措施，逐年进行清理调整。另一方面，中山街道首开向行政办公用房收取租金的先河，促进非经营性资产出效益。从 2015 年起，对使用集体出资建设的街道所属事业、公益单位办公用房，如政府大楼、派出所、文化站、房管中心等，都与联合社下属资产公司签订了租赁协议，收取租赁费用，净增租金 990 多万元，2016 年租金为 1 300 万元。据统计，从 2011 年到 2016 年，中山地区农民集体联合社已连续 6 年分红，累计分配社员收益金约 6 388 万元，每份收益从 20 元到 27 元，逐年增加，使社员分配稳步提高。

五是参与公共服务项目建设。这一类型主要是指对农村综合帮扶等用于支持集体经济发展的财政专项资金，在资金整合的基础上，委托具备相关资质的区级国有企业统筹管理，投资参与收益稳定的市、区重大公共服务项目建设。2016 年，浦东新区将 74 个薄弱村的 4.5 亿元区级帮扶专项资金予以统筹整合，委托给区级国有的浦东农业发展公司，由其进行统一管理，投资老港垃圾填埋场建设，这一项目是由市级财政托底保障的公共服务项目，每年可以获得 5.7%的稳定收益。嘉定区南翔镇设立“南翔镇共享发展专项基金”，每年拿出 5 000 万元用于产权制度改革和集体资产倍增计划，采用村镇联合、村城联合、村村联合等模式设立项目公司，参与联合投资社区邻里中心等公共服务项目建设，年实现物业收益超过 8 000 万元。

2. 深化改革拓展权能

一是加快“三权”确权。全面完成农村集体资产股权确权工作。加快推进农村土地承包经营权、农村宅基地、集体建设用地确权登记颁证工作，确保集体经济组织成员应享尽享、应确尽确。二是激活农村资产。总结推广集体经营性建设用地入市和农村宅基地改革试点的成功经验，提高集体土地资产效益。积极稳妥推进农村承包土地经营权抵押试点；在赋予农民对集体资产股份占有、收益、有偿退出以及抵押、担保、继承权的基础上，加快构建农村产权流转交易体系，推进农村集体要素资源参与市场化、社会化配置，更好地搞活农民集体财产权能。

3. 转换机制强化管理

建立以集体资产保值增值为主要内容的经济责任制，实行经营管理绩效与经营者收入挂钩。在全面推行政经分离的基础上，实现村民自治组织与集体经济组织在选民资格、组织功能、账目资产、议事决策的“四分离”。同时进一步规范分账管理后村经财务核算工作。在挖掘开源增收的同时，抓好节流减支。重点抓好村级非生产性开支管理各项规定的落实，全面实行农村集体“三资”阳光运行，进一步加强农村集体资产的管理。加强对监管平台数据的检查核实，不断完善监管平台数据质量，提高农村集体“三资”数据的准确性、真实性、全面性。

4. 加强人才队伍建设

各地要积极制定有效政策措施，多形式、多渠道为村干部和村级集体经济组织培养各类专业人才，农村管理型人才的选拔，能够为村级集体经济健康、快速发展提供强有力的组织保证。争取信息、技术、资金等方面的支持，引导产业资本落户农村反哺农业，力争利用(引进)一个能人，发展一个产业，带动一个经济薄弱村转化。根据当前农村集体经济发展的新特点和新要求，积极引进和培养适合当地需要的各类人才。在中远郊等农业的地区，积极培养生产技术型人才，推动现代农业的发展；在近郊等集体经济发达地区，大力引进培养经营型管理人才，推动集体经济不断发展壮大。

5. 强化政策扶持力度

一是继续加强农村综合帮扶。推进农村综合帮扶项目建设，提高建成项目的管理能级，促进项目可持续发展，提高项目的质量、效益和水平。强化“造血”机制，增加农民收益。保障薄弱村村级基本运转经费，促进经济薄弱地区平衡发展。二是加大用地保障力度。坚持规划引领，进一步优化城乡建设用地布局，合理安排农业农村各业用地，完善新增建设用地保障机制。在不增加农村建设用地总量、不占基本农田的前提下，加大盘活农村存量建设用地力度。三是加快农村金融创新。坚持商业性金融、合作性金融、政策性金融相结合，健全政策支持、公平准入和差异化监管制度，扩大农村金融服务规模和覆盖面，创新农村金融服务模式，全面提升农村金融服务水平，促进普惠金融发展，加快建立多层次、广覆盖、可持续、竞争适度、风险可控的现代农村金融体系。充分发挥农村金融机构在发展壮大村级集体经济中的支撑保障作用。四是加强村级债务化解。探索如何化解因投资失误等导致的应付未付债务的措施，组织债权清收，积极落实中央关于化解村级债务的工作要求，采取清收债权、盘活资产等措施，化解村级债务。

二、关于集体产权制度改革的“瓶颈”问题

(一)关于集体经济组织统一社会信用代码赋码问题

为破解本市新型农村集体经济组织因组织机构代码证等“三证合一”后无法向税务部门申请代开增值税普通发票从而影响集体经济组织正常经营的问题，课题组赴北京市考察学习农村集体经济组织统一社会信用代码赋码情况，借鉴相关经验。

1. 北京市的主要做法

截至2016年底，北京全市已有12个区开展了存量农村集体经济组织的统一社会信用代码的赋码工作，换发了2 536个村级集体经济组织统一社会信用代码证书，占全市存量农村集体经济组织的1/3。据考察，北京市从四个方面开展赋码工作：**一是协调解决关键问题。**针对国家质检总局规定各地质监部门从2016年1月1日起不再发放和更换组织机构代码证书的情况，北京市农委在向农业部经管司反映后，经农业部与质检总局沟通，明确由国家代码中心协助解决18位统一社会信用代码的第一、二位确定问题，并建立了与北京市质监局的协调机制。**二是升级改造“三资”监管平台。**2015年起，北京市农经办对市“三资”监管平台进行升级改造，将原组织登记系统纳入新平台并进行全市联网，以确保统一代码相关信息在完成登记后实时或在1个工作日内回传至

质监部门，质监部门在1个工作日内完成数据校核，报送至全国组织机构代码管理中心。**三是加强信息比对工作。**北京市农经办组织各区经管部门开展全市农村集体经济组织信息比对工作，将经管部门注册登记信息与质监部门登记信息一一比对，包括单位名称、组织机构代码、登记证号、组织类型等，从而确定需要进行赋码换证的存量农村集体经济组织，确保了数据库的准确性和统一性。**四是科学实施存量组织的赋码工作。**北京市农经办组织召开农村集体经济组织登记统一社会信用代码动员会，及时向各区经管部门传达国家和市有关文件精神，并开展业务培训。同时，北京市农经办下发了《关于做好农村集体经济组织登记证换发工作的通知》，确定全市农村集体经济组织存量登记证换发工作的实施方案。为做好登记证换发工作，北京采用"四步法"开展赋码工作：第一步是要求各区对赋码结果进行二次核对，防止出现遗漏或错误；第二步是在各区选取2个单位进行换发试点，形成工作经验；第三步是逐区现场指导，对组织登记系统操作进行一对一培训，讲解具体工作步骤及注意事项；第四步是在试点基础上全面推行登记证换发工作。

2. 本市开展统一社会信用代码赋码的设想

通过对北京市农村集体经济组织社会信用代码赋码情况的考察学习，我们已具体部署推进本市统一社会信用代码赋码工作，解决新型农村集体经济组织运营中遇到的问题。主要工作思路如下：

一是对存量的社区经济合作社进行双证梳理。比对领取合作社证书和领取质监代码证情况，对双证俱全的合作社进行信息比对，确保双证信息的准确与统一。对仅持有合作社证明书，尚未领取质监代码证的合作社，做好数量统计和信息更新工作。**二是积极与质监部门沟通，制定赋码操作办法。**对已领取合作社证明书和质监代码证的社区经济合作社可参照北京做法予以换证；对已领取合作社证明书，但尚未领取质监代码证的社区经济合作社，将与农业部门沟通具体申领操作方法。从2016年1月1日起，新改制的社区经济合作社不能申领组织机构代码证，目前，需要由农业部和国家发改委及质检总局协调统一分配赋码，我们要积极做好相关联系工作。**三是开发建立"上海市农村集体经济组织登记管理系统"。**以上海市农村"三资"监管平台为基础，加快建立本市农村集体经济组织登记管理系统，做好集体经济组织信息化管理工作，收集整理集体经济组织登记资料，做好档案管理工作，为社会信用代码赋码工作做好准备。四是做好业务培训和宣传工作。确保统一社会信用代码赋码工作顺利进行，必须做好相关政策宣传和业务培训工作。组织各区及乡镇具体工作人员解读相关政策法规，并进行新建管理系统的操作培训。（详见附件一：上海市农村集体经济组织统一社会信用代码赋码工作方案）

（二）关于农村集体经济组织相关税费问题

税收问题始终是推进农村集体产权制度改革中重要的"瓶颈"问题。近期，我们对闵行区相关税费问题进行了调研，了解到由于国家没有具体出台农村集体经济组织的税收优惠政策，改革后新型集体经济组织及其成员承受了过重的税负压力，致使集体积累能力下降、成员股份分红减少，农民群众对此反映强烈。（详见附件二：闵行区农村集

体经济组织相关税费问题情况分析）

通过调查研究，我们建议，农村集体经济组织承担大量农村社会公共服务开支，不同于一般的经济组织，农民从新型集体经济组织取得的收入分配仅仅是分配方式的改变，实质上仍是集体经济组织内部的收益分配，并不是真正意义上的投资收入，应与个人所得税法律规定有所区别。经过研究，我们认为，**针对缴纳个人收入调节税问题**，通过农业部门登记经济合作社的办法，较好地解决了这一问题。2014 年，上海将破解这项疑难问题列为市委重点调研的课题，在调研的基础上，上海市委、市政府及时出台《关于加快本市农村集体经济组织改革发展的若干意见（试行）》（沪委发〔2012〕7 号）文件，创设了经济合作社这一经济主体。上海明确改革后设立的经济合作社经区政府批准到农业部门进行登记，领取统一社会信用代码，到金融机构开设账户，创立会计制度，实行收益分配制度，不需要缴纳个人收入调节税。

需要指出的是，上海改制为有限责任公司或社区股份合作社的，都需要到工商行政管理进行登记，目前这部分改制的经济主体，仍需要缴纳个人所得税。此外，一些撤村改革组建的合作社全资子公司没有变更投资主体，企业利润无法到合作社账户，目前仍然需要缴纳个人所得税。

对改制为有限公司或社区股份合作社的新型集体经济组织，为解决个人收入调节税问题，我们建议采取三种办法：一是设定一定的期限，对改制后的集体经济组织，特别是有限责任公司、社区股份合作社按照股份向农民进行收益分配的，暂缓征收个人所得税；二是设定一定的起征点，明确政策，将分红所得计入工资薪金，月收入超过 3 500 元部分再按规定缴纳个人所得税。三是先征后返，由财政部门另行出台办法，将征收的 20％个人调节税（主要是属地方分成部分）全额返还给农村集体经济组织，扶持其改革发展。

针对改制过程中缴纳资产过户税费问题，我们认为，上述行为仅仅是改变了集体经济组织名称，不是真正的产权交易。因此，不应缴纳巨额税费，建议涉及集体产权交易的，在集体资产过户时如只变更集体经济组织名称，不变更权益人，免缴契税等税费。对此，政策层面已经解决。《中共中央 国务院关于稳步推进农村集体产权制度改革的意见》已经对此予以明确。目前，农业部与财政部、税务总局正在商议相关措施，即将出台相关文件。

针对其他农村集体改制后的税负问题，我们认为，目前，农村集体经济组织采取有限公司制改革的，在税收方面与社会上一般企业没有任何区别。采取社区股份合作社改革的，是参照《农民专业合作社登记管理条例》进行工商登记的，但不适用于农民专业合作社的税收政策。因此，在税收方面基本参照公司制企业纳税，与一般的企业也没有什么区别，更无优惠，与农民专业合作社相比税收负担明显偏重。由于农村集体经济组织与社会上一般企业不同，要承担一定的社区服务和管理公益职能，权利和义务严重不对称。为此，建议采取两种办法：一是因农村集体经济组织承担农村社会公共服务职能，可界定一定的时间期限，给予政策优惠（江苏省苏州市实行综合税负 6.5％）；在企业所得税方面实行减免或先征后返，以减轻负担，支持集体经济发展，增加农民财产性收入。二是可采取设定一定的税收扶持过渡期的办法(如3～5年)。在过渡期内,由农业部门会同税务等部门共同制定相关扶持政策,对完成农村集体经济组织产权制度改革的新型集体经济组织给予一定的税收扶持。待过渡期满后,新型集体经济组织则应与其他市场主体一视同仁,承担应尽的纳税义务。

附件:

一、上海市农村集体经济组织统一社会信用代码赋码工作方案

二、闵行区农村集体经济组织相关税费问题情况分析

牵头领导:房忠桥　王国忠

牵头处室:农村经营管理处　上海农科院信息所

课题组成员:方志权　张莉侠　侯廷永　金　峰

张　晨　楼建丽　蔡　蔚　陈晓华

马　佳　马　莹

附件一　上海市农村集体经济组织统一社会信用代码赋码工作方案

根据《国务院关于批转发改革委等部门法人和其他组织统一社会信用代码制度总体方案的通知》(国发〔2015〕33号),要求在全国建立覆盖全面、稳定且唯一的统一社会信用代码(以下简称统一代码)制度。为做好本市农村集体经济组织统一社会信用代码赋码工作,开发建立农村集体经济组织登记管理系统,实施农村集体经济组织统一代码制度,现结合本市实际,提出推进统一代码赋码工作的工作方案如下。

一、基本情况

截至2017年3月底,本市共有1 623个村完成了农村集体产制度改革,建立了1 621个新型农村集体经济组织,并申领了区政府颁发的农村社区合作社证明书。其中:有1 153个新型农村集体经济组织于2015年12月31日前建立并同时申领了组织机构代码证(以下简称存量新型农村集体经济组织);有468个新型农村集体经济组织于2016年1月1日后建立(以下简称新增新型农村集体经济组织),根据国质检标〔2015〕608号文件要求,自2016年1月1日起,不再向机关、事业单位、社会团体及其他依法成立的机构发放和更换组织机构代码证书。因此2016年后新增的新型农村集体经济组织未能领取组织机构代码证,在一定程度上影响了农村集体经济组织的经营活动。

2015年12月,本市下发《关于本市实施社会组织统一社会信用代码制度改革的公告》,要求全市范围内的各类社会团体、民办非企业单位和基金会,以2016年1月1日至2017年12月31日为改革过渡期,过渡期结束后,一律使用加载社会组织统一社会信用代码的登记证书办理业务,未换发的登记证书不再有效。至2018年1月1日起,本市农村集体经济组织已申请组织机构代码书及合作社证明书将失效,必须换发统一代码证,方可继续进行集体经济组织经营活动。

二、工作目标

在与本市质量技术监督局及相关部门沟通协调的基础上,开发和建立农村集体经济组织信息登记管理系统,确保统一代码信息完成登记后及时回传至市质监部门。并对农村集体经济组织统一代码赋码操作程序进行培训。2017年年底前对本市1 153个存量新型集体经济组织完成统一代码证换证工作,对468个新增农村集体经济组织等农业部完成对各省市的码段分配后,再进行本市新增农村集体经济组织的统一代码证申领工作。

三、工作步骤

本次统一代码赋码工作主要分5个阶段逐步推进:

第一阶段(3～4月),梳理面上信息,掌握具体情况

对本市存量的新型农村集体经济组织进行合作社证明书和领取组织机构代码证(即双证)梳理,下发信息调查表,掌握面上具体情况。同时比对双证领取的情况,对双证俱全的合作社进行信息比对,确保双证信息的准确与统一。对仅持有合作社证明书,尚未领取质监代码证的合作社,做好数量统计和信息更新工作。

第二阶段(4～5 月),开发建设组织登记信息化管理系统

在本市农村集体"三资"监管平台上开发建立"上海市农村集体经济组织信息登记管理系统",在系统建立前完成历年新型集体经济组织申请登记基础资料的收集整理,并做好电子存档与纸制档案管理工作。完善农村集体经济组织信息化管理工作,并实现统一代码信息登记后及时回传市质监部门信息对接,为统一代码赋码工作做好准备。

第三阶段(5～6 月),加强沟通协调,出台操作办法

在开发建立信息登记管理系统的同时,积极与质监部门沟通,尽快下发农村集体经济组织统一代码码段,并制定出台相应赋码操作办法。分别对已领取合作社证明书和组织机构代码证的社区经济合作社予以换证;对已领取合作社证明书,但尚未领取组织机构代码证的社区经济合作社,待农业部下发代码段之后,再统一换证。

第四阶段(7～8 月),明确专人登记,做好业务培训

在建立"农村集体经济组织登记管理系统"和出台操作办法后,各区、乡镇要确定定具体工作人员负责农村集体经济组织相关信息录入管理系统,并逐级审查,确保统一代码赋码信息准确、唯一。同时组织各区及乡镇具体工作人员对登记赋码操作程序及相关政策法规进行培训。

第五阶段(9～11 月),系统存量先行,分批实施赋码

对已录入农村集体经济组织登记管理系统,且双证俱全的新型集体经济组织由质监部门优先赋码,再由其主管部门换发加载统一代码的登记证书。换发工作采取有序推进,分批实施的工作方式,可选取一个区进行试点,再逐步全市推开。换证过程中必须严格审核、仔细录入,确保工作有序推进。对已录入农村集体经济组织登记管理系统,仅有合作社证明书一证的新型集体经济组织则须等有代码段后,再换新证。

四、工作要求

各级农经部门要高度重视本市统一赋码工作,设立专人专岗负责制度。乡镇农经部门负责对产权制度改革后的新型集体经济组织纸质和电子基本信息的收集、整理和填报工作,做好回收质监部门发放的原组织机构代码证正副本、IC 卡;区农经部门负责把新型集体经济组织基本信息录入登记系统,并做好校验和核对及纸质档案的整理归档,汇总上缴组织机构代码证正副本、IC 卡;市农经站负责对平台数据进行复核,凭原组织机构代码证和原合作社证明书打印并发放加载统一代码的新型农村集体经济组织登记证书,各级农经部门今后要及时做好登记证书的变更、注销和年检工作,并作为农经管理部门的重要日常管理工作。

附件二:闵行区农村集体经济组织相关税费问题情况分析

闵行区农村集体经济组织在运营管理中涉及的税费问题,具体有以下几个方面:

1. 缴纳个人收入调节税理由不充分

改革中,入股农民反映最突出的是改制后的新型农村集体经济组织在分配时需要缴纳个人收入调节税(简称“红利税”)问题。改革前,通过给经济组织成员发放福利等方式分配集体收益,不需缴纳个人所得税;改革后,依份额分红分配集体收益,按照个人所得税等相关法律规定,需比照分红所得缴纳20%的个人所得税,入股农民在理解和支持上均存在一定的障碍。这在一定程度上影响了基层农民支持改革的积极性,甚至成为某些基层干部安于现状、不推进改革的“借口”,影响了改革的推进。

据闵行区对35个涉及入股农民个人所得税的村集体经济组织统计,改革以来累计发放红利总额22.8亿元,应交红利税总额4.52亿元,实缴红利税总额2.57亿元,提取未交红利税总额0.45亿元。其中2015年红利发放3.25亿元,应交红利税0.65亿元,实缴红利税0.33亿元,提取未交红利税0.24亿元(如表1所示)。按照个人所得税分成比例,实缴红利税1.9亿元国家分成1.14亿元,地方分成0.76亿元(市0.28亿元,区0.48亿元)。2016年红利发放4.84亿元,应交红利税0.97亿元,实缴红利税0.67亿元。

2. 改制过程中缴纳资产过户税费不合理

经调研,农村集体经济组织产权制度改革中,需要办理资产过户手续的,按规定应缴纳资产额3%的契税、0.3%交易费、5.5%~5.65%营业税及附加、25%企业所得税、0.5%的手续费、0.05%印花税,还有土地增值税、房产税、城镇土地使用税。这对改革初期一个新生的农村集体经济实体,根本无法承受。例如,莘庄工业区社区股份合作社是由6个村改革组建的区域性集体经济组织,它所拥有的各类资产的产权均属于原来的村级公司,如产权过户到股份合作社名下,需缴纳巨额税费。

3. 其他农村集体改制后的税负较重

经调研,本市进行工商登记后的集体经济组织,还要缴纳7项税费,包括:(1)营业税:主营业务收入的5%;(2)城市维护建设税:营业税的5%;(3)教育费附加、地方教育费附加:营业税的3%、2%;(4)河道管理费:营业税的1%;(5)企业所得税:所得的25%;(6)房产税:按固定资产原值80%的1.2%或按租金收入的12%征收;(7)土地使用税:按不同地区,每平方米6元、12元(按房产证面积计)。如莘庄工业区社区股份合作社自2009年6月成立以来,在经营中面临最大的困难就是合作社税负压力巨大。经统计2009~2016年,上缴各项税金累计已达8 551万元,8年平均税负率达19.71%,特别是在2016年1月起市税务总局取消莘庄工业区社区股份合作社所得税核定征收方式,改为查账征收,使合作社上交税额大量增加。据测算2016年收入比上年增长6%,税收却比上年增长52%。2015年综合税负19.29%,2016年达到27.7%(如表2所示)。合作社成立的初衷就是为了保障工业区失地农民的长效收益,但实际经营中不断增加的税负,给合作社经营带来的压力越来越大,股民长效收益难以维持稳定。

表 1 **闵行区 20%个人所得税调查** 单位:万元

序号	街镇	村集体经济组织数(个)	改革以来累计发放红利总额(税前)	累计应交红利税总额	累计实缴红利税总额	累计提取未交红利税总额	其中			
							2015 年红利发放总额(税前)	2015 应交红利税总额	2015 年实缴红利税总额	2015 提取未交红利税总额
1	虹桥	8	25 762.55	5 152.51	1 624.89	2 534.5	9 806.83	1 961.36		1 961.36
2	七宝	6	92 729.68	18 545.94	10 851.96		12 922.19	2 584.43	1 863.54	
3	莘庄	7	16 767.22	3 353.44	2 291.29	1 062.15	3 141.61	628.33	628.33	
4	梅陇	3	21 770	4 354	4 243	111	4 385	877	766.00	111
5	马桥	9	7 090.53	1 418.11		842.32	1 662.17	332.43		332.44
6	新虹街道	1	1 066.3	213.26			553.30	110.66		
7	工业区	1	14 441.41	2 430.41	2 430.41		2 405.58	481.12	481.12	
合计		35	179 627.69	35 467.67	19 011.14	4 549.98	32 471.10	6 494.22	3 257.87	2404.80

表 2 **莘庄工业区社区股份合作社 2009～2016 年缴纳各项税金明细** 单位：万元

年份	营业税	增值税	股息红利税	企业所得税	土地使用税	房产税	印花税	税金合计	总收入	税负率(%)
2009	408 520.91	25 439.06	1 471 942.40	73 519.53	0.00	0.00	0.00	1 979 421.90	8 191 179.07	24.17
2010	2 107 667.30	297 987.76	2 453 927.56	1 249 613.72	1 488 129.96	0.00	25 100.00	7 622 426.30	44 368 038.86	17.18
2011	2 761 573.49	333 923.07	3 203 397.36	1 599 879.98	1 561 605.96	0.00	5 000.00	9 465 379.86	48 671 798.66	19.45
2012	2 915 105.39	232 620.31	3 447 220.00	2 150 669.16	1 406 190.96	0.00	8 000.00	10 159 805.82	61 334 782.64	16.56
2013	2 899 688.64	154 617.55	3 692 700.00	2 237 368.87	1 482 560.55	0.00	154 328.00	10 621 263.61	65 686 106.63	16.17
2014	2 909 302.43	152 999.12	5 224 675.00	1 957 852.29	1 568 665.00	463 565.12	107 774.23	12 384 833.19	64 604 273.21	19.17
2015	3 052 699.23	185 052.57	4 811 160.00	1 781 417.16	1 451 917.38	1 854 260.44	55 254.26	13 191 761.04	68 382 630.81	19.29
2016(预估)	3 625 000.00	150 000.00	4 811 160.00	8 137 500.00	1 451 917.38	1 854 260.44	55 254.26	20 085 092.08	72 500 000.00	27.70
合计	20 679 557.39	1 532 639.44	29 116 182.32	19 187 820.71	10 410 987.19	4 172 086.00	410 710.75	85 509 983.80	433 738 809.88	19.71

7. 实现沪郊水稻生产从“卖稻谷”向“卖大米”转变的调研报告

根据 2017 年中央一号文件关于推进农业供给侧结构性改革，保障有效供给的要求，为进一步优化市郊水稻品种结构，扩大国庆稻种植面积，加强大米加工销售能力建设，积极推进粮食产销对接，按照市农委主任办公会要求，开展了“沪郊水稻生产从‘卖稻谷’向‘卖大米’转变”专题调研，现形成了如下调研报告。

一、目的意义

近几年，本市以整建制推进国家现代农业示范区建设为抓手，在农业转方式、调结构、促改革等方面进行积极探索，大力推进都市现代农业建设。推进沪郊水稻生产从“卖稻谷”向“卖大米”转变，对本市农业供给侧结构性改革具有十分重要的意义，体现在四个“有利于”。

1. 有利于丰富市场供应，为市民提供优质农产品

2017 年中央一号文件要求深入推进农业供给侧结构性改革，优化产业结构，着力推进农业提质增效。在这一大背景下，加快提升地产大米产业化水平，实现“卖稻谷”向“卖大米”转变，有利于增加地产优质农产品有效供给，提高农业供给质量。同时，上海市民对地产优质大米的消费意愿和需求日益增长，发展地产优质稻米生产，提升沪郊大米产业化水平对丰富市场供应，满足市民对地产优质大米的需求具有十分重要的现实意义。

2. 有利于提高稻谷附加值，增加种粮农民收入

目前本市生产的稻谷主要以粮食部门按照保护价收储为主，较少进入流通领域，难以实现优质优价。近年来，受农业生产经营成本的不断上涨和国际国内粮食价格波动等因素影响，种粮农民持续增收出现了一定的困难。因此，大力推进沪郊稻米产业化，提高大米附加值，对增加广大种粮农民收入具有广阔的前景。

3. 有利于调优茬口布局，争取农业生产主动

推进稻米产业化发展，推广优质水稻特别是早中熟优质水稻种植，可以调优茬口布局，减少化肥农药使用，改善生态环境。同时，茬口模式的进一步优化，为农事安排争得

主动权，对于提高农机的利用效率，缓解季节、劳力矛盾也具有十分重要的作用。

4. 有利于延伸产业链，促进发展方式转变

目前沪郊生产的稻谷大量依靠粮食部门收储，地产优质稻谷不能实现优质优价。推进地产稻米产业化，就是要通过实施“三品”战略，在从“卖稻米”向“卖大米”转变的基础上，向卖品牌大米的方向发展，延伸产业链，体现产品内涵，增加地产大米的附加值，实现发展方式的转变。

二、现状分析

（一）销售市场情况

据统计，目前上海大米年均消费量在245万吨左右。其中郊区地产大米58万吨左右，消费占比24%左右；江苏大米125万吨左右，消费占比51%左右；东北大米50万吨，消费占比20%左右；安徽大米9万吨左右，消费占比3.5%左右。

2016年，本市稻谷产量为81万吨，全市各类粮食企业收购稻谷62.5万吨，其中郊区国有粮食购销企业收购稻谷40万吨左右，占总收购量的64%；多元市场主体（包括大米加工企业、粮食经纪人、小商小贩等）收购稻谷22.5万吨，占总收购量的36%。

据粮食行业发展统计，上海纳入统计口径的大米加工企业共有24个，其中国有及国有控股企业8个，日加工稻谷200吨以上大中型企业7个。粮食加工龙头企业主要有光明米业（集团）有限公司（旗下有上海乐惠米业有限公司、上海海丰米业有限公司等子公司）、上海垠海贸易有限公司等。

从销售终端市场分析，全市有2 700家连锁超市、3 200家便利店、188家大卖场及850家社区菜场及若干电子商务平台从事粮油零售业务，基本形成多层次、多渠道、多元化的粮油零售市场。根据本市批发市场和重点零售市场监测，2016年年末本市普通粳米批发价格每公斤4.26元，同比上涨0.8%；普通粳米零售价格每公斤5.36元，同比上涨1.8%。百联超市大米年销售额在1.5亿元，按大米销售均价每斤3元计算，年销售大米在2.5万吨左右。

从市场份额分析，上海大米市场，良友（乐惠）一光明（光明米业）综合体占据了压倒性优势，两家公司下属的乐惠、瀛丰五斗、海丰等大米品牌占据了全市包装大米销售份额的62.7%，市场份额排名3～6名的金龙鱼、五丰、福临门、雪龙品牌的市场占有率均低于5%，其余大米品牌的市场份额占比均低于1%。从各大卖场及超市销售大米价位来看，每公斤5～8元的中端大众产品仍是近年来市场消费的主流，每公斤5～8元的大米占总销售量的八成。

（二）沪郊稻米产业化现状

1. 国庆稻产销现状

经调查，2017年市郊9个区、光明食品集团和上实农业公司共种植国庆稻22 945亩，种植主体356家，其中农民合作社和农业企业42家，占比为11.8%；种植户（含家庭农场）314家，占比为88.2%。种植的国庆稻品种以“松1013”“松早香1号”为主。种植户中，有销售渠道的有204家，占比为57.3%，占全部国庆稻种植面积的81.1%，其中

自产自销的有 184 家，委托销售的有 26 家，拥有品牌 53 个。生产的大米有 QS 认证的有 31 家，占全部经营主体的 8.7%，绝大部分为农业企业和合作社。

以松林工贸为例，对每亩国庆稻的生产成本进行了测算，约为每亩 1 891 元，其中：土地租金为每年 800 元，国庆稻种子成本 40 元（以每亩用种 4 公斤，每公斤 10 元计），冬季深翻机械作业成本 70 元，肥料 200 元（施用有机肥为基肥），农药 210 元，机械耕翻作业费 271 元（含机械化种植、机械化统防统治、机械化收割和烘干费用），人工费用 200 元（含除草、喷施农药、施肥等）。松林工贸 2017 年计划种植 600 亩国庆稻，按每亩生产 275 公斤国庆稻大米，每公斤大米售价 12 元计算，扣除生产成本和销售费用，每亩利润约为 1 148 元，每公斤大米的利润为 4 元。

2. 本市稻米产业化生产现状

据不完全统计，截止到 2016 年末，全市除光明食品集团、上实农业公司外，市郊 8 个区（除闵行区外）共有从事水稻种植和大米销售的各类农业经营主体 205 家，其中农民合作社和农业企业 104 家，占比为 50.7%；种植户（含家庭农场）101 家，占比为 49.3%。2016 年，205 家经营主体种植水稻面积合计 9.5 万亩，年产稻谷 4.74 万吨，销售大米 2.05 万吨，平均单个产销主体的大米销售量为 100.25 吨；大米平均售价为每公斤 8.94 元，较本市普通粳米市场批发价格（每公斤 4.26 元）高出一倍多。全市 205 家大米生产经营主体共使用品牌 60 个，其中合作社和农业企业注册使用的品牌合计 43 个，种植户（含家庭农场）注册使用品牌合计 17 个。从全市来看，大米品牌数量较多且分散，受市民认可且有一定市场影响力的品牌不突出。全市稻米产销主体种植的水稻品种较多，主要有“南梗 46”“宝农 34”“花优 14”“秋优金丰”“秀水 134”“松早香 1 号”“清香软梗”“松 1013”“松 1018”等品种。

三、主要问题

当前，影响沪郊水稻产业化发展的主要“瓶颈”是粮食规模化生产水平提升后，经营主体的组织化程度和经营能力难以适应市场化营销的需求，在销售过程中受限于品牌影响力较弱、抵御市场风险能力较低、产销对接渠道不畅、加工保鲜设施装备不足等因素，造成沪郊水稻仍以“卖稻谷”为主要销售渠道，在推进“卖大米”的过程中难以体现优质优价。主要体现在以下方面：

（一）国庆稻销售时间窗口较短

地产国庆稻能够体现优质优价的销售时间为收割后至 10 月 20 日左右中晚熟品种上市前的约 30 天销售窗口期，受加工能力和销售渠道等因素的影响，在窗口期内大部分农户难以完成销售任务。待国庆稻销售与中晚熟品种销售发生重叠后，受口感、价格等因素影响，国庆稻销售困难的情况会进一步加剧。同时，本市国庆稻由于生育周期较短，米质与中晚熟品种相比存在一定差异，在存储一段时间后，风味会降低，进一步加剧销售难度。

（二）产销主体市场意识不强

一是部分主体商品化生产意识不足。受限于相关稻米产销主体的经营水平和由

“卖稻谷”转变为“卖大米”的意识不强，在加工、销售过程中通过品牌、产品品质等产生的附加值较低，体现不出产品的价值和优势，难以实现优质优价。二是部分主体对产品质量不重视。目前市郊部分水稻经营主体仍将产量作为关注重点，习惯大肥大药的耕作模式，对品种选择、田间管理措施等影响大米品质的因素关注度不足，对产出的大米米质造成影响。三是品牌建设仍需加强。市郊大米单个品牌规模普遍偏小，缺少在全市拥有广泛影响力、市民认可 度高的知名品牌，在中高端市场上地产大米缺位严重。

（三）稻米生产与市场流通脱节

一是满足市民需求的大米产品较少。当前地产大米产品与市民的需求仍有一定差距，能满足市民需求的优质地产大米总量较少，产品年度间质量波动较为明显。二是产销主体难以打通销售渠道。由于流通和销售环节费用高，给产销主体造成了沉重的负担，如大米要在百联集团下属超市销售，单个品牌就需要缴纳 10 万元的进场费和 3 万～5 万元的条码费，还需要按照售价的 5%缴纳管理费用；大米仓储和物流成本高，难以通过公共物流体系进行配送，影响了网上购买后的配送效率。三是符合市场需求的优质品种不突出。目前沪郊稻米种植品种较多，符合市民消费偏好，口感软、糯、稠、有咬劲的大米品种推广面积不大。

（四）仓储加工设施利用率不高

目前全市除光明集团、上实集团、松江合作联社等具有规模的企业具备一定的大米加工能力外，仅有 12.7%的经营主体拥有加工设备，且以小型稻米加工机械为主，加工水平均较低，难以保证大米质量；为实现大米周年化销售的需要，稻谷在收割后应在低温保鲜库中进行保存，目前市郊除个别企业和合作社外，低温保鲜库基本为空白。同时，受“稻强米弱”市场格局的影响，本市大米加工企业虽然拥有先进的加工设备和低温仓储设施，但普遍亏损，开工率不足，造成仓储能力和加工能力的闲置。

四、推进目标

围绕本市稻米产业化发展的方向，以国庆稻为重点，以市场为主体，针对重点区域、重点环节和重点企业（合作社），按照分步实施、由点到面的发展思路，力争至“十三五”期末，市郊主要涉农区在地产稻米生产、加工、销售等环节构建较为完善的“产加销”联结机制，产销规模和经营水平较目前有较大幅度提升，形成若干在上海市场具有一定影响力、市民认知程度较高的本地优质大米品牌。

计划 2017 年重点扩大国庆稻产销规模。在发挥种植户原有销售渠道优势的基础上，依托百联集团等国有商业企业作为本市国庆稻销售的主渠道，在拓展产销途径、开展品牌宣传、构建仓储加工合作机制等方面进行探索和聚焦，全面提升本市国庆稻产业化发展水平，实现提质增效。力争全市国庆稻销售数量达到 3 000 吨。

在 2017 年试点推进国庆稻产业化发展的基础上，逐步推进地产稻米产业化发展，通过研究制定相关政策措施，引导相关主体在生产、收储加工、市场销售等环节形成较为明确的分工，构建完善的利益联结机制；鼓励支持有条件、有市场经营能力的企业（合作社）进一步整合资源做大做强；指导相关区整合现有大米品牌，培育若干具有全市影响力的优质大米品牌，在上海市场形成一定的销售规模。

五、对策措施

(一)聚焦国庆稻销售，打通销售路径

在今年国庆稻上市期间，与市国资委开展紧密合作，充分利用百联集团等国有商业企业旗下的400余家标准超市、46家大卖场和2 000多个销售门店，组织本市国庆稻种植主体做好产销对接，在30天左右的销售窗口期内，做好地产国庆稻的销售。

针对北湖农业等生产规模较大且无具体销售途径的国庆稻生产主体，会同崇明等区的农业部门帮助其解决销售过程中的困难，引导其与百联集团开展对接，使地产优质国庆稻卖出好价钱。

(二)推进品牌整合，实施“三品”战略

利用上海“大市场、大流通”的优势，实施“三品”战略(品牌、品种、品质)，重点通过提升品牌优势，增加地产大米附加值，实现优质优价。

一是强化品牌建设，实现典型引领。在积极推进地产稻米“三品一标”认证的同时，参照松江区打造松江大米公用品牌的有益经验，推进现有品牌整合，打造区域公用品牌，让更多的优质地产大米通过品牌，与消费者见面。同时，强化对各类水稻种植主体的分类指导，完善体制机制，帮助相关主体构建现代农业经营体系，重点提升稻米产销主体营销能力，积极鼓励经营主体共同推进品牌建设，通过不同渠道开展品牌创建，扩大地产大米品牌的市场影响力，将产品优势转化为品牌优势，把品牌优势转化为市场优势。

二是优化品种结构，扩大栽培面积。根据市民消费习惯和市场需求，结合上海地区栽培特点，积极引导科研机构、企业开展优质水稻品种的选育，选取符合产业化发展特点的水稻新品种，在做好水稻新品种审定的基础上，聚焦市民接受程度高、米质优良的几个水稻品种，重点开展示范和推广，扩大优质品种的影响力。同时，进一步优化茬口布局，夯实水稻种植基础。在夏熟作物茬口上，继续推广“三三”制茬口模式，做到用地与养地相结合，并为早中熟水稻品种的适期播种打好基础。在水稻作物上，继续优化品种结构，引导种植户根据自身实际，扩大国庆稻种植面积。

三是强化安全监管，提升稻米品质。围绕大米口感和产品外观的提升，积极推广水稻绿色栽培技术，减少化肥农药的使用，提高生态种植水平，实现“攻高产”向“提米质”转变。同时，进一步健全完善地产大米质量安全监管，确保从田头到餐桌全程安全可控。在开展水稻生产档案记录的基础上，将地产大米生产过程纳入地产农产品质量追溯体系，重点在稻米产业化生产企业、合作社和家庭农场推进电子化生产档案记录，将相关信息整合到地产蔬菜和经济作物电子生产档案信息系统和农委农产品质量安全监管平台，通过应用二维码技术，实现地产优质品牌大米生产销售过程的全程可追溯，确保市民能够购买到优质安全的地产大米。在推进标准化生产的基础上，鼓励大型粮食生产企业等有条件的产销主体开展产品SC(食品生产许可)认证，为地产大米进入超市等商品销售领域打好基础。

（三）合理布局设施，提高加工质量

重点聚焦稻谷保鲜仓储、大米精深加工等薄弱环节，通过合理规划安排设施装备，提高加工质量，实现周年化加工和销售。

一是要指导各区农委结合本区稻米产销主体的需求，加强与市区各级粮食部门的对接合作，利用好粮食部门现有的加工、仓储等设施装备，解决相关主体的实际困难。二是要为大型粮食生产企业（合作社）等主体与垠海等大型大米加工销售企业开展合作牵线搭桥，利用加工企业先进的加工和仓储条件，降低加工和仓储成本，提高大米加工质量。三是要帮助重点代表性稻米产销企业完善加工设施装备建设，形成周年化仓储和加工能力，通过合理规划布局，避免重复建设造成浪费。

（四）开展专题宣传，举办推介活动

一是组织开展地产水稻生产专题宣传。在2017年水稻种植过程中，结合农时农事，组织电视、报纸等媒体，对市郊水稻生产全过程进行宣传，宣传地产大米优质、绿色、安全等特点，提高市民对沪郊优质稻米的知晓度。同时，利用微信等新媒体，特别是上海三农微信公众号等平台，在2017年国庆稻上市前后，集中开展专题宣传，推介优质地产稻米品牌，并为市民提供购买信息，方便市民买到正宗的地产优质大米。

二是在地产大米评优推优的基础上，组织举办地产优质品牌大米推介会，利用农展馆场地，组织市民实地品尝地产优质大米，评选出最受市民欢迎的稻米品种和品牌，提高知晓度的同时，也为地产大米品牌进行宣传和展示。

三是利用农展馆的喜农农电子商务平台和O2O实体展示店，组织做好松江大米、蛙稻米等地产品牌大米的宣传和推介；并利用农展馆场地，在9月地产新米上市后至春节期间，专门设立地产优质大米销售摊位，方便市民前往农展馆购买；在2017年金秋大联展等农业展会中开辟专门的地产大米展示展销柜台，组织相关产销主体进行销售和宣传。

（五）扩大保险试点，创新扶持方式

一是在2016年试点的基础上，进一步扩大水稻种植收入保险的试点面积，同时会同安信农保，试点推进国庆稻种植收入保险，通过金融创新，引导农民转变种植理念。

二是会同市财政局，研究在2017年推进本市国庆稻销售过程中，对相关主体在租赁场地、组织销售等环节产生的销售费用等进行补贴的具体办法。

三是落实地产大米专题宣传和产品推介活动等费用，确保相关活动顺利开展，扩大地产大米影响力。

四是研究下一步针对本市大米经营主体开展品牌整合、建设区域公共品牌、组团对接超市等进行奖补的相关政策。

牵头领导：陆　鸣　陈德明

牵头处室：种植业办公室

课题组成员：陆峥嵘　王德弟　陈建芳　陈怡赟
卞关涛　曲　晨　秦晓东　徐　杰

8.《上海市农村集体资产监督管理条例》立法研究

2017年11月23日,《上海市农村集体资产监督管理条例》(以下简称《条例》)全票通过出台,这是继2016年底《中共中央国务院关于稳步推进农村集体产权制度改革的意见》文件发布之后,各省市自治区制定的第一个地方性法规,标志着上海农村集体产权制度改革走上了法治化的轨道。

这次《条例》立法的总体要求:一是通过立法,进一步贯彻落实相关法律法规以及中央、国务院、农业部关于加强农村集体"三资"管理、推进产权制度改革的文件精神,不断稳定和完善农村基本经营制度,增强农村集体经济发展活力,真正维护好、实现好和发展好农村集体经济组织和成员的合法权益。二是将上海市在加强农村集体"三资"监督和管理方面的政策措施、创新举措进一步巩固和深化,并通过法律的形式使之制度化、规范化、法制化。三是从法律的高度对本市农村集体资产监督管理体系和管理工作提出明确要求,促进本市农村集体资产监督管理工作真正走上法制化轨道,立足于实践,起草的法律条款尽可能要求做到具有前瞻性、指导性和可操作性。

农村集体资产监督管理立法,内容重要,制度复杂,事关广大农民的切身利益,意义十分重大。本次上海立法创新点主要体现在:不仅要管好眼前,还要规范未来;不仅要加强管理,还要注重监督;不仅要体现上海特点特色,还要形成可推广、可复制的经验。

在立法过程中,上海始终注重把握三方面关系:**一是集体与个人的关系**。按照国家要求,必须坚持农民集体所有不动摇,既不能把集体经济改弱了、改小了、改垮了,也不能把农民的财产权利改虚了、改少了、改没了。因此,在增加农民财产性收入的同时,要实现好、维护好、发展好农民收益,防止将农村集体资产分光用光。**二是强制与自治的关系**。依据《民法总则》的规定,农村集体经济组织是特别法人,具有独立的法律主体资格,有权通过理事会等内部治理机构自主运作,应当被赋予充分的自治权。然而,与市场上的其他主体相比,农村集体经济组织经营能力相对较弱,其组织机构的搭建、章程的拟定、份额的流转、收益的分配等,都需要政府的指导、协调和监督。**三是历史与未来**

的关系。起草过程中，需要妥善处理好关切农民切身利益的诸多问题。对于需要份额量化的资产范围、农村集体经济组织成员资格的确定等问题，既要尊重历史，又要照顾现实，还要给未来发展留下空间。

本次《条例》共 7 章 42 条，包括总则、权属确认、组织机构、经营管理、指导监督、法律责任和附则。《条例》立法的内容主要是实现农村集体资产的组织体系化、产权明晰化、改革程序化、制度规范化、监督多元化。

一、组织体系化

为确保产权制度改革事有人做、责有人担，《条例》将完善组织体系放在首要位置，从不同层面建立层次清晰、职责明确、运转有效的组织体系。

一是明确了各级政府推进改革、加强监管、维护稳定、促进发展的职责。为加强乡镇这一基层基础，上海通过落实区、乡镇党委书记责任制和建立乡镇集体资产监督管理委员会等措施，推进农村产权制度改革和加强集体资产监管。

二是明确了各相关部门推进改革的职责，农业主管部门对农村产权制度改革和集体资产监管承担牵头作用；各级农村经营管理机构具体负责推进产权改革、加强资产监管的日常工作；拥有农村集体资产的中心城区，则指定国资委或农办承担相应职责；发展改革、财政、民政、工商等部门，协助做好有关改革工作。

三是明确了农村集体经济组织的职责。上海目前已改制的 1 635 个村级集体经济组织中，有 96%创设了由农业部门登记的经济合作社，《条例》明确集体经济组织的职责是要保护资源性资产、管理非经营性资产、运营经营性资产，建立健全财务管理制度，承担基本公共服务。

二、产权明晰化

《条例》明确规定在推进农村产权制度改革过程中，坚守农民利益的底线，注重明晰产权关系，坚决防止把农民的财产权利改虚了、改少了、改没了。做好清产核资工作是实现产权明晰的重要手段，《条例》规定农村集体经济组织定期开展资产清查核实工作，重点清查未承包到户的资源性资产和现金、债权债务等集体统一经营的经营性资产。清查核实结果全部向全体农村集体经济组织成员公示，并经集体经济组织成员大会或代表大会确认。对集体产权制度改革前的权属关系做了明确，规定属于村成员集体所有的资产，由村集体经济组织代表集体行使所有权；未成立集体经济组织的，由村民委员会代表集体行使所有权。对近年来政府拨款、减免税费等形成的资产，《条例》明确属于农村集体经济组织；并规定符合规划的农村集体经营性建设用地依法入市的，其入市收益归本集体经济组织所有的部分，纳入农村集体资产统一管理。在推进集体资产股权转让方面，《条例》明确规定了转让范围、受让人持股上限，切实防止集体经济组织内部少数人侵占、非法处置集体资产。针对一些农民存在的希望撤镇撤村处置兑现现金、注重眼前利益求实惠的心态，《条例》明确农村撤制镇、村、组(队)时，应严格按照相关法律程序，先行处置好农村集体资产，并强调要以股权形式全部量化到村集体经济组织成员个人，反对一撤就分，一分就光。为防止外部资本侵吞、非法控制集体资产，《条例》明确要求集体经济组织在制订的章程中，规定现阶段集体资产股权转让(赠与)、退出、继承严格限定在本集体经济组织内部。

三、改革程序化

为了在推进改革过程中确保农村集体经济组织和成员的基本利益，上海十分重视规范改革程序，尊重农民群众意愿，全过程公开实行阳光运作。法律法规明确的，必须依法依规；已有政策的，按政策认真执行；没有政策依据的，则通过召开集体经济组织成员代表大会民主决定。同时，《条例》对农村集体经济组织的股份合作程序、改造后登记注册以及份额管理做出统一规范，规定农村集体经济组织成员享有的份额，以户为单位记载；户内总份额不随户内人口增减变动而调整，农村集体资产份额可以依法继承，在本集体经济组织成员内部转让、赠与；农村集体资产份额不得向本集体经济组织成员以外的第三人转让、赠与；通过份额量化和转让、赠与、继承等方式持有农村集体资产份额的，其份额不得超过章程规定的上限。

四、制度规范化

上海在推进农村产权制度改革中制定了一系列行之有效的制度，完善了操作规范。

为此，《条例》明确规定：一是明确要求建立农村集体经济组织登记制度、农村集体经济组织成员登记备案机制、农村集体资产份额登记制度，并充分运用“制度＋科技”的方式，在农村集体“三资”信息化管理平台上记载成员姓名及其股权等信息，要求农村集体资产股权依法继承、转让的，做到记载的相关信息及时予以变更。

二是明确在改革过程中加强金融风险防范，规定未经成员大会同意，不得以集体经济组织资产为他人提供担保。同时，规定对以入股、合资、合作等方式经营农村集体资产，转让农村集体资产，以及因农村集体经济组织合并、分立、解散等三种情形，农村集体经济组织应当委托具备法定资质的资产评估机构对集体资产进行评估。

三是明确农村集体经济组织建立和完善农村资产经营管理、资产保值增值、责任考核和风险控制等制度，建立健全集体经济组织财务管理、会计档案管理、会计委托代理等制度。

四是明确健全成员代表会议、理事会、监事会等组织治理结构。规定经济合作社理事会成员不得兼任监事会成员，规定农村集体资产运营和开展资产股份合作等过程中必须按照民主程序进行。

五、监管多元化

为了使农村产权制度改革经得起历史考验，《条例》强调通过多种形式的监督检查，从而使农村产权制度改革更加有效规范。

一是强调民主决策。《条例》明确在推进改革中注重阳光透明运作，对界定的农村集体组织成员实行三榜公示制，对清产核资、理事会和监事会成员任职的情况采用多种形式公开公示，让集体成员全过程参与监督。

二是强化农经监督。《条例》明确市、区和乡镇农村经营管理机构加强农村产权制度改革的日常指导和对集体资产的监督管理，明确赋予其检查职权。包括进行现场检查，向有关单位和个人询问、调查情况等。发现问题的，可以发出风险预警或者整改通知，或者采取约谈的方式，要求其予以纠正。

三是创设监督制度。《条例》创设区和乡镇人民代表大会加强对产权制度改革和农村集体资产的监管，每年定期听取乡镇、村集体经济组织关于产权制度改革、集体资产经营管理和预决算情况的报告。

附件：

上海市农村集体资产监督管理条例

牵头领导：张国坤　孙　雷

牵头处室：政策法规处（农村经营管理处）

课题组成员：王国忠　余立云　罗培新　方志权　常　江　崔　凯　倪永成　侯廷永　杨海宁　金　峰　张　晨　楼建丽　蔡　蔚　张建官　陈晓华　王　静

附件　上海市农村集体资产监督管理条例

第一章　总　则

第一条　为了加强和规范农村集体资产监督管理，维护农村集体经济组织及其成员的合法权益，支持和促进农村集体经济可持续发展，根据《民法总则》《物权法》等法律、行政法规，结合本市实际，制定本条例。

第二条　本市行政区域内农村集体资产管理及其监督等活动，适用本条例。

本条例所称农村集体资产，是指乡镇、村、组农村集体经济组织全体成员集体所有的资产。

本条例所称农村集体经济组织，是指乡镇、村、组成员以生产资料集体所有制为基础建立的合作经营、民主管理、服务成员的组织。

第三条　农村集体经济组织应当接受所在地中国共产党基层组织领导，完善组织章程，建立健全民主管理的治理机制，依法管理农村集体资产，发展农村集体经济。

第四条　本市各级人民政府应当根据本行政区域发展实际，建立完善财政引导、多元投入的集体经济发展扶持机制，加大对农村公共服务的财政投入，支持农村集体经济发展。

市、区农业主管部门和乡镇人民政府按照职责分工负责指导、协调和监督本行政区域内农村集体资产的管理工作。市、区和乡镇农村经营管理机构履行本条例规定的日常指导和监督管理职责。

市、区发展改革、财政、民政、公安、工商、质量技监、税务、规划国土资源、住房城乡建设管理、人力资源社会保障、水务等部门按照职责分工，共同做好有关农村集体资产管理的指导工作。

行政区域内存在农村集体资产的街道办事处，履行本条例关于乡镇人民政府的各项职责。

第五条　农村集体经济组织应当与乡镇人民政府、村民委员会实行事务分离、分账管理。

农村集体经济组织根据法律、法规和章程的规定，可以将其收益按一定比例用于本地区公共事务和公益事业。

第六条　农村集体资产受法律保护，任何单位和个人不得侵占、损害。

任何单位和个人不得强制农村集体经济组织捐助或者向农村集体经济组织摊派。财政投入实施的农村公共设施建设和公共服务项目，不得强制农村集体经济组织安排配套资金。

第七条　市、区人民代表大会及其常务委员会和乡镇人民代表大会应当加强对农村集体资产相关法律、法规实施情况的监督检查。

第二章　权属确认

第八条　下列资产依据法律规定纳入农村集体资产管理范围：

（一）成员集体所有的土地等资源性资产；

（二）成员集体所有的用于经营的建筑物、设施设备、无形资产、集体投资形成的投资权益等经营性资产；

（三）成员集体所有的用于教育、科技、文化、卫生、体育等公共服务的建筑物、设施设备等非经营性资产；

（四）政府拨款、减免税费以及接受捐赠、资助形成的资产；

（五）依法属于成员集体所有的其他资产。

前款规定的经营性资产应当以份额形式量化到本集体经济组织成员。除国家和本市另有规定外，其他资产不得以份额形式量化或者以货币等形式分配。

第九条 自农村高级农业生产合作社成立以来，在乡镇、村、组集体生产生活的人员，经农村集体经济组织民主程序确认，成为该集体经济组织成员。成员确认应当综合户籍关系、农村土地承包关系、对农村集体资产积累的贡献等因素。

农村集体经济组织成员对农村集体资产及其经营管理依法享有知情权、表决权、收益权、监督权等权利。因工作、生活等原因与农村集体经济组织不再具有生产生活关系的，不享有表决权，但农村集体经济组织章程另有规定的除外。

第十条 农村集体经济组织应当建立成员名册，记载成员的姓名、份额等基本信息，并及时向乡镇农村经营管理机构备案。

农村集体经济组织成员享有的份额，应当以户为单位记载。户内总份额一般不随户内人口增减而调整，但农村集体经济组织章程另有规定的除外。

第十一条 农村集体资产份额可以在本集体经济组织成员之间转让、赠与，也可以由本集体经济组织赎回，不得向本集体经济组织成员以外的人员转让、赠与。

农村集体资产份额可以依法继承。农村集体经济组织成员以外的人员通过继承取得份额的，不享有表决权，但农村集体经济组织章程另有规定的除外。

通过份额量化或者转让、赠与、继承等方式持有农村集体资产份额的，持有的总份额不得超过农村集体经济组织章程规定的上限。

第三章　组织机构

第十二条 乡镇农村集体经济组织可以登记为农村经济联合社，村、组农村集体经济组织可以登记为农村经济合作社。农村经济联合社和农村经济合作社（以下统称经济合作社）由区农业主管部门登记并发放证书，登记证书应当记载农村集体经济组织名称、统一社会信用代码、负责人、住所等事项。

农村集体经济组织已经登记为有限责任公司或者社区股份合作社的，符合条件可以转制为经济合作社。

农村集体经济组织依据《中华人民共和国民法总则》等法律、行政法规的规定取得法人资格。

第十三条 经济合作社的组织机构由成员大会、理事会、监事会组成，表决实行一人一票制。

经济合作社理事会成员、监事会成员任职前应当进行公示，理事会成员、监事会成员不得互相兼任。

第十四条 经济合作社应当制定章程，并向区农业主管部门备案。章程可以载明下列事项：

(一)名称、地址和负责人；

(二)经营范围；

(三)成员大会、成员代表会议、理事会、监事会的职责范围和议事规则；

(四)成员代表的组成和选举、罢免的方式；

(五)理事会、监事会的组成以及理事、理事长、监事、监事长的选举、罢免的方式；

(六)重大事项、一般事项、主要管理人员的范围；

(七)成员份额、限额、份额流转的条件与程序；

(八)收益分配办法；

(九)合并、分立以及因其他事由解散的条件；

(十)清算办法；

(十一)成员大会或者成员代表会议认为需要规定的其他事项。

区农业主管部门应当在市农业主管部门的指导下，结合本区实际情况制定示范章程。

第十五条 成员大会是经济合作社的权力机构，可以就下列事项做出决定：

(一)制定和修改章程；

(二)选举和罢免理事会、监事会成员；

(三)审议理事会、监事会工作报告；

(四)合并、分立以及因其他事由解散的实施方案；

(五)农村集体资产发展规划、经营方式、重要规章制度、重大投资项目；

(六)年度财务收支预算、决算和收益分配方案；

(七)成员的增减；

(八)法律、法规和章程规定的其他事项。

成员较多的经济合作社，可以设立由成员户代表或者成员代表参加的成员代表会议，按照章程规定履行成员大会授予的职责。

第十六条 成员大会或者成员代表会议每年至少召开一次，由理事会召集，理事长主持。经1/10以上的成员或者理事会、监事会提议，应当召开成员大会或者成员代表会议。

成员大会由全体成员1/2以上出席方可举行，成员代表会议由全体代表2/3以上出席方可举行。

成员大会和成员代表会议对章程规定的重大事项的决议，应当由出席人数4/5以上通过；对一般事项的决议，应当由出席人数2/3以上通过。

第十七条 理事会是经济合作社的管理机构，依照章程规定履行下列职责：

(一)召集成员大会或者成员代表会议；

(二)执行成员大会或者成员代表会议的决议;

(三)制定并执行农村集体资产管理的规章制度;

(四)制订年度财务收支预算、决算和收益分配方案草案;

(五)负责农村集体资产的经营和日常管理工作;

(六)向成员大会或者成员代表会议做工作报告;

(七)法律、法规和章程规定的其他职责。

理事任期由章程规定,但每届任期不得超过5年。

第十八条 监事会是经济合作社的监督机构,依照章程规定履行下列职责:

(一)检查经济合作社财务;

(二)监督理事、主要管理人员执行职务的行为,对违反法律、法规、章程以及成员大会或者成员代表会议决议的理事、主要管理人员提出罢免建议;

(三)纠正理事、主要管理人员损害经济合作社的利益的行为;

(四)提议召开成员大会或者成员代表会议,在理事会不召集会议时自行召集会议;

(五)向成员大会或者成员代表会议提出提案;

(六)法律、法规和章程规定的其他职责。

监事任期由章程规定,但每届任期不得超过5年。

第四章　经营管理

第十九条 农村集体经济组织应当建立和完善农村集体资产经营管理、责任考核和风险控制等制度。

农村集体经济组织对经营性资产可以直接经营,也可以采取发包、租赁、委托、合资、合作等方式经营。

农村集体经济组织理事、主要管理人员不得违反法律、法规和章程的规定,或者未经成员大会同意,以农村集体资产为他人提供担保。

农村土地等资源性资产的经营和使用,应当遵守有关法律、法规的规定,不得擅自改变其用途。

第二十条 农村集体经济组织应当定期开展资产清查核实工作,重点清查经营性资产、未承包到户的资源性资产以及现金、债权债务等。清查核实结果应当向成员公示,并经成员大会或者成员代表会议确认。

第二十一条 转让农村集体资产的,应当符合国家和本市关于产权公开交易的规定。出租农村集体资产的,鼓励在农村集体资产租赁平台上以公开、公正的方式择优选择承租人。

第二十二条 农村集体经济组织只能开立一个基本存款账户,可以按照有关规定开立专用存款账户。相关账户信息应当向乡镇农村经营管理机构备案。

农村集体经济组织应当建立健全财务收支预决算、开支审批、资金管理、票据管理、财务公开、坏账核销和内部控制等财务和会计制度。

农村集体经济组织与其他单位或者个人在经济往来中取得的原始凭证,应当真实、合法。农村集体经济组织以及由其设立的企业的财务档案、经济合同等资料，应当按照有关规定予以保存。

第二十三条 农村集体经济组织应当配备必要的会计人员或者委托具备资质的专业机构承担财务核算、财务会计档案保管和统计等工作。

乡镇人民政府确定的机构提供会计代理服务的，不得向农村集体经济组织收取费用。

第二十四条 农村集体经济组织应当定期向其成员公示下列信息：

（一）农村集体资产的运行情况；

（二）农村集体经济组织设立企业的资产运行情况；

（三）农村集体经济组织及其设立企业的管理人员工作报酬、经济责任审计情况；

（四）农村集体资产的清查核实结果；

（五）国家和本市规定应当公示的其他信息。

第二十五条 农村集体资产经营收益由本集体经济组织全体成员集体所有。

农村集体经济组织当年的净收益应当在弥补亏损、提取公积金和公益金后，按照本条例和章程的规定进行分配。公积金和公益金的提取比例均为当年净收益的15%，鼓励农村集体经济组织在章程中规定更高的提取比例。公积金和公益金累计额达到章程规定的，可以不再提取。

公积金主要用于发展生产、转增资本、弥补亏损，公益金主要用于资助本地区公共事务和公益事业。

农村集体经济组织应当在农村经营管理机构的指导和监督下，根据本集体经济组织经济状况和发展实际，制订年度收益分配方案。年度收益分配方案应当符合国家和本市有关规定，并向农村经营管理机构报告，提交成员大会或者成员代表会议审议决定。

第二十六条 农村集体经济组织合并、分立或者因其他事由解散，需要调整农村集体资产权属或者处置农村集体资产的，应当在区农业主管部门的指导和监督下，制订具体的实施方案；村民小组、村、乡镇撤制的，农村集体经济组织应当先行对集体资产清产核资、明晰产权，制定处置方案。

前款规定的实施方案和处置方案应当提交成员大会或者成员代表会议审议决定。调整农村集体资产权属和处置农村集体资产时，对纳入经营性集体资产管理范围的土地补偿费等应当按照国家和本市的规定进行份额量化，不得损害农村集体经济组织及其成员的合法权益。

第二十七条 在农村集体产权制度改革中，因农村集体资产权利人名称变更、资产确权和变更等情形发生的相关税费，按照国家有关规定予以减免。

第二十八条 有下列情形之一的，农村集体经济组织应当委托具备法定资质的资产评估机构对农村集体资产进行评估：

（一）将农村集体资产作价出资的；

（二）转让农村集体资产达到章程规定的限额的；

(三)村民小组、村、乡镇撤制或者农村集体经济组织解散,需要调整农村集体资产权属或者处置农村集体资产的;

(四)法律、法规规定需要进行评估的其他情形。

农村集体资产评估结果应当向本集体经济组织成员公示。

第二十九条 农村集体经济组织应当委托第三方专业机构或者建立内部审计机构,每年对本集体经济组织的经济活动开展审计。

审计结果和审计整改情况应当向本集体经济组织成员公示。

第三十条 农村集体经济组织成员有权了解本集体经济组织的经营管理情况,农村集体经济组织应当及时答复并予以解释;10户或者20人以上联名询问或者涉及重要问题的,应当记录在册。

第五章　指导监督

第三十一条 市、区和乡镇农村经营管理机构承担农村集体资产管理的日常指导和监督工作,包括下列事项:

(一)农村集体资产、负债、损益和收益分配;

(二)农村集体资产评估的范围、程序和结果;

(三)农村集体资产承包、租赁、转让等合同的签订和履行;

(四)公积金、公益金的提取和使用;

(五)农村集体经济组织的治理结构和议事规则;

(六)农村集体经济组织的合并、分立以及因其他事由解散;

(七)法律、法规规定的其他事项。

农村经营管理机构在监督检查中,可以进行现场检查,向农村集体经济组织或者承包、承租、受托管理农村集体资产的单位和个人询问、调查有关情况,查阅、复制有关档案、合同、发票、账簿以及其他相关资料。

第三十二条 农村经营管理机构应当对农村集体经济组织开展内部审计的情况进行检查,并根据监督管理需要,派员或者委托第三方专业机构,对农村集体经济组织的资产、财务收支等情况进行审计。

市和区人民政府审计机关在职责范围内依法进行审计业务指导。

第三十三条 农村经营管理机构在监督检查中,发现农村集体经济组织存在违法违规风险或者管理疏漏的,应当发出风险预警或者整改通知,并跟踪检查。

存在重大经营风险或者其他资产管理问题,未及时整改的,农村经营管理机构可以约谈集体经济组织等有关单位主要负责人,要求其落实农村集体资产管理责任,采取有效措施消除资产经营风险。

第三十四条 农村经营管理机构应当向农村集体经济组织成员公开对该集体经济组织开展监督检查的结果,并向相关部门通报。

农村经营管理机构应当建立农村集体资产监督管理档案,记录监督检查、相关部门对农村集体经济组织进行行政处罚等情况。

第三十五条 农村集体经济组织成员及利害关系人对成员资格、份额等有异议的，可以向农村集体经济组织提出核实申请。农村集体经济组织收到申请后，应当调查核实，并及时做出答复；发现问题的，应当予以纠正。

农村经营管理机构可以根据农村集体经济组织成员及利害关系人的请求，帮助调查核实，并督促农村集体经济组织做出答复。

第三十六条 任何单位和个人发现农村集体资产流失等违法行为的，可以向相关行政管理部门、农村经营管理机构投诉举报。

相关行政管理部门、农村经营管理机构对收到的投诉举报应当在15日内做出处理，属于本单位职责的，予以核实、答复；不属于本单位职责的，应当在5日内书面通知、移交有权处理的单位，并告知投诉举报人。

第六章 法律责任

第三十七条 违反本条例规定的行为，法律、行政法规有处罚规定的，从其规定。

第三十八条 农村集体经济组织的理事、监事、主要管理人员有下列行为之一，造成农村集体资产损失的，依法承担赔偿责任；构成犯罪的，依法追究刑事责任：

（一）收受贿赂或者取得其他非法收入和不当利益的；

（二）侵占、挪用农村集体资产的；

（三）违反法律、法规和章程规定，以农村集体资产为他人提供担保，或者将农村集体资产低价折股、转让、出租的；

（四）不如实向资产评估机构、会计代理机构提供有关情况和资料，或者与资产评估机构、会计代理机构串通出具虚假资产评估报告、审计报告的；

（五）违反法律、法规和章程规定的决策程序决定本集体经济组织重大事项的；

（六）其他违反法律、法规和章程的行为。

第三十九条 农村集体经济组织理事、监事、主要管理人员等违反本条例规定，情节严重的，市、区农业主管部门和乡镇人民政府可以向农村集体经济组织提出暂停职务或者罢免的建议。

第四十条 农村集体经济组织成员及利害关系人认为农村集体经济组织侵害其合法权益的，或者农村集体经济组织认为其他单位或者个人侵害其合法权益的，可以依法向人民法院提起民事诉讼。

农村集体经济组织及相关人员对市、区农业主管部门或者乡镇人民政府的行政行为不服的，可以依法申请行政复议或者向人民法院提起行政诉讼。

第四十一条 各级人民政府及其有关部门的工作人员违反本条例规定，有下列情形之一的，依法给予行政处分；构成犯罪的，依法追究刑事责任：

（一）侵占、损害农村集体资产，强制农村集体经济组织捐助，或者向农村集体经济组织摊派的；

（二）财政投入实施的农村公共设施建设和公共服务项目，强制农村集体经济组织安排配套资金的；

（三）收到投诉举报或者农村集体经济组织提交的报告，未及时处理，造成不良影响的；

（四）在农村集体资产监督管理工作中滥用职权、玩忽职守或者徇私舞弊的其他行为。

第七章　附　则

第四十二条　本条例自2018年4月1日起施行。

9. 上海农村承包地经营权抵押担保跟踪研究

摘　要

长期以来，由于缺乏优质的担保物，我国农村发展资金不足，“融资难”成为制约农业发展、阻碍农民致富的重大问题，而土地因其保值和不易灭失的特点，被公认为最佳的信贷抵押物之一。20世纪80年代，我国农村出现了以土地为抵押获取农业发展资金的行为，在政府的顺势引导下，在全国挑选试点地区开展土地抵押贷款工作，涌现出贵州湄潭县“土地金融公司”、宁夏平罗县的“土地信用合作社”等模式，适应了我国地区差异性大的基本国情，为我国开展土地抵押贷款提供了丰富的经验。与此同时，各试点地区均遭遇土地使用权不能抵押的法律困境等问题，影响了土地抵押贷款试点的有效推进。

为了完善土地使用权权能，激活农村沉睡的资本，解决农村发展资金问题，推动农村产业化发展，中央连续出台多项政策：2013年11月，中共十八届三中全会《中共中央关于全面深化改革若干重大问题的决定》强调，“赋予农民对承包地占有、使用、收益、流转以及承包经营权抵押、担保权能，允许农民以承包经营权入股发展农业产业化经营”。2014年一号文件进一步明确指出“在落实农村土地集体所有权的基础上，稳定农户承包权、放活土地经营权、允许承包土地的经营权向金融机构抵押融资”。2015年8月，国务院出台《关于开展农村承包土地的经营权和农民住房财产权抵押贷款试点的指导意见》(国发〔2015〕45号)，2015年12月，全国人大常委会审议通过了《关于授权国务院在北京大兴区等232个试点县(市、区)、天津市蓟县等59个试点县(市、区)行政区域分别暂时调整实施有关法律规定的决定》，2016年3月，中国人民银行会同相关部门联合印发《农村承包土地的经营权抵押贷款试点暂行办法》和《农民住房财产权抵押贷款试点暂行办法》，从贷款对象、贷款管理、风险补偿、配套支持措施、试点监测评估等多方面，对金融机构、试点地区和相关部门推进落实“两权”抵押贷款试点明确了政策要求。

两年来，全国各试点地区在农村土地经营权抵押贷款试点中积累了丰富的经验，同时也碰到了土地经营权抵押贷款仍然受法律限制、抵押物处置难、产权交易市场不健全、风险补偿机制缺失等问题。

上海市虽然不在全国农村土地经营权抵押贷款试点范围之内，但是，农村土地承包经营权确权登记颁证工作始终走在全国前列。为解决农业生产融资中长期存在的缺乏有效抵质押物的问题，进一步改善“三农”金融服务，探索农业融资新途径，加强对农业经营主体的信贷支持，促进上海都市现代农业发展，2015 年 2 月，上海市金融办、市农委共同制定了《上海市农村土地经营权抵押贷款试点实施办法》，决定在基本完成农村承包土地确权、登记、颁证的乡镇开展试点。

两年来，上海在农村承包地经营权抵押担保改革的实践中，积极创新组织领导方式、贷款主体、抵押融资方式、农地收益权估价机制和监管制度，农村承包地经营权抵押担保已初见成效：农村土地承包经营权的确权登记工作基本完成，农村土地承包经营权流转规范有序，农村土地承包经营权抵押担保试点有效开展。全市已完成确权登记的农户数达 99.3%；承包地确权登记面积达 99.4%；承包地流转率约为 74.8%。但与全国各试点地区一样，存在着产权交易平台运行效率不高、抵押物处置难、风险补偿机制缺失等“瓶颈”问题。

基于上述背景和上海都市现代农业发展的时代需要，进行上海农村承包地经营权抵押担保跟踪调研具有现实和历史意义。

本研究运用实地调研法、文献研究法、规范研究法、实证分析法，针对上海社会经济改革及上海现代都市农业发展的需求，从多个角度和层面去分析农村承包地经营权抵押贷款试点情况和问题，并借鉴国内其他试点地区对于土地经营权抵押贷款的特殊经验，提出上海农村承包地经营权抵押担保的发展方向和对策措施。本研究将有助于更好地为我国农村金融的实践发展提供理论上的支持，也可以为从事相关的前沿理论研究提供新的视角和思路。

本研究的主要亮点：(1)本项课题研究的时点选择良好。上海地区农村承包地经营权抵押担保试点工作开展两年多，已经取得了明显成效，同时也碰到不少“瓶颈”问题亟须突破，此时采取跟踪调研的方式，调研分析制约试点工作推进的“瓶颈”问题和影响因素，提出本市农村承包地经营权抵押担保的发展方向和对策措施，时点选择非常恰当。(2)本项课题的实际意义丰富。农村承包地经营权抵押是农民获取资本的重要途径，制定并优化农村承包地经营权抵押贷款制度，能够提高农村土地的经济价值、吸引社会资本进入农业经济建设领域、为农民获取信贷提供有效担保物，还能够构筑金融机构信贷安全的信用保障，使农村信贷实现无担保向有担保转变、使农村信贷有效担保物价值明显提升、使农村信贷担保物变现能力得到明显增强。(3)本项课题成员结构科学合理。本课题组不仅有高校农业经济管理专业的专家教授和掌握现代信息技术的青年教师，在文献资料收集、分析，实地调研等方面有优势，更有来自上海农村承包土地经营权试点单位的改革者和实践者，为课题跟踪调研工作的顺利开展创造了有利条件。(4)本项课题的研究手段丰富。本课题将采用案例研究与实证研究相互结合的手法，通过案例调研与实证数据两个方面深入发掘上海农村承包地经营权抵押担保的实质性影响问题，并针对上述问题提出可行性解决方案。

本文框架共分四部分，各部分划分及内容安排如下：

第一部分，上海农村承包地经营权改革基本情况及经验。阐述了上海农村承包地经营权改革基本情况和上海农村承包地经营权抵押担保5个方面的创新实践做法，并总结了创新改革的经验。(1)有效的行政推动是关键。(2)创新理念和方法是核心。(3)规范化的管理是保障。

第二部分，分析了上海农村承包地经营权抵押担保工作中存在的6个方面的“瓶颈”问题。(1)农村承包地的经营权抵押仍受法律限制。(2)农村承包地的经营权价值评估标准制定难。(3)农村承包地经营权处置变现难。(4)农村土地产权交易平台运行效率不高。(5)风险分散补偿机制缺失。(6)金融机构参与抵押贷款业务创新积极性不高。

第三部分，对外省市农村土地承包经营权抵押贷款的做法和经验进行了梳理和借鉴。(1)加快推进确权颁证，夯实土地经营权试点基础。(2)推进平台建设，构建农村产权交易体系。(3)引入竞争与贴息相结合，降低农民融资成本。(4)完善风险缓释机制，解决金融机构后顾之忧。(5)政银合作，创新土地经营权抵押贷款新模式。

第四部分，先是提出了上海农村承包地经营权抵押担保的发展方向，然后从4个方面提出了上海农村承包地经营权抵押担保的对策措施。

1. 上海农村承包地经营权抵押担保的发展方向

首先，提出了关于上海农村承包地经营权抵押担保的新观点，即现阶段农村承包地经营权抵押担保工作还不能成为上海农业新型经营主体贷款的主渠道，而应该成为继农村自有资产抵押贷款、安信农保和中投保之后的一种拾遗补阙。其次，提出了上海农村承包地经营权抵押担保的发展方向，即做好上海农村承包地经营权抵押担保工作应具备的条件、工作的指导思想和主要目标。

2. 对策措施

(1)赋予农村承包地经营权抵押融资功能，开展金融创新(采取灵活的农地抵押担保模式、在金融机构内部设立“农村土地金融事业部”、完善承包地经营权抵押贷款业务)。

(2)完善抵押担保配套制度，提供基础支持(规范农村产权交易流转市场、完善农村承包地价值评估标准和方法、加强农村信用体系建设)。

(3)健全风险处置和分担机制，强化风险保障(建立健全抵押物处置机制、建立多层次、多主体风险分担机制)。

(4)政府强化农业政策支持(强化信贷鼓励政策、加强财税政策扶持、引导贷款资金用途，促进农业转型升级)。

绪　论

长期以来，由于缺乏优质的担保物，我国农村发展资金不足，“融资难”成为制约农业发展、阻碍农民致富的重大问题，而土地因其保值和不易灭失的特点，被公认为最佳的信贷抵押物之一。20世纪80年代，我国农村出现了以土地为抵押获取农业发展资金的行为，在政府的顺势引导下，在全国挑选试点地区开展土地抵押贷款工作，涌现出贵州湄潭县“土地金融公司”、宁夏平罗县的“土地信用合作社”等模式，适应了我国地区差异性大的基本国情，为我国开展土地抵押贷款提供了丰富的经验。与此同时，各试点地区均遭遇土地使用权不能抵押的法律困境等问题，影响了土地抵押贷款试点的有效推进。

为了完善土地使用权权能，激活农村沉睡的资本，解决农村发展资金问题，推动农村产业化发展，中央连续出台多项政策：2013年11月，中共十八届三中全会《中共中央关于全面深化改革若干重大问题的决定》强调，“赋予农民对承包地占有、使用、收益、流转以及承包经营权抵押、担保权能，允许农民以承包经营权入股发展农业产业化经营”。2014年一号文件进一步明确指出“在落实农村土地集体所有权的基础上，稳定农户承包权、放活土地经营权、允许承包土地的经营权向金融机构抵押融资”。2015年8月，国务院出台《关于开展农村承包土地的经营权和农民住房财产权抵押贷款试点的指导意见》(国发〔2015〕45号)，2015年12月，全国人大常委会审议通过了《关于授权国务院在北京大兴区等232个试点县(市、区)、天津市蓟县等59个试点县(市、区)行政区域分别暂时调整实施有关法律规定的决定》，2016年3月，中国人民银行会同相关部门联合印发《农村承包土地的经营权抵押贷款试点暂行办法》和《农民住房财产权抵押贷款试点暂行办法》，从贷款对象、贷款管理、风险补偿、配套支持措施、试点监测评估等多方面，对金融机构、试点地区和相关部门推进落实“两权”抵押贷款试点明确了政策要求。两年来，全国各试点地区在农村土地经营权抵押贷款试点中积累了丰富的经验，同时也碰到了土地经营权抵押贷款仍然受法律限制、抵押物处置难、产权交易市场不健全、风险补偿机制缺失等问题。

上海市虽然不在全国农村土地经营权抵押贷款试点范围之内，但是，农村土地承包经营权确权登记颁证工作始终走在全国前列。为解决农业生产融资中长期存在的缺乏有效抵质押物的问题，进一步改善“三农”金融服务，探索农业融资新途径，加强对农业经营主体的信贷支持，促进上海都市现代农业发展，2015年2月，上海市金融办、市农委共同制定了《上海市农村土地经营权抵押贷款试点实施办法》，决定在基本完成农村承包土地确权、登记、颁证的乡镇开展试点。

两年来，上海在农村承包地经营权抵押担保改革的实践中，积极创新组织领导方式、贷款主体、抵押融资方式、农地收益权估价机制和监管制度，农村承包地经营权抵押担保已初见成效：农村土地承包经营权的确权登记工作基本完成，农村土地承包经营权流转规范有序，农村土地承包经营权抵押担保试点有效开展。全市已完成确权登记的农户数达99.3%；承包地确权登记面积达99.4%；承包地流转率约为74.8%。但与全国各试点地区一样，存在着产权交易平台运行效率不高、抵押物处置难、风险补偿机制缺失等瓶颈问题。

为了摸清试点工作中的“瓶颈”问题，第一，课题组走访了市农委、市农经站相关负责人，了解上海市农村土地承包经营权确权登记颁证工作情况、农村土地经营权流转情况；第二，到吕巷镇召开了两次座谈会，了解金山区农村承包地经营权抵押贷款试点情况和试点经验；第三，到金山区各乡镇政府机构开展多次访谈，通过与镇农业技术推广站、农村经济管理事务中心负责人、银行信贷员的深入访谈，深入了解土地经营权抵押贷款推进过程中的做法和存在的主要问题；第四，开展问卷调查，分别针对有土地经营权抵押贷款的合作社、政府机构、金融机构设计问卷，了解并验证土地经营权抵押贷款中的情况及问题；第五，对个别合作社进行了重点调研。在此研究基础上，归纳分析农村承包地经营权抵押贷款试点中存在的问题和原因，提出推进上海农村承包地经营权抵押担保的发展方向及对策措施。

一、上海农村承包地经营权改革基本情况及经验

(一)上海农村承包地经营权改革基本情况

1. 农村土地承包经营权的确权登记工作基本完成

近年来，上海市积极探索农村土地所有权、承包权、经营权三权分置制度，引导土地经营权有序流转，促进并巩固了农村基本经营制度。

一是，在农村土地承包经营权确权登记方面：目前全市应开展土地承包经营权确权登记工作的有 87 个乡镇、1 076 个村，应确权登记承包地 168.2 万亩，农户 59 万户。截至 2016 年底，全市已完成确权登记的农户数 58.6 万户，占应确权登记农户总量的 99.3%；承包土地确权登记面积 167.2 万亩，占应确权登记总面积的 99.4%。

二是，在农村土地经营权流转方面：截至 2016 年底，本市郊区农户承包地面积 175.4 万亩，已流转面积 131.2 万亩，承包地流转率约为 74.8%。从流转区域看，闵行、嘉定、宝山、松江四个区的土地流转率较高，金山、青浦两个区则次之，而浦东、奉贤、崇明三个区则较低，但也均超过 70%。从经营主体看，经营权流转主要以农民合作社、家庭农场、农业企业等新型农业经营主体为主。从流转用途看，以种植粮食、蔬菜为主，面积占比为 63.1%；用于生态林、果林、苗木的承包地占比为 26.9%；其他少部分土地则用于水产、畜牧养殖。

2. 农村土地承包经营权流转规范有序

为规范农村土地承包经营权流转行为，上海市主要通过以下三个方面开展：

一是规范委托行为。通过制定统一格式的《农户承包地委托流转书示范文本》，明确土地委托期限、价格及用途等关键内容，保证了委托手续依法规范完备，目前农户委托村集体统一流转的承包地面积 129.7 万亩，委托率已达 97.8%。

二是规范流转合同。2016 年，市农委联合市工商局对原有的流转合同进行了修改完善，并向社会发布了《上海市农村土地承包经营权流转合同示范文本(2016 版)》；同时督促区农经部门、乡镇土地流转管理服务中心指导农户、村集体与农业经营者签订新

版流转合同，以确保流转双方的合法权益，目前已签订合同的土地流转面积 131.2 万亩，占比 98.9%。

三是规范流转价格。9 个郊区根据农地产出水平、农产品物价变动等综合因素，合理确定并及时发布全区土地流转指导价，并注重加强对承包地流转价格的跟踪、监测和分析，了解掌握各种流转用途的价格差异和变化情况，在维护承包方的权益的基础上，注重保护农业经营者的生产积极性。据统计，2016 年全市农村承包土地流转均价为 1 083元/亩·年。

3. 承包地经营权抵押担保试点有效开展

2015 年 2 月 27 日，市金融办、市农委出台《上海市农村土地经营权抵押贷款试点实施办法》。上海市农村土地经营权抵押贷款试点区政府与上海市农商银行、上海邮政储蓄银行、地方村镇银行等金融机构积极沟通协作，切实加大业务创新力度，因地制宜探索有效的支持模式，积极稳妥推进农村承包地经营权抵押贷款试点工作。金山区吕巷镇发放了上海市第一批农村土地经营权抵押贷款，首批获得贷款的有种植大户、家庭农场、合作社共五家单位，总计发放贷款 328 万元。截至 2017 年 7 月 3 日，金山区共办理土地经营权抵押贷款 46 笔，贷款金额 6 935 万元，其中农商银行 5 085 万元，邮储银行 200 万元，惠民村镇银行 1 650 万元，涉及土地经营权抵押面积 8 241.32 亩。截至 2017 年 8 月 7 日，青浦区共办理土地经营权抵押贷款 2 笔，贷款金额 500 万元，涉及土地经营权抵押面积 2 099.28 亩。

（二）上海农村承包地经营权抵押担保创新实践及经验

上海市金山区是农村承包地经营权抵押贷款试点区之一，在区农委、区政府高度重视和指导下，把创新抵押物和贷款主体作为农村承包地经营权抵押担保改革的突破口和切入点，积极探索、勇于实践，为创新农村金融服务、真正实现金融支农探索出了一条新路。

1. 上海农村承包地经营权抵押担保的创新实践

（1）组织领导方式创新

一是主动对接：试点区农委、区政府针对现代农业经营主体存在的融资困难实际，积极与金融部门沟通联系，调动金融部门创新农村金融的动力和积极性。

二是职责明确：明确试点区农委和区农业贷款担保中心为农村土地承包经营权证书确权和抵押登记部门，负责对需要抵押的土地承包经营权按照规定程序申报，审核无误后进行确权发证并登记；明确镇农业技术推广中心和经济管理事务中心为农村土地承包经营权价值认定部门，负责对所抵押的土地经营权价值进行估价，并出具专业的估价建议书。

（2）贷款主体创新

鉴于上海市农民专业合作社具有生产经营模式多、对农业贷款的需求比一般农户迫切、有贷款经验且发生坏账的可能性较小等现实特点，创新确定由农民专业合作社等新型经营主体作为土地经营权抵押贷款的主体，突破了原土地承包经营权权属仅为农户所有的限制，使农民专业合作社等经营主体具备承包地经营权抵押贷款主体资格。

(3)抵押融资方式创新

目前,小额信用贷款等农村传统信贷业务已无法满足各类新型农业经营主体的资金需求,开办土地经营权抵押贷款,将不动的土地转化为可流通的资本,为新型农业经营主体融资难困境的解决提供了可能。新型农业经营主体将土地经营权作为抵押物,向金融机构申请贷款,该种方式不仅深化了农村土地改革,而且创新了抵押融资方式与农村融资途径,进一步加大了对新型农业经营主体的信贷支持。

(4)农地收益权估价机制创新

为解决银行因土地经营权抵押处置难而"惜贷"的困难,创新了农地收益权估价机制,起到了良好的实践效果。即由镇农业技术推广站和经济管理事务中心按照必要的估价程序,实施实地查看,以申请贷款期内农村土地经营权的预期收益(包括土地经营权、地上生产及配套辅助设施等),采用市场法和收益法,对土地经营权价值进行估价,并出具估价建议书,银行根据估价值按比例确定抵押贷款金额。

(5)监管制度创新

创新监管制度,一方面,确定以镇级层面组建的农村土地承包经营权流转管理服务中心作为贷款、还款的监管平台,有助于银行实时监管资金的使用情况,有效降低了银行的监管成本,提高了资金的使用和监管效率。另一方面,在金融机构与政府的双重监管模式下,金融机构每月收集贷款合作社的财务报表作为评价合作社经营状况是否正常的依据,并定期与合作社相关负责人进行电话沟通,及时了解其经营状况。镇政府农业管理机构则采取定期走访合作社的方式,实地考察贷款合作社的经营状况是否正常,以及固定资产状况是否与经营状况相匹配。

2. 上海农村承包地经营权抵押担保创新改革的经验

(1)有效的行政推动是关键

在试点承包地经营权抵押过程中,以金山区为代表的试点区域进行了有效的行政推动,对各个执行机构进行了部门协同,确保各机构间职责明确,并且严格执行贷款流程。例如,在执行过程中,金山区农委和农业贷款担保中心负责对需要抵押的土地承包经营权按照规定程序申报,审核无误后进行确权发证并登记;而各镇农业技术推广中心和经济事务管理中心负责对所抵押的土地经营权价值进行估价,并出具专业的估价建议书。各机构分工协作,对承包地经营权抵押过程中的各个模块承担相应责任,对试点过程做出了有效推动。

(2)创新理念和方法是核心

上海地区针对农村资源丰富但缺乏合规抵押物的实际,探索以土地承包经营权作为抵押物。针对传统农业经营主体向现代农业经营主体转变的实际,大胆创新贷款主体,在此基础上,研究农村土地承包经营权的估价及抵押机制,优化了抵押融资、业务流程、监管制度等,节约了成本、简化了手续、提高了效率。

(3)规范化的管理是保障

在从事承包地经营权抵押试点过程中,以金山区为代表的试点区域以市金融办出台的开展农村土地经营权抵押试点贷款实施办法为依托,坚持"先行试点、稳步推进、规范操作、强化监管”的原则导向，定时进行回访监督，确保资金用于农业合作社从事与农业生产经营相关的主业或副业活动等，防范了风险发生的可能性。在此过程中，金山区通过创新农村金融产品和金融服务，切实地解决农业新型经营主体贷款难的问题，为上海地区农业的发展提供有效的金融支持。

在试点过程中，上海对抵押贷款流程做出了严格的规范管理。从承包地经营权集中流传、政府职能部门确权登记，农业经营主体向银行提出贷款申请，承包地经营权估价，银行审核贷款用途、额度、期限后办理抵押手续、贷款发放、银行与政府机构共同监督资金用途，一直到贷款到期后的归还问题，各环节、各步骤由不同机构分别监管，使得流程管理趋于规范化。

二、上海农村承包地经营权抵押担保进展中存在的“瓶颈”问题

(一)农村承包地的经营权抵押仍受法律限制

目前，国内针对土地经营权抵押的法律规定存在四种情况：

第一，明确规定部分土地经营权可以抵押，但是抵押范围非常有限。《物权法》第180条规定，以招标、拍卖、公开协商等方式取得的荒地等土地承包经营权可以抵押。第二，明确禁止土地经营权抵押，但是存在除外规定。《物权法》第184条规定，耕地、宅基地、自留地、自留山等集体所有的土地使用权不得抵押，但法律规定可以抵押的除外。第三，规定土地经营权抵押合同无效，间接禁止土地经营权抵押。《关于审理涉及农村土地承包纠纷案件适用法律问题的解释》第15条规定，承包方以其土地承包经营权进行抵押或者抵偿债务的，应当认定无效。对因此造成的损失，当事人有过错的，应当承担相应的民事责任。第四，未明确规定土地经营权抵押。《农村土地承包法》第32条规定，通过家庭承包取得的土地承包经营权可以依法采取转包、出租、互换、转让或者其他方式流转。

因此，从法律制度层面，农村土地经营权抵押贷款很难得到立法和司法的法律救济。国有土地使用权可以抵押融资和大量的农村土地经营权不能抵押融资相比，存有明显的歧视状况，违背民法的平等原则。此外，当前国内农民对土地的权利具有不确定性，即使用权期限不足且不确定的缺陷。因而，农村土地经营权抵押的法律限制成为农村土地经营权抵押融资的制约因素之一。

(二)农村承包地的经营权价值评估标准制定难

1. 有资质的评估机构比较少

得到银行、经营者和政府三方认可的、既熟悉当地市场情况又具备农村承包地经营权评估资质的外部专业评估机构更少。目前上海没有采用第三方专业评估机构，而是由农业行政管理部门(镇农业技术推广中心和经济管理事务中心)负责对所抵押的土地经营权进行价值评估。

2. 缺乏科学合理的评估标准

农村土地经营权价值的评估受土地承包经营时间、生产经营项目、土地经营收益、自然条件等因素的影响，因此难以对承包地经营权的实际价值做出准确、科学、合理的

估值判断，土地的实际价值得不到正确定位。目前多是对地上附着物价值进行评估，而在评估时也没有统一的价值参照标准。

3. 未形成公认的评估方法

上海目前采用的是市场法和收益法，即根据目前市场上与被估价对象相似的或可比的参照物的价格来确定被估价对象在估价基准日的价值，以及对被估价对象在土地经营期限内所产生的收益进行估算，得出土地经营权价值及地上物价值在估价基准日的价值。该方法没有反映土地取得的历史价值，而且缺少对不同地块、不同承包主体的针对性，难以真正反映不同地块的经营权价值。

4. 评估依据不够规范和充分

目前评估内容主要有基础设施投入、农作物和年均净收益，但评估中缺少基础设施、农作物投入的相关证明以及年均净收益的测算依据，因而客观性不强；同时，也未能根据土地区块、土地面积、经济作物价值、承包人资质、现有经济情况等具体的风险因素形成专业的抵押物评估分析报告，往往存在评估价值不合理的现象。

（三）农村承包地经营权处置变现难

农业是弱质产业，抗御自然灾害的能力较差，具有高风险特征，在农业生产和经营的过程中，容易受资源条件、自然环境、市场因素等不利因素影响。而且，现阶段农业保险业务尚未全面开展，尚未形成农村风险补偿机制，缺乏农业产业风险准备金、救灾补助等政策扶持，如遇到较大的自然灾害或市场因素影响，将给开展土地经营权抵押贷款业务的金融机构带来不可预知的风险。对于金融机构而言，一旦贷款的农业经营主体出现贷款违约，银行就很难处置抵押的土地经营权，土地经营权变现难、变现率低，而且还受到不得改变农业资产用途等若干法律因素制约，这是开展农村承包地经营权抵押贷款业务的最大难题。

农村承包地经营权处置难是影响银行是否放贷的主要因素。在国内法规与农村土地流转交易市场的双重限制下，农村承包地经营权处置存在较大困境。虽然《上海市农村土地经营权抵押贷款试点实施办法》明确规定：当农业生产经营者不履行到期债务或发生当事人约定的实现抵押权的情形时，金融机构有权依照本办法处理该农村土地经营权，并用处置所得的价款受偿。但是，由于当前上海地区的农村土地流转交易市场并不能起到有效的交易作用，大部分需要依靠人为撮合促成流转交易，因此农业经营主体抵押给银行的承包地经营权并不能得到较快流转，处置变现较为困难。

（四）农村土地产权交易平台运行效率不高

农村土地产权交易平台是重要的金融基础设施，其构建和运行有利于形成公平合理的市场交易价格，为土地经营权的价值评估提供依据，还能克服信息不对称的弊端，快速撮合市场交易，及时处置土地经营权，便于抵押权人顺利实现土地经营权抵押权。因此，无论是协议处置还是强制处置，土地经营权均需要在农村土地产权交易平台上挂牌交易。

当前，据政府部门统计，上海地区的 90 个涉农乡镇已有 74 个建立了农村土地流转公开交易市场，已有 218 个村的承包土地进入公开市场流转交易。但调查数据显示，借款人对土地流转交易市场的知晓率占 66.7%，银行对土地流转交易市场的知晓率占 33.3%，政府机构人员对土地流转交易市场的知晓率也只占 37.5%。因此，从实际情况来看，虽然建立了多种形式的农村产权流转交易市场和服务平台，覆盖面相对而言也较为广泛，但普遍存在着平台建设滞后，供求服务、基准价格、评估机制、价格及收益增长机制尚未真正建立，平台的作用并不在于土地流转与交易本身，而在于信息与经营权续期的公示，其结果是，平台没有真正发挥促进土地经营权流转的效果，反而可能增加农村产权交易平台的交易风险。

（五）风险分散补偿机制缺失

当前，上海承包地经营权抵押主要面临三类风险：

首先，农村土地经营权抵押需要面对较高的信用风险。据调查数据显示，92%的合作社不知道自己的合作社有没有信用等级，政府部门知道合作社有没有信用等级的也只占 25%。合作社如果违约而真正愿意放弃土地经营权的只占 8%。虽然上海目前还没有出现合作社贷款违约现象，未来一旦某一家合作社由于经营问题无法及时还款，而银行又没有很好的处置办法，银行担心部分有偿还能力的合作社也会效仿出现羊群效应。毕竟这些合作社都在一个区内，信息很容易互通有无。

其次，农村土地经营权抵押交易风险。农村土地经营权抵押的前提条件是拥有健全和活跃的产权交易市场，建立供求服务、基准价格、评估机制、价格及收益增长机制，发挥交易平台的土地流转的作用，否则会给农村土地经营权抵押带来交易风险。据调查数据显示，关于土地经营权处置问题，33.3%的金融机构认为比较难，62.5%政府部门认为处置比较难。

最后，农村土地经营权抵押可能存在道德风险。政府在推动农村土地经营权抵押方面可能存在以行政命令推动土地经营权抵押而导致经营者利益损害所形成的道德风险。在农村土地经营权抵押中，地方政府作为土地管理者和服务者应当受到更多道德操守的约束。

目前，由于土地经营权抵押贷款收益风险不匹配，上海大多数从事经营权抵押贷款的银行机构迫切希望政府出面成立一笔基金，效仿类似于安信贷款保证保险方式操作，出现坏账政府承担 85%，银行承担 15%，最大限度减低银行的经营风险。从政府部门的调查来看，基层操作部门对此不看好，普遍认为“该基金的存在摆设大于实效”，金山区原来存在类似的基金，但是出现坏账用该基金补偿后，领导会责成贷款审批人继续向贷款人追讨，否则影响个人绩效。

综上所述，目前上海还没有土地经营权贷款风险基金，也尚未有成立该基金的意向。因此，在风险补偿及机制缺失的情形下，上述三类风险难以得到分散。

（六）金融机构参与抵押贷款业务创新积极性不高

目前，上海市在农村承包地经营权抵押贷款试点的过程中，普遍存在贷款规模较小、贷款期限较短和贷款供给主体较少的问题，银行积极性不高。

主要原因：一是缺乏活跃交易市场，农业资产公允价值较难确定；二是银行缺乏相关专业人员，评估严重依赖农技推广站等部门；三是贷款的性价比低，既不规模也不经济;四是由于银行绩效考核的原因,信贷员对此项业务积极性不高,只求完成上面下达的任务就行。目前参与该业务的农商行反映:土地经营权一般先从个体农户手中流转至村委,再由村委统一流转给龙头企业、农民合作社、家庭农场等经营主体,这些经营主体再将经营权抵押给金融机构,由于涉及农户多,抵押手续繁杂,各类协议、承诺、合同等资料的合法性、合规性审查难度大;而且土地经营权抵押贷款金额相对不大,贷款采用基准贷款利率,相对其他的贷款利率偏低。比如:对企业贷款 1 000 万元,对合作社经营权抵押贷款 100 万元,后者 10 笔才相当于前者一笔,但是投入的人力、物力后者却是前者的 10 倍以上。农商行之所以还参与,一是承担一定的社会责任,二是政府部门在农商行有很多其他业务,为维护二者之间的良好关系而参与,相当于公关成本。

三、外省市农村土地承包经营权抵押贷款经验借鉴

2016 年 3 月,中国人民银行等五部门联合发布《农村承包土地的经营权抵押贷款试点暂行办法》,明确在全国人大授权的 232 个县开展农村土地经营权的抵押贷款试点。各试点地区政府和金融机构积极沟通和配合,开展了有益的实践和探索,建立健全了两权抵押贷款制度体系,完善省、市、县三级联动的工作机制,在价值评估、平台建设等方面探索了不少可复制、可借鉴的经验。

(一)加快推进确权颁证,夯实土地经营权试点基础

土地确权颁证是开展农村承包地经营权抵押贷款的前提,没有明晰的产权,土地经营权抵押贷款就难以开展。在土地承办经营权证的基础上,进一步发放土地经营权证,支持新型农业经营主体以土地经营权证抵押贷款。如江苏省委省政府出台《江苏省深化农村改革综合性实施计划》,明确要求试点地区 2016 年底前完成确权颁证。湖北 12 个试点地区全部建立相关工作平台,农村土地经营权确权率 100%。其中夷陵区农村产权交易中心为流转土地经营主体颁发《农村土地流转经营权证》,明确流转土地经营权相关要素,并在土地流转格式合同中先行约定土地经营权可用于抵押融资,规模经营主体申请贷款时无需再征求土地流出方的同意,融资效率明显提升。大冶市三农金融服务中心制定农村承包土地的经营权抵押公示文本,完成已流转但未签订格式化合同的农地经营权流转抵押等确认手续。实践证明,确权颁证尤其是颁发土地经营权证,为土地经营权抵押贷款的有效推进打下扎实的基础。上海目前不属于全国“两权”试点地区,以《农村土地流转经营权证》作为抵押贷款尚不具备条件,暂时实行农村土地经营权抵押登记制度,为了深入推进农村土地经营权抵押贷款,上海应尽力争取早日纳入全国试点范围。

(二)推进平台建设,构建农村产权交易体系

农村产权交易平台作为农村产权交易的重要场所,能为土地经营权的流转和交易提供政策咨询、信息发布、备案登记、流转鉴证和资产处置等相关服务,平台建设和交易市场建设是推进农村土地经营权抵押贷款的重要条件。江苏省建立了县、乡两级农村产权交易服务体系,2016 年建立的“江苏省农村产权交易信息服务平台”,专门用于农地经营权、林权等各类农村产权的交易和抵押登记,12 个试点地区中有 11 个接入了该

平台系统，为农地经营权的抵押登记、流转处置创造了良好的条件。黑龙江全省 9 个试点县基本完成土地确权登记工作，15 个试点县全部建成农村产权流转交易平台，平台交易量 13.1 万笔，金额 27.2 亿元。从全国试点情况来看，平台建设情况总体良好，但有 40%的平台没有发生任何作用。上海从 2014 年起就建立了农村土地承包经营权流转公开交易市场，目前，全市 90 个涉农乡镇已有 74 个建立了农村土地流转公开交易市场。截至 2016 年底，976 宗承包土地进入公开市场流转交易，涉及承包地面积 9.57 万亩，实现交易金额 2.59 亿元。上海要借鉴外省市的成功经验，进一步完善农村产权交易体系，健全产权交易信息平台建设、农村产权交易管理服务、农村产权抵押担保、产权交易风险保障等方面的扶持政策，以保障农村产权交易市场功能得到充分发挥。

（三）引入竞争与贴息相结合，降低农民融资成本

通过发挥市场机制与政府介入相结合的方式，促进切实降低农民融资成本。如江苏省确保每个试点地区都有 2 家以上金融机构开办了业务，通过加强市场竞争，发挥市场机制作用，促成金融机构合理定价。东堰、东合等地还探索搭建了网络融资平台，实现网上申请、网上审批，缩短业务流程，加快业务办理速度，降低农民融资成本。上海目前开办农村土地经营权抵押贷款的银行只有农商银行、邮储银行和惠民村镇银行 3 家，今后应继续扩大金融机构的范围，并争取政策性银行的支持。

（四）完善风险缓释机制，解决金融机构后顾之忧

完善风险缓释机制、解决金融机构介入农村土地经营权抵押贷款的后顾之忧是各地推进试点工作的重要环节，各地在这方面都做了富有成效的创新与尝试。

例如，建立担保增信机制。如湖北在省级层面成立农业信贷担保有限公司，为新型农业经营主体提供融资担保服务，同时还创新建立风险警戒机制，实行贷款总量控制和叫停机制。如湖北省部分地区金融机构在风险补偿基金金额 10 倍以内提供贷款，当不良率达到 5%时则暂停贷款业务，待风险化解后再行恢复。

例如，建立财政风险补偿基金和基金补充机制。如江苏省各试点地区均设立了规模不等、形式不同的财政风险补偿基金；东海等地区还建立了风险基金补充机制，根据抵押贷款发放情况定期或者动态补充资金；泗洪等地区还对抵押贷款发放予以奖补。上海目前还没有专门设立政府财政补偿基金，在农村土地经营权抵押贷款试点时期，政府应该适当考虑设立风险补偿基金，待试点取得一定成效后，再交由交易双方通过市场进行资源的合理配置。

（五）政银合作，创新土地经营权抵押贷款新模式

1. 土地银行模式

临颍以当地政府信用为依托，以农民和新型农业经营主体为服务对象，以开展农村土地“存入”和“贷出”为主体业务，由政府牵头吸引当地 11 户产业化龙头企业及新型经营主体共同出资设立国有控股的土地流转公司，集中开展撮合流转、代耕代种、农资代购和融资服务等。该国有控股公司以从农户流转的土地经营权为抵押，集中向农发行贷款，取得贷款后向农户支付土地租金，并将土地再流转给规模化经营主体，规模化经营主体取得土地后，可不交付租金先经营，经营期满年取得收入后，再将上年的土地租

金支付给该公司，用于归还农发行贷款。

2. 统贷统还和反担保模式

江苏沛县政府、银行和担保公司合作，采取“政府引导、财政扶持、联合增信、批量授信”的统贷统还模式和反担保模式，解决各类新型经营主体因抵押担保资源不足而融资难的问题。由地方政府成立一家国有独资农村土地流转服务公司，统一收集各乡镇新型经营主体融资需求，再由该公司根据新型经营主体实际需求，通过政府增信和统贷统还的方式，统一向农发行贷款，新型农业经营主体以其流转取得的农村土地承包经营权抵押至该公司予以反担保，从而实现了多方共赢和风险共担。

3.“银行＋物权公司”模式

吉林省邮储银行与省政府合作推出“土地收益保证贷款”。政府出资设立物权公司，农户流转土地至物权公司，物权公司负责担保和流转。当贷款出现损失时，物权公司先行偿付银行贷款，再通过流转土地经营权弥补损失。此模式银行不直接经手土地管理工作，土地的估值、抵押、流转工作均由更为专业的物权公司运转。

4.“银行＋政府”模式

湖北省、四川省邮储银行与地方政府部门合作，推出“邮储助农贷”“惠农产权贷”等产品。邮储银行按照政府部门风险补偿金一定倍数放大专项信贷投放规模，县(市、区)政府与银行按比例承担贷款损失。在贷款额度、利率等要素上，根据新型农业经营主体现代农业生产周期、土地流转等需求量身定制，具有金额高、利率低、期限长、还款活、风险低五大特点。

综上，外省市在农村土地经营权抵押贷款试点中的做法和经验给了我们很多启发，尤其是在降低农民融资成本、完善风险缓释机制、创新土地经营权抵押贷款新模式等方面，更值得上海学习和借鉴。

四、上海农村承包地经营权抵押担保发展方向和对策措施

(一)上海农村承包地经营权抵押担保发展方向

通过上海试点区调研，我们认为，现阶段上海农村承包地经营权抵押担保工作还不能成为上海农业新型经营主体贷款的主渠道，而应该成为继农村家庭自有资产抵押贷款、农村安信保险之后的一种拾遗补缺。农村承包地经营权抵押变现难是制约银行等金融机构放贷的主要因素，因此，要做好农村承包地经营权抵押贷款工作，必须具备两个前提条件：一是要培育具有一定生产规模的新型农业生产经营主体，二是试点期内政府要加大财政扶持的力度。

1. 做好农村承包地经营权抵押担保工作的前提条件

从上海试点调查情况来看，小规模农业个体、纯粮食种植的家庭农场对农村承包地经营权抵押贷款的需求不大，约占6.5%，以果蔬种植、花卉种植、食用菌种植、水产养殖、畜禽养殖等合作社，由于其生产规模较大、投资额较大、农业生产周期较长等特点对农村承包地经营权抵押贷款的需求比较强烈，约占90%。因此，要做好农村承包地经营权抵押担保工作，前提条件是要培育具有一定生产规模的新型农业生产经营主体。

另外，试点期内政府要加大财政扶持的力度。从上海及外省市的试点经验来看，在农村承包地经营权抵押贷款业务中，无论采用哪种抵押贷款模式，政府都是市场风险的最终承担者，付出了比银行和经营者都要高的成本代价。

2. 农村承包地经营权抵押担保工作的指导思想

以推进农村产权制度改革、赋予农民更多财产性收入为出发点，培育新型农业主体，深化农村金融改革创新，稳妥有序开展承包地经营权抵押担保业务，形成良好的引领示范效应。

3. 农村承包地经营权抵押担保工作的主要目标

完善确权登记颁证、土地流转市场建设、风险补偿、抵押物处置、风险防范与控制等配套制度，不断创新承包地经营权抵押担保金融产品和服务，农村金融较快发展。

（二）上海农村承包地经营权抵押担保的对策措施

1. 赋予农村承包地经营权抵押融资功能，开展金融创新

（1）采取灵活的农地抵押担保模式

我们认为上海可以应采取灵活的农地抵押担保模式，即先采用“土地经营权＋风险补偿基金”模式，然后逐步过渡到“土地经营权＋专业担保公司”模式。从试点经验来看，无论采用哪种经营权抵押担保模式，政府始终是农村承包地经营权抵押贷款的“最后埋单者”，但从长远来看，农村承包地经营权抵押贷款最终应该交由市场通过经济运作，由抵押权人和抵押人自行承担收集成本、议价成本、制度运营和监督成本，并使之成为有效率的制度。因此，在农村承包地经营权抵押贷款业务试点期，政府要加大对实施农村承包地经营权抵押贷款的金融机构的支持力度，采用“土地经营权＋风险补偿基金”模式，以政府提供财政风险补偿基金为担保，同时追加土地经营权抵押担保，对符合条件的新型农业经营主体发放贷款，然后根据推进情况，政府逐渐改变“救火员”的角色，采用“土地经营权＋专业担保公司”模式，鼓励专业担保机构，利用其人才、管理等优势，对土地进行临时托管、耕种，为本地新型经营主体的承包地经营权抵押贷款进行担保，解决土地经营权抵押贷款出现风险时面临的土地托管处置难题。

（2）在金融机构内部设立“农村土地金融事业部”

政策性银行要加大对开展涉农金融机构的财政支持，通过单独核算、单独考核、单独监督的方式引导金融机构配置专项资金，用于发放农村承包地经营权抵押贷款。同时，各涉农金融机构要完善农村承包地经营权抵押贷款业务绿色通道，进一步简化手续，优化流程，加快完成贷款审批发放。

（3）完善承包地经营权抵押贷款业务

鉴于各类新型农业经营主体生产周期长、土地流转期限短等特点，鼓励涉农金融机构适当提高抵押率、适当延长贷款期限、增加贷款额度，合理确定贷款利率，满足其融资需求。

2. 完善抵押担保配套制度，提供基础支持

当前，上海市依托上海农业要素交易所公开交易平台，建立了农村土地承包经营权流转公开交易市场，在乡镇层面开展农村承包土地进入市场公开交易，农村产权流转交

易体系基本建立，也取得了一定成效。但从试点调查情况来看，平台的作用远没有充分发挥，急需进一步推进和完善抵押担保配套制度。

(1)规范农村产权交易流转市场

第一，应完善流转交易规则。根据土地流转公开交易市场建设需要，制定印发标准化的相关文书，并在市场建设实践中逐步修改完善，提高土地流转公开交易市场的操作性。

第二，规范交易操作程序。逐步完善农户委托流转、土地归并布局、流转信息发布、经营资格审查、项目公开招(投)标、签订流转合同等交易操作步骤，特别是强调农户、村委会、乡镇土地流转管理服务中心(上海农交所分中心)、农业经营者在公开流转交易的职责，确保承包土地进场交易的公开、公平、公正。

第三，强化业务专题培训。结合业务工作推进实际，有针对性地组织开展农村土地流转公开交易市场培训，注重对乡镇土地流转管理服务中心工作人员和招投标小组成员进行招标、竞标等涉及市场交易的业务培训，全面提升其业务能力。

(2)完善农村承包地价值评估标准和方法

一是建立健全行业评估准则。借助农业行业协会等社会组织开展不同细分行业评估准则的研究和交流，推动形成行业公认的评估方法、技术规范等业务准则，制定农地经营权、地上设施设备(附着物)交易指导价格，建立专业的价值评估参考体系；引导建立银行内部评估机制，与第三方评估机制形成有效互补，以避免缺乏专业评估机构而影响农村土地承包经营权抵押贷款业务的发展。

二是根据不同的流转规模，采用复杂程度不同的评估方法。在土地承包经营权价值评估过程中，对于小块流转土地或者家庭承包经营的农村承包地可以采用成本法、收益法等简易评估方法；对于大规模土地承包经营权的价值评估应采用综合模糊评价法。由于传统的评估方法无法充分体现地块、经营者等差异因素对价值的影响，可能低估或高估土地价值，进而对授信额度的确定产生不利影响，因此，对大规模土地承包经营权的价值评估还应考虑土地价值、经营项目状况、经营者素质、农作物收益等多种因素。

(3)加强农村信用体系建设

以村镇为单位，建立健全合作社、家庭农场、农业龙头企业等新型农业经营主体的信用档案，对新型农业经营主体进行信用评定，构建合理的农村信用体系结构。对于信用排名较为良好的经营主体，采用“一次授信，多次借贷”等方式，不需每年进行贷款申报，或者直接给予贷款期限、贷款额度、贷款利率等优惠措施。

3. 健全风险处置和分担机制，强化风险保障

(1)建立健全抵押物处置机制

第一，依法保障金融机构合法债券，完善抵押物处置措施，确保在借款人无法履行到期债务或发生约定的情形时，贷款银行可以通过流转、变现、托管、调节、诉讼等市场化的处置方式顺利实现抵押权。

第二，探索建立农村产权资产管理公司，用于收储、托管、经营农村承包地经营权不良抵押资产，提高不良资产处置效率。

第三，鼓励多种方式处置抵押物，减额续贷，对周转资金出现困难但信用较好的农

户，给予减额续贷，既维护了农户正常生产经营，又降低了不良率。

第四，探索新的处置机制和方法。一是政府设立农村土地管理公司托底回购，二是引入涉农担保公司或其他农业经营主体担保并代为回购，三是村集体出具回购承诺函。

(2)建立多层次、多主体风险分担机制

一是进一步加强与财政、农委等部门的协作沟通，建立财政性资金支持农村承包地经营权抵押贷款的专项风险补偿基金，在贷款发生违约，金融机构实现抵押权较困难时，实施贷款风险补偿，弥补金融机构可能出现的处置亏损和不良贷款。

二是成立农业政策性担保公司，为农村承包地经营权抵押融资业务依法提供担保服务，有效防控贷款风险。

三是进一步加快农村承包地经营权抵押贷款保险品种的开发，探索建立互助型农村产权交易专业担保机构，实现贷款风险分散，降低金融机构发放农村承包地抵押贷款的风险。

四是进一步拓宽农业保险种类，合理利用农作物和大宗商品期货等衍生工具，通过锁定农作物未来收益，提升农村土地承包经营权的评估价值。

五是充分发挥财政资金的杠杆作用，尝试建立财政、银行、担保基金等多方风险共担机制，补偿抵押融资风险，消除银行顾虑，以实现土地承包经营权抵押贷款业务的可持续发展。

六是加强农业经营主体与村集体经济组织、农村合作组织、村支两委等组织的融合，形成信用联盟，共同应对风险。

4. 政府强化农业政策支持

(1)强化信贷鼓励政策

发挥信贷政策对贷款投放的引导作用，将上海农村承包地经营权抵押贷款业务列为本市信贷投向指引的重点支持类领域，以此提升银行等金融机构对于承包地经营权抵押贷款的积极性，促使更多金融机构参与到抵押贷款的行列中。

(2)加强财税政策扶持

通过税收减免和财政补贴等提供政策红利，鼓励银行等金融机构、担保机构、评估机构、保险机构等积极参与上海农村承包地经营权抵押贷款试点。

(3)引导贷款资金用途，促进农业转型升级

承包地经营权抵押试点的关键意义在于解决农业经营主体的资金来源问题，并且使农业资源得到盘活。当前，休闲农业已成为农业旅游文化“三位一体”、生产生活生态同步改善、农村一产二产三产深度融合的新产业新业态新模式。若能将休闲农业或田园综合体中较为稳定的产值纳入抵押范围，则承包地经营权不仅能够解决农业经营主体的资金短缺问题，更能够盘活农业资源，优化农业业态，促进产业升级。

参考文献

[1]何希道．农村土地承包经营权抵押制度探析[J]．新乡学院学报，2016(8):20—22.

[2]王磊玲．农村土地承包经营权抵押融资模式设计——以河南省为例[J]．山东农业大

学学报(社会科学版),2016(2):60—64,126.

[3]刘世明,徐光增,刘国峰,马冉,马健．农村土地承包经营权抵押贷款:信贷供给与机制构建[J]. 金融监管研究,2016(1):74～89.

[4]卜强．农村土地承包经营权抵押模式的实践与政策建议[J]. 甘肃金融,2015(12):51—53.

[5]曹瓅,罗剑朝．农村土地承包经营权抵押贷款供给效果评估——基于农户收入差距的视角[J]. 南京农业大学学报(社会科学版),2015(5):114—122,141.

[6]李晨曦．农村土地承包经营权抵押贷款的实践与思考——以黑龙江省克山县为例[J]. 中国农业资源与区划,2015(4):73—77,127.

[7]李峰,谢丽芳．推进农村土地承包经营权抵押贷款的实践与思考——基于乐清市农房抵押贷款的成功经验视角[J]. 征信,2015(8):86—89.

[8]黄惠春,祁艳,程兰．农村土地承包经营权抵押贷款与农户信贷可得性——基于组群配对的实证分析[J]. 经济评论,2015(3):72—83,96.

[9]潘伟光,顾益康．农村土地承包经营权抵押担保权能的实现机制[J]. 浙江经济,2015(8):56—57.

[10]黄碧琴,郭敏,秦义春,冼美玲．农村土地金融制度创新研究——从土地承包经营权抵押融资模式创新的角度[J]. 区域金融研究,2015(3):20—25.

[11]白昌前．农村土地承包经营权抵押实现路径研究[J]. 现代经济探讨,2015(2):63—67.

[12]李香花．现行农村土地流转制度下土地承包经营权抵押贷款制约因素及对策[J]. 吉林金融研究,2014(12):56—58,75.

[13]周维德．农村土地承包经营权抵押:困惑及实现[J]. 广西社会科学,2014(11):76～80.

[14]刘俊清．农村土地承包经营权抵押贷款制度的实证研究——以常州市武进区为例[J].科学经济社会,2014(2):146—150.

[15]俞建军．银行视角下农村土地承包经营权抵押融资探析[J]. 经济研究导刊,2014(17):27—30.

[16]黄惠春,曹青,曲福田．农村土地承包经营权可抵押性及其约束条件分析——以湖北与江苏的试点为例[J]. 中国土地科学,2014(6):44—50.

[17]赵帅,董继刚．农村土地承包经营权抵押贷款的研究综述[J]. 农村经济与科技,2014(5):64—66.

[18]黄惠春．农村土地承包经营权抵押贷款可得性分析——基于江苏试点地区的经验证据[J]. 中国农村经济,2014(3):48—57.

[19]吕庆明,陈捷．农村土地承包经营权收益担保融资问题研究——以吉林省直补资金担保贷款和土地收益保证贷款为例[J]. 吉林金融研究,2013(11):11—17.

[20]蒋翠萍,兰庆高,于丽红．农村土地承包经营权抵押贷款的研究综述[J]. 时代金融,2013(14):52—53,58.

[21]郑美江,范静．农户土地承包经营权抵押贷款意愿分析——基于吉林省 7 县(市、区)农村地区的实地调查[J]. 中国农村经济,2012(12):41～48.

[22]延步青. 我国土地承包经营权的抵押问题分析——以农村金融担保为基础[J]. 知识经济,2012(14):52.

[23]韦福. 农村土地承包经营权抵押三个法律问题的思考[J]. 农村经济,2012(6):41—44.

[24]翟向祎. 推动农村土地承包经营权抵押贷款业务的思考[J]. 金融理论与实践,2011(8):54～55.

[25]马智利,杨洁. 农村土地承包经营权抵押担保制度设计——以渝西地区为例[J]. 广东农业科学,2011(14):219—221.

[26]孙丽丽,陈兴中,李富忠. 从完善土地承包经营权权能看农村土地承包经营权抵押[J].广东土地科学,2011(2):8—12.

[27]燕星辰,杜娜娜. 新型农村土地承包经营权抵押贷款模式探讨[J]. 西部财会,2011(4):49—51.

[28]林乐芬,赵倩. 推进农村土地金融制度创新——基于农村土地承包经营权抵押贷款[J]. 学海,2009(5):68—72.

[29]白利娜. 对农村土地承包经营权抵押担保机制的思考[J]. 商业文化(学术版),2009(8):298—299.

[30]高锋,周雪梅,肖诗顺. 农村土地承包经营权抵押担保制度探讨[J]. 西南金融,2009(3):40—42.

[31]夏成,李伟. 完善农村土地承包经营权抵押融资的思考和建议[J]. 青海金融,2009(2):28—30.

[32]闫广宁. 对同心县农村信用联社开展土地承包经营权抵押贷款情况的调查与思考[J].西部金融,2008(8):49—50.

[33]韦福. 论农村土地承包经营权抵押的必要性和可行性[J]. 河池学院学报,2007(6):122～124.

[34]左平良,余光辉. 土地承包经营权抵押与农村金融担保制度创新[J]. 学术论坛,2005(8):129—132.

[35]李圆圆,张长青. 农村土地承包经营权抵押制度探讨[J]. 中国土地,2005(7):30—31.

附件:

上海农村承包地经营权抵押担保案例分析

课题主持人:高　萍

课题组成员:金旭霞　岳怡婷　王庆华

吴政春　许长荣　袁爱平

路以兴　唐国平

附件　上海农村承包地经营权抵押担保案例分析

为进一步证实农村土地经营权抵押贷款规范操作的重要性及其研究的实际价值，现以上海施泉葡萄专业合作社为例，深入剖析上海农村承包地经营权抵押担保的具体做法和经验。

上海施泉葡萄专业合作社因业务需要，计划以110亩葡萄承包地经营权及大棚、长廊等向银行申请抵押担保贷款。

（一）上海施泉葡萄专业合作社承包地经营权抵押贷款流程

(1)向农村商业银行和吕巷经济管理事务中心提出贷款申请。(2)委托吕巷镇农业技术推广站和经济管理事务中心共同对土地承包经营权进行估价。(3)银行审核用途、确定额度、期限以及同意发放贷款，办理抵押手续、出具借款合同和抵押合同。(4)到金山区农业贷款担保中心办理土地承包经营权抵押贷款登记。(5)银行贷款发放、银行监督资金用途使用。(6)融资贷款到期，合作社向银行归还贷款，并到金山区农业贷款担保中心办理土地承包经营权抵押贷款注销。

（二）上海施泉葡萄专业合作社承包地经营权估值

土地承包经营权估值是整个抵押贷款过程中最关键也是最难的环节。上海施泉葡萄专业合作社委托金山区吕巷镇农业技术推广站和经济管理事务中心对土地承包经营权进行估值，并出具估价建议书。

案例：上海施泉葡萄专业合作社土地经营权及相关资产估价建议书

金山区吕巷镇农业技术推广站和经济管理事务中心接受上海施泉葡萄专业合作社委托，根据有关法律、法规和相关的政策、文件，对上海施泉葡萄专业合作社土地经营权价值及地上物价值进行估价。估价人员按照必要的估价程序，实施了实地查看和预期收益的预测和估算，对上海施泉葡萄专业合作社土地经营权价值及地上物价值在2016年12月31日所表现的市场价值做出了公允反映。现将土地经营权价值及地上物资产估价情况报告如下：

1. 合作社基本概况

上海施泉葡萄专业合作社成立于2008年5月，注册资金50万元，合作社理事长：卢玉金。合作社现有成员5人，其中农民5人；合作社在吕巷镇白漾村9组、16组经营种植面积128亩(合同号L2017A16060209001、L2010A16060209001)。合作社拥有农业生产用房等建筑物、连栋大棚等农业基础设施79 865平方米。合作社已建立内部各项财务管理制度、民主管理制度和盈余分配制度，并为每个成员建立成员账户。

2. 合作社生产经营情况

上海施泉葡萄专业合作社主要是以葡萄种植为主。2016年实现农业生产产值600万元，实现经营收入552.26万元，年净收益55.58万元。目前，合作社经营面积128亩，主要种植葡萄。

3. 估价对象和范围

本次估价是对上海施泉葡萄专业合作社内的土地经营权以及地上物资产，主要包括上海施泉葡萄种植专业合作社内的土地承包经营权价值、农业资产(经济林木)价值和农业基础设施价值。

4. 估价依据和方法

本次评估所选择并使用的方法主要为市场法和收益法，根据目前市场上与被估价对象相似的或可比的参照物的价格来确定被估价对象在估价基准日的价值，以及对被估价对象在土地经营期限内所产生的收益进行估算，得出土地经营权价值及地上物价值在估价基准日的价值。

5. 估价结果

估价人员根据上海施泉葡萄专业合作社提供的土地经营权及地上物等相关资料，按照市场价值和预期收益的预测，其估价金额为 652.24 万元，其中：农业资产 231 万元；农业基础设施 421.24 万元。

6. 其他事项

(1)本估价建议书以委托方提供资料的真实性为前提，因资料失实而造成的任何责任由委托方承担。

(2)本估价建议书仅用于合作社土地经营权抵押贷款价值参考。

(3)本估价结果自出具建议书之日起，有效期为一年。

金山区吕巷镇农业技术推广服务站

金山区吕巷镇经济管理事务中心(土地流转中心)

2017 年 3 月 7 日

附：上海施泉葡萄专业合作社土地经营权及相关资产估价表

一、承包地经营权　　　　金额单位：万元

估价项目	种植年份	种植面积(亩)	账面价值	剩余产出年限	估价金额	备　注
葡萄树	2007	110	30.88	14	231.00	合同至 2020 年 12 月 31 日
合计		110	30.88	14	231.00	

二、地上农业设施　　　　金额单位：万元

估价项目	建造年份	结构	面积(平方米)	账面价值	重置价值	成新率(%)	估价金额
大棚	2010	832 型	27 720	0	146.92	40	58.77
大棚	2013	832 型	25 614	210.32	135.75	70	95.03
连栋大棚	2013	7 430	6 000	102.00	102.00	70	71.40
房屋	2013	混凝土	410	49.20	49.20	70	34.44
长廊	2012		2121		36.00	60	21.60
连栋大棚	2016	8 型	18 000	140.00	140.00	100	140.00
合计			79 865	501.52	609.87	—	421.24

10. 上海生态农业基本内涵、主要特征、“瓶颈”问题和对策措施研究

摘　要

当前,上海农业农村发展进入新的历史阶段,市委、市政府提出了扎实推进都市现代绿色农业发展的新思路、新目标、新任务。2040 卓越全球城市建设对上海都市现代农业发展提出了更高要求,建设与上海国际化大都市地位相匹配的现代农业,农业的绿色转型发展是保障都市现代农业可持续发展、保障本市社会经济健康发展的必由之路,要实现农业的绿色转型、升级,生态农业的健康发展是关键,生态农业是都市现代绿色农业的发展基础。作为上海都市现代农业重要发展模式的生态农业,已经取得了长足的发展,如何在现有发展基础上,破解“瓶颈”问题,进一步突出“绿色”发展内涵,是当前和未来上海生态农业发展的方向和目标。打造卓越全球城市,要以全球农业发达国家为标杆、以全国都市现代农业先行者和领跑者的角色,把发展生态农业作为加快农业供给侧结构性改革的抓手,为本市都市现代绿色农业发展探索路径、奠定基础,推动本市都市现代绿色农业发展。

鉴于此,课题组在本市郊区进行了广泛的调研,结合浦东新区、金山区、奉贤区、崇明区等固定观察点的问卷调查、访谈,以期较为全面地了解本市生态农业的发展现状,梳理分析制约本市生态农业发展的“瓶颈”问题,并通过借鉴国内外生态农业发展的经验,提出促进上海生态农业健康有序发展的对策措施。

本报告共分为五个部分:

第一部分,上海生态农业发展情况分析。首先概述了本市生态农业的发展历程,并从五个方面总结了生态农业发展近年来取得的成效:(1)产业结构不断优化。(2)面源污染防治工作扎实推进。(3)耕地质量保护加强。(4)生态农业技术持续创新应用。(5)农产品质量安全保障有力。

随后,总结了上海生态农业发展模式,并简要介绍了具有借鉴意义和推广价值的四种典型模式:家庭农场种养结合模式、三产融合生态休闲农业模式、稻田种养结合模式、菜田种养结合模式。

最后,梳理分析了本市生态农业发展中的6个"瓶颈"问题:(1)推动生态农业发展的制度、政策体系尚未形成,法律法规有待完善。主要体现在:政策碎片化,未能有效聚焦;支持力度不够,政策精准度不高;法律法规有待完善。(2)有效耕地资源日益减少,且耕地质量下降。(3)农业面源污染不容乐观,水资源短缺、污染问题较为严重。(4)农业生产经营标准化、清洁化难推进,基层监管有待加强。主要体现在:投入品不当使用、违规经营;基层监管能力仍显薄弱。(5)生态农业发展基础设施不完善,社会化服务体系不健全。(6)生态农业产加销一体化格局有待完善,销售难问题亟待破解。主要体现在:产加销一体化格局未形成;地产农产品未形成竞争优势;地产农产品宣传、推介力度不够。

第二部分,上海生态农业的基本内涵、主要特征。首先,从上海国际化大都市地位、市场消费需求、农业绿色发展等角度,阐述了上海生态农业应有的基本内涵:(1)科学合理布局,高起点规划。(2)政策引导发展,支持保障有力。(3)以市场为导向,提升竞争力。(4)发挥科技优势,标杆引领发展。(5)标准化、清洁化生产,产业化经营。(6)三产融合发展,多元化服务。其次,从上海生态农业发展目标、功能定位、生产经营方式等方面,总结了上海生态农业应有的五点特征:(1)以绿色、中高端消费为导向。(2)科技领先、集成化应用。(3)三产融合、协同发展。(4)组织化、规模化经营。(5)生产经营主体精技术、会经营、善管理。

第三部分,国内外生态农业发展的措施与经验。

国外方面,选取在生态农业发展上走在世界前列的欧盟和美国为例子,总结其可借鉴的措施和经验。

欧盟经验:(1)欧盟共同农业政策绿色化发展。(2)通过补贴政策引导农民参与环境保护和农业可持续发展。介绍了"交叉遵守"这一有效的管理机制。(3)将农业环境措施的实施与农村发展相连接。

美国经验:(1)建立、健全法律体系保护农业生态环境。(2)建立促进农业环境保护、生态农业发展激励和惩戒制度。介绍了有效激励农民采用农业环境保护措施的"遵约机制"。

国内方面,选取了我国在生态农业发展走在前列并取得较好成效的浙江和江苏,总结其具有借鉴意义的做法和经验。

江苏经验:(1)探索建立秸秆综合利用机制。(2)综合推进畜禽粪便资源化利用。(3)切实控制化肥农药污染。(4)探索促进生态农业发展的补贴制度。(5)积极推进生态农业产业化发展。

浙江经验:(1)基本建立政策制度体系;(2)全面实施农业环境治理;(3)构建三级循环体系。

第四部分,上海生态农业发展的思路、目标与功能定位。首先,阐述了上海生态农业发展迎来的机遇和挑战，随后，提出了本市生态农业发展的指导思想、基本原则、发展目标，最后，明确了本市生态农业发展的功能定位应为：提质增效、绿色转型、生态保障、多元服务、示范引领。

第五部分，上海生态农业发展的对策措施。针对本市生态农业发展中面临的短板和“瓶颈”问题，提出促进上海生态农业发展的对策措施建议：(1)建立健全制度、政策体系，完善法规规章。(2)加大投入力度，创新支持模式。(3)加强生态治理，减少面源污染。(4)促进科技创新，提升支撑能力。(5)培育生产经营主体，强化生态保护意识。(6)构建三产融合的全产业链经营模式，加强社会化服务。

一、上海生态农业发展情况分析

(一)发展历程和取得成效

上海郊区自20世纪80年代后期以来，由于复种指数的提高和对高产的追求，化肥、农药施用量一直处于高位，致使农业生态环境问题突出。为此，上海市政府高度重视农业生态环境治理和保护工作，自“十一五”以来，上海坚持以发展高效、生态农业为主攻方向，在强调农业经济功能的基础上更加突出农业生态功能，持续推动生态农业发展，生态农业建设发展取得显著成效。

上海从2000年起开始实施环境保护和建设三年行动计划，“农业环保三年行动计划”是其中专项之一。第一轮计划(2000～2002年)，主要任务是畜禽牧场治理，并将其列入水环境治理专项中；第二轮计划(2003～2005年)，以畜禽粪尿综合治理为重点，新增种植业面源污染防治内容，提出了化肥农药总量控制目标；第三轮计划(2006～2008年)，设立了规模化畜禽场综合治理、农业面源污染防治、农业秸秆综合利用和渔业资源增殖放流4个专题；第四轮计划(2009～2011年)，农业和农村生态环境治理领域全覆盖，包括化肥农药减量化、农作物秸秆综合利用、畜禽场粪尿综合治理、水产场建设与增殖放流、村庄改造等；第五轮计划(2012～2014年)，以畜禽粪尿综合治理、农业面源污染防治、农作物秸秆综合利用、水产养殖污染治理、村庄改造等为重点任务，要求大力发展生态农业、循环农业。第六轮计划(2015～2017年)聚焦加快农业生产方式转变和农村环境基础设施建设。

经过六轮“农业环保三年行动计划”的实施，上海的农业和农村生态环境建设取得较大成效，基本遏制了污染恶化的趋势，在局部地区，农业生态环境得到改善和恢复。“十二五”期间，上海扎实推进生态循环农业建设，进一步改善农业生态环境。通过加大农业科技支撑、转变农业发展方式、增强农产品供应保障能力、提升农业产业化水平，进一步推进了都市型现代、高效、生态农业的健康发展。

目前，上海生态农业发展取得的成效主要表现在以下五个方面。

1. 产业结构不断优化，向有利于生态农业健康发展的方向转变

按照产出高效、产品安全、规模适度、资源节约、环境友好、竞争力强的原则，调整、优化农业产业结构，积极探索种养结合生产模式和生态养殖模式，稳步发展种养结合的家庭农场，积极引导生态农业发展。调优生态农业产业布局，发展区域特色农产品。

2000 年以来上海农业产业结构发生了较大的变化，种植业比重从 41.5%增加到 53.6%，林业从 0.6%增加到 4%，牧业从 40.4%减少到 21.7%，农林牧渔服务业从无到有，2015 年占农业总产值的 3.6%（如图 1 所示）。另外，自 2000 年以来畜禽产量呈现逐渐下降趋势，这体现出上海环保要求的不断提高，也体现出农业产业结构的转型升级。

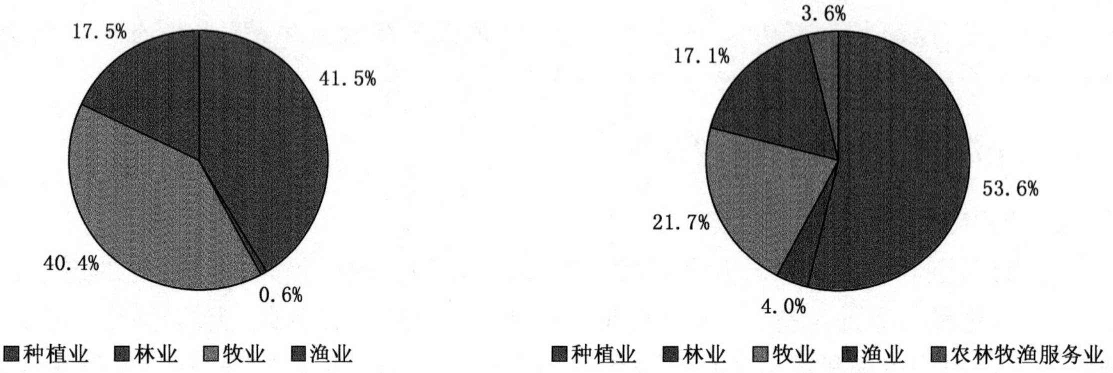

a. 2000 年农林牧渔业产业结构　　b. 2015 年农林牧渔业产业结构

图 1　农业产业结构变化情况

2. 面源污染防治工作扎实推进，为发展生态农业奠定良好基础

“十二五”期间，以农业面源污染防治为抓手，进一步改善农业生态环境。重点聚焦种养循环、废弃物综合利用、水环境治理等领域，着力推进化肥农药减量化、畜禽养殖综合治理、秸秆综合利用、村庄改造等重点工作。2011～2015 年，全市共推广使用商品有机肥 104 万吨，种植绿肥 267.5 万亩。2015 年秸秆综合利用率达到 92%，基本实现了秸秆禁烧。针对蔬菜园艺场蔬菜废弃物量大，污染环境等问题，开展了以制作有机肥料为主的综合利用工作，有效地将蔬菜废弃物循环利用，变废为宝。推广使用高效低毒低残留的新型、环保型农药，占本市全部使用农药品种的 80%以上，从源头上禁止使用高毒高残留农药（如表 1 所示）。

表 1　2012～2015 年种植业面源污染防治类项目实施情况

年份	绿肥推广（万亩）	有机肥推广（万吨）	推广应用新型植保机械（台）	高效低毒低残留生物农药施用面积（万亩次）	水肥一体化面积（亩）
2012	56	20	1 885	1 163.82	11 000
2013	52	20.9	2 193	1 209.61	11 000
2014	53	21	1 607	680.19	11 000
2015	55	23	2 774	579.5	24 000
合计	216	84.9	8 459	3 633.12	57 000
目标任务	90 超额完成	54 超额完成	5 000 超额完成	150 超额完成	30 000 超额完成

数据来源：市农委。

3. 耕地质量保护加强，生态农业发展逐步走上正轨

2011 年以来，依托农业部测土配方示范县创建项目，大力推广培肥地力技术，提升耕地质量。每年推广专用配方肥料 4 万吨，促进施肥结构优化，减少化肥流失污染。通过综合应用化肥平衡施肥技术、农作物病虫绿色防控技术等主推技术，有效减少面源污染，改善土壤生态环境。郊区积极探索种养结合等生态农业模式，如松江区家庭农场“种养结合”模式；麦子、绿肥、深耕晒垡“三三制”茬口模式；“稻田养蛙”模式、“稻田养鳖、虾”模式、“菜—蚓—鳝”模式等，减少农药、化肥使用，促进农业生态系统内部循环，改良土壤结构、改善土壤生态平衡。每年种植绿肥 50 多万亩，积极开展冬季休闲和深耕晒垡等技术试点，改善土壤环境质量。

4. 生态农业技术持续创新应用，为生态农业发展提供有力支撑

持续加大生态农业科技创新的支持力度，科研院所开展生态农业关键技术的攻关、生态农业生产模式的探索，在农产品标准化生产、化肥和农药减量使用技术、农业废弃物利用、畜禽污染治理、农业面源污染、渔业生态保护、耕地环境保护和质量监测、农产品质量安全检测和追溯体系建设等领域，获得一批科技创新成果。这些成果引领了上海生态农业的发展方向，强化了生态农业科技的支撑作用，推动了本市生态农业的发展。如上海川东农场通过废弃物资源化利用技术，建成规模化的“种养循环、清洁生产”核心示范区，包括秸秆还田、生态养猪、沼气发电、有机肥生产等生态循环系统，实现了全程生态化、数字化、循环化的现代农业生产方式。

5. 农产品质量安全保障有力，推动生态农业健康发展

农业生态环境的持续改善、农产品标准化生产的逐步推行、农产品质量安全监管力度的持续加大，有力保障了地产农产品的质量安全。地产农产品抽检合格率继续保持高位，地产主要农产品质量安全始终处于可控状态。上海的“三品”农产品发展速度也很快，总量规模迅速扩大。2016 年，本市共有“三品”生产企业 1 631 家，产品 7 590 个，通过“三品”认证的农产品产量已达 442.12 万吨，约占地产农产品上市量的 72.8%，超过全国平均水平 20 多个百分点。“三品”农产品生产规模的不断扩大对生态农业的健康发展起到直接推动作用。

（二）发展模式

上海生态农业发展模式总体上可归纳为五大类型：一是种养结合类型；二是资源综合利用类型；三是间套作类型；四是有机种植类型；五是生态休闲农业类型。其中，种养结合类型中的松江家庭农场种养模式、稻田种养结合模式、林下种养结合模式、菜田种养结合模式以及生态休闲农业类型中的三产融合生态农业休闲模式，在实际生产经营中取得了较好的经济、生态和社会效益。

课题组提炼总结出本市四种典型的生态农业发展模式，认为对上海乃至全国发展生态农业具有很好的借鉴意义和推广价值。

1. 家庭农场种养结合模式

松江区种粮家庭农场基本在 100～150 亩，根据消纳生猪粪便标准来计算，配套养猪场存栏量可达 300～450 头。种养结合家庭农场，对粪便集中收集，采取干湿分离，发

酵处理。在水稻或小麦施肥季，进行集中还田，可降低化肥的使用量，提高土壤有机质。松江区推行种养结合养猪新模式，不仅保护了生态环境，又提高了本地生猪养殖水平，取得了良好的经济效益和社会效应，主要表现在以下四点：一是生猪生产得到恢复。从2007年开始推行种养结合模式后，松江区生猪年出栏量得到恢复性增长，2014年生猪年出栏达到25万头，生猪规模化率达到80％，其中种养结合家庭农场出栏生猪占其总量的60％。二是生态环境得到改善。政府主导建设的标准化猪舍，彻底改变传统养猪场的脏乱差。种养结合家庭农场成为种植业和养殖场间物质和能量的重要交换枢纽，通过3年有机肥还田，土地肥力提高28个百分点。三是畜产品质量得到保障。合作社推行“五个统一”模式，基层畜牧兽医站的免费疫病防疫，饲料和兽药的统一供应，对农户标准化养殖生猪做到全程可监管、全程可追溯。四是农民收入得到提高。种养结合家庭农场的养猪场，仅从代养费和有机肥补贴计算，养殖400头商品猪可增加5万～7万元收入。在经营模式上，采用“公司＋农户”的方式，即由生猪企业松林公司为农户提供苗猪、饲料、技术等服务，并以支付代养费的方式收购肉猪，农户不承担市场风险，保底收入。

2. 三产融合生态休闲农业模式

金山区结合当地农业特色和基础，发挥资源优势，以市场需求为导向，大力发展特色生态农业、培育品牌农业，形成了特色生态农业产业带，打造了“一葡二桃三莓四瓜”为核心的优质生态农产品品牌。通过积极推进农业“接二连三”，在农产品初加工、农村服务业、农业休闲旅游发展等方面成效明显，打造了三产融合生态休闲农业模式。

金山区充分利用生态农业、农业旅游优势资源，强化农旅结合、农文结合，把农业资源和农时季节结合起来，把特色生态农产品和旅游产品结合起来。每年举办草莓节、田野百花节、西甜瓜节、施泉葡萄节、蟠桃节等农业节庆活动。廊下郊野公园紧紧围绕“农”字做文章，深度挖掘利用传统与现代农业资源，改建20个观光农场及现有景区，建成一批以生态、生产、生活为主题“多功能农场”。目前，金山区已打造形成4个年接待能力50万人次的农业旅游集聚区，2015年全区农业旅游接待人数达302万人次。三产融合生态休闲农业模式在金山农业旅游产业发展中发挥积极作用，取得良好的经济、生态、社会效益。

3. 稻田种养结合模式

稻一蛙模式是通过以稻养蛙，以蛙护稻，以蛙促稻的“蛙稻共生”模式。在水稻田里放蛙养蛙，靠蛙吃虫，蛙的粪便用作天然有机肥，营造出相对较好的小环境，从而形成食物链，既能有效控制稻田里的虫害，又能减少环境污染，改善土壤。该模式有利于节肥节水，提高肥料利用率，减轻面源污染，实现水稻生产过程清洁化、稻米质量优质化、生产效益高效化。在上海自在源农业发展有限公司稻蛙米基地中，绿色蛙稻米和有机蛙稻米产值分别达到每亩7 500元和14 000元，效益远高于常规稻田。

稻—虾—鳖模式是通过水稻、小龙虾和鳖的合理搭配，通过天然食物链和优良的栖息环境，提高甲鱼的成活率和品质的生态农业模式。利用小龙虾对化学农药的极度敏感性，严格禁止化学农药的使用。该模式对农田生态良性循环起到积极的推动作用，为农业面源污染控制提供了良好的生产模式，为消费者提供高品质大米和水产品。目前，稻—虾—鳖模式在崇明已推广 7 000 多亩，平均每亩产值可达 13 600 元。

4. 菜田种养结合模式

菜—蚓—鳝模式、菜—蚓—蟹模式是利用农田垄上种菜、土壤中养殖药用蚯蚓、菜田沟域水下养殖黄鳝或河蟹的立体式种养结合、循环模式。该模式有助于改变过度使用化肥和农药的不利局面，体现了绿色环保和循环、低碳的特色，对保障农产品品质和安全、节约与提高资源利用效率、提高农业经济效益带来积极作用。菜—蚓—鳝模式、菜—蚓—蟹模式主要集中在崇明三星镇，示范面积分别约为 300 亩和 100 亩。上海瀛西果蔬专业合作社菜—蚓—鳝模式的每亩年产值可达 14 077 元，每亩菜田净收益可达 9 727 元；菜—蚓—蟹模式的每亩年产值可达 13 650 元，每亩菜田净收益可达 8 860 元。

（三）“瓶颈”问题

尽管上海生态农业发展已取得长足进步，但通过调研，我们发现本市在推进生态农业建设方面仍存在一些短板和“瓶颈”问题。

1. 推动生态农业发展的制度、政策体系尚未形成，法律法规有待完善

一是政策碎片化，未能有效聚焦。政府在支持农业发展方面出台诸多扶持政策、投入大量财政资金，但现有的财政支农政策体系缺乏清晰明确的总体规划和目标体系，更未能有效聚焦推动生态农业发展，对生态农业发展的贡献相对有限。欧美发达国家均已建立与生态农业、可持续农业生产经营行为挂钩的农业补贴政策机制，如欧盟的“交叉遵守”机制和美国的“遵约机制”。上海尚未建立起有效、完善的生态农业补贴政策体系，来引导、激励农业生产经营者参与生态农业建设发展，这与发达国家的差距不小，也与上海进入建设都市现代绿色农业的新阶段要求不相适应。**二是支持力度不够，政策精准度不高。**生态农业的各项建设投资大、见效周期长，且需要经过长期、系统的投入。当前，虽有市、区两级财政的投入，但投入不足、投入不持续仍是困扰市郊生态农业发展的一个重要问题。此外，现有的农业补贴政策对生态农业发展推力不够，政策精准度不高。以绿肥种植和深耕晒垡补贴政策为例，调查发现，近年来市郊赤霉病发生较重，防治效果不好，小麦品质差，造成小麦卖不好、卖不掉。但由于该补贴太少，造成一些农民不愿意种绿肥、并进行深耕晒垡，仍然要种二麦。因此该补贴政策不利于引导农民多种绿肥和深耕晒垡，保护土壤耕作层和培肥地力。亟须政府通过提高补贴等政策，引导农民少种甚至不种二麦，淘汰不适宜在上海地区种植和发展的作物种类。**三是法律法规有待完善。**在保障生态农业发展的法律法规建设方面，欧美发达国家已取得成功的经验，国内如浙江等地较早探索法律法规建设。上海在生态农业发展中，仍面临缺少法律法规保障、监督执法无法可依的局面，仍存在现有管理体系存在适用性不强的问题，亟须建立、完善相关法律法规体系，来约束、管理农业生产经营者行为，保障生态农业健康、有序发展。

2. 有效耕地资源日益减少，且耕地质量下降

本市农业生产面临的最大“瓶颈”就是有效耕地资源紧缺。近五年，本市有效耕地从 308 万亩减少到 299 万亩，平均每年减少近 2 万亩。同时，由于耕地承包责任制缺乏

耕地保护监督机制，耕地连作负荷过重，连作障碍经常发生，造成耕地质量下降，严重影响耕地的有效利用和潜在的生产能力。由于长期大量使用化肥农药，土壤物理性状变差、养分失衡，土壤有机质平均含量总体偏低，土壤微生物群失调，导致田间病虫草害发生率和程度增大，土壤复种频繁，土壤生产负荷过重，引起连作障碍，从设施栽培连作障碍蔓延到大田蔬菜，障碍面积从点状局部发展到连片区域；部分土壤酸化趋势明显，导致土壤缓冲能力下降，大量营养元素淋失，造成土壤肥力下降，使得作物产量降低和品质下降，部分农药残留超标，给食品安全带来隐患。调研中了解到，上海畜禽养殖场及周边农田土壤中均有多种抗生素检出，动物粪便和养殖场周边农田土壤中均有多种重金属检出，重金属和抗生素均对农田土壤存在潜在的污染风险。

3. 农业面源污染不容乐观，水资源短缺、污染问题较为严重

一是农业面源污染仍较严重。市郊农村环境基础设施建设相对滞后，大量生活污水未经处理直排河道，大量生活垃圾没有得到无害化处理。农业生产带来的面源污染问题也较为严重。上海市郊四大污染源的调查表明（如表 2 所示），市郊四大污染源产生的农业面源污染物数达到 171 488.52 吨，环境承载压力巨大。其中，以农村生活产生的污染物最多，占整个污染物排放量的 75.4%，按污染物排放量排序，分别为畜禽粪尿污染、化肥氮磷污染、淡水养殖污染。**二是水资源短缺、污染问题较为严重。**上海的人均淡水资源拥有量仅为 145 立方米，大大低于全国人均 2 200 立方米（世界人均 8 840 立方米）的水平。此外，由于上海地处长江、太湖两大流域下游，水质既受到上游污染的影响，又有本地污染源的危害，水资源上最大的问题是短缺和污染问题。2016 年，全市主要河流断面水环境目标达标率为 63.3%，其中水质达到Ⅱ～Ⅲ类的占 16.2%，Ⅳ～Ⅴ类占 49.8%，劣Ⅴ类占 34.0%，主要污染指标为氨氮和总磷，水环境污染问题仍较为严重。

表 2　　上海地区农业面源污染物的排放量

污染物	化肥氮、磷污染	淡水养殖	畜禽粪尿污染	农村生活	合计	百分比(%)
CODcr	0	4 561.95	24 894.9	107 495	136 952	80
TN	5 854.75	325.243	4 850.69	18 405.7	29 436.4	17
TP	41.06	65.032	1 595.16	3 398.98	5 100.24	3
合计	5 895.81	4 952.23	31 340.7	129 300	171 489	100
百分比(%)	3.4	2.9	18.3	75.4	100	

数据来源：市农委。

4. 农业生产经营标准化、清洁化难推进，基层监管有待加强

一是投入品不当使用、违规经营。从整体上看，本市生态农业生产经营标准化、清洁化推进难度较大。本市农业从业人员老龄化严重，文化程度、科学素养较低，生态环境保护意识薄弱，凭经验使用化肥、农药等投入品，或在农资销售人员的指导下使用，投入品不规范使用依然存在。在农药、化肥等投入品不规范使用情况主要包括：重化肥轻有机肥，施肥时期和施肥方法不得当，造成肥料浪费严重、过量施肥。一些农民疏于田

间管理，病害发生频繁，导致频繁使用农药。此外，农户乱用药现象仍然存在，导致防效差，加重环境污染。部分农民尤其是外来散户缺乏职业操守和社会责任心，还存在使用违禁农药的现象。此外，郊区的农资销售也存在销售违禁、违规农药的情况。不规范甚至违法使用投入品的行为给农药、化肥双减工作带来不利影响，也给农产品安全保障带来隐患。2015 年，上海化肥平均施用量 34.77 公斤/亩，农药平均施用量 1.55 公斤/亩，仍显著高于全国化肥平均施用量 29.74 公斤/亩（世界平均水平 8 公斤/亩）、全国农药平均施用量 0.88 千克/亩。课题组在固定观察点的问卷调查发现，仍有 21.26%的农户不使用无公害和绿色农药，而是选择使用高效高毒农药（如表 3 所示）。74.95%的农户使用过粪肥和有机肥，但只有 48.29%的农户粪肥和有机肥施用量占所有肥料施用量的 50%及以上，极少有农户全部施用粪肥和有机肥，多数农户还是偏向于施用化肥。**二是基层监管能力仍显薄弱。**分散化、小规模生产经营方式，给农业标准化生产技术的推广和落实带来困难。监管部门也难以对零星分散的生产经营者进行技术指导和有效监管。镇、村级尤其是村级层面的监管能力仍较薄弱，多数基层监管人员自身的技术水平不高，又身兼数职，针对一线生产环节的监管仍存在监管不到位、监管能力薄弱的现象。

表 3　　农户农药肥料使用情况

问　题	0%		1%～49%		50%～99%		100%	
	频数	比例	频数	比例	频数	比例	频数	比例
无公害和绿色农药使用比例	118	21.26%	21	3.78%	153	27.57%	263	47.39%
粪肥和有机肥使用比例	139	25.05%	148	26.67%	239	43.06%	29	5.23%

数据来源：实地问卷调查。

5. 生态农业发展基础设施不完善，社会化服务体系不健全

一是基础设施不完善。近些年上海城市化进程加快，不断挤占农业用地，并且农业建设用地项目难以获批，生态休闲农业、设施生态栽培等生态农业模式的发展受到极大限制。如一些休闲观光项目因受建筑面积指标的限制，往往致开发商无法拓展休闲农业的多功能性。随着农村土地流转力度加大、农业生产经营规模的扩大，生态农业发展基础设施不完善的问题凸显，市郊各区集中反映的问题是晒场、仓库、冷库、烘干设施、加工设施及场所的不足，呼吁有关部门根据当前现代农业发展实际需要酌情进行合理的配置。**二是社会化服务体系不健全。**随着本市都市现代农业的发展和农村改革的深化，农业生产、经营方式呈现出"集约化、专业化、组织化、社会化"的特点，农村呈现三产融合发展的趋势，对农业生产经营主体的要求越来越高，农业产业化经营体系对覆盖从田头到餐桌整个供应链的社会化服务要求越来越高。然而，现有的农业服务体系已无法适应生态农业发展要求。生态农业是一个综合性的、复杂的生产经营系统，更加需要生态技术服务、病虫害预测预报、统防统治、托管生产、产销对接、农业废弃物收集处理等方面的社会化服务。如调查中发现，郊区不同程度存在废旧农膜难以处理的问题，对

农田生态环境造成潜在危害。此外，作物病虫害防治的预测预报等植保服务亟待加强。

6. 生态农业产加销一体化格局有待完善，销售难问题亟待破解

一是产加销一体化格局未形成。目前，本市农民合作社规模普遍不大，经营水平不高，真正带动农民的意识和能力都显不足。分散经营的小农户难以直接对接农业企业、市场，而农民合作社与农业企业合作不够，且未真正建立起合作共赢的利益联结机制，未有效形成“企业＋合作社＋农户”的产加销一体化格局。**二是地产农产品未形成竞争优势。**上海地产农产品生产成本高，生态农产品的成本更高，在价格上与外地产农产品无竞争优势，当外地农产品大量进入本市时，地产同类农产品就陷入卖难境地。课题组调查发现，市场对上海地产农产品具有较为强烈的需求，对地产农产品的质量安全信任程度要高于外地产农产品，以绿叶菜为例，上海居民愿意为地产绿叶菜平均额外支付2.12元/千克。但由于对地产农产品销售渠道拓展不够、推介不够等原因，地产农产品未能很好进入中高端消费市场，而是与外地产农产品进入相同的流通渠道，未能实现优质优价，在市场上尚未形成竞争优势。**三是地产农产品宣传、推介力度不够。**上海虽然不缺乏具有较高品质的农产品，特别是高品质的蔬菜瓜果，但基层政府和农民仍普遍反映存在农产品销售难问题。对浦东、崇明、奉贤、金山四个市郊农业大区200家具有一定经营规模及盈利水平、有较强带动能力的农民专业合作社的调查显示，销售难是其农业经营中最大的困难，对政府、行业主管部门的期望和需求排在首位的是“协助畅通农产品销售渠道”。目前政府及相关农业经营主体采取的促进产销对接的措施，虽取得一定成效，但仍存在效果不理想、销售成本高、模式不成熟、作用不持续等问题。目前，虽然上海地产农产品的“三品”认证覆盖率达到70%以上，但“绿色农产品”“有机农产品”比例偏低，加上消费者对“三品”认知的不足，对绿色、有机农产品的信任度不高，绿色农产品消费未成为主流，导致本市生态农业的覆盖率不高，产业化发展水平不高，品牌建设不够，这一定程度上影响了生态农业的快速、健康发展。

二、上海生态农业的基本内涵、主要特征

（一）基本内涵

当前，上海进入扎实推进都市现代绿色农业发展的历史新阶段，强调以绿色发展为引领，以品牌建设为抓手，以质量效益为目标，从生产端、供给侧发力，努力走产品绿色、产出高效、产业融合、资源节约、环境友好的多功能农业发展之路。在此发展态势下，上海生态农业发展应向绿色发展、统筹布局、市场导向、环境友好、技术领先、产业融合、功能多元的方向发展，从上海特大型国际化大都市的地位、上海国际化大都市的市场需求及消费水平、都市现代绿色农业的发展要求等方面来考虑，上海生态农业应具有以下六方面的基本内涵：

一是科学合理布局，高起点规划。科学安排与城市环境容量承载相适应的农业，构建与环境承载力和环境保护等要求相适应的畜禽生产能力。科学布局农业生产、生态空间，强化农业生态服务功能，促进区域特色生态农业产业发展。合理布局种植、养殖业、农产品加工业、休闲农业及乡村旅游业，促进种养业良性循环发展，促进一产接二连

三、三产融合发展。

二是政策引导发展，支持保障有力。充分发挥新型农业生产经营主体在生态农业发展建设中的主体作用，通过系统、配套的政策引导，采取有力的资金、技术、项目支持，引导、激励他们采用生态、绿色生产技术，朝着生态、绿色农业生产经营方式转变。同时，通过生态农业法律、法规以及制度、标准，来规范、约束新型农业生产经营者的生产经营行为。调整、优化农业补贴政策，将碎片化的农业补贴政策转变为促进生态、绿色生产方式的补贴，增强农业补贴政策聚焦推进生态农业建设发展的精准性和系统性。

三是以市场为导向，提升竞争力。以国际化大都市中高端人群多元化需求为导向，优化农业产业结构和品种结构，提高农业综合生产能力，促进农业提质增效。将质量安全、生态环境、资源特色、文化元素转化成为地产农产品的竞争力和溢价载体，提升地产农产品附加值，赋予地产农产品安全、生态、绿色、健康特征，实现优质优价，提升地产农产品的市场竞争力。

四是发挥科技优势，标杆引领发展。充分发挥上海国际化大都市科技资源集中、技术人才聚集的优势，以国际先进技术为标杆，以生态农业产业需求、市场消费需求为导向，以产学研结合为手段，加大生态技术、绿色技术的科技创新和推广应用，推动生物技术、信息技术、智慧农业等现代科技和手段的应用，建立绿色、生态农业技术创新先行示范区，提升上海生态农业的技术领先水平和核心竞争力，在大都市地区生态农业发展中发挥标杆引领发展作用。

五是标准化、清洁化生产，产业化经营。全面推进农业标准化、清洁生产，节约使用自然资源和生产要素，减少资源浪费，保护生态环境，提高地产农产品质量安全水平，形成从“农田到餐桌”全过程可追溯的农产品质量安全保障体系，使上海成为全国农产品质量最安全的城市。提高生态农业集约化、组织化、规模化、产业化经营水平，强化生态农产品品牌建设，加大生态农产品产加销体系建设力度，打造生态农业全产业链经营模式，形成生态农业产加销一体化发展的格局。

六是三产融合发展，多元化服务。培育、做强特色生态农业产业，大力发展农产品加工业，挖掘生态环境、田园景观、农业生产、乡村文化、农家生活等生态旅游资源，推进休闲农业、乡村旅游发展，延长生态农业产业链，推动生态农业产业接二连三、三产融合发展。通过生态农业多元功能的拓展，提高生态农业在生态涵养、休闲观光、教育科普、乡村文化保护、乡村生活体验等方面的多元服务能力。

（二）主要特征

上海生态农业依托大都市，服务大都市，以市场需求为导向，以绿色发展理念为指导，以现代物质装备和科学技术为支撑，以全产业链模式、现代产业体系和经营形式为载体，以新型农业生产经营者为主体，构建融生产、生态、生活、示范等多种功能于一体的现代化大农业系统，目标是打造产品绿色、产出高效、产业融合、资源节约、环境友好的都市现代绿色农业。上海生态农业应具备以下五个主要特征：

1. 以绿色、中高端消费为导向

以国际化大都市城乡居民日益增长的绿色、中高端的需求为导向，生态农业产业的产品及服务体现“五高附加值”，即科技附加值、文化附加值、绿色附加值、加工附加值和服务附加值。国际化大都市的生态农业具有鲜明都市特征，其生产功能转向“名、特、优、新、稀”生态农产品、高价位精品和安全绿色食品的生产，为消费者提供质量安全有保障、产品可追溯的绿色、生态农产品。绿色、有机农产品认证率在国内处于领先水平。生态农产品品牌在市场上有竞争力、影响力。同时，满足城乡居民在农村地区乡村旅游、农业体验、农业教育、休闲娱乐等精神、文化活动的需求。

2. 科技领先、集成化应用

上海生态农业的科技含量高、文化内涵丰富，具有知识、技术、资本、土地、信息、智力、劳动力等资源高度密集的特征，上海生态农业的健康、可持续发展，依靠生态农业关键技术的持续创新、系统化组装，依靠现代农业技术与生物技术、信息技术等高新技术的深度融合，依靠生态农业生产经营主体对先进技术的集成化、产业化应用。上海生态农业科技水平在国内处于领先水平，也是体现上海农业国际竞争力与影响力的具体指标，是建设与全球卓越城市地位相匹配的现代农业的核心软实力。

3. 三产融合、协同发展

上海生态农业发展以生态农业与二三产业交叉融合的现代产业体系为载体，通过三产融合发展来提高综合生产能力和经济、生态、社会综合效益。构建涵盖初级农产品生产、农产品加工、营销、配送各环节的从“田头到餐桌”的生态农业全产业链，形成绿色、生态农产品产加销一体化发展的格局。通过促进生态农业与休闲农业、乡村旅游的深度融合，推动生态农业旅游发展，延伸生态农业产业链，提高生态农业附加值，推进农村一二三产业融合、协同发展。

4. 组织化、规模化经营

上海生态农业依托大都市农业基础条件好、设施装备水平高、市场流通体系健全的优势条件，以农户家庭经营为基础、合作与联合为纽带、社会化服务为支撑的复合型现代农业经营体系为载体，通过标准化、专业化、组织化、规模化生产经营，推进生态农业产业化发展，生态农业生产经营呈现“组织化管理、规模化经营、标准化生产、品牌化销售”的特点。

5. 生产经营主体精技术、会经营、善管理

生态农业生产经营主体整体的科技素养高、文化水平高、市场意识强，具有良好的创业精神，善于学习并掌握生态农业先进技术，能熟练操作机械、设备，具有很强的生态保护意识，善于经营管理，懂得合作、共赢，并具有良好的职业道德、诚实守信。

三、国内外生态农业发展的措施与经验

（一）国外推进生态农业发展的措施与经验

欧盟、北美地区农业发达国家的生态农业发展走在世界前列，通过生态农业发展推动农业可持续发展。有机农业发展模式是这两个地区生态农业发展的典型代表模式。自 20 世纪 90 年代起，有机农业在欧盟、北美地区发展迅猛，2014 年，欧洲市场、北美市场（美、加）上有机农产品/食品销售额分别为 261 亿欧元、290 亿欧元，其中，美国是世

界上最大的有机农产品/食品消费国。欧盟、美国在政策引导、法律法规保障来促进生态农业发展上采取的措施和经验值得借鉴。

1. 欧盟经验

一是农业政策绿色化发展。欧盟将农业环境保护、生物多样性保护、农业多功能发展作为欧洲农业实现可持续发展、保持欧盟农业产业竞争力的先决条件，以绿色化的农业发展政策来引导可持续农业发展。从 20 世纪 80 年代起，欧盟共同农业政策（CAP）不断改革，持续加大对农业环境保护、可持续农业发展的支持力度。**二是通过补贴政策引导农民参与环境保护和农业可持续发展。**欧盟把农民作为农业和农村环境的管理者，将农民的经济利益与农业环境保护、生物多样性保护联结起来，引导农民提供农产品的同时，提供环境公共品及其服务。如 2003 年的 CAP 改革引入“交叉遵守”机制，规定农民必须遵守欧盟在环境保护、食品安全和牲畜健康等方面所制定的标准，维护其农田的良好状态，遵守良好的农业实践规范。若疏忽未履行规定，将削减 CAP 补贴额度；倘故意违反，则至少削减 20%以上，甚至完全失去补贴资格；**三是将农业环境措施的实施与农村发展相连接。**欧盟注重农业多功能发展，通过农业政策和支持的引导，保护农村地区的生物多样性和农村景观，保护农村地区生态环境，促进乡村旅游等多功能发展，保持农村地区经济和社会的繁荣发展。以 2000～2005 年为例，在欧盟 15 国中，农业环境项目支出占整个农村发展支出费用的 45%。

2. 美国经验

一是建立、健全法律体系保护农业生态环境。针对农业环境问题、可持续发展问题，美国通过制定一系列农业环境保护、可持续发展的法律和法规，形成了一个严格的全方位的资源保护与合理利用以及环境保护的法规体系。例如，1953 年的《水法》规定了农业生态环境保护的基本原则；1985 年的《土壤保护法》规定了对水土流失地进行休耕和轮作，并对农民进行补贴；2002 年颁布的《农场安全与农村投资法案》授权进行“湿地保存计划”“环境质量激励计划”“农牧场土地保护计划”等多种涉及农业环境保护、生态农业发展的刺激计划。**二是建立促进农业环境保护、生态农业发展激励和惩戒制度。**政府对农业生态环境保护提供有力的财政支持，并将对农民的补贴与农业环境保护行为挂钩，以激励和惩罚措施来引导农民参与生态环境治理、保护生态环境。例如，1985 年的《食品安全法案》引入遵约机制，该机制利用联邦农产品计划来引导农民采用环境保护措施，农民想要取得联邦农产品计划资助的资格，必须遵守联邦政府对农民生产行为和环境保护行为的有关条约规定。遵约机制将政府对农民的补贴与环境保护项目联结起来，农民获得政府补贴的前提是要遵守环境保护规定，否则会受到遵从性制裁，即丧失补贴的资格。

（二）国内推进生态农业发展的措施与经验

通过调研，我们认为江苏、浙江生态农业发展走在全国前列，其做法、经验具有很好的借鉴意义。

1. 江苏经验

一是探索建立秸秆综合利用机制。江苏在全国率先制定地方性法规，探索按量补助方式被农业部在全国推广，建立层级式秸秆收储利用体系，形成肥料化、能源化、饲料化、基料化和工业原料化为主的利用途径。**二是综合推进畜禽粪便资源化利用。**较早在全国实施农村沼气工程、生产推广商品有机肥、推进规模化养殖场标准化建设，探索多种形式农牧结合模式，畜禽粪便综合利用率突破89%，在全国处于领先水平。**三是切实控制化肥农药污染。**耕地质量建设、有机肥推广补贴、绿肥种植补贴等工作走在全国前列。率先在全国提出高效低毒低残留农药使用覆盖率并达到72.4%，高于全国10个百分点以上。推进病虫害专业化统防统治，覆盖率达到57.3%，高于全国20个百分点。**四是探索促进生态农业发展的补贴制度。**建立以绿色生态为导向的农业补贴制度，使得政策目标调整为支持耕地地力保护和粮食适度规模经营，助推生态农业建设和农业的可持续发展。**五是积极推进生态农业产业化发展。**推进农业结构调整，优化特色产业布局，逐步形成特色生态农业产业体系，并通过农业产业与二三产业融合发展，提高生态农业的产业化发展水平和经济效益。

2. 浙江经验

一是基本建立政策制度体系。根据现代生态循环农业发展要求，省政府颁布农作物病虫害防治、动物防疫、耕地质量管理、农业废弃物处理与利用、畜禽养殖污染防治等法规规章；省政府先后出台加快畜牧业转型升级、加快发展现代生态循环农业、商品有机肥生产与应用、推进秸秆综合利用、创新农药管理机制、发展农村清洁能源、农药废弃包装物回收和集中处置等意见和办法；制定畜禽养殖场污染治理达标验收办法、沼液资源化利用、生猪保险与无害化处理联动、养殖污染长效监管机制、化肥和农药减量增效、废旧农膜和肥料包装物回收处理等指导意见和实施方案，基本建立了现代生态循环农业法规和政策体系。**二是全面实施农业环境治理。**贯彻“五水共治”决策部署，全面实施农业水环境治理；全面治理畜禽养殖污染，调整划定畜禽养殖禁限养区，建立生猪保险与无害化处理联动机制，构建病死动物无害化处理体系；全面实施肥药减量增效，大力推广测土配方施肥技术、商品有机肥和新型肥料应用，以及高效环保农药、病虫害绿色防控和统防统治。**三是构建三级循环体系。**按照“主体小循环、园区中循环、县域大循环”的生态循环农业体系构建思路，创建了一批省级生态循环农业示范县、示范区、示范企业。以县域为单位，通过产业布局优化、畜禽养殖污染治理、种植业清洁生产、农业废弃物循环利用等，整体构建生态循环农业产业体系，实现县域大循环，基本构建起点串成线、线织成网、网覆盖县的现代生态循环农业三级循环体系。

四、上海生态农业发展的思路、目标与功能定位

（一）发展机遇与挑战

进入“十三五”时期，本市生态农业发展迎来良好的发展机遇。中央层面，提出“十三五”期间要加快农业现代化，推动农业可持续发展，推进农业供给侧结构性改革，加快推进生态文明建设，这些发展战略和发展要求为生态农业的进一步发展营造了有利的政策环境、提供了良好的发展条件。本市层面，上海正加快“四个中心”建设、科创中心建设、卓越全球城市建设，按照中央对上海“率先实现农业现代化”的要求，全面推进本市都市型现代

农业建设。作为与上海国际化大都市地位相匹配的现代农业，生态农业是本市都市型现代农业发展的主要模式，是都市现代绿色农业发展的基础，也是推进农业供给侧结构性改革的重要途径和抓手；上海具备的综合科技优势以及开放、合作的发展格局，为生态农业发展创造了技术创新和人才集聚的条件；上海较强的政府财力以及金融中心地位，能为本市生态农业的发展提供较好的投融资条件和资本环境；国际性特大城市的人口规模及消费水平，能为生态农业发展提供良好的产业化发展基础及市场条件。

在本市生态农业发展迎来良好发展机遇的同时，也面临若干挑战：**一是**土地资源等生态要素存在刚性约束，生态环境压力巨大，农业生态环境污染问题突出，加快转变农业发展方式的要求愈加迫切；**二是**生态农业产业体系不完善、产业化水平和经济效益不高，产业化体系亟待建立与完善；**三是**农业科技支持体系的支撑力度仍不足，生态农业技术推广、应用难度大，加快传统农业技术向生态农业技术对接、升级的需求愈加迫切；**四是**市场消费需求升级，保障农产品质量安全任务日益繁重；**五是**生态农业发展对产业化经营、社会化服务的需求更加强烈。

（二）指导思想

以“创新、协调、绿色、开放、共享”发展理念为指引，在上海全面推进“四个中心”建设、建设全球卓越城市、打造全球有影响力的科创中心、推进城乡融合发展的大背景下，将发展生态农业作为推进农业供给侧结构性改革的有效途径，加快实现农业绿色转型发展。以绿色发展为引领，以市场需求为导向，以品牌建设为抓手，以质量效益为目标，以坚持供给侧结构性改革为主线，把增加绿色农产品供应放在突出位置，努力走产品绿色、产出高效、产业融合、资源节约、环境友好的都市现代农业发展之路。建立健全产业结构优化、资源循环利用、生产清洁安全、环境友好的生态农业产业化发展体系和生态农业可持续发展的长效机制，促进生态农业与二三产业交叉融合发展，促进生态农业提质增效，实现生态农业社会、经济、生态综合效益。

（三）基本原则

——**政府引导、广泛参与。**强化政府在顶层设计、投资扶持、示范引领等方面的主导作用，科学合理规划产业布局。通过政策扶持、创新服务、加强监管等手段，落实生产经营主体在农业污染防治、资源循环利用、生态环境保护中的主体责任，引导社会大众绿色消费、绿色生活，形成社会广泛参与的发展局面。

——**市场导向、科技支撑。**以市场需求为导向，打造生态农业全产业链。以各类新型农业生产经营者为应用主体，构建生态农业科技创新平台，推动产学研结合、成果产业化应用，提升生态农业发展科技支撑力。

——**产业融合、协同发展。**坚持把拓展生态农业多功能性和多元化服务作为生态农业发展的新增长点、可持续发展的动力，依托上海经济、区位、市场优势，推进生态农业与二三产业融合、协同发展。

——**因地制宜，特色发展。**结合区域资源禀赋、生态优势、乡村文化，培育和发展特色、优势生态农业产业，突出文化内涵，实现差异化竞争，提高生态农业的多元服务能力和可持续发展水平。

（四）发展目标

围绕上海都市现代绿色农业建设发展的目标任务，通过大力推动生态农业发展，基本实现农业绿色转型和发展方式的转变，基本形成“区域特色明显、产业结构合理、经营规模适度、资源利用高效、科技支撑有力、农村环境优美”的都市现代绿色农业发展格局。构建起生态农业可持续发展的政策体系和长效机制，构建起以市场为导向、三产有效融合的生态农业产业体系，构建起为生态农业产业发展提供有效服务的社会化服务体系，科技创新和支撑力不断增强，农业废弃物综合利用水平明显提升，农业农村生态环境显著改善，生态农业覆盖面显著扩大、产业化发展水平显著提升，生态农业经济效益显著提升，农业可持续发展能力不断增强，实现本市都市现代绿色农业生产、生态、生活功能协调发展。

近期目标：到2020年，建立起符合生态农业发展要求的政策支撑体系及长效机制，生态农业产业布局基本形成，农业生产经营主体生态环境意识显著增强，总结凝练一批可借鉴、可复制、可推广、可持续的生态农业发展典型模式，生态农业覆盖面显著提升，农业资源保护水平与利用效率显著提高，农业环境突出问题治理取得阶段性成效，基本构建起生态农业产业体系及相适应的社会化服务体系，生态农业经济、社会、生态效益提升。

远期目标：到2025年，本市现代农业基本实现绿色转型，生态农业科技创新成果有效对接产业需求，农业生产经营主体参与生态农业建设的能力有效提升，消费者绿色消费的意识显著增强，三产融合的生态农业产业体系基本成熟，特色生态农产品品牌市场影响力显著提升，农业生态环境监测体系建立健全，生态农业政策保障体系和机制健全，全面形成产品绿色安全、供给保障有力、资源利用高效、产地环境良好、农民生活富裕、田园风光优美的都市现代绿色农业发展新格局，有力促进本市城乡一体化发展、生态文明建设和卓越全球城市建设。

（五）功能定位

1. 提质增效功能

大力发展以绿色消费、市场需求为导向的生态农业产业，更好地满足消费者对绿色、生态、安全、健康农产品的需求，提高都市现代农业产业的市场竞争力和经济效益。通过强化区域特色和三产融合发展，延长农业产业链，促进农业提质增效，增加农民收入，繁荣农村经济。

2. 绿色转型功能

通过节水、节肥、节药、节本等环境友好型、资源节约型生态农业发展模式，推动循环农业、低碳农业、绿色农业的发展，加快都市现代农业的绿色转型发展，实现向绿色农业、健康农业转型。同时，通过绿色农业、生态农业及其产品和服务的宣传，引领市民生活方式、消费方式的绿色转型发展。

3. 生态保障功能

农业生态系统能产生高于农产品本身价值一倍以上的生态服务价值，生态农业在营造田园景观、形成生态屏障、涵养水源、维护生态平衡、保护生物多样性等方面发挥重要功能。生态农业在保障城市生态安全、提高城市形象、创造城乡美好生活环境上，发挥重要的生态功能。

4. 多元服务功能

通过生态农业建设，拓展农业多功能性，提升乡村价值，促进城乡之间经济、文化交流，促进城乡一体化发展。生态农业在农业科普教育、乡村生活体验、乡村文化传承、绿色消费提升等方面有积极作用。通过生态农业的三产融合发展模式，推进农业多功能发展，满足居民文化、精神等多元需求，提高农业对城市多元服务的能力与水平。

5. 示范引领功能

充分利用上海大都市的科技、资金、人才、管理优势，打造大都市地区生态农业、现代绿色农业发展的试验田、样板区，通过发展生态农业推动现代农业的绿色转型升级，发挥上海生态农业的示范引领功能，为全国的生态农业发展和绿色转型发挥标杆带头作用。

五、上海生态农业发展的对策措施

（一）建立健全制度、政策体系，完善法规规章

一是建立健全制度、政策体系。建立健全生态农业发展的制度保障体系、政策保障体系，通过建立健全生态农业的投入保障机制、耕地保护机制、生态环境保护机制、生态补偿机制等，建立并完善符合生态农业发展要求的政策支撑体系及长效机制。整合、调整现有惠农、支农等农业政策，使政策更加聚焦、更加精准地推动生态农业发展。加快建立促进生态农业发展的补贴政策体系。完善生态农业保险政策，加快构建多层次、广覆盖、可持续的生态农业金融服务体系。**二是完善法规规章。**建立并完善保障本市生态农业健康发展的地方性法规、规章及标准体系，建立覆盖从田头到餐桌全产业链的生态农业监督、管理机制，并在生态农业生产经营管理、监督中依法实施生态农业有关法规、规章及标准。强化组织领导机制，建立生态农业发展的监测评价体系，将监测评价结果纳入各级政府绩效考核内容，严格落实责任及追责与激励机制。

（二）加大投入力度，创新支持模式

一是加大财政投入力度。建立生态农业长效投入机制，加大对生态农业基础设施建设和生态农业产业化发展的稳定投入。探索符合本市生态农业发展的支持模式，建立生态农业绿色发展的引导政策和生态保护负面清单制度，形成项目补助、技术补贴、生态补偿相配套的组合政策。加大对生态农业产业发展的引导和扶持力度，农业支持政策要向生态农业经营主体倾斜。发挥政府政策引导和资金带动作用，引导社会资本投入生态农业建设。**二是创新支持模式。**借鉴欧盟和美国的经验，充分发挥农业生产经营者在生态农业发展中的主体作用，建立奖惩制度，发挥利益驱动机制，引导农业生产经营主体转变生产经营方式，采取生态农业经营模式。制定以生态环境保护为导向的生态农业补贴政策，对农业生产经营者采取生态技术、绿色技术、环保措施等生产经营行为进行补贴。

（三）加强生态治理，减少面源污染

一是开展生态系统治理。全面普查本市农田污染情况，根据农田环境，实行分类治

理。重污染区域退出耕作或采取全面治理措施，中度污染区域调整产业结构和种植制度，轻度污染区域适当开发和保护，无污染区域严格推行安全绿色农业生产技术，严把有机肥质量关，避免带入重金属和抗生素从而形成新的污染。建立土壤重金属、有机物污染预警机制，全面开展土壤重金属、有机物污染监测和生态修复，不断提高生态修复水平和修复质量。加强农村环境治理，减轻生活污染对农业生态环境的破坏。加强水环境治理，提高农业用水的质量。**二是采用绿色、清洁技术。**开展精准施肥，推广机械化施肥，提高化学肥料利用率；大力推广种养结合生态模式；积极推广绿色增产技术、肥水一体化技术以及先进农业装备；加强秸秆综合利用，全面实施秸秆禁烧；适当降低耕地复种指数，大力推广保护性耕作技术；通过种植冬作绿肥、推广使用商品有机肥、测土配方施肥，减少化肥用量；广泛应用绿色防控技术，减少农药使用量，实现农药使用量零增长；构建与环境承载力和环境保护等要求相适应的畜禽生产能力，以规模化畜禽养殖场为重点开展畜禽粪尿综合治理。

（四）促进科技创新，提升支撑能力

优化农业科技资源布局，推动资源、人才、资金等要素向生态农业、绿色农业发展领域倾斜。采取开放式创新的措施，鼓励建立产学研结合的生态农业科技创新联盟，保障常态化的科研项目、资金的投入，引导产学研创新机制和平台的建设，保障创新人才队伍的建设。鼓励社会资本投入生态农业技术创新，并建立创新成果共享机制。瞄准国际领先水平，跟踪未来技术和产业发展趋势，聚焦本市及我国生态农业产业发展中的系统性、关键性、“瓶颈”问题，开展前瞻性、基础性、应用性的多层次的生态农业技术创新工作。通过产学研协同创新，形成符合生态农业产业发展需求的生态农业产业技术体系，支撑并保障生态农业产业发展。以节地、节水、节肥、节种、节能和资源综合利用为目标，力争在绿色清洁生产技术、化肥和农药减量使用技术、农业废弃物利用、畜禽污染治理、农业面源污染、生态种养殖、农业环境治理等研究领域取得技术突破。

（五）培育生产经营主体，强化生态保护意识

一是加大培育生产经营主体力度。积极培育农民专业合作社、农业龙头企业、家庭农场三大类农业经营主体，引导、推动三大类经营主体之间建立利益共同体，以提升其生产、经营能力及收入水平。发挥其主体力量来推动生态农业的建设与发展，大力推进农业生产标准化、组织化、规模化。通过在资金投入、信贷支持、税收减免等方面实施政策倾斜，在生产及销售等环节进行扶持、补贴等方式，引导、扶持农业经营主体向生态农业经营模式转变。加强生态农业技术的示范和推广工作，加大针对农业生产经营主体的技术服务，推动生态农业技术成果的产业化应用。**二是强化宣传、管理和监督。**加强对农业生产经营主体的生态保护意识的宣传、教育，加强基层监管能力建设，提升基层监管水平。加强对农业投入品不规范使用、违法经营的监督、管理。加强植物保护和兽医专业人员对农业生产一线的指导。科研单位、推广机构应着重加强农民在农药、化肥、兽药使用方面的指导与培训。

（六）构建三产融合的全产业链经营模式，加强社会化服务

一是建立全产业链模式。以市场消费需求为导向，大力发展优质绿色农产品，大力

推进生态农业规模化经营、标准化生产，构建三产融合发展的全产业链经营模式，着力提高生态农业供给的效益、质量和安全水平，推动农业经营理念、经营目标和经营方式向现代化生态农业产业的转型。将产前、产中和产后等环节形成一个完整的产业体系，实现种植养殖加工、生产供应销售一体化，推动农业生产与市场对接。**二是加强社会化服务。**引导、鼓励生态农业社会化服务组织的建设，构建完善的农业社会化服务体系，为生态农业生产经营者提供生产全程托管、统防统治、废弃物处理、产销对接等服务，帮助其降低生产和经营成本，提升生态农业产加销一体化发展水平，以提高生态农产品的有效供给和经济效益。**三是推进产销对接。**搭建多元化的生态农产品流通平台，提升生态农产品流通水平。推广百联集团帮助地产农产品产销对接、地产农产品对接市区社区、菜场、企事业单位等模式，引导、促进城乡商超、企事业单位、电商、社区等与农产品生产基地直采生态农产品，减少中间环节，提高生态农产品经营效益。加强生态农产品品牌建设，加强对社会大众生态农业、“三品”认证的科普、宣传，提升消费者绿色消费意识，引导市场消费，助力生态农业产业经济、社会效益的提高。

课题主持人：俞美莲

课题组成员：刘增金　马　佳　侯明明　贾　磊

吕国庆　张莉侠　马　莹　董家田

11. 上海农村承包地经营权法律问题研究[①]

摘 要

本文试结合课题组在金山、崇明两区调研所掌握的实际情况，对三权分置的政策内涵、制度要求与构建模式、土地经营权的法律生成与性质、三种权利的相互关系等重点问题逐一进行分析讨论，并指出上海相关改革和试点工作所存在的问题以及改进的途径与措施。

一、上海农村承包地流转与土地经营权问题现状

（一）承包地流转方面

(1)流转比例高、规模化经营初步形成。(2)各区流转价格及政府补贴不一致。(3)流转期限差异较大。(4)流转模式以农户委托村集体统一流转为主。(5)村集体是否取得流转收益情况各异。

（二）土地经营权抵押贷款方面

(1)土地经营者有资金需求，但主要依靠自身信誉解决。(2)土地经营权抵押贷款已经小规模试行。(3)银行开展土地经营权抵押贷款的动力不足，这类贷款主要依靠政府推动。(4)土地经营权抵押贷款的期限较短。(5)抵押物并非单纯的土地经营权。(6)单个农户利用土地经营权抵押贷款的情况尚未出现。(7)土地经营权抵押在主管部门鉴证下进行。(8)由专门的登记机关进行农村土地经营权抵押登记。(9)履约情况较好，尚未出现违约情况。

（三）上海实践经验中的理论迷惑

1. 为什么流转的是土地承包经营权而不是土地经营权？

① 基金项目：2017年度上海市人民政府决策咨询研究“三农”专项课题“上海农村承包地经营权法律问题研究”(2017—Z—G03)。

《上海市农村土地承包经营权流转合同示范文本(2016 版)》是在三权分置的政策背景下制定的,既然中央已经提出三权分置,上海在改革实践中为何不直接使用土地经营权流转的概念?

2. 土地经营权如何生成?

在我国现有土地法律体系中,并不存在土地经营权这一概念,上海在试行农村土地经营权抵押贷款的过程中,也并未对土地经营权做出界定。如果土地经营权本身都不存在,那依存于土地经营权的其他行为如何获得法律上的正当性? 土地经营权到底如何产生?

二、土地经营权的生成及其法理分析

(一)三权分置的政策演进与土地经营权的初步提出

1. 新一轮农村土地改革总纲领的生成

十八届三中全会《全面深化改革决定》是新的历史起点上全面深化改革的总纲领,描绘了农村土地制度改革的蓝图,就是要进一步强化农村土地权利主体对土地的处分权,激发农村土地的融资担保功能,进一步强化农村土地的财产属性,真正实现“赋予农民更多财产权利”。

2. 土地经营权的提出与三权分置思路的形成

从 2013 年中央农村工作会议到 2014 年一号文件再到 2015 年的深化改革方案,决策部门对落实十八届三中全会《决定》精神的思路越来越清晰。

3. 三权分置具体办法的出台

《关于完善农村土地所有权承包权经营权分置办法的意见》对外发布,三权分置方案正式成型。

(二)三权分置的逻辑进路与土地经营权的政策使命

1. 三权分置的逻辑进路

通过三权分置的制度设计,稳定土地承包经营权,赋予实际经营者更为稳定的土地经营权,并让土地经营权承担抵押、担保功能,从而进一步推动农村土地流转,促进规模化经营,实现农业现代化。

2. 土地经营权的政策使命

一是使农村土地流转更符合适度规模化经营的需要,二是让农村土地权属更清晰、权利体系更分明,三是强化农村土地的财产属性。

(三)三权分置的构建模式与土地经营权的法律生成

1. 土地承包经营权无法直接分为承包权与经营权

土地承包经营权是单一的独立的用益物权形态,不是承包权和经营权两者相加。[①] 承包权本质上是一种成员权,成员权是一种身份特权,是集体经济组织成员向集体请求承包土地的一种资格,与物权有明显区别。[②] 土地承包经营权作为一种单一、独立的用

① 温世扬:《农地流转:困境与出路》,《法商研究》2014 年第 2 期。
② 李凤章:《区分成员权与物权 推动宅基地制度改革》,《中国社会科学报》2017 年 4 月 12 日,第 5 版。

益物权，显然无法分离出这种成员权性质的承包权。没有持续稳定的农民土地承包经营权，三权分置是无法建立的。[①] 对于农地权利的创新，只能以农户已经取得的土地承包经营权为前提。[②] 将土地承包经营权分为承包权和经营权的主张在法律层面行不通。

2. 三权分置含义再审视

三权分置并非一个法律术语，但由于其具有概括性、形象化和传播便捷性的特点，自从被提出后便广为接受。从三权分置的政策演变与逻辑进路可以发现，三权分置的关键并不在于“分”，想方设法把土地承包经营权分为土地承包权和土地经营权的做法，是对三权分置字面意义过于执拗的理解。三权分置的关键在于赋权。

3. 土地经营权在法律层面的生成

用益物权的取得多基于当事人的法律行为，或为创设取得；或为移转取得。[③] 课题组认为，土地经营权系由创设取得，是设定于土地承包经营权之上的次级用益物权。即承包经营权人为他人设定一个独立的用益物权，而自己保留经营权消灭后对承包地的收回和土地承包经营权剩余权利的享有。[④]

4.“所有权＋土地承包经营权＋土地经营权”模式的法律证成

(1)在土地承包经营权上设定土地经营权不违反一物一权原则

土地承包经营权从集体所有权中派生出来，而土地经营权设定于土地承包经营权之上，这与从一个所有权中同时派生出两个用益物权有明显的区别。土地经营权是在承包经营权上设定的一个权利负担，是对土地承包经营权部分权能的限制，并非取代土地承包经营权。这个权利负担是有期限的，在期限范围内，土地承包经营权人将自己享有的部分权利让与土地经营权人，一旦期限届满，土地承包经营权上设定的权利负担就随之去除，土地承包经营权恢复圆满状态。正是这种期限区分，让土地经营权与土地承包经营权能够同时存在于同一土地上并协调融洽而不冲突。

(2)在土地承包经营权上设定土地经营权有助于实现土地财产价值的最大化

土地经营权是有一定期限的，这种期限性、阶段性的特点也能够实现土地财产价值的最大化。

(3)“所有权＋土地承包经营权＋土地经营权”模式下抵押权能的实现

土地经营权用于抵押也必须以其期限利益的市场评估价值为限，通过特殊的金融制度安排，将抵押权的实现限制在土地经营权人剩余经营权限的市场价值范围内也是可以做到的。因而，土地经营权用于抵押不至于引起土地承包经营权受损。

在土地不流转的情形下，土地承包经营权人可以为自己设定一定期限的土地经营权，从而促进抵押的顺利实现。

(四)对上海问题的回应

1. 流转土地承包经营权而非土地经营权的合理性

在三权分置政策背景下，上海仍然沿用土地承包经营权流转的概念，正是由于土地

---

① 孙宪忠：《推进农地三权分置经营模式的立法研究》，《中国社会科学》2016 年第 7 期。
② 蔡立东、姜楠：《承包权与经营权分置的法构造》，《法学研究》2015 年第 3 期。
③ 王泽鉴：《民法物权》，北京大学出版社 2009 年版，第 271 页。
④ 李凤章、张玉：《三权分置是农村土地制度的第二次伟大变革》，《东方早报》2016 年 11 月 29 日。

承包经营权无法直接分为承包权与经营权的缘故。土地承包经营权不是承包权和经营权两者相加的结果,这种分离在法理上行不通,强行推动更是浪费物力财力。三权分置的重点不在于"分",其关键在于赋予实际经营者一个更稳定、更符合经营预期、法律上更为强大的物权性质的土地经营权。

2. 上海三权分置改革中土地经营权的生成

土地经营权系由创设取得,是设定于土地承包经营权之上的次级用益物权。上海经验的特殊性在于,流入方获得的土地经营权不是土地承包经营权人直接设定的。农户将承包地委托给村集体后,村集体将众多农户委托的承包地整理成片,然后划片规模化流转,流入方获得的土地经营权并非某个农户所持有的土地承包经营权的对等权利,也不是多个土地承包经营权对应的土地经营权相加的结果,而是一个整体的权利。

三、上海农村承包地流转与土地经营权抵押贷款存在的问题

(一)承包地流转方面

1. 规模化经营的质量还有待提升

规模化经营不仅要求经营者耕种的土地面积多,还要求这些土地能够连成片。较大面积的流转土地被分散在许多不同地点,这仍然算不上是真正意义上的规模化经营。

2. 承包地流转收益的分配问题

集体提留一部分差价,很容易让农户认为集体有"吃回扣"的行为,容易在集体和农户之间产生矛盾纠纷。

3. 各区政府补贴差距较大,激励作用有限

上海各区对农户委托村集体统一流转土地所给予的补贴差异较大,这容易引起农户内心的不平衡,可能影响土地流转的正常进行。

4. 家庭农场经营发展不平衡

上海各区家庭农场的经营发展情况不平衡。有些地方经营家庭农场的农民很多在50岁以上,年轻人进入这一行当的还不多;另外,一些家庭农场机械化和连片经营程度还不高,经营效益也有待提升。

(二)土地经营权抵押贷款方面

1. 以土地经营权单独抵押贷款的案例还没有

实践中单独以土地经营权抵押的几乎没有,这影响了社会对土地经营权的评价,给人形成一种土地经营权单独抵押价值不大的印象。

2. 土地经营权的价值评估问题

农村经营管理部门的评估资质与评估能力有待提升,评估费用负担规制不合理,专业评估机构的培育与选用还没有较成熟的经验。

3. 抵押贷款的期限太短

对于需要购置较多的农业机械、建设大规模生产设施的大型农业企业来说,短期的流动资金贷款显然无法满足其资金需求。另外,每次贷款都要评估,也是一种不必要的浪费。

四、对上海农村承包地流转与土地经营权抵押贷款的建议

(一)承包地流转方面

1. 坚持农户委托村集体统一流转的基本模式

由农户委托村集体统一流转更符合实际经营者的预期,有利于连片经营、规模化经营的实现,也有利于防止对土地的掠夺性利用,应当予以坚持。

2. 进一步推进连片经营,提升规模化经营质量

在尊重农户意愿的前提下,通过承包地互换等方式进行调整,使已流转土地能够连成整片;建立激励机制引导承包农户退出低效个体经营,进一步促进土地流转和连片经营。

3. 分情况提高政府补贴标准

一是适当提高对家庭农场的补贴,吸引更多青壮年劳动力进入家庭农场队伍。二是适当提高对委托村集体统一流转的补贴标准,激发农户委托的积极性,对区级政府财力相对薄弱的郊区,应该提高市级财政转移支付的支持力度。

4. 平衡流转收益分配,加强对村集体取得的流转收益的监管

村集体是否可以获取流转收益、流转收益在村集体和农户之间如何分配事项涉及绝大多数农户切身利益,应当由村民大会或村民代表大会决议。另外,要加强对村集体获得的流转收益的监管,确保专款专用,防止侵占和流失。

5. 保障土地经营者较为稳定的经营预期

一方面,要探索签订更长期限的流转合同;另一方面,即便是选择一年一签的做法,也应当建立规章制度来保障流转合同续期的连续性,实现土地经营者更长久的投入与经营计划。

(二)土地经营权及其抵押贷款方面

1. 总结上海经验,从立法层面推动对土地经营权的法律确认

积极总结上海试点的经验,从立法层面推动对相关法律的修改,使土地经营权作为一种独立的次级用益物权早日为国家法律所确认。

2. 颁发土地经营权证,确认经营者的土地经营权

给实际的土地经营者颁发土地经营权证,是对其权利在物权法上的确认,极其必要。如果不赋予土地经营者这种物权性质的土地经营权,土地经营权存在的必要性就会大打折扣。

3. 坚持土地经营权抵押与土地经营权+地上物一并抵押两种模式

土地经营权+农作物+生产设施和附属设备一并抵押有其优势,但土地经营权单独抵押也有价值,不能盲目否定,要根据实际情况做具体分析。

4. 试行土地经营权单独抵押贷款

无论从对土地经营权本身价值的确认,还是从扶持小规模农业大户、培育差异化经营的角度来说,试行和支持土地经营权单独抵押贷款都是有积极意义的。当然,要防止圈存农村土地,专门以土地经营权套取银行贷款等情况的发生,深入研究其风险和防范

与化解风险的方法与途径。

5. 平衡土地经营权人的自主权与尊重农户的知情权、同意权和决策权

赋予土地经营权人较大的处分权，是将土地经营权设置为一个独立的物权的价值之所在。在土地经营权抵押不影响土地承包经营权本身的情况下，就不应该对其做过多的限制。但如果是单个农户与流入方之间签订较长时间的流转合同，且流转费用是一年一付，则另当别论，因为抵押权的实现很可能影响到土地承包经营权本身。

6. 规范对抵押物的价值评估

一是要尊重抵押人和抵押权人的意思表示，由双方当事人商议选择评估机构。二是选聘具有评估资质的专业人员，提升乡镇农村经营管理部门的评估能力。三是研究制定土地经营权及其地上物估价参考标准。四是制定合理的评估费用负担规则。

7. 激发银行开展土地经营权抵押贷款业务的动力

一是要进一步研究土地经营权抵押贷款的风险控制方法，减少银行对开展土地经营权抵押贷款的风险忧虑；二是要对现有土地经营权抵押贷款个案经验进行总结提升，以实践个案和整体数据提升银行开展土地经营权抵押贷款的信心；三是市级层面出台鼓励银行开展土地经营权抵押贷款业务的相关优惠政策，激发银行动力。

在我国现有农村土地法律体系中，只有农村土地集体所有权和农村土地承包经营权的概念，并无“农村承包地经营权”这种表述。农村土地承包经营权作为一种法定的用益物权，承包经营权是一种固定不可分的整体表述，而在“农村承包地经营权”这一表述里，承包地是指土地的性质，经营权是一种权利类别，承包地经营权显然不能等同于土地承包经营权。“农村承包地经营权”的提法最早出现在 2014 年 1 月 19 日中共中央、国务院《关于全面深化农村改革加快推进农业现代化的若干意见》(下称《意见》)中，《意见》提出“在落实农村土地集体所有权的基础上，稳定农户承包权、放活土地经营权，允许承包土地的经营权向金融机构抵押融资”。这普遍被认为是我国对农村土地进行三权分置改革的先声。按照三权分置的政策安排，原有的农村土地集体所有权和农村土地承包经营权被分置为农村土地集体所有权、农户承包权、土地经营权。在这里，“承包地经营权”与“土地经营权”是同义语，鉴于现有政策文件以及学术研究中更多地使用“土地经营权”的习惯做法，本文也使用“土地经营权”代指“承包地经营权”。

当前，三权分置仅仅是作为一项政策要求被提出来的，那么中央为什么要推行三权分置政策？三权分置的政策内涵与制度要求是什么？与我国现有农村土地制度和农村土地权利结构相比较，三权分置有何优势？三权分置模式如何构建？如何实现三权分置与我国既有法律体系的融洽？承包地经营权(土地经营权)如何生成，其性质是怎样的？三种权利的权能及其相互关系如何？本文试结合上海农村土地承包经营权流转和土地经营权抵押贷款实践，对上述问题逐一进行探讨，并指出上海相关改革和试点工作所存在的问题以及改进的途径与措施。

一、上海农村承包地流转与土地经营权问题现状

（一）上海农村承包地流转现状

通过对金山区农委、农经站进行实地走访调研，对崇明区部分专业合作社负责人、农庄老板、种植大户、家庭农场主进行访谈，课题组发现，当前，上海农村承包地流转呈现出以下特征。

1. 流转比例高、规模化经营初步形成

从上海全市的情况来看，175.9 万亩农户承包地已流转 130 万亩，流转比例约占 3/4，为全国最高。其中，家庭农场、农民专业合作社、农业企业等新型农业经营主体经营的农民承包地面积 98 万亩，占已流转承包土地的 75%。①

从金山区土地流转实际情况来看，全区 107 个村集体，共有承包地 26.2 万亩，农户 6.5 万余户，户均承包地面积约 3.98 亩。目前，全区 26.2 万亩承包地已经流转 23.6 万亩，流转率超过 90%。在各类新型经营主体中，仅家庭农场就有 858 户，总面积为 12.02 万亩，平均 130～140 亩每户，858 户家庭农场中，722 户从事粮食种植，95 户兼种粮食与经济作物，41 户纯种经济作物。

2. 各区流转价格及政府补贴不一致

2016 年，上海全市农村承包土地流转均价为 1 083 元/亩・年。流转价格最高的当属浦东，每流转出一亩土地，农民不仅可获得 1 600 元左右的流转费，还有 800 元的流转补贴，300 元的生态保护补贴。② 金山区农村土地流转的指导价为 500 斤稻谷的市场价，折合约为 750 元/亩・年，通过集体统一流转的农户另可获得政府补贴 100 元/亩・年。就农户的流转收益来看，全区范围内，镇与镇之间存在一定的差异，但每个镇内部，农户所能获得的流转收益基本上是一致的。在崇明区，港西镇半日闲农业科技有限公司、奕庭果园专业合作社、港协果蔬专业合作社等农业企业与专业大户的土地流转费用为 900～1 000 元/亩・年；而新村乡新乐村 11 个家庭农场的土地流转价格均为 1 170 元/亩・年，农户另可获得政府补贴 50 元/亩・年；崇明长兴镇净达蔬菜专业合作社的流转费用为 1 200 元/亩・年。从上述情况来看，各区流转价格差异较为明显，除了承包地流转价格本身存在的差异外，政府补贴的多少也是造成农户收益差异的一个重要因素。

3. 流转期限差异较大

在崇明区，大部分农业企业、专业合作社、种植大户与村集体签订的承包合同期限都较长，截至 2028 年，也就是直到第二轮农村土地延包期满。在崇明新村乡新乐村，11 个家庭农场则是每 3 年签一次合同。而金山区的情况又大不相同，在金山，农户委托村集体流转土地的委托期限一般在 5 年以上，但村集体向外流转时，与流入方签订流转合同则是每年签订一次。值得注意的是，虽然金山区村集体与流入方签订流转合同是一

① 《夯实基础：上海农村土地流转率全国最高》，《东方城乡报》2016 年 9 月 22 日第 A02 版。

② 参见《浦东“0001”号家庭农场背后的故事——记新型职业农民乔占》，载上海农业网，http://www.shac.gov.cn/zwdt/qxdt/pd/201708/t20170824_1632570.html，访问日期：2017 年 9 月 10 日。

年一签，但同时默许实际经营者在下一流转年度享有流入土地的优先权，借此来保障其经营的稳定性。

4. 流转模式以农户委托村集体统一流转为主

在金山和崇明两区调研过程中，课题组发现，当前两区农村土地流转的主要模式都是：先由农户将承包地委托给村集体，然后再由村集体统一将土地流转给农业企业、专业合作社、家庭农场、种植大户等实际经营者。形成这种流转模式有几个方面的原因：首先，实际经营者更倾向于通过村集体进行土地流转，被访谈对象大多数表示只愿意跟村集体签流转合同，他们普遍担心农户容易反悔，会任意收回承包地，认为与农户直接签合同没有保障；其次，规模化经营的需要也促进了由村集体统一流转模式的形成，由单个农户自行流转容易导致土地利用零散化，没有规划，无法连片经营；而村集体在接受农户委托后，可以对全村土地进行统一规划，划片流转，由此规模化经营更容易实现；再次，通过村集体统一流转，也能较好地避免对农地的掠夺性利用，在崇明新村乡新乐村调研时，农户就反映曾经种植西瓜的比较多，流转价格也很高，达到 2 000 元甚至 3 000元每亩，但种植西瓜对农地破坏很严重，所以，现在村里 11 户家庭农场全部种植水稻，流转价格虽然只有 1 170 元每亩，但对土地的保护很严格。从上海全市的情况来看，目前，农户委托村集体统一流转的承包地面积为 129.7 万亩，占已流转承包地面积的 97.8%。[①]

5. 村集体是否取得流转收益情况各异

在崇明，就调研所了解的情况来看，村集体只是作为农户和承包地流入方之间的“中间人”存在，起着牵桥搭线的作用，流入方支付的流转费用全部由农户获得，村集体并不参与流转收益的分配。在金山，情况则不一样，农户委托村集体流转后，在委托书中已经约定了流转收益，由村集体按照委托约定支付农户流转费用；而流入方应当支付的流转费用则由村集体与流入方在流转合同中另行约定，并由村集体收取，一般情况下，村集体向流入方收取的流转费用要高于村集体支付给农户的流转费用，也就是说，村集体在此过程中分得了一定数量的流转收益。

（二）上海农村土地经营权抵押贷款现状

1. 土地经营者有资金需求，但主要依靠自身信誉解决

在崇明区调研过程中发现，随机走访的 4 家农业企业、专业合作社和 11 户家庭农场均没有获得过土地经营权抵押贷款。这些专业合作社和家庭农场借贷资金的途径主要有：一是亲戚朋友之间周转，二是用自有房产抵押获得银行贷款。另外，家庭农场还有一种潜在的借贷资金的方式：家庭农场与粮食收购者在年初就约定将收获的粮食销售给对方，而收购方则愿意提前支付一笔收购款给家庭农场用于购买农药、化肥以及支付生产费用等。收购方提前支付收购款给家庭农场，并不需要家庭农场支付利息，名义上来说不同于借贷，但实际上，在最终收购粮食时，收购价格会打一定折扣，这其实就相当于利息，并且这种不成文、没有明确约定的利息最终可能远远高于银行贷款利率。另

① 上海市农业委员会办公室：《本市规范农村土地经营权流转初见成效》，上海农业网，http://www.shac.gov.cn/zwdt/sndt/zwxw/201702/t20170227_1625738.html，访问日期：2017 年 9 月 10 日。

外，被评为上海市市级示范性专业合作社的，可以获得政府贴息的免抵押纯信用贷款，但没有市级示范性合作社资质的，则无法获得上述信用贷款。

2. 土地经营权抵押贷款已经小规模试行

2015 年 2 月 17 日，上海市金融办与上海市农委联合印发《上海市农村土地经营权抵押贷款试点实施办法》，土地经营权抵押贷款在上海正式试点实施。在金山区，试点的两年时间里（2015 年 2 月到 2017 年 2 月间），共有 32 家农业企业、专业合作社及家庭农场以土地经营权抵押贷款方式从银行获得贷款，银行总计发放贷款 3 520 万元，平均每家获得贷款约 100 万元，最多一户获得贷款 450 万元。如上文所述，在金山区，尚且不论较大规模的农业企业，仅平均用地 130～140 亩/户的家庭农场就有 858 户，相较而言，获得土地经营权抵押贷款的 32 家经营者是为数极少的幸运者，土地经营权抵押贷款尚处于小规模试点阶段，要满足绝大多数规模经营者的融资需求，还有很长一段路要走。

3. 银行开展土地经营权抵押贷款的动力不足，这类贷款主要依靠政府推动

金山区开展土地经营权抵押贷款的实践经验表明，银行尚未主动将业务延伸到这一领域。导致银行对这类业务兴趣不大的主要原因在于：一方面，土地经营权抵押贷款尚处于试点阶段，还没有较为成熟的模式与具体规则可供借鉴；另一方面，农业是“靠天吃饭”的行业，有较大的经营风险，银行对涉农贷款一向比较谨慎；再者，银行普遍认为土地经营权及其地上物的价值有限，且价值实现不容易，因而担心一旦抵押人违约不能归还借款，就无法及时对抵押物进行变价受偿。上述种种原因导致银行开展土地经营权抵押贷款的动力不足，土地经营权抵押贷款主要依靠政府行政力量推动。

4. 土地经营权抵押贷款的期限较短

从金山区现有以土地经营权抵押获取银行贷款的实际情况来看，经营者从银行获得的都是为期一年的短期流动资金贷款。一方面，这是银行防范风险、快速回笼资金的需要；另一方面，由于村集体与流入方签订的流转合同本身大多是为期一年的短期合同，这就直接导致流入方依照流转合同享有的土地经营权的期限也只有一年，流入方再以此为抵押向银行借款，借款期限自然无法超过作为抵押物的土地经营权本身的存续期限。

5. 抵押物并非单纯的土地经营权

根据《上海市农村土地经营权抵押贷款试点实施办法》第六条，“抵押人可以仅以农村土地经营权进行抵押，也可以将农村土地经营权和相关土地上抵押人所有的农作物、生产及配套辅助设施一并抵押”。但在金山区调研时发现，试点期内的土地经营权抵押贷款全部都采取了第二种模式，即将土地经营权和地上农作物、生产及配套辅助设施一并评估、抵押给银行，进而获取银行贷款。究其原因，一方面，由于金山区农村集体代表农户与实际经营者签订的流转合同期限都很短，只有一年，因此土地经营权本身的价值是有限的；另一方面，银行自身为了防范风险，也需要经营者将地上农作物、生产及配套辅助设施一并抵押，这样，万一发生需要实现抵押权的情形，市场才会对被处置物感兴趣。这样，所谓的土地经营权抵押贷款就不纯粹只是土地经营权的抵押了，它实际上变

成了承包地上土地经营权与地上物组成的综合物的抵押贷款。这其中,土地经营权是基础,没有合法、有效、稳定的土地经营权,地上物包括农作物和生产设施就没有存在的基础,就无法作为抵押物向银行申请贷款;而单独的土地经营权价值有限,能获得的贷款也是有限的。土地经营权+地上物组合式抵押较好地解决了两者单独抵押时可能存在的种种缺陷,因而成为银行和流入方都乐于采取的抵押方式。

6. 单个农户利用土地经营权抵押贷款的情况尚未出现

在金山区的试点实践中,从银行获得土地经营权抵押贷款的,全部都是农业企业、专业合作社、家庭农场等经营大户,单个农户利用自己仅有的几亩土地的经营权向银行申请抵押贷款的情况还没有出现过。其原因主要是,单个农户平均拥有 4 亩不到的承包地,4 亩土地的经营权价值有限,能够从银行获取的贷款额度也是有限的,对于身处上海的大部分农户来说,这种贷款意义不大。另外,从银行方面来说,也不大愿意将款项发放给经济实力不强的农户个体。

7. 土地经营权抵押在主管部门鉴证下进行

金山区在开展土地经营权抵押贷款过程中,由于农户委托村集体流转后依据委托合同获取收益;而流入方则根据其与村集体签订的流转合同取得对目标土地的经营权。在此过程中,农户与经营者之间并不直接发生合同关系,甚至并不直接接触。这意味着,农户实际上并不知道也无法决定自己的承包地将流转到谁的手中;对流入方来说,他也不关心流转到他手中由其耕种的土地具体来自哪些农户。由于"中间人"也就是村集体的存在,土地经营者与农户之间这种割裂状态并未使两者觉得有任何不妥,承包地的流转与经营都依照相关合同有条不紊地进行着。进而,在流入方以土地经营权为抵押物向银行申请抵押贷款时,也并不征求农户的意见,而是在村集体的默许和主管部门的鉴证下(流入方申请土地经营权抵押贷款时,乡镇农村经营管理部门出具内容为"某编号的《上海市农村土地经营权流转合同》有效,该流转合同对应的土地经营权未作抵押登记"的鉴证书)进行的。

8. 由专门的登记机关进行农村土地经营权抵押登记

流入方以土地经营权及其地上物为抵押物向银行申请抵押贷款的,登记机关会将相关抵押情况记载于农村土地经营权抵押登记簿(下称登记簿),登记簿由主管机关留存,记载的事项主要包括抵押人、抵押权人、抵押物情况(用地类型、坐落位置、四至界止或地块编号、面积、登记日期)。同时,登记机关为抵押人和抵押权人颁发农村土地经营权抵押登记证(下称登记证),登记证除记载抵押人、抵押权人之外,还包括抵押物名称、面积及价值、被担保的主债权种类及数额、抵押担保的范围、抵押起止时间、登记机关、颁证日期等信息。值得注意的是,登记簿上记载的抵押物情况是流转承包地的地块信息,而不是该承包地所承载的土地经营权的信息,这似乎与土地经营权抵押登记相去甚远。而登记证上记载的抵押物情况则载明是某地块的土地经营权,此外,包括农作物、生产及附属设施在内的地上物也都有详细记载。登记簿与登记证存在的这种区别的原因或许在于:登记簿是主管机关留存的,主管机关只关心某地块是否已经抵押,防止重复抵押等情形的发生,而并不关心其具体所承载的权利义务,所以相对简单。而登记证是颁发给抵押人与抵押权人的，必须明确双方的权利义务，所以要详细得多。

9. 履约情况较好，尚未出现违约情况

从金山区两年试点实践来看，土地经营权抵押贷款履约情况较好，试点期间没有发生过违约情况。一方面，由于试点期间发放的都是为期一年的短期流动资金贷款，风险相对可控；另一方面，试点期间，土地经营权抵押贷款工作有乡镇农村工作主管部门层层把关，相关要求及审核自然十分严格；另外，试点期间，银行总共仅发放 32 笔土地经营权抵押贷款，这也就降低了违约情况发生的概率。

（三）引发的思考

1. 为什么流转的是土地承包经营权而不是土地经营权

上海在探索和推进农村土地所有权、承包权、经营权三权分置过程中，通过使用统一的示范合同来规范土地流转合同的签订。2016 年，市农委联合市工商局修改制定了《上海市农村土地承包经营权流转合同示范文本（2016 版）》，取代了 2010 年的版本。2016 年版的示范文本是在三权分置的政策背景下制定的，但从合同名称上来看，文本制定者使用的仍然是“土地承包经营权流转合同”而并非“土地经营权流转合同”，这说明流转的是土地承包经营权，而不是土地经营权。那么，既然中央已经提出三权分置，上海在改革实践中为何不直接使用土地经营权流转的概念？如果使用土地经营权流转的概念在法理上又是否有足够的说服力？另外，从《上海市农村土地承包经营权流转合同示范文本（2016 版）》与《上海市农村土地承包经营权流转合同示范文本（2010 版）》的对比来看，两者在框架结构上基本相同，变化不大，2016 版将 2010 版中甲方、乙方的性质分别由出让方、受让方改为流出方、流入方，更符合实际情况；另外 2016 版将第七条定金改为风险保障金，对第九条违约责任做了修改，更强调对流入方的限制。除了上述变化，其他条款基本上相同。在三权分置改革的大背景下，上海市制定的土地流转示范合同变化并不大，这又说明了什么问题？回答上述问题，必须对土地承包经营权以及土地经营权的性质做一番仔细分析。

2. 土地经营权如何生成

上海在进行农村土地经营权抵押贷款的过程中，并未对土地经营权做出界定，土地经营权的定义是什么？其性质如何？土地经营权如何产生？所有这些问题都没有提及。但《上海市农村土地经营权抵押贷款试点实施办法》（下称《办法》）第二条却明确指出了农村土地经营权抵押贷款的定义，即“是指农业生产经营者在不改变土地所有权性质、承包关系和农业用途的条件下，在保证承包方经营权流转收益的前提下，将农村土地经营权作为抵押物，向金融机构申请贷款的行为”，通过对农村土地经营权抵押贷款进行界定，直接引出了土地经营权这种权利。并且，在给抵押人和抵押权人颁发的农村土地经营权抵押登记证中，记载的抵押物就直接载明“土地经营权”。这说明，《办法》制定者似乎把土地经营权当成一种自然存在、不言而喻的权利。但正如本文一开始就指出的，在我国现有土地法律体系中，并不存在土地经营权这一概念，如果土地经营权本身都不存在，那么土地经营权抵押贷款则无法获得法律上的正当性，至少在法律体系上无法解释通顺。因此，很有必要结合三权分置的政策演变、现有法律体系以及法学理论，对土地经营权的生成做具体分析。

二、土地经营权的生成及其法理分析

（一）三权分置的政策演进与土地经营权的初步提出

1. 新一轮农村土地改革总纲领的生成

2013年11月8日，十八届三中全会做出《关于全面深化改革若干重大问题的决定》（下称《决定》），《决定》要求构建“城乡发展一体化体制机制”，其举措之一就是要通过“产业化经营”和“规模化经营”构建“新型农业经营体系”，而实现农业“产业化经营”和“规模化经营”的关键在于农村土地制度的变革。《决定》对农村土地制度改革的要求是“赋予农民对承包地占有、使用、收益、流转及承包经营权抵押、担保权能，允许农民以承包经营权入股发展农业产业化经营。鼓励承包经营权在公开市场上向专业大户、家庭农场、农民合作社、农业企业流转，发展多种形式规模经营”。

农民对承包地的占有、使用、收益、流转权是农村土地承包经营权的基本权能，在《农村土地承包法》第十六条、第十条以及《物权法》第一百二十五条、第一百二十八条已经有明确规定。但是，《决定》再次提出来绝不仅仅是对既有法律规定的一次重述和强调。“《决定》对我国土地改革遵循‘赋予权利和回归权利’的逻辑主线，其主旨在于进一步恢复农地财产权利的应然属性，以此为基础发展多种形式农地规范化经营模式；激活集体土地权利的市场价值，壮大集体经济，以此作为持续增加集体成员收入的新动力”。①

关于承包经营权的抵押、担保权能，《农村土地承包法》第四十九条规定以招标、拍卖、公开协商等“其他方式”取得的土地承包经营权可以抵押，因为其承载的社会保障功能有限，且系通过市场化方式取得，所以被允许抵押②。而对于以家庭承包方式取得的土地承包经营权，考虑到抵押可能使农户失去生活保障，引发社会问题，因而未做规定。③《决定》要求赋予承包经营权抵押、担保权能，但其意旨绝非完全颠覆现行法律规定，直接允许承包经营权抵押。因为土地对农民的社会保障功能虽然已经不及《农村土地承包法》制定时重要，但承包经营权抵押可能导致的农民失地风险仍然是客观存在的，完全不顾及农民失地感受和因此可能带来的政治风险而强行推进这种激进式改革，既不明智，也不可能。所以，《决定》所谓的抵押、担保，只不过是指明了新时期我国农村土地改革的方向与要求，而不是具体的措施，如何风险最小化地将《决定》精神从政策话语转化为合法、合理的法律表达，则需要更为细致的法律思考和制度设计。

十八届三中全会《决定》是新的历史起点上全面深化改革的总纲领，对农村土地制度改革，《决定》勾勒出了改革的蓝图。具体而言，就是要进一步强化农村土地权利主体应当享有的对土地的处分权，激发农村土地的融资担保功能，进一步强化农村土地的财产属性，真正实现“赋予农民更多财产权利”。但赋予农民对承包地占有、使用、收益、流

---

① 陈小君：《我国农村土地法律制度变革的思路与框架——十八届三中全会〈决定〉相关内容解读》，《法学研究》2014年第4期。

② 黄松有：《最高人民法院农村土地承包纠纷案件司法解释理解与适用》，人民法院出版社2005年版，第267页。

③ 参见何宝玉：《〈中华人民共和国农村土地承包法〉释义及实用指南》，中国民主法制出版社2002年版，第91页。

转权能具体如何落实，承包经营权抵押、担保权能怎样在法律上实现，如何进一步促进农业产业化和规模化经营，这一系列中央政策的落地生根需要改革思路的进一步完善和法律制度的合理回应。

2. 土地经营权的提出与三权分置思路的形成

2013年中央农村工作会议首次提出了土地经营权的概念。会议指出了"土地承包经营权主体同经营权主体发生分离"的新趋势，进而要求"不断深化农村土地集体所有制的有效实现形式，落实集体所有权、稳定农户承包权、放活土地经营权"。2014年中央一号文件[①]与2013年中央农村工作会议精神一脉相承，一号文件提出"允许承包土地的经营权向金融机构抵押融资"。2013年中央农村工作会议和2014年中央一号文件除了对十八届三中全会的内容进行再强调外，首次提出了"土地经营权"的概念，将农村土地集体所有权、农户承包权、土地经营权进行并列表述，这可以看作三权分置思想在国家政策层面的萌芽。但此时的政策文件中既有"赋予……土地承包经营权抵押、担保权能"的表述，又开始出现承包权、土地经营权分开表述的做法，改革的具体路径显然还不甚清晰。

2014年《关于引导农村土地经营权有序流转发展农业适度规模经营的意见》首次使用了"三权分置"这一表述。2015年11月2日，中共中央办公厅、国务院办公厅《深化农村改革综合性实施方案》也要求"落实集体所有权，稳定农户承包权，放活土地经营权，实行'三权分置'"，并对落实集体所有权、稳定农户承包权、放活土地经营权的含义做出了具体的界定。

从2013年中央农村工作会议到2014年一号文件再到2015年的深化改革方案，决策部门对落实十八届三中全会《决定》精神的思路越来越清晰。在三权分置制度安排中，"落实集体所有权，稳定农户承包权，放活土地经营权"既是改革的内容又是改革目标，"三权分置"则是对改革内容的精炼概括。其中，"落实集体所有权，稳定农户承包权"是对十八届三中全会《决定》"坚持农村土地集体所有权，依法维护农民土地承包经营权"的回应；而赋予农民对承包地占有、使用、收益、流转权能的具体落实，承包经营权抵押、担保权能在法律上的实现，农业产业化经营和规模化经营的推进等《决定》精神的落实，则主要依靠"放活土地经营权"的制度设计来承担。

3. 三权分置具体办法的出台

2016年10月，中共中央办公厅、国务院办公厅下发《关于完善农村土地所有权承包权经营权分置办法的意见》(下称《意见》)，《意见》从三权分置的重要意义、总体要求、始终坚持农村土地集体所有权的根本地位、严格保护农户承包权、加快放活土地经营权、逐步完善"三权"关系等方面做出了具体规定，并提出了农村土地确权登记颁证、土地流转规范管理、政策扶持、完善"三权分置"法律法规等改革的配套要求。至此，三权分置方案正式成型。

(二)三权分置的逻辑进路与土地经营权的政策使命

1. 三权分置的逻辑进路

① 参见《关于全面深化农村改革加快推进农业现代化的若干意见》。

(1)农业现代化:当前农业发展的核心问题

当前我国农业发展的核心问题是农业现代化,与我国工业化、信息化、城镇化迅速发展形成鲜明对比的是农业发展的缓慢与低效,正如《全国农业现代化规划(2016～2020年)》所指出的,农业的根本出路在于现代化,农业现代化是国家现代化的基础和支撑。没有农业现代化,国家现代化是不完整、不全面、不牢固的。

(2)规模化经营:农业现代化的必由之路

所谓农业现代化,至少应当包含科技化、机械化、产业化、高效率等要素,而农业科技化、机械化、产业化、高效率的实现,都依赖农业规模化经营。农业机械化需要较大的资金投入,在家庭承包经营的零散化状态下,单个农户一般无力或是不愿意投入;单个农户自给自足式的农业生产也无法实现农业产业化,机械化、产业化无法实现自然导致农业生产效率低下。总之,规模化经营是促进农业科技化、机械化、产业化,提升农业生产效率,进而实现农业现代化的必由之路。

(3)土地流转与适度集中:规模化经营的前提

传统的分散化、零碎化的小农经营格局严重制约了规模化经营的实现和农业生产效率的提高。这种分散化、零碎化的经营格局不仅表现为农村集体土地被集体内农户分散承包,而且每个农户持有的承包地也是分散化、零碎化的。土地承包经营推行的初期并没有考虑合理生产规模或通过流转促进规模经营,不仅集体土地分散到农户经营,且土地承包并不是按地块分割给农户,而是将土地按照不同种类(地质、土壤、水文等条件的分类)切块分割,人为将土地分散。因此,即使在一户家庭也不能规模化经营。[①] 因此,推进规模化经营,必须首先促进土地流转。但是,农村土地流转又要坚持适度原则,因为土地过分集中可能带来的社会矛盾和政治风险也是不容忽视的,所以,通过土地流转打破分散化、零碎化的土地持有和利用现状,促进农村土地的适度集中,是实现规模化经营的基本前提。

(4)三权分置:促进土地流转与适度集中的客观需要

当前,无论理论界还是实务界对于通过土地流转与适度集中促进规模化经营的农业发展途径,都是认同的。但实践中的农村土地承包经营权流转仍然面临诸多障碍。其一,是思想观念方面的原因。部分农民重土重根的传统思想观念仍根深蒂固,一部分农民仍然抱着宁愿将土地撂荒也不流转的思想,其根源则在于农民对失去土地的担忧与恐惧。其二,是意识形态方面的原因。我国坚持社会主义公有制,农村土地实行集体所有制,对土地流转可能造成农民失地、土地过分集中并引发社会矛盾的担忧一直存在。其三,是社会保障方面的原因。虽然随着国家经济的快速发展,农村整体面貌也有所改观,农民收入有所增加,但农村土地的的确确仍在很大程度上发挥着社会保障功能的作用。在农村社会保障水平仍处于较低水平,农业人口的医疗、失业、生存等基本保障需求仍然无法得到完全满足的情况下,土地仍然被一部分农民视为"命根子"是可以理解的。上述种种因素叠加在一起,阻碍了农村土地承包经营权流转的顺畅进行。而

① 高富平:《农村土地承包经营权流转与农村集体经济的转型——新一轮农村土地制度改革的法律思考》,《上海大学学报(社会科学版)》2012年7月刊。

这种障碍更深层次的原因在于农村土地的权利结构设计。在现有农村土地法律体系下，农民享有的是土地承包经营权，土地流转过程中，流转的对象也是农村土地承包经营权，这自然造成农民对“失地”的恐惧。三权分置的提出，就是为了化解这种权利结构弊端，一方面，强调稳定农户的承包权，让农民享有的土地承包经营权保持长久不变，进而打消农民失地顾虑，稳定农民人心；另一方面，通过在土地承包经营权上设定经营权的制度设计，让土地经营权承担中央所要求的抵押、担保功能，从而实现既能推进土地流转又不损害农民利益的改革目标。

因此，通过三权分置实现农村土地改革的逻辑进路就是：通过三权分置的制度设计，稳定土地承包经营权，赋予实际经营者更有保障、更有活力的土地经营权，并让土地经营权承担抵押、担保功能，从而进一步推动农村土地流转，促进规模化经营，解决阻碍农业发展的最大制约因素，最终实现农业现代化。

2. 土地经营权的政策使命

如前文所述，在三权分置的制度安排中，赋予农民对承包地占有、使用、收益、流转权能的具体落实，承包经营权抵押、担保权能在法律上的实现，农业产业化经营和规模化经营的推进等《决定》精神的落实，主要依靠“放活土地经营权”的制度设计来承担。土地经营权的政策使命包括：

(1)使农村土地流转更符合适度规模化经营的需要

当前，全国土地流转面积已达35%，[①]但这并不意味着当前全国的土地流转和规模化经营达到了合理水平。一方面，与全国农业人口的非农化转移水平相比较，全国土地流转面积与比重仍然还有很大提升空间。2015年，我国农村人口为6.03亿，其中，农民工人数总量达到2.77亿，[②]留在农村的人口比重为54.1%。另外，至2016年末，我国大陆16周岁以上至60周岁以下的劳动年龄人口总人口比重为65.6%[③]。按照65.6%的劳动年龄人口比重粗略估算，留守在农村的可务农人口占农村总人口的比重大约为35.5%。由35.5%的可务农人口(这一数值实际上可能更低，因为留守在农村的大多数都是年老体幼者)耕种65%的未流转土地显然不切实际。因此，有必要进一步推动农村土地流转规模的扩大。另一方面，虽然全国土地流转增速较快，但离规模化经营的要求仍有较大差距。究其原因，其一，很多流转期限较短，流转面积较少，与规模化经营的要求不相适应；其二，一部分流转实际上表现为代耕代种，这种流转是小范围小规模的，不可能形成规模化经营；其三，在当前不允许土地承包经营权抵押的前提下，流转土地融资基本上不可能，这也制约了规模化经营的实现。因此，那种认为“随着土地承包经营权不同流转形式的实现，现代农业的适度规模化经营便成为可能”[④]的观点显然是不切实际的。

从土地流转的角度看，土地经营权的政策使命就是，一方面在稳定土地承包经营权

① 《农业部：全国土地流转面积占家庭承包耕地总面积35% 正试点土地使用权抵押贷款》，人民网，2017年3月7日，http://finance.people.com.cn/n1/2017/0307/c1004-29129227.html。

② 王亚华：《农村土地“三权分置”改革：要点与展望》，《学术前沿》2017年第3期(下)。

③ 《“全面二孩”第一年 中国人口发生了哪些变化?》，人民网，2017年1月22日，http://politics.people.com.cn/n1/2017/0122/c1001－29040242.html，访问日期：2017年7月15日。

④ 单平基：《“三权分置”理论反思与土地承包经营权困境的解决路径》，《法学》2016年第9期。

的前提下打消农民失地顾虑，促进农村土地进一步流转；另一方面，要通过提升土地流转的"质量"促进规模化经营的实现。

(2)让农村土地权属更清晰、权利体系更分明

在土地承包经营权流转实践中，土地承包经营权人与农村集体之间、土地承包经营权人与土地的实际耕种者之间的纠纷时有发生，而纠纷产生的根源，就在于农村土地上承载的各种权利权属不清晰。在对农村土地进行三权分置改革的过程，应当充分注意农村土地集体所有权、土地承包经营权与土地经营权三者之间的相互关系与权利边界，"放活土地经营权"的制度安排不仅要着眼于土地经营权本身的性质、内涵、权能等问题，更要注重农村土地集体所有权的有效落实和农户承包权的稳定等改革前提。

(3)强化农村土地的财产属性

土地是最大的国民财富，也是社会成员的主要资产和投资对象，更是重要的融资手段。但相较于城市土地，我国农村土地的融资能力严重不足，很多土地被人为限制了抵押融资的能力，相关的土地权利无法抵押，甚至无法转让，土地权利人守着巨大的财富，却无法变现，在需要资金时也无法通过抵押从银行或者其他金融机构获得贷款。[①] 对发展中国家资本市场的考察表明，财产因无法流动而成为僵化的资本，严重抑制了其在资本市场上的融资能力。[②] 农村土地这种"沉睡""僵化"的状态，既阻碍了农业发展又无法实现农民增收。因此，十八届三中全会《决定》提出要"赋予农民更多财产权利"，并将其作为"健全城乡发展一体化体制机制"的重要内容之一。而强化农村土地的财产属性、补正农村土地上的抵押、担保权能则是"赋予农民更多财产权利"的应然之义。

(三)三权分置的构建模式与土地经营权的法律生成

按照中共中央办公厅、国务院办公厅《关于完善农村土地所有权承包权经营权分置办法的意见》，三权分置的基本模式是"将土地承包经营权分为承包权和经营权，实行所有权、承包权、经营权分置并行"，但对于土地经营权如何产生，该意见又指出"在土地流转中，农户承包经营权派生出土地经营权"。如果按照"将土地承包经营权分为承包权和经营权"的思路进行分置，则农村土地上存在的权利结构为"所有权＋承包权＋经营权"；但如果按照从农户承包经营权派生出土地经营权的思路，那么农村土地上存在的权利结构就是"所有权＋土地承包经营权＋土地经营权"。很明显，前者和后者不可谓差异不大。由此可见，虽然"三权分置"的基本政策方向已经确定，但具体分置的路径、"三权"具体指哪三种权利、"三权分置"如何获得法律上的合理表达，施政者都还没有形成明确意见。

1. 土地承包经营权无法直接分为承包权与经营权

早在十八届三中全会《决定》公布后，就有专家将中央对农村土地制度改革的部署解读为承包权与经营权的分离，"这次中央就把经营权从承包经营权中单独分离出来，允许抵押担保，但承包权作为物权依然不许抵押。这样既能缓解农民的贷款难，又能做

① 李凤章等：《土地抵押融资的法律困境和制度创新》，立信会计出版社 2012 年版，第 1—16 页。

② 赫尔南多·德·索托：《资本的秘密》，于海生译，华夏出版社 2007 年版，第 22—24 页。转引自高圣平：《农地金融化的法律困境及出路》，《中国社会科学》2014 年第 8 期。

到风险可控，即便到期还不上贷款，农民失去的也不过是几年的经营权，并不会威胁到他的承包权”。① 农业部部长韩长赋也认为，“把农民土地承包经营权分为承包权和经营权，实现承包权和经营权分置并行，这是我国农村改革的重大创新”。② 对于承包权与经营权如何分离，又存在不同观点，中央农办陈锡文的观点是把经营权从承包经营权中分离出来；另一种观点，则是将承包权从土地承包经营权中分离出来。③ 两者貌似结果相同，实际上关系到被分离出的权利的性质和定位问题，差异不可谓不大，但这种分离不是本文讨论的重点，故对这种差异本文不做具体分析。对于承包权与经营权分离的合理性，有学者认为，土地承包权与土地承包经营权权利主体、内容、性质以及侵权形态、救济方式和责任方式均不同，将土地承包权从土地承包经营权中分离出来有理论基础。④ 但更多的学者认为，土地承包经营权是单一的独立的用益物权形态，不是承包权和经营权两者相加。⑤ 虽然通过《农村土地承包法》第五条⑥可以推定在我国农村土地权利体系中还有一个承包权的存在，但这并不能说明这个承包权包含在土地承包经营权中。因为这种承包权本质上是一种成员权，成员权是一种身份特权，是集体经济组织成员向集体请求承包土地的一种资格，与物权有明显区别。⑦ 而土地承包经营权作为一种单一、独立的用益物权，显然无法分离出这种成员权性质的承包权。另外，如果把土地承包经营权分为承包权和经营权，分出的两个权利是何种性质？若将“土地承包权”与“土地经营权”均定性为用益物权，则两者均以直接支配物的使用价值为内容，均应对同宗土地拥有支配权、排他力，均具有绝对性及排他性。因此，两者并存于同一宗土地之上，既在理论上无法成立，亦无法践行。⑧ 如果认定经营权为物权，承包权为成员权，那作为成员权的承包权又如何对抗物权性质的经营权？

因此，将土地承包经营权分为承包权和经营权的主张在法律层面是行不通的。土地承包经营权作为法定的用益物权类型，其不但不能任意地被分解，还应当保持其长久稳定。土地承包经营权是我国农地权利制度的支点，对于农地权利的创新，只能以农户已经取得的土地承包经营权为前提。⑨ 如果没有持续稳定的农民土地承包经营权，三权分置是无法建立的。⑩

2. 三权分置含义再审视

三权分置并非一个法律术语，但由于这个词语所具有的概括性、形象化和传播便捷性的特点，使得三权分置自从提出后便广为接受。三权分置这一命题传播过程中，研究者最为关注的一个重点是“如何分”的问题，其最直观的理解就是把土地承包经营权分

① 《农村土地制度改革，底线不能突破——访中央农村工作领导小组副组长、办公室主任陈锡文》，《国土资源》2014 年 1 月号。

② 韩长赋：《土地“三权分置”是中国农村改革的又一次重大创新》，《中国农业会计》2016 年第 3 期。

③ 参见胡风：《三权分置背景下土地承包经营权的分离与重构》，《西北农林科技大学学报(社会科学版)》2017 年 5 月。

④ 参见丁文：《论土地承包权与土地承包经营权的分离》，《中国法学》2015 年第 3 期。

⑤ 温世扬：《农地流转：困境与出路》，《法商研究》2014 年第 2 期。

⑥ 《农村土地承包法》第五条规定，农村集体经济组织成员有权依法承包由本集体经济组织发包的农村土地。任何组织和个人不得剥夺和非法限制农村集体经济组织成员承包土地的权利。

⑦ 李凤章：《区分成员权与物权 推动宅基地制度改革》，《中国社会科学报》2017 年 4 月 12 日，第 5 版。

⑧ 单平基：《“三权分置”理论反思与土地承包经营权困境的解决路径》，《法学》2016 年第 9 期。

⑨ 蔡立东、姜楠：《承包权与经营权分置的法的构造》，《法学研究》2015 年第 3 期。

⑩ 孙宪忠：《推进农地三权分置经营模式的立法研究》，《中国社会科学》2016 年第 7 期。

为土地承包权和土地经营权。但是，通过前文分析可以知道，将土地承包经营权分为承包权和经营权无法获得法律正当性。并且，从前文三权分置的政策演变与逻辑进路可以发现，三权分置的关键其实并不在于"分"，想方设法地把土地承包经营权分为土地承包权和土地经营权的做法，是对三权分置字面意义过于执拗的理解。三权分置的主要含义在于"三种权利由不同主体享有"和"落实集体所有权，稳定农户承包权，放活土地经营权"。至于三种权利到底是哪三种，三种权利如何生成，三种权利的性质如何，"落实集体所有权，稳定农户承包权，放活土地经营权"的具体含义以及实现途径，则尚需从整个土地法律体系层面做更加深层次的思考。

3. 土地经营权在法律层面的生成

既然土地承包经营权无法直接分为承包权与经营权，那中央三权分置政策中所说的土地经营权到底从何而来？土地经营权在法律层面如何生成？

考察土地承包经营权流转实践可以发现，在土地流转过程中，流入方获得了实际耕作土地的权利，这种对土地的耕作权也可以称之为"土地经营权"，但这种"土地经营权"的性质是债权，其权利由流转双方通过流转合同约定。这种债权性质的"土地经营权"的存在并不意味着土地承包经营权人将土地承包经营权一分为二了，那种据此认为三权分置是"顺应农民保留土地承包权、流转土地经营权的意愿，将土地承包经营权分为承包权和经营权，实行所有权、承包权、经营权分置并行"[①]的说法只是看到了事物的表象，不符合法律的逻辑化和严谨性。

作为三权分置政策要求中的土地经营权，必须可抵押、可担保，具有较强的处分权能，既然强调土地经营权是抵押物，那么，所谓的经营权就必须是独立的物权。[②] 债权与物权的区分不在于期限长短，而在于物权的支配性，即经营权人可以将经营权自由地转让、抵押而不需要承包经营权人的同意。[③] 只有将作为抵押物的土地经营权设计为物权，抵押人无法清偿到期债务时，抵押权人才能顺利实现对抵押物的支配权。如果立法不能将土地经营权物权化，那么这样的立法或者修法都没有什么意义，因为非物权化的土地经营权在我国立法中已经有明确规定了。[④]

那么，物权性质的土地经营权在法律层面如何生成？用益物权的取得多基于当事人的法律行为，或为创设取得(如设定地上权)；或为移转取得(如地上权的让与)。[⑤] 在课题组看来，土地经营权系由创设取得，是设定于土地承包经营权之上的次级用益物权。[⑥] 从规范含义上理解乃是承包经营权人为他人设定一个独立的用益物权，而自己保留经营权消灭后对承包地的收回和土地承包经营权剩余权利的享有。[⑦] 有人认为，土地承包经营权之上无法生成具有用益物权性质的"土地经营权"。[⑧] 实际上，用益物权人以

---

① 参见中共中央办公厅、国务院办公厅《关于完善农村土地所有权承包权经营权分置办法的意见》。
② 李凤章、张玉：《土地经营权的法规范研究》，《私法研究》第 19 卷，法律出版社 2016 年版，第 302 页。
③ 李凤章、张玉：《三权分置是农村土地制度的第二次伟大变革》，《东方早报》2016 年 11 月 29 日。
④ 孙宪忠：《推进农地三权分置经营模式的立法研究》，《中国社会科学》2016 年第 7 期。
⑤ 王泽鉴：《民法物权》，北京大学出版社 2009 年版，第 271 页。
⑥ 李凤章、张玉：《土地经营权的法规范研究》，《私法研究》第 19 卷，法律出版社 2016 年版，第 302 页。
⑦ 李凤章、张玉：《三权分置是农村土地制度的第二次伟大变革》，《东方早报》2016 年 11 月 29 日。
⑧ 单平基：《"三权分置"理论反思与土地承包经营权困境的解决路径》，《法学》2016 年第 9 期。

用益物权为客体为他人设定次级用益物权并不存在障碍。[①] 具体来说，在土地承包经营权流转过程中，土地承包经营权人与其他农业经营者签订流转合同，土地承包经营权人在自己的土地承包经营权上为该农业经营者设定他项权利即土地经营权，明确该权利的设定日期与存续期限。土地经营权届满后，土地承包经营权之上的权利负担随之除去，土地承包经营权恢复圆满状态，农户可以自己行使，也可以再次在其上为他人设定土地经营权。[②]

4.“所有权＋土地承包经营权＋土地经营权”模式的法律证成

如前所述，土地承包经营权是一个独立、完整的用益物权，土地经营权并非从土地承包经营权中分离出来的，而是土地承包经营权人在其土地承包经营权上设定的一个新的次级用益物权。由此，三权分置的结构模式就应当是“农村土地集体所有权＋土地承包经营权＋土地经营权”。那么这种权利结构安排是否符合现有的物权法律体系？在实践中又是否可行？最终是否能够实现三权分置的政策目标？

(1)在土地承包经营权上设定土地经营权不违反一物一权原则

有观点认为，即便“土地经营权”能够生成，但……将产生无法避免及克服的权利冲突，在根本上有悖于“一物一权”原则。[③] 所谓一物一权原则，又称物权特定原则或物权客体特定原则，是指物权的客体必须是特定的，至少在实现该物权时，其客体是特定的……只有坚持这个原则才能有效地确定物的归属，确保每一个经济上有价值的物能够被独立的加以支配并投入流通，进而实现对物的有效利用。[④] 但是，物权的排他性并不意味着同一物上不可以并存数个物权，数个物权只要内容相容，就可以并存于同一物上。[⑤] 用益物权系以物之利用为内容，原则上于同一标的物不得同时设定多数用益物权……但用益内容不相排斥者，则得并存，例如就同一土地设定不相妨碍的通行权、汲水权。[⑥] 可见，同一物上能否同时存在两个用益物权的关键在于两个用益物权是否互不相容、是否会给权利主体行使权利带来冲突。

那么，同一土地上同时存在的土地承包经营权与土地经营权能否相互融洽？土地承包经营权人与土地经营权人在行使各自权利时是否会造成冲突？

根据《物权法》的规定，土地承包权人享有对承包地的占有、使用、收益及部分处分权能，[⑦]而流转后的土地实际上由土地经营权人耕种，则土地经营权人也必须对流入的土地享有占有、使用和收益的权利，按照“放活土地经营权”的思路，土地经营权人还享有对流入土地一定程度的处分权。乍一看，土地承包经营权人和土地经营权人都享有对目标土地的占有、使用、收益和处分权，两者貌似是存在冲突的。但是，仔细分析会发现，这只是表面上的冲突，两者在“所有权＋土地承包经营权＋土地经营权”的权利结构

① 参见李凤章、张玉：《土地经营权的法规范研究》，载《私法研究》第19卷，法律出版社2016年版，第302页。

② 高圣平：《承包土地的经营权抵押规则之构建——兼评重庆城乡统筹配套改革试点模式》，《法商研究》2016年第1期。

③ 单平基：《“三权分置”理论反思与土地承包经营权困境的解决路径》，《法学》2016年第9期。

④ 王利明、杨立新、王轶、程啸：《民法学》(第四版)，法律出版社2015年版，第215页。

⑤ 江平、费安玲、田士永：《中华人民共和国物权法精解》，中国政法大学出版社2007年版，第11页。

⑥ 王泽鉴：《民法物权》，北京大学出版社2009年版，第270页。

⑦ 虽然《物权法》第一百二十五条只列明了占有、使用、收益三项权利，但《物权法》第一百二十八条规定的流转实际上就是土地承包经营权人对承包地的处分权，只不过土地承包经营权人拥有的处分权是有限的。

安排下，实际上是可以融洽有序的。因为土地承包经营权从集体所有权中派生出来，而土地经营权则设定于土地承包经营权之上，这与从一个所有权中同时派生出两个用益物权有明显的区别。比如，土地所有权人无法同时在同一土地上为他人设定两个建设用地使用权，因为建设用地使用权人必定要占有土地，才能对之加以利用。而土地经营权实际上是土地承包经营权人在自己承包经营权上设定的一个权利负担，这个权利负担是有一定期限的，在期限范围内，土地承包经营权人将自己享有的对承包地的占有、使用和获取收益的权利让与土地经营权人，一旦期限届满，土地承包经营权上设定的权利负担也随之去除，土地承包经营权恢复圆满状态。值得思考的问题是，土地承包经营权能否与土地经营权同时存在？一方面，土地经营权设定后，土地承包经营权人仍然享有土地承包经营权的部分权能，比如基于流转产生的收益权、将土地交回发包方的处分权等，这说明土地经营权并非取代了土地承包经营权，而只是对土地承包经营权部分权能的限制，这种权利负担并不会导致其土地承包经营权的永久性灭失。另一方面，土地经营权是有期限的，期限范围内，对目标土地的占有、使用、获取收益、再流转和抵押等部分处分权能由土地经营权人行使；期限届满后，这些权利又回归土地承包经营权人，正是这种期限区分，让土地经营权与土地承包经营权能够同时存在于同一土地上并协调融洽而不冲突，这与两个建设用地使用权人要同时占有、使用土地，因而引发权利冲突有着明显不同。

(2)在土地承包经营权上设定土地经营权有助于实现土地财产价值的最大化

正如上文所述，土地经营权是有一定期限的，这种期限区分，让土地经营权与土地承包经营权能够协调融洽。这种期限性、阶段性的特点也能够实现土地财产价值的最大化。实际上，就最大化土地的财产价值而言，这种分时段的权利安排与英国历史上的土地保有制度有着异曲同工之妙。[①] 英美法系上的地产权益安排自然不能与大陆法系物权法律体系下的土地权利结构安排相提并论，但其依时段划分权利，使土地财产价值最大化的思想的确是值得借鉴的。在“所有权＋土地承包经营权＋土地经营权”的权利结构安排下，土地承包经营权与土地经营权并不会造成权利冲突，并且可以实现土地利用价值的最大化，有助于“放活经营权”目标的实现，因而是可行的。

(3)“所有权＋土地承包经营权＋土地经营权”模式下抵押权能的实现

首先，通过立法赋予土地经营权抵押权能是可行的。如前文所述，以家庭承包方式取得的土地承包经营权不允许被抵押，最主要的顾虑就是怕抵押权的实现会造成农民失地，引发社会问题。在“所有权＋土地承包经营权＋土地经营权”的权利结构安排下，由于土地经营权是有期限的，土地经营权用于抵押也必须以该期限利益的市场评估价值为限，通过特殊的金融制度安排，将抵押权的实现限制在土地经营权人剩余经营权限的市场价值范围内也是可以做到的。因而，土地经营权用于抵押不至于引起土地承包经营权受损。

其次，在土地不流转的情形下，土地承包经营权人如何设定抵押？有一种观点认

① 参见[英]F. H. 劳森、伯纳德·冉得：《英国财产法导论》，曹培译，法律出版社 2009 年版，第 89 页。

为，“承包土地由农户自己经营时，‘承包土地的经营权’属于农户，权利表现形式仍然是土地承包经营权，无须进一步区分为土地承包经营权和土地经营权；承包土地由其他农业经营主体经营时，权利表现形式是该农业经营主体的土地经营权。这样，‘承包土地的经营权’抵押也就表现为两种抵押权：土地承包经营权抵押权和土地经营权抵押权”。[①] 按照这种理解，在土地不流转的情形下，抵押仍表现为土地承包经营权的抵押，这一方面不为现行法律允许；另一方面，允许土地承包经营权抵押可能导致农民失地的风险仍然没有得到合理化解，问题又回到了原点。在中央已经提出三权分置改革方案，想方设法通过“放活经营权”来促进抵押、担保等处分权能实现的背景下，再想通过修改法律允许土地承包经营权抵押的可能性微乎其微。因此，这种解释下的土地承包经营权抵押无异于一张空头支票。那么，这是否意味着在不流转的情形下就无法设定抵押权？答案是否定的。既然土地承包经营权人可以在自己的土地承包经营权上为他人设定经营权，他同样可以为自己设定一定期限的土地经营权，然后再用该土地经营权进行抵押，从而促进抵押的顺利实现。

土地承包经营权人在土地承包经营权上为自己设定土地经营权是否必要？有一种观点认为，在同一宗土地上做过多的权利安排，必将导致权利体系的混乱和效力的龃龉，是人为将法律关系及权利体系复杂化，甚至会导致权利主体（农户）对自身权利无法理解的尴尬现象，更难以想象其如何行使及实现该权利。[②] 但对于如何满足农村土地的抵押与融资需求、如何化解土地承包经营权本身抵押可能带来的风险，作者并没能提出任何建设性的意见。在社会转型期，简单地从既有的规范出发去否定制度改革，是非常狭隘的……更需要思考的是，我们的土地政策改革是否在根本意义上有利于土地资源的流转，符合市场经济的发展方向。[③] 就土地承包经营权人为自己设定土地经营权而言，一方面，通过土地经营权抵押，能够实现土地融资功能，解决农业发展所急需的资金；另一方面，又能够化解土地承包经营权抵押情形下可能导致的农民失地的风险，因而是必要的。

土地承包经营权人在土地承包经营权上为自己设定土地经营权又是否可行？一方面，与为他人设定土地经营权一样，土地承包经营权人为自己设定的土地经营权也是有期限的，在期限范围内，土地承包经营权所包含的占有、使用和收益等权能受到土地经营权这一权利负担的限制，期限届满后，土地承包经营权自动恢复圆满状态，两者因权利行使的时间不同，因而并不会导致相互冲突。另一方面，根据英美法系的权利束理论，权利束是一群使用权的集合，这束权利没有确定的内核或者构成要素，其内容处于不断变化中，法律制度可以根据其价值和信仰的需要，在任何事物上贴上财产权的标签，也可以根据需要，在任何时候剥离出新的权利。[④] 另外，大陆法系国家的土地债务制度表明，土地债务是独立的物权，最初表现为所有权人为自己设定土地债务，然后将其

① 高圣平：《承包土地的经营权抵押规则之构建——兼评重庆城乡统筹配套改革试点模式》，《法商研究》2016 年第 1 期。

② 单平基：《“三权分置”理论反思与土地承包经营权困境的解决路径》，《法学》2016 年第 9 期。

③ 李凤章、张玉：《三权分置是农村土地制度的第二次伟大变革》，《东方早报》2016 年 11 月 29 日。

④ 李凤章、张玉：《土地经营权的法规范研究》，《私法研究》第 19 卷，法律出版社 2016 年版，第 306 页。

转让。土地债务权利人可以将其土地债务再转让给他人，以获得融资或为他人提供担保。相对于土地债务这一负担而言，经营权只不过多了个经营支配而已。[①] 无论从土地承包经营权与土地经营权相互融洽的角度考虑还是从英美法系权利束抑或大陆法系土地债务制度的角度考虑，承包经营权人为自己设定土地经营权都是可行的。

可见，通过"所有权＋土地承包经营权＋土地经营权"这种权利结构安排，赋予土地经营权以抵押、担保权能，既能强化农村土地权利主体的处分权，真正实现"放活土地经营权"；又能避免土地承包经营权本身抵押可能引发的风险，巧妙化解了抵押、担保是现实之需却又不为政策和法律所许可这种两难困境。因而，这种权利结构安排是符合十八届三中全会改革精神和三权分置的改革目标的。

（四）对上海问题的回应

1. 流转土地承包经营权而非土地经营权的合理性

正如前文所述，在三权分置的政策背景下，上海市对农村土地流转的示范合同进行了修改，但其使用的仍然是《农村土地承包经营权流转合同》的名称，而没有使用"土地经营权流转"这样的提法，这实际上正是因为土地承包经营权无法直接分为承包权与经营权的缘故。实践中，上海对农户承包经营权的确权颁证工作已经基本完成，全市农户确权登记率达到了 99.2%[②]，也就是说 99.2%的农户持有土地承包经营权证，如果生硬地把三权分置理解为将土地承包经营权分为承包权与经营权，那么，是否应当收回已经颁发给农户的土地承包经营权证，而另行颁发两个新的证，即土地承包权证和土地经营权证？正如上文分析的，土地承包经营权是单一的独立的用益物权形态，不是承包权和经营权两者相加的结果，这种权利分离在法理上行不通，实践中也不可行，强行推动也是浪费物力财力。这也进一步说明，三权分置不是一个分权的过程，其重点不在于将土地承包经营权分为土地承包权和土地经营权，三权分置改革的目的在于赋权，即赋予实际经营者一个更稳定、更符合经营预期、法律上更为强大的物权性质的土地经营权。因此，上海在土地流转实践中继续使用《土地承包经营权流转合同》名称的做法是合理的。

2. 上海三权分置改革中土地经营权的生成

本文第一部分已经提及，上海在开展农村土地经营权抵押贷款试点过程中，并未对土地经营权做出界定，土地经营权的定义、性质以及土地经营权如何产生均没有提及。但《上海市农村土地经营权抵押贷款试点实施办法》第二条以及其所颁发的《农村土地经营权抵押登记证》中，却直接出现了土地经营权这种权利形态，这无疑让人感到疑惑。经由本文第二部分的分析可知，土地经营权是设定于土地承包经营权上的一种次级用益物权。土地承包经营权人既可以在自己的土地承包经营权上为他人设定土地经营权，也可以为自己设定具有一定期限的土地经营权，从而破解土地承包经营权本身不能用于抵押贷款的难题。这在《上海农村土地经营权抵押贷款试点实施办法》中也能找到些许端倪，《实施办法》第十五条关于办理抵押登记应当提交的材料部分，提及取得土地

① 参见李凤章、张玉：《土地经营权的法规范研究》，《私法研究》第 19 卷，法律出版社 2016 年版，第 309 页。

② 上海市农业委员会办公室：《2016 年上海农业农村发展综述》，上海农业网，http://www.shagri.gov.cn/snzt/fzbaogao/2016bg/201703/t20170330_1626830.html，访问日期：2017 年 9 月 10 日。

经营权的两种不同情形：一是“通过家庭承包方式取得”，二是“通过流转方式取得”。通过家庭承包方式取得，实际上就是土地承包经营权人为自己设定土地经营权；而通过流转方式取得，则是土地承包经营权人根据土地流转合同，为他人设定土地经营权。

但上海经验与本文第二部分论述的又不完全相同，其特殊性在于，流入方获得的土地经营权不是土地承包经营权人直接设定的单个土地经营权。由于上海推行农户委托村集体统一流转的政策，农户将承包地委托给村集体后，村集体将众多农户委托的承包地整理成片，然后划片规模化流转，流入方获得的土地经营权并非某个农户所持有的土地承包经营权的对等权利，也不是多个土地承包经营权对应的土地经营权相加的结果，而是一个整体的权利（如图 1 所示）。但在权利行使时，土地经营权人既可以行使整块流转地的土地经营权，也可以行使指定的其中某一小块承包地的土地经营权。

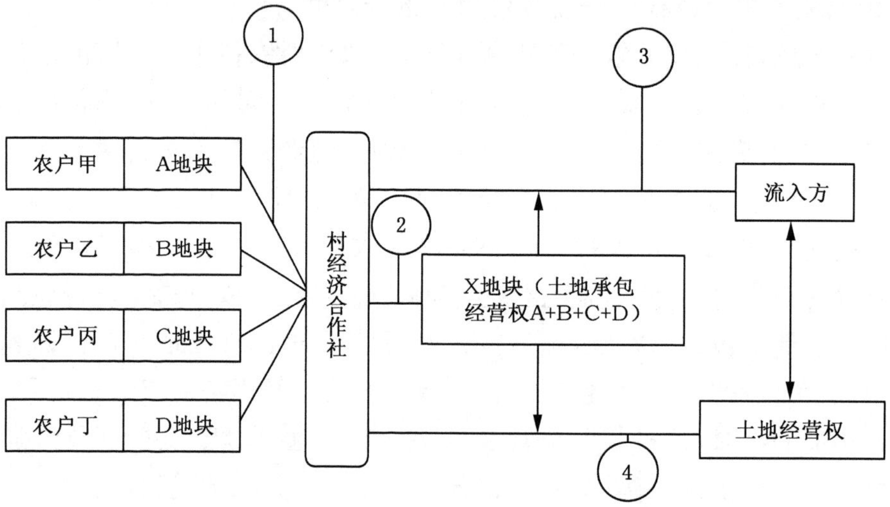

图示：①农户委托村集体流转土地承包经营权

②村集体平整受托承包地，规划连片

③村集体以连片土地与流入方签订《土地承包经营权流转合同》

④村集体在平整后的连片承包地上为流入方设定土地经营权

图 1　农户委托村集体流转土地承包经营权及土地经营权的生成

三、上海农村承包地流转与土经营权抵押贷款存在的问题

（一）承包地流转方面

1. 规模化经营的质量还有待提升

虽然从总体数据上看，全市家庭农场、农民专业合作社、农业企业等新型农业经营主体经营的农民承包地面积达 98 万亩，占已流转承包土地的 75%。金山区仅家庭农场就有 12.02 万亩，户均已达 130～140 亩。但调研发现，很多农场虽然有上百亩的规模，实际上这百余亩土地被分割成了好多块。比如，崇明新村乡新乐村一家庭农场 100 亩土地被分割成三块，中间隔着种西瓜、种猕猴桃的，仍然无法连片耕种。又如，在浦东乔占家庭农场，两年前，93 亩多一点的土地被分成大大小小 26 块，平均一块土地面积不

到 4 亩，最小的一块土地只有 0.7 亩，其中，可连成片的土地 40 亩，不到总面积的一半；现在，270 多亩土地分布在 80 多个地点。[①] 规模化经营不仅仅要求经营者耕种的土地面积多，还要求这些土地能够连成片，这样才能较好地应用机械化耕种，节约经营成本，提高经营效率，如果较大面积的承包地被分散在许多不同地点，这仍然算不上是真正意义上的规模化经营。

2. 承包地流转收益的分配问题

在崇明区调研时，课题组发现，不管是在长兴镇、港西镇还是新村乡，土地经营权流转费用都全部由农户获得，村集体在其中只起到“中间人”的角色，即农业企业、专业合作社或家庭农场将流转费用交到村集体，村集体再把流转费用全额支付给农户。而在金山区，情况则不一样，农户委托村集体流转可获得的是统一的指导价，基本上每个镇价格是统一的，但村集体受托将土地经营权流转出去的价格可能高于指导价，高出的部分由村集体作为公共管理或服务资金提留。这两种模式各有利弊，对于将土地经营权流转费用全额支付给农户来说，集体兴修水利、浇筑公路、平整土地所需的资金就难以筹集；而对于集体提留一部分差价的情况来说，很容易让农户认为集体有“吃回扣”的行为，容易在集体和农户之间产生矛盾纠纷。并且，从金山区的实际情况来看，农户能够获得大约 750 元/亩·年的流转收益，另加 100 元/亩·年的政府补贴，总共也不过 850 元/亩·年，比上海市 2016 年平均流转价格 1 083 元/亩·年还有一定差距，村集体从中获得流转差价的正当性、合理性、适当性值得进一步考量。

3. 各区政府补贴差距较大，激励作用有限

由于上海各区财政实力各异，导致各区对农户委托村集体统一流转土地经营权所给予的补贴也有很大不同。最高的如浦东，农户委托村集体流转每亩可获得政府补贴 800 元；低的如崇明新村乡，农户可获得的补贴是 50 元每亩；金山区则是 100 元每亩。这种地区性差异容易引起农户内心的不平衡，导致部分农户可能产生“钉子户”心理，寄希望于以“惜地”的方式（不流转）倒逼政府提高补贴，从而妨碍土地流转的正常进行。

4. 家庭农场经营发展不平衡

上海各区家庭农场的经营发展情况不平衡。就课题组在崇明区新村乡调研的情况来看，一方面，经营家庭农场的农场主很多在 50 岁以上，年轻人进入这一行当的不多；另一方面，年龄较大的经营者对新知识、新技术的接受较慢，加之农场地块的分散化问题，导致一部分家庭农场机械化和连片经营程度还不高；再有就是粮食作物的市场价格较低，带来的经济效益有限。如何提升偏远乡、镇、村家庭农场的经营效益无疑是值得政府农业主管部门关注的一个问题。

（二）土地经营权抵押贷款方面

1. 以土地经营权单独抵押贷款的案例还没有

如上文所述，虽然《上海市农村土地经营权抵押贷款试点实施办法》第六条明确规定抵押人可以仅以农村土地经营权进行抵押，但实践中全部是以土地经营权＋地上物

① 《浦东“0001”号家庭农场背后的故事——记新型职业农民乔占》，上海农业网，http://www.shac.gov.cn/zwdt/qxdt/pd/201708/t20170824_1632570.html，访问日期：2017 年 9 月 10 日。

一并抵押,单独以土地经营权抵押的几乎没有。这就反过来影响了社会对土地经营权的评价,给人形成一种土地经营权单独抵押价值不大的印象,并可能导致土地经营权抵押变成了纸面上的权利,无法在实践中真正贯彻落实。但实际上,很多专门种植粮食的家庭农场,其地面上并没有很多的大棚、果树等固定的地上物,土地经营权才是价值最大的抵押物,因此,如果不正视土地经营权的真正价值,很可能导致没有太多地上物的经营者仍然无法进行土地经营权抵押贷款。

2. 土地经营权的价值评估问题

根据《上海市农村土地经营权抵押贷款试点实施办法》第十二条,“乡镇农村经营管理部门对抵押物价值进行评估并出具评估建议书,不收取费用;金融机构也可以指定专业评估机构对抵押物价值进行评估并出具评估报告,自行承担费用”。上述第十二条存在的问题包括:一是乡镇农村经营管理部门的评估资质问题,一般而言,国家对开展评估鉴定的机构都有资质要求,只有取得资质认定,才有资格开展相关业务,乡镇农村经营管理部门显然并不具有此等资质;二是乡镇农村经营管理部门的评估能力问题,即便认为让乡镇农村经营管理部门进行价值评估是试点期间一个没有办法的办法,但价值评估毕竟是一件很专业的事,乡镇农村经营管理部门是否具有相应的评估能力?三是关于评估费用的承担问题,第十二条的规定考虑到土地承包经营权人和流出方即村集体的利益,提出了乡镇农村经营管理部门不收取评估费用、金融机构指定专业评估机构评估时自行承担费用的方案,但这种费用负担是否合理?特别是在专业评估机构评估的情形下,对于金融机构而言,作为抵押权人却需要承担评估费用,这与通常由抵押人负担的规则是大不一样的,这无疑也会影响金融机构发放贷款的积极性。四是专业评估机构的培育与选用,也还没有较成熟的经验。

3. 抵押贷款的期限太短

为期一年的短期流动资金贷款固然有风险可控等好处,但对于需要购置较多的农业机械、建设大规模生产设施的大型农业企业来说,这种短期的流动资金贷款显然无法满足其资金需求。另外,每年一次贷款,如果都是专业评估机构进行评估,金融机构每年都要向评估机构支付评估费用,在抵押物价值变动不大的情形下,这无疑是一种不必要的浪费。

四、对上海农村承包地流转与土地经营权抵押贷款的建议

(一)承包地流转方面

1. 坚持农户委托村集体统一流转的基本模式

上海农村承包地流转实践中,一条很重要的经验就是通过农户委托,由村集体统一流转。这种模式的好处在于:一方面,符合实际经营者的预期,对于实际流入土地的经营者来说,更愿意与村集体签订合同,避免农户反悔情况的出现,实现稳定的经营预期;另一方面,有利于土地的利用规划与连片经营、规模化经营的实现,在农户将土地委托给村集体后,村集体可以将土地整理成片,然后按照规划划片流转,可以克服土地利用的雷同化和零碎化;另外,也有利于实现利用的科学化,有的地方由农户自行流转,造成

了对土地的掠夺性利用，或者造成对生态、环境的严重破坏，通过集体统一流转则能较好地避免这些不利局面的出现。

2. 进一步推进连片经营，提升规模化经营质量

上海全市尚有 45 万余亩承包地仍然由个体农户家庭承包经营，占全市农户承包地的 25%。这 45 万余亩承包地由户均不足 5 亩的众多农户零散地占有耕种。正是这剩余的 25%的承包地，零星分布在已流转的 75%的承包地中间，导致很多已流转的承包地无法连成整片。因此，要想方设法突破这些零星分布的细碎承包地造成的障碍，进一步推进连片经营。一方面，村集体要有规划意识，要在尊重农户意愿的前提下，通过承包地互换等方式，将分散在已流转土地中间的零星承包地调整，使已流转土地能够实现连片经营；另一方面，要进一步引导承包农户退出低效的个体经营，进一步促进土地流转。

3. 分情况提高政府补贴标准

一是对于家庭农场，由于政策层面大多不鼓励家庭农场种植经济作物，而希望家庭农场种植水稻、小麦等粮食作物，但现实情况是种植经济作物的经济效益远远高于种植粮食，家庭农场依靠种植粮食其收益是有限的。那么，要想让家庭农场坚守种粮阵地，特别是想吸引更多年轻人加入家庭农场的经营队伍里来，就必须适当提高对家庭农场的补贴。

二是适当提高对委托村集体统一流转的补贴标准。村集体统一流转的好处在上文已有论述，在此不再重复。但实践中，仍有少数农户不愿意委托村集体统一流转，而更倾向于自发将土地流转给规模较小的经营者，因为这样确实能获得比委托集体统一流转更高的流转收益。然而，这种自发、无序流转造成的影响也是有目共睹的，对土地的掠夺性利用就是主要的问题。因此，要进一步推动和说服农户将承包地委托村集体统一流转，就应当适当提高补贴标准，提高农户委托的积极性。特别是在金山等区级政府财力相对薄弱的郊区，应该提高市级财政转移支付的支持力度。

4. 平衡流转收益分配，加强对村集体取得的流转收益的监管

严格意义上来说，村集体只是农户的代理人，村集体根据作为委托人的农户的意愿开展土地流转。但从金山区的情况来看，整个土地流转过程中，涉及两份重要的文本，一是《农户承包地委托流转书》（下称《委托流转书》），二是《上海市农村土地承包经营权流转合同》（下称《流转合同》）。《委托流转书》的双方分别是农户与村经济合作社，《委托流转书》载明“本农户自愿委托村经济合作社代办土地经营权流转有关手续，并签订相关合同”，并对流转土地面积和地块、流转方式、流转期限、流转价格、支付方式与支付时间、委托期限等内容进行了具体约定。根据《委托流转书》，向农户支付流转费用的主体是村经济合作社，而不是土地流入方。而《流转合同》的双方则是村经济合作社与土地流入方，根据《流转合同》，流出方也就是村经济合作社有权获得流转收益、按约定收回流转土地、监督流入方合理利用土地、制止流入方损坏土地和其他农业资源的行为等。《委托流转书》与《流转合同》指向的都只是双方主体，也就是说农户与流入方实际上并不直接发生法律关系。从上述过程来看，村经济合作社在整个土地流转过程中扮

演的并非仅仅是一个代理人的角色，村经济合作社的行为更符合行纪（信托）的特征，即村经济合作社接受流转委托后，并非以农户的名义去流转土地，而是以自己的名义与流入方签订合同。

无论如何，在金山区的农村土地流转实践中，村集体确实获取了一定的流转收益。村集体获得一定的流转收益，有利于扩大村集体的经济实力，便于村集体平衡平整土地、兴修水利道路等因土地流转产生的必要支出。但必须考虑的问题是，村集体应当获取多少流转收益？整个流转收益在村集体和农户之间应当如何分配？这种涉及绝大多数农户切身利益的事项，绝非《委托流转书》与《流转合同》中的双方约定就能决定的，应当由村民大会或村民代表大会决议。另外，要加强对村集体获得的流转收益的监管，确保专款专用，防止侵占和流失。

5. 保障土地经营者较为稳定的经营预期

作为规模化经营的参与者，土地经营者必然会有较大的人力、物力、财力的投入，自然也就期望有较为稳定的经营保障。但实践中流转合同期限较短，有的甚至采用一年一签的做法，这无疑破坏了土地经营者稳定的经营预期。虽然主管部门默许同等条件下流入方在后续流转过程中有优先流转权，但这毕竟只是一个默许，连纸面上的权利都还不算，自然无法让土地经营者吃上“定心丸”。因此，一方面，要探索签订更长期限的流转合同；另一方面，即便是选择一年一签的做法，也应当用制度来保障流转合同续期的连续性，没有特殊理由，只要土地经营者有续约的意愿，就应当续约，将主管部门的默许转变为一种更为可靠的制度，实现土地经营者更长久的投入与经营计划。

（二）土地经营权及其抵押贷款方面

1. 总结上海经验，从立法层面推动对土地经营权的法律确认

如前文所言，上海在三权分置和实行土地经营权抵押贷款过程中，之所以对土地经营权本身包括其定义、性质、生成等不直接提及，或者说有意无意地予以回避，其主要原因在于：按照中央关于三权分置的政策要求将土地经营权设计为一个可抵押、能担保的物权，这涉及对包括《物权法》《农村土地承包法》《土地管理法》在内的多部法律的修改，只有通过全国人大及其常委会的修法活动，才能在我国土地法律体系中创设一种新的物权，这绝非地方性政策规定所能完成的任务。因此，上海在此过程中对土地经营权本身有意无意地予以回避，也是一种无奈之举。但事实表明，无论是从法理层面还是从实践层面考量，将土地经营权明确为一种独立的次级用益物权是必要的，也是可行的，因此，应当积极总结上海试点的经验，从立法层面推动对相关法律的修改，使土地经营权作为一种独立的次级用益物权早日为国家法律所确认。

2. 颁发土地经营权证，确认经营者的土地经营权

实践中，上海给抵押人与抵押权人颁发土地承包经营权抵押登记证，需要注意的是，如果没有土地经营权的存在，这个土地经营权抵押登记证又如何能产生？因此，应当首先给流入方即实际土地经营者颁发土地经营权证。这是对流入方权利在物权法上的一种确认，是极其必要的，如果不赋予土地经营者这种物权性质的土地经营权，土地经营权存在的必要性就会大打折扣。

3. 坚持土地经营权抵押与土地经营权+地上物一并抵押两种模式

虽然在金山区的试点实践中，经营者用以抵押的是土地经营权+地上物（农作物+生产设施）组成的综合物的价值。实行土地经营权+农作物+生产设施和附属设备一并抵押的好处在于价值评估确定更容易，另外也更容易获得银行的认可。但这并不意味着土地经营权单独抵押就没有价值了。在金山区，土地经营权价值显现不出来的原因之一是村集体与农业企业、专业合作社、家庭农场签订流转合同时，往往只签一年，这就导致其价值有限。但如果像崇明区的情况，绝大多数专业合作社签订的是为期 20 年的流转合同，其土地经营权的价值自然就不一样了。因此，土地经营权单独抵押的方式是否可行，不能一言而概之，要根据实际情况做具体分析。

4. 试行土地经营权单独抵押贷款

如上文所述，对于没有果树、大棚等固定的农作物和生产设施与辅助设备的土地经营者来说，土地经营权本身就是价值最大的抵押物，无论从对土地经营权本身价值的确认，还是从扶持小规模农业大户、培育差异化经营的角度来说，试行和支持土地经营权单独抵押贷款都是有积极意义的。实行土地经营权单独抵押可能带来的风险之一在于，是否会引发圈存农村土地，然后专门以土地经营权套取银行贷款，而不在土地上实际耕作创造价值的情况发生？恐怕难以避免。因此，对土地经营权单独抵押贷款不能一棍子打死，但要深入研究其风险和防范与化解风险的方法与途径。

5. 平衡土地经营权人的自主权与尊重农户的知情权、同意权和决策权

从农户与村集体（村经济合作社）签订的授权委托书来看，委托书对流转面积、流转方式、流转期限、流转价格、支付方式与支付时间、委托期限有明确约定。村经济合作社有权按照授权委托书的授权，在委托期限内依照相关约定自主开展土地流转。但涉及流入方即种植大户以土地经营权抵押向银行贷款时，是否需要农户同意？在金山区，流入方以土地经营权抵押向银行贷款时，由乡镇农村经营管理部门出具一份农村土地经营权流转合同鉴证书。

实际上，按照将土地经营权设计为一个物权的初衷来看，应当赋予土地经营权人对土地经营权较大的处分权，这也是将土地经营权设置为一个独立的物权的价值之所在。在土地经营权抵押或其抵押权的实现不影响土地承包经营权本身的情况下，就不应该对土地经营权的抵押做过多的限制。但这只是在农户委托村集体统一流转，且村集体保障农户流转收益的情况下才有意义。如果是单个农户与流入方之间签订较长时间的流转合同，且流转费用是一年一付，在这种情况下，土地经营权抵押应当取得农户的同意，因为抵押权的实现很可能影响土地承包经营权本身。

6. 规范对抵押物的价值评估

要使土地经营权抵押贷款规范化发展，必须规范对抵押物的价值评估。一是要尊重抵押人和抵押权人的意思表示，由双方当事人商议决定到底是委托乡镇农村经营管理部门进行评估还是委托给专业评估机构。二是在乡镇农村经营管理部门设立专门的评估部门，选聘具有价格评估资质的专业人员，提升乡镇农村经营管理部门的评估资质和评估能力。三是要联合物价管理部门、专业评估机构等研究制定土地经营权及其地

上物估价参考标准，使抵押物价值评估有参考依据。四是评估费用的合理负担，规定评估费用由当事人一方承担不具有合理性，对评估费用的负担可做如下规定：抵押人和抵押权人均选择委托乡镇农村经营管理部门进行评估的，免收评估费用；抵押人和抵押权人均选择委托专业评估机构进行评估的，由双方协商确定，协商不成的，由双方共同负担；一方选择委托乡镇农村经营管理部门进行评估，另一方选择委托专业评估机构进行评估的，由选择委托专业评估机构进行评估的一方承担评估费用。

7. 激发银行开展土地经营权抵押贷款业务的动力

单纯依靠政府行政力量推动土地经营权抵押贷款不是长久之计，要进一步研究激发银行开展土地经营权抵押贷款业务动力的长效机制。一是要进一步研究土地经营权抵押贷款的风险控制方法，减少银行对开展土地经营权抵押贷款的风险忧虑；二是要对现有土地经营权抵押贷款个案经验进行总结提升，以实践个案和整体数据提升银行开展土地经营权抵押贷款的信心；三是市级层面出台鼓励银行开展土地经营权抵押贷款业务的相关优惠政策，激发银行动力。

课题主持人：李凤章
课题组成员：吴强林　张　玉

12. 上海市发展民宿问题研究(一)

摘 要

民宿是传统农家乐的升级版,也是为乡村盘活闲置、注入活力、留住人气、活化乡愁的新兴业态,其健康良性发展是实现习近平总书记在十九大报告中所提出的“产业兴旺、生态宜居、乡风文明、治理有效、生活富裕”的“乡村振兴战略”的重要抓手。新时代,要破解上海乡村旅游与休闲游憩发展不充分,不适应民众日益品质化、多元化需求的矛盾,民宿发展正面临新的机遇与挑战。

本课题组对民宿消费者(大样本的线上 8 977 条评论数据,线下 443 份问卷调研)、民宿经营者(重点区的 45 家民宿发展跟踪和深度访谈)、政府主管部门(制度、政策、推进情况)三个层面展开了深入调研和剖析,以期充分把握现实,找准痛点,切实破解民宿当前的困境,提出可行的对策建议。

一、本市民宿发展的基础现状

从发展现况来看,上海民宿当前仍处于起步阶段,但产业成长性明显,供求态势总体向好,体现出两大特征:

一是产业发展供需两旺。供给上,总体规模逐渐扩容,但郊区仍有大量闲置房屋资源,供给潜力空间巨大;需求上,上海本市居民的民宿消费需求持续走高,消费群体也较为广泛,但大量需求和消费外溢到周边省份。

二是市场供需都出现升级趋势。供给上,民宿分布较集中于景区周边,逐渐由自发聚落向各区规范化、标准化,浦东、崇明、松江、金山等地都已陆续出台指导意见和开展试点,产品特色与功能趋于多元化,产业出现结构调整和规模化发展态势。与之相对的市场需求也由传统的住宿需求向文化主题化、情感情怀化、生态品质化、服务人性化升级,对公共服务和配套设施的要求越发注重。

二、本市民宿发展面临的三大问题

一是缺乏市级层面的统一指导意见和行业标准，各区发展进度不一，实际中操作困难十分普遍。目前国家旅游局已经于2017年10月施行《旅游民宿基本要求与评价LB/T 065-2017》，浙江省也已经率先出台了第一个地方标准；相比之下，上海市的民宿发展指导意见、服务标准等尚未出台，各区自发制度的进度参差不齐（目前涉农9区的发展和推进阶段不一，出现两大梯队趋势，如表1所示）且在已经率先推行试点的松江区、金山区、青浦区的多个乡村在闲置房屋用于改建民宿和开展经营进程中，常遇到“违规”“违建”限制，民宿发展政策与规土部门等常常出现掣肘而中途放弃，无从推进；政府统一租赁或置换农民房屋用于民宿规模化发展、招商引资的进程中也常因为房屋所有权归属、拆违成本限制等问题被迫搁浅。**因此，上海市各区民宿业发展不能一刀切，需要因地制宜，根据各区具体基础和进程分类分级推进。**

二是土地“瓶颈”仍是最大痛点。目前全市休闲农业项目中，有90%以上的项目存在未办理合法利用手续的土地，目前拆违和优质休闲农业项目土地合法化工作正在开展，但调研中也发现拆违中存在忽视项目基本设施功能，生硬照搬文件强制拆除的掣肘问题。**其次，农村各类土地用于民宿经营和设施建设存在较大障碍，新增建设用地困难。**宅基地和农民自建房或自建用房租赁用于民宿经营会涉及农民权益保障和市场主体投资权益保障的双重挑战。集体建设用地用于旅游服务接待，需要保障集体经济组织的获益权。通过“拆三还一”“指标腾挪”获得建设用地指标十分宝贵，用于民宿几无可能。

三是囿于自身起步晚、环境优势薄弱、城乡差异大，若与周边形成抗衡仍需大力推进供给投入与配置。上海郊区民宿的自然生态环境资源与周边江浙相比不占优势，加之都市中心城区的发展遮蔽下的郊区“灯下黑”现象仍然明显，导致民宿产品竞争压力大，自身的供给质量、能力、服务水平以及周边乡村公共设施与服务配套等都暴露出极大问题，难以有效满足日益品质化、个性化的上海居民的休闲游憩需求。民宿起步阶段需要政府更多的公共产品投入与扶持。

三、本市民宿发展的主要思路

一是关键要分级分类，因地制宜、梯度推进各区民宿发展。基于当前涉农九个区民宿业不同的发展进程和规模水平，需要在国标和上海市地方标准出台的基础上，避免一刀切，根据各区发展实际，将浦东新区、金山区、松江区、崇明区以及青浦区五区作为第一梯队，重点在于破解各自在试点中的“瓶颈”，给予先行先试政策、资金扶持，确保民宿走上规模化、市场化、健康化发展轨道，而对于相对落后的奉贤区、宝山区、闵行区和嘉定区四区而言，需加快排摸各自农家乐、自发“黑民宿”的情况，出台适合自身的指导意见和标准，可借鉴崇明的“模糊门口”政策以鼓励民宿经营，做好民宿业者培训和农民意愿引导。

二是关键要在城乡互动和四化同步进程中进一步推进公共服务均等化。当前乡村基础设施的不足突出表现为几个"不适应":乡村排污纳管、供水供电不适应规模化接待的需要;乡村道路、停车场不适应自驾车出游的需要;乡村公共厕所数量和等级不适应大众游客的现实需要;乡村村容村貌不适应观光游览的需要。这些设施的改造建设,仅依靠民宿经营主体远远不够,更需要城建、环保、市政、供电、水务等多部门统筹解决。

四、促进本市民宿发展的五大举措

一是定位突破:尽快出台上海本市民宿发展的指导意见和标准,确立民宿的行业发展地位;确保并将旅游业界、学界人士积极吸纳入标准和意见的制定过程中,避免形式化、空泛化。

二是门槛突破:制订我市民宿管理办法,建议实行民宿许可经营制度,基于一定的行业进入门槛,可借鉴崇明经验允许正业或副业经营,实行行业规范管理。借鉴国家国标和浙江省地标,推行我市民宿等级评价制度或服务质量认证制度,完善行业自律与监管机制,规范业主经营,注重维护游客权益。

三是模式突破:通过试点促进率先民宿集聚发展,合理配置相关的公共设施与服务,引导传统农家乐、农庄接待点的结构性调整以盘活闲置的"三农"资源为目的,优化产品供给结构,避免过度商业化与短期性行为。

四是机制突破:探索有效的乡村旅游创新创业机制,积极引导民宿创业,鼓励社会资本投资,引入农地众包、项目众筹、乡村众创,培育乡村旅游创客经济。加强民宿业主的培训,完善从业人员的储用机制,加强第三方平台的介入与支持,保障民宿的持续、健康经营。

五是政策突破:研究出台农村民宿用房用地政策,合理合法地保障农房、农地租赁转让等交易行为,利于社会资本的参与和市场的优化配置。

习近平总书记在十九大报告中提出,实施乡村振兴战略,要坚持农业农村优先发展,按照"产业兴旺、生态宜居、乡风文明、治理有效、生活富裕"的总要求,建立健全城乡融合发展体制机制和政策体系,加快推进农业农村现代化。这一战略的提出,从根本上把握了破解"三农"问题的关键。盘活农村闲置资源,支持和鼓励农民就业创业,拓宽增收渠道,才能真正使"农村"回归"乡村",建设"看得见山,望得见水,记得住乡愁"的美丽村庄。

民宿经济也是为乡村盘活闲置、注入活力、留住人气、活化乡愁的一条可行的路子。作为休闲农业和乡村旅游发展中蓬勃发展的新兴业态,民宿在上海的发展具有巨大的市场前景,但同时也面临许多现实障碍。为此,本课题组对此问题展开了深入的调研排摸:一是通过对消费者大样本的线下问卷调研和访谈与线上信息挖掘分析相结合的形式,摸清了当前上海消费者对民宿的需求偏好和消费感知。二是通过对民宿经营业主的深度访谈,摸清了当前上海民宿业态经营过程中所遇到问题、瓶颈与障碍。三是通过对上海九个涉农区主管部门、乡镇领导的访谈调研,摸清了各区民宿发展的不同阶段和推进情况。

在此基础上,本课题组全面总结梳理了当前的基本问题,并对我市民宿发展提出了相应的思路与对策，以期有助于指导上海民宿发展并走出一条上海特色的创新实践之路。

一、上海市民宿发展的基本现状

（一）上海市民宿发展尚处于初级阶段

民宿，指借助农民自有住宅与空闲房屋，通过自营、合作、租赁等方式，经整体设计与修缮改造，以所在地自然人文、乡村产业等资源为载体，为游客提供乡野休闲住宿体验的非标准住宿形式。民宿起源于欧洲，原指兴起于欧洲城郊与乡村的B&B(bed & breakfast，指提供基本住宿和早餐的郊区农户）。根据所依托资源，民宿可分为风景依托型、农园依托型、民居改造型、创意主题型等几类。

国外研究主要关注民宿的需求、供给、市场营销、经营管理及问题对策。国外民宿业采用多种营销方式开展市场营销，其中口碑营销、手机营销、旅游手册是使用频率高且有效的方式(Lubetkin,M.,1999)。国内研究主要关注民宿的定义、经营管理、特色化和标准化、消费者行为特征、民宿发展与城市化，重点研究中国台湾、浙江等地区的经验。从国内外关注点的不同、研究深度的差异可以看出，西方民宿业的发展已经进入更为市场化的成熟阶段。而我国的民宿产业发展虽呈现出蓬勃之势头，但仍集中于对概念解读、标准设定、指导意见、发展规范和扶持监管政策的探讨等起步性的发展阶段。

（二）上海市民宿供给情况与主要特征

1. 总体规模不断攀升，初期的民宿聚落以自发性集聚为主

根据课题组在本市9个涉农区的调研和资料统计显示，全市当前正在经营中的民宿客栈数量大约在300家，主要分布在青浦、崇明、金山、浦东、松江等乡村旅游板块，形成了以朱家角古镇、金山嘴渔村为代表的民宿聚落。由于前期缺乏成熟的市场监管与门槛，总规模中“黑”“白”身份混杂。同时根据在线预订渠道的数据分析，目前，上海乡村民宿共159家，47%分布于浦东新区，32%分布于青浦区，15%分布于崇明区，金山区4%，松江、嘉定、奉贤区各占比1%。

2. 多集聚于大型景区周围，外部知名度有所提升

上海现有民宿产品主要有两类：一是零散分布的、由传统的“农家乐”发展而来的乡村接待产品，市场定位及产品层次较低端。二是集聚式分布的、由外来投资者和创业者投资经营的新兴创意民宿，主要在浦东迪士尼周边，青浦朱家角、金山嘴渔村等地发展布局，产品市场较高端且小众，功能定位不够明晰。目前，本市的民宿业态尚未形成规模化发展，但已经形成一定的市场影响力，浦东新区迪士尼周边民宿已经形成了一定的市场知名度，与迪士尼形成了良好的互动与互补；相较之下，本地市场对本市民宿产品的认知不足。

3. 民宿产品类型逐渐丰富，体验性不断加强

现有民宿项目中，住宿服务占主要地位，民宿主要提供住宿业务。但民宿产品中还融合了农业景观产品、乡村文化体验、乡村生态度假等多元化的产品体系，展现出形成乡村综合吸引体系的潜质（如表1所示）。民宿所融合的体验业态和所依托的资源丰富

多彩,覆盖内容广、可整合的资源多,民宿项目的产品设计和内容创新具有很大的发展空间。

表 1　　民宿所融合的体验业态

体验业态类别	业态体系	依托资源
农业景观产品	农业景观观光	林果资源、农作物、田园资源
	生态农业高科	乡村生态景观及高科技农园
乡村文化体验	乡村绿色餐饮	绿色时蔬、山野菜、乡土特产
	乡村原乡住宿	乡土民居、古村院落资源、历史文化名村(镇)
	乡村民俗节事	风土人情、非遗等文化资源、乡村旅游节事
	美丽乡村建设	美丽乡村、新农村建设成就
	都市水乡古镇	大小水系及文化古镇资源
	乡村艺术体验	乡村景观艺术、大地艺术、绘画艺术、盆景艺术等
	乡村农事体验	农业蔬菜、瓜果种植体验
乡村生态度假	山林度假休闲	城市森林、郊野生态资源
	滨水(海)度假	河岸、湖泊、海岸、湿地等
	温泉养生度假	地热温泉等生态养生资源

4. 郊区存在大量闲置资源,尚有巨大市场供给潜力

休闲农业的转型升级可为都市“三农”发展和农业供给侧的改革注入新的活力,发展前景广阔。金山、奉贤等多个郊区乡村的房屋闲置率达50%~60%,崇明则几乎可达70%以上。这一背景下,民宿发展成为盘活农村闲置资源、带动乡村发展的可行路径。通过整合乡村体验、乡村度假和乡村生活,吸引城市居民在乡村住下来、留下来,形成都市城乡交流互动的新形式,促进郊区乡村实现对接都市城乡一体化的可持续发展。

5. 浦东等区率先出台本区民宿指导意见,行业开始走向规范性

为给民宿营造良好的市场发展条件,许多地区已率先走出民宿探索创新的步伐。浦东新区率先制定了本区民宿发展的指导意见和创建标准,为民宿发展创造了良好的政策环境。崇明区为民宿的设立建立了相对宽松的市场准入条件,已率先成立由多部门组成的“崇明农家”协调工作组,出台了暂行办法与审批程序,在消防、公安等审核环节设立绿色通道。金山区也已正式出台民宿发展的指导意见:《金山区促进民宿业发展的意见(试行)》。2017年10月1日,国家旅游局《旅游民宿基本要求与评价 LB/T 065-2017》标准正式施行,行业走向规范化的趋势已经非常明显。

6. 市民乡村休闲需求升级,将成为民宿发展的重要推力

民宿发展可为市民提供更为优质的郊区旅游产品与游憩空间。上海庞大的常住人口群体及其乡村休闲游憩需要,是本市民宿创新发展的主要支撑力量。然而,当前上海的郊区游憩市场需求虽然旺盛,但却大量外溢至周边省区。据上海市消费者权益保护委员会发布的《2016上海郊野休闲消费调查报告》和《上海乡村消费体察报告》,上海本地居民仅有四成倾向于选择近郊进行乡村旅游,其余60%以上均倾向于选择周边省

市。因此，上海市民宿发展如何满足都市居民不断升级的郊区休闲度假需求亟待破解。

（三）当前上海市民对民宿的需求偏好与体验评价

为进一步了解消费者对民宿的需求和行为偏好，课题组于 2017 年 6 月至 8 月期间，采用线上挖掘和线下调研两个渠道，以携程、艺龙、同程、小猪、大众点评、蚂蜂窝网站筛选 45 家上海民宿（浦东新区 23 家、青浦区 17 家、金山区 3 家、崇明区 2 家）的 8 977 条评论为研究样本（如表 2 所示），综合分析消费者体验民宿的整体感知。同时，结合问卷调研（共回收问卷 443 份，其中有效问卷 430 份，有效率 97%），综合分析上海民宿消费者的行为特征与偏好。

表 2　　上海民宿线上消费者评价数据来源

序号	名　称	所在行政区	评论总数	来源网站
1	上海良住民宿	浦东新区	592	携程、艺龙、同程
2	上海过来民宿	浦东新区	531	携程、同程、艺龙
3	朱家角柿园	青浦区	516	携程
4	上海不舍精品民宿	浦东新区	487	同程、携程、艺龙
5	小时光主题客栈	浦东新区	446	携程
6	上海迪南居精品民宿	浦东新区	431	同程、艺龙、携程
7	上海圣元居民宿	浦东新区	406	携程、艺龙、同程、小猪
8	上海水上居民宿	浦东新区	319	携程、同程
9	朱家角邂逅 92 号	青浦区	298	携程、携程
10	朱家角蓝莲花开客栈	青浦区	287	携程
11	上海朱家角蓝房子民宿	青浦区	276	携程、同程、艺龙
12	上海迪之梦精品民宿	浦东新区	241	携程、同程、艺龙
13	上海悦居舍民宿	浦东新区	222	携程、艺龙
14	上海 uncle 闵的家雅致民宿	浦东新区	217	携程、同程、大众点评、小猪
15	朱家角青园雅墅客栈	青浦区	211	携程
16	上海驿亭四季花园客栈	浦东新区	210	携程
17	上海谧舍·橘精品民宿	浦东新区	203	携程、同程、艺龙
18	上海 GoNative 班玛家民宿瞿家八号	浦东新区	198	艺龙、携程、同程
19	上海逸民居民宿	浦东新区	191	携程、同程、艺龙
20	上海半朵悠莲主题民宿	金山区	191	携程、同程、艺龙
21	上海朱家角 myway 水乡驿站	青浦区	181	携程
22	崇明花好月圆客栈	崇明区	174	携程
23	上海朱家角雅韵居客栈	青浦区	155	携程
24	上海亲水客栈	青浦区	139	携程
25	上海铭忆静墅客栈	浦东新区	137	携程
26	上海朱家角的丫头家	青浦区	132	携程

续表

序号	名　称	所在行政区	评论总数	来源网站
27	上海舒馨阁民宿	浦东新区	117	携程、同程
28	上海九乡民宿	浦东新区	114	携程、同程、艺龙、小猪
29	上海浮生驿栈	青浦区	112	携程
30	上海朱家角茶苑精品客栈	青浦区	105	携程
31	上海老井客栈	金山区	103	携程
32	上海世游湾主题客栈	浦东新区	90	携程
33	上海开心驿栈	浦东新区	89	携程
34	上海朱家角漫公馆精致客栈	青浦区	88	携程
35	上海杂志咖啡客栈	青浦区	87	携程
36	上海朱家角唯忆栈房客栈	青浦区	84	携程
37	崇明海洪园民宿	崇明区	82	艺龙、携程、同程、大众点评
38	上海 dis 美伦别墅民宿	浦东新区	73	携程、同程
39	上海叶和客栈	青浦区	70	携程
40	上海朱家角望桥茶楼民宿	青浦区	65	携程、同程、蚂蜂窝
41	上海 1685 花园民宿	浦东新区	65	艺龙、携程、同程
42	上海角里小筑精品客栈	青浦区	64	携程
43	上海馨盏民宿	金山区	62	同程、艺龙
44	上海陈澄幽居园林民宿	浦东新区	59	同程、艺龙
45	上海迪士尼朋友客栈	浦东新区	57	携程

1. 多数被调查者尚未住过上海民宿,实际消费者二次体验需求高

68.37%的游客没有住过上海民宿,而在上海民宿的实际消费者中,近一半消费者仅体验过1次民宿,2～4次的民宿消费者人数占比13.02%,说明上海民宿的消费需求较高,二次体验的吸引力较大(如图1所示)。

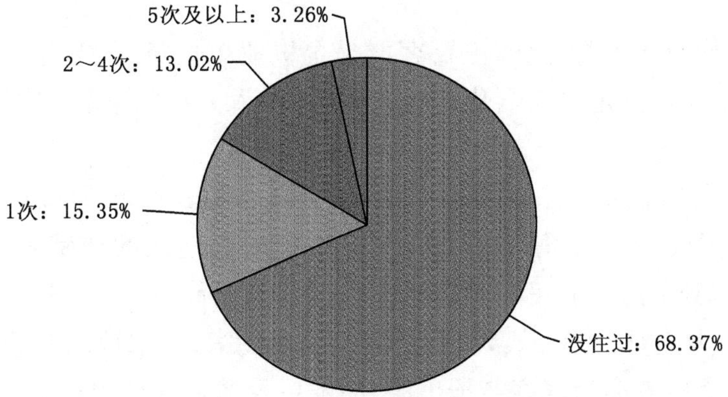

图1　上海民宿消费者消费次数

2. 宿客群女性偏多、年轻化，但中年高收入客群为消费主力

在上海民宿的实际消费者中女性居多，占总人数的64.18%。年龄方面，60%以上为18～30岁的青年客群，这部分客群热爱新奇事物，入住民宿的次数为1～4次，平均每次的逗留时间为1～3晚，时间较短。而30～50岁的中年客群由于收入稳定、支付能力强，在入住次数和逗留时间上都明显多于青年客群，有6.25%的中年游客曾在上海乡村民宿平均停留4晚以上，说明消费市场对中长期的民宿体验有一定的需求（如图2、图3、图4所示）。

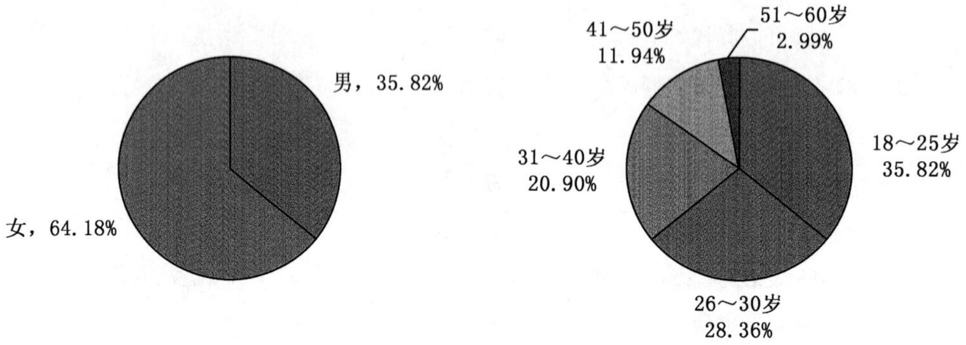

图2 上海民宿消费者性别、年龄占比

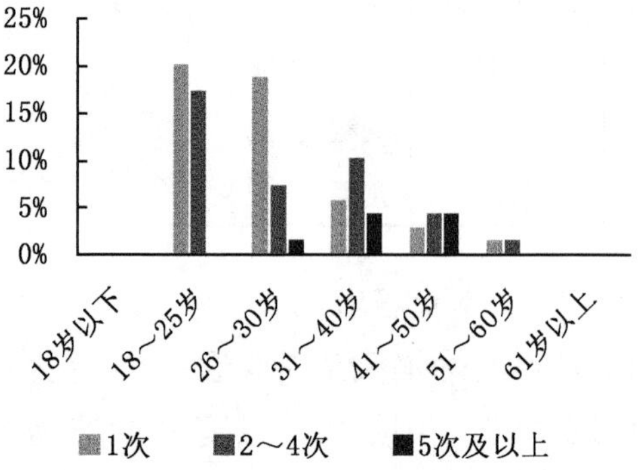

图3 上海民宿消费者年龄与消费次数交互分析(1)

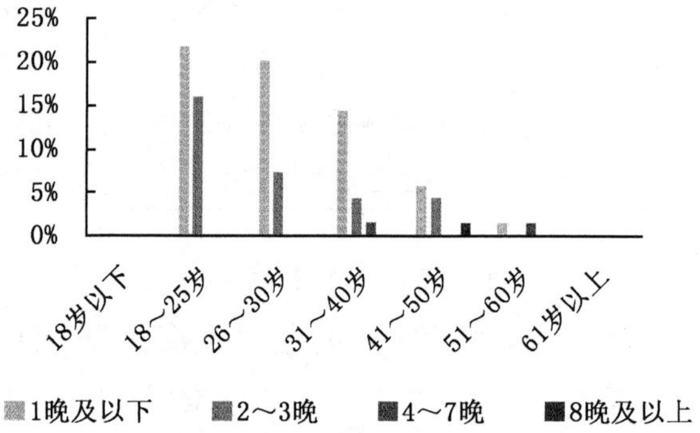

图4 上海民宿消费者年龄与消费次数交互分析(2)

从职业和月均收入来看，当前主要客群是企事业单位员工、学生，月均收入10 000元以下者居多，表明产品定价大众化，尚未满足高收入人群的消费需求（如图5、图6所示）。

3. 上海民宿的客群主要来自于长三角地区，向外辐射的能力薄弱

近68%的消费者来自上海本地，浙江、安徽等周边地区的消费者受到当地民宿业发展的屏蔽影响，到上海体验民宿的动机不强（如图7所示）。

4. 家庭亲子为主要出游方式，消费动机以临时住宿、周末短期度假为主

上海民宿的消费者多为家庭亲子出游、朋友以及情侣结伴出游。上海迪士尼、朱家角古镇等知名景点对亲子、朋友和情侣的吸引力较大，大多数游客出于方便到民宿周边游玩的目的，选择民宿临时住宿，因此综合消费动机与平均逗留时间来看，大多数消费

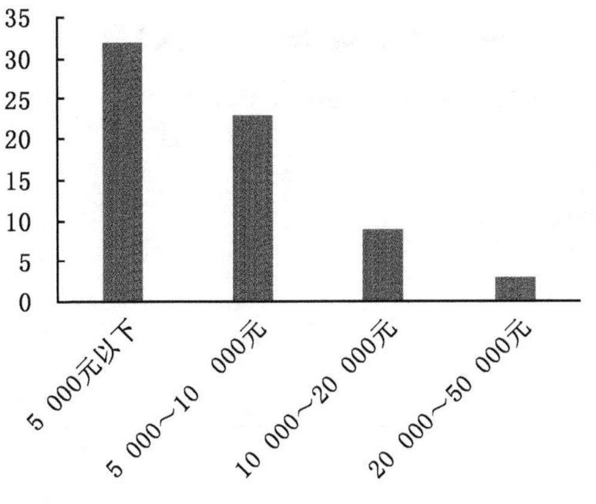

图 5 上海民宿消费者月均收入分布

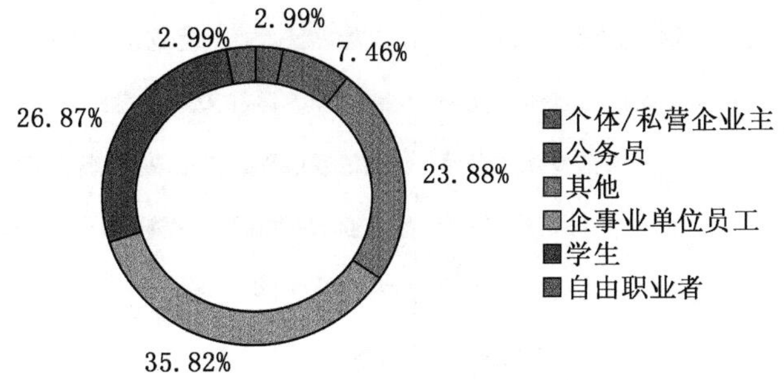

图 6 上海民宿消费者职业分布

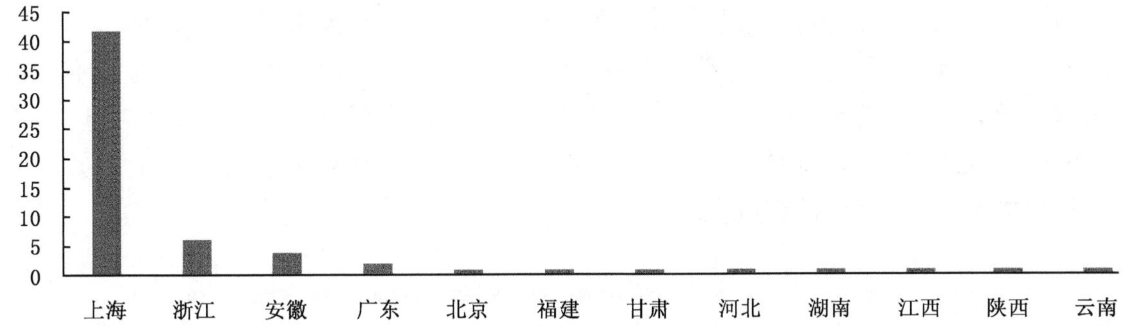

图 7 上海民宿消费者常住地分布

者只在民宿停留一晚，与"临时住宿，方便去周边游玩"的消费动机相吻合。停留 2～3 晚的消费者大多是亲朋好友周末短期休闲、度假客群，这部分游客有逃离嘈杂都市、体验乡村农事活动的需求，向往乡村良好的生态环境和宁静的生活氛围(如图 8、图 9 所示)。

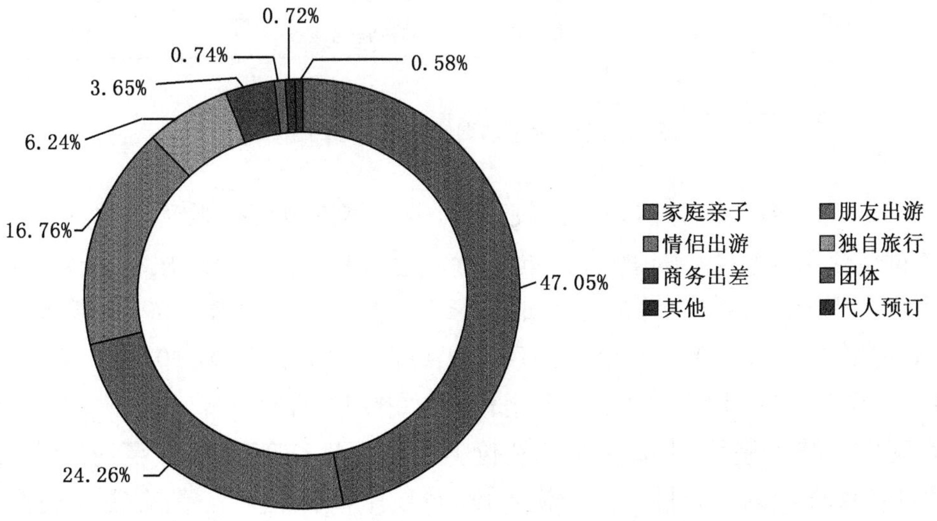

图 8 上海民宿线上消费者客群类型

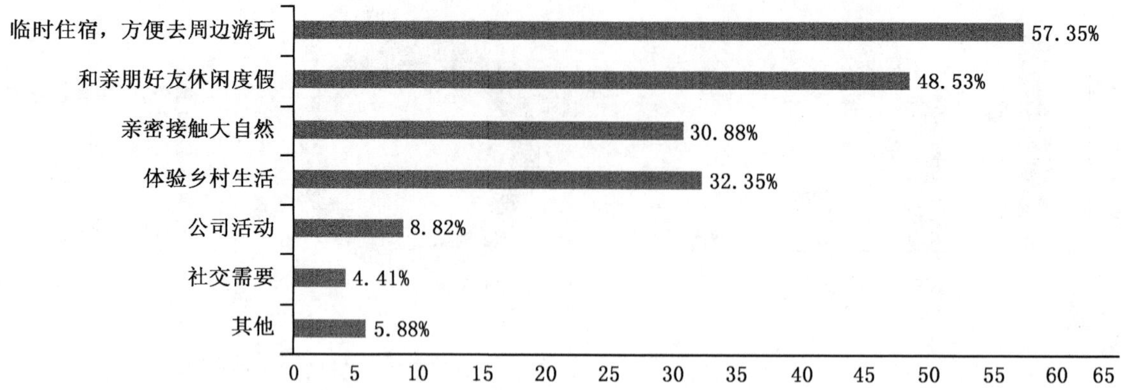

图 9　上海民宿消费者的决策动机

5. 民宿信息获取渠道多样化，消费者更关注口碑营销

消费者获取上海民宿信息的渠道呈现多样化的特点，但大多数游客延续传统住宿设施的消费习惯，主要通过携程等在线旅游综合预订平台搜索民宿信息。与标准化酒店预订相比，相当一部分消费者通过微博、微信和亲友介绍了解上海民宿信息，且有84%的客人认为“民宿拥有良好的口碑”十分重要，说明消费者对于民宿的期待并不局限于住宿功能，更看中口碑(如图 10 所示)。

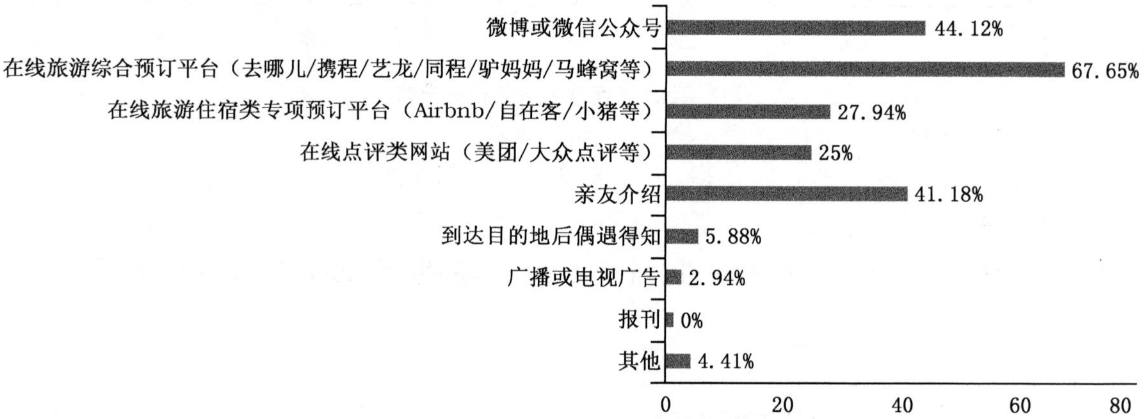

图 10　上海民宿消费者获取信息的途径

6. 消费者对上海民宿总体评价比较积极，但整体满意度仍低于消费期望

通过对包含明显情绪倾向的表证词进行情感分析得出，上海民宿消费者网络评价的积极情绪占比 88.84%，中性情绪占比 8.15%，消极情绪占比 3.00%；积极情绪中，一般积极(即情绪表证词为 0～10 个)、中度积极(即情绪表证词为 10～20 个)、高度积极(即情绪表证词为 20 个以上)的评论占比相当(如图 11 所示)。

调查问卷的结果显示，上海民宿消费价值的重要性均值和满意度均值分别为 3.87 和 3.52，且各项指标的重要性均高于满意度，说明上海民宿产品仍有很大提升空间(如图 12、表 3 所示)。

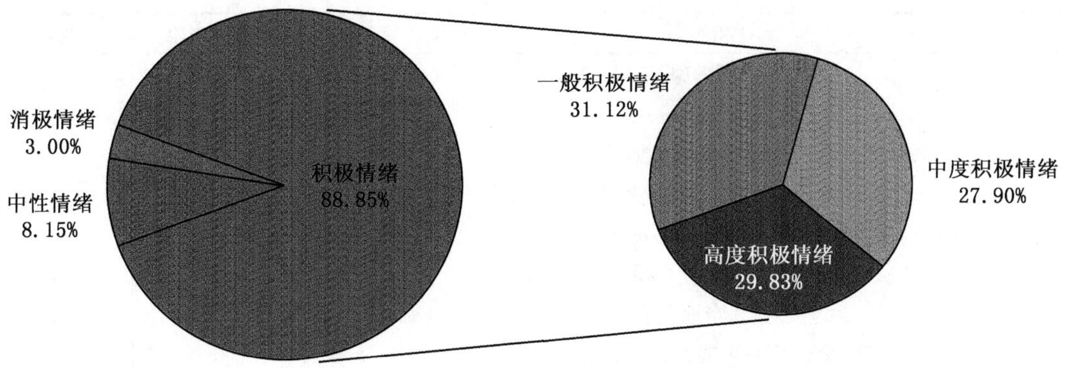

图 11　上海民宿线上消费者评论情感分析

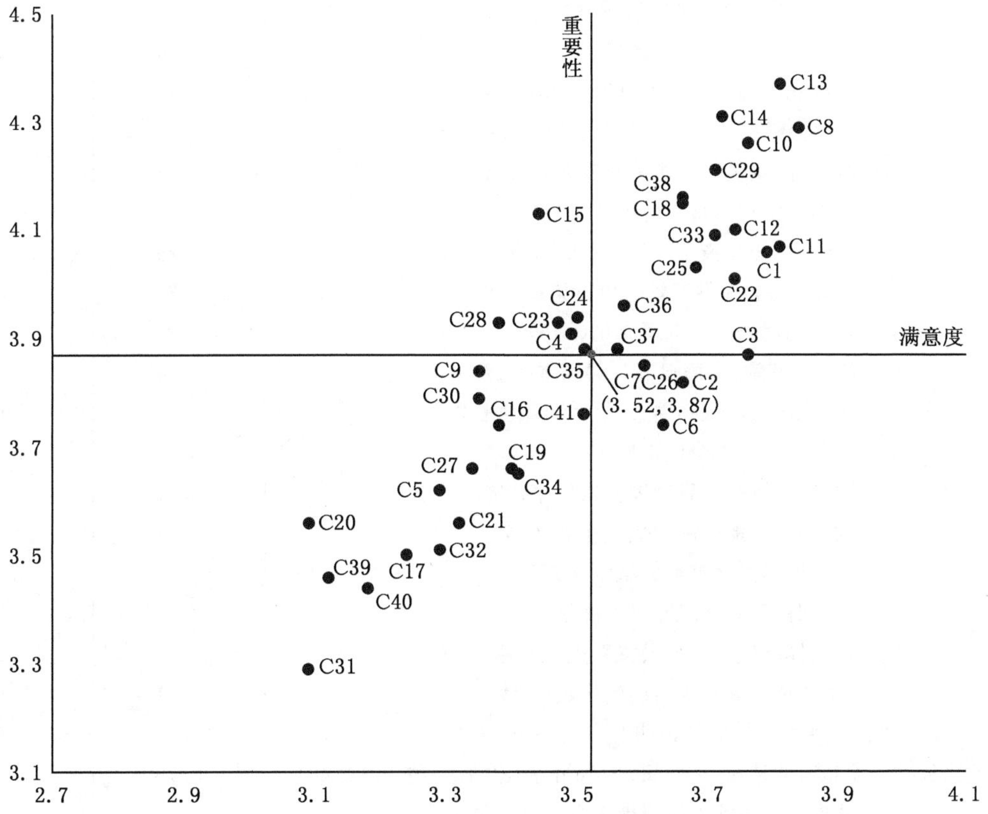

图 12　上海民宿评价指标重要性—满意度象限分布

表 3　　　上海民宿评价指标重要性—满意度均值表

评价题项	满意度均值	重要性均值
民宿的外部交通方便(C1)	3.79	4.06
民宿能保障消费者的人身与财产安全(C8)	3.84	4.29
这间民宿的口碑、评价良好(C10)	3.76	4.26
民宿周边有游玩的好地方(C11)	3.81	4.07
民宿客房设施齐全且无损坏(C12)	3.74	4.1

续表

评价题项	满意度均值	重要性均值
民宿客房干净整洁(C13)	3.81	4.37
民宿客房的舒适度高(C14)	3.72	4.31
我在这间民宿能吃到新鲜健康的食材(C18)	3.66	4.15
这次民宿体验能丰富周末/假期生活(C22)	3.74	4.01
民宿主人热情周到的服务让我感到愉悦(C25)	3.68	4.03
这次民宿体验使我的身心得到放松(C29)	3.71	4.21
我能品尝到当地美食(C33)	3.71	4.09
这次民宿体验让我更加亲近自然、认识自然(C36)	3.57	3.96
这间民宿能满足我追求新鲜事物的好奇心(C37)	3.56	3.88
相比于酒店/宾馆,这间民宿给我不一样的体验(C38)	3.66	4.16
获取民宿的信息方便快捷(C3)	3.76	3.87
在住宿之前能全面地了解民宿的信息(C4)	3.49	3.91
民宿客房隔音(C15)	3.44	4.13
民宿的主题特色鲜明(C23)	3.47	3.93
我能感受到民宿主人的情怀(C24)	3.50	3.94
这间民宿的建筑装修能满足我的审美(C28)	3.38	3.93
我能了解和体验当地民俗文化(C35)	3.51	3.88
民宿周边配套设施完善(超市、医院等)(C5)	3.29	3.62
这间民宿能提供有效的投诉渠道(C9)	3.35	3.84
民宿的停车空间充足(C16)	3.38	3.74
民宿有庭院、小酒吧等公共区域(C17)	3.24	3.50
民宿主人提供接送(到周边景区等)服务(C19)	3.40	3.66
民宿主人提供个性化导游服务(C20)	3.09	3.56
这次民宿体验让我身体变得健康(C21)	3.32	3.56
我能与当地村民愉快地相处(C27)	3.34	3.66
这间民宿有家的氛围(C30)	3.35	3.79
这间民宿能唤起儿时的回忆(C31)	3.09	3.29
这次民宿体验使我与家人关系更加亲密(C32)	3.29	3.51
我能体验到农事活动的乐趣(C34)	3.41	3.65
通过这次民宿体验结识朋友、拓展人脉(C39)	3.12	3.46
通过这次民宿体验赢得关系圈(工作圈、生活圈、兴趣圈等)的认同(C40)	3.18	3.44
这次民宿体验可以与他人分享(C41)	3.51	3.76
出发地到民宿的交通距离短(C2)	3.66	3.82
民宿的价格经济实惠(C6)	3.63	3.74
民宿的价格公正透明(C7)	3.6	3.85
我能与民宿主人愉快地相处(C26)	3.6	3.85

7. 消费者认为上海民宿价格实惠,高端消费拥有较大挖掘潜力

调查发现,出于社交和公司活动的消费动机,商务差旅、团体的消费客群较少,所占比例不足5%,这表明上海民宿多是以住宿功能为主的大众化产品,尚未具备吸引高端客群的能力,而63%的消费者认为上海民宿的价格经济实惠,对价格的敏感度不高,说

明上海目前提供的民宿产品难以满足高端市场的需求，发展高端消费的潜力巨大(如图13所示)。

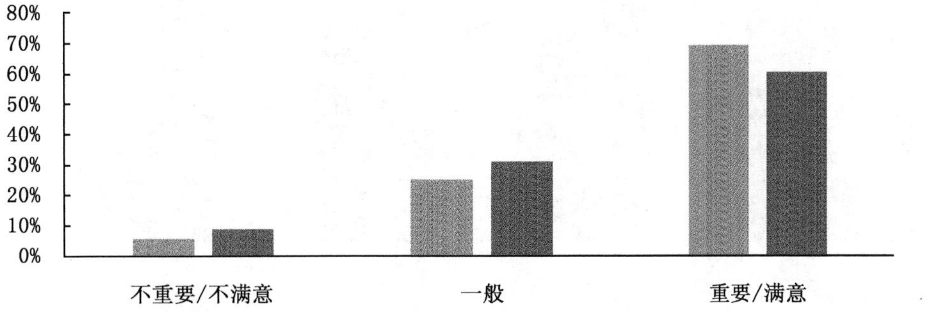

图13　消费者对上海民宿价格感知的重要性与满意度

8. 客房、服务等基本需求仍然最受消费者看重

网络评价中对于“干净”“温馨”“装修”等词汇提及率最高，对于民宿“老板”和“老板娘”“热情”的服务态度印象深刻。调查显示，87%的消费者认为民宿客房的干净整洁和舒适度非常重要，81%的消费者非常重视客房设施的齐全无损坏，78%的消费者希望客房具有隔音功能，而只有51%的客人对此项表示满意，说明民宿客房的私密性仍有待提升(如图14、图15所示)。

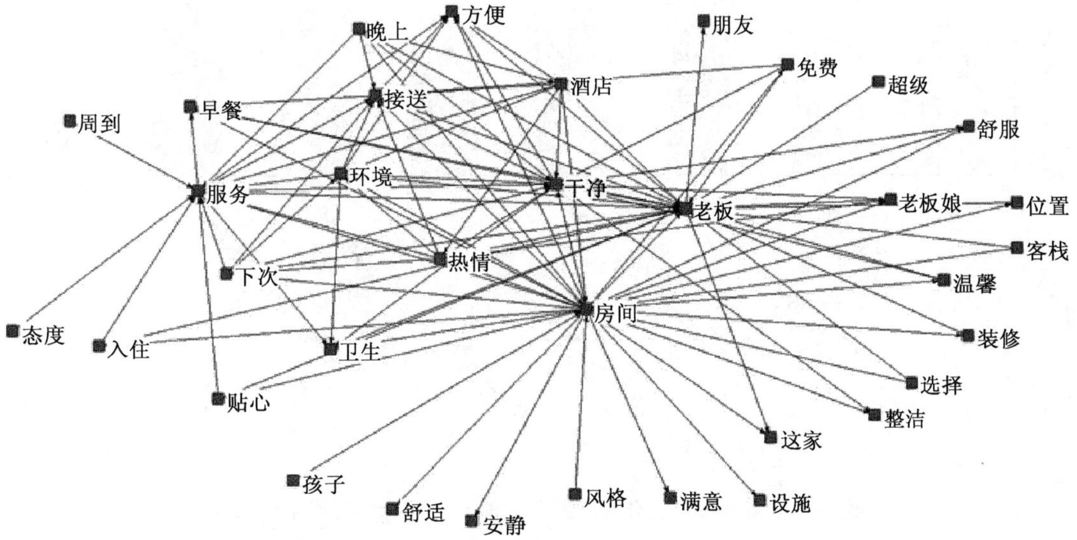

图14　上海民宿线上消费者评论的语义网络

9. 信息、交通等公共服务满意度较高，公共配套和消费保障有待加强

消费者对于民宿旅游公共服务的高度关注主要体现在信息获取的便捷性(69%的消费者认为很重要)与全面性(57%)、交通距离(66%)与便捷性(72%)、公共配套设施是否完善(69%)、消费是否有安全保障(85%)与投诉渠道(68%)四个方面，其中对于公共配套设施、人身与财产安全保障、投诉渠道保障方面的满意度明显低于重要性，说明

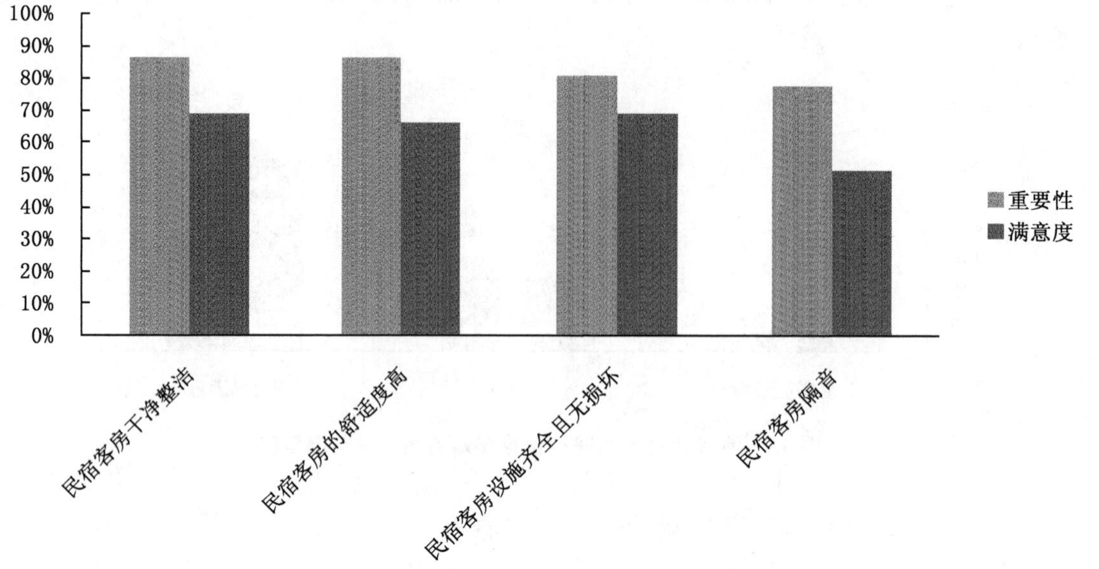

图 15 上海民宿消费者对民宿客房的重要性与满意度感知

此三方面仍需大力改进(如图 16 所示)。

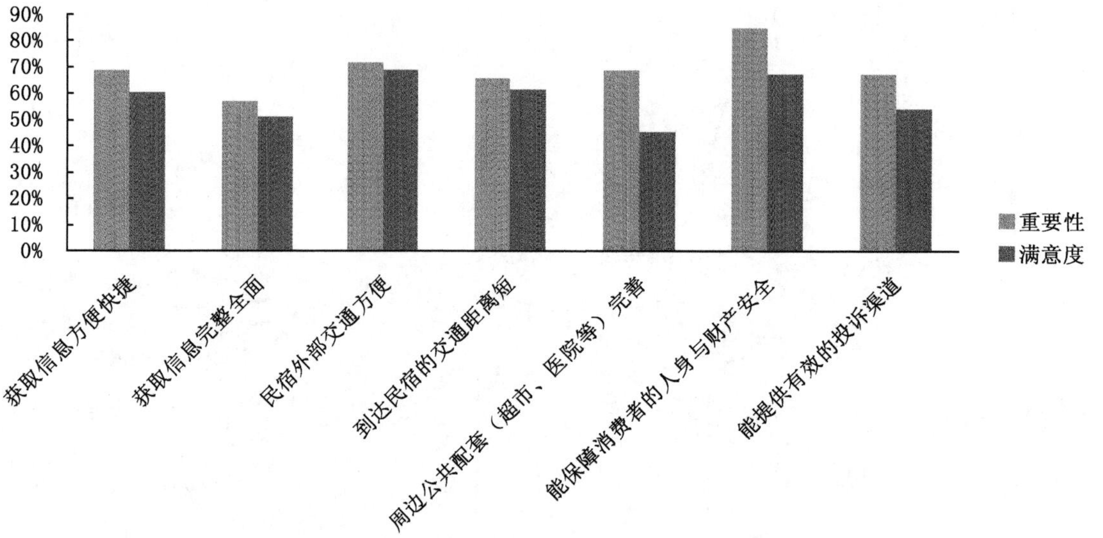

图 16 上海民宿消费者对旅游公共服务的重要性与满意度感知

10. 消费需求升级,消费者对民宿差异的需求非常丰富

不同于对标准化住宿产品的需求,消费者更倾向于选择装修设计感强(71%)、独具乡村文化特色(71%)和有情怀的民宿(66%),对于体验异域风情民宿的意愿最低。此外,男性消费者更关注民宿周边的生态环境,而女性更喜欢建筑和装修有设计感、拍照美的民宿(如图 17、图 18 所示)。

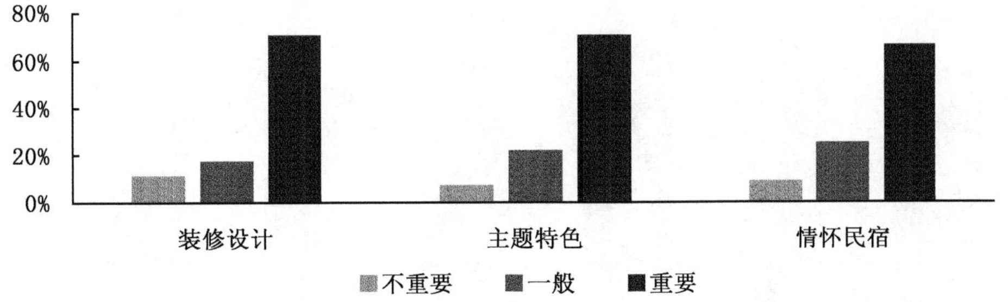

图 17 上海民宿消费者对民宿的偏好

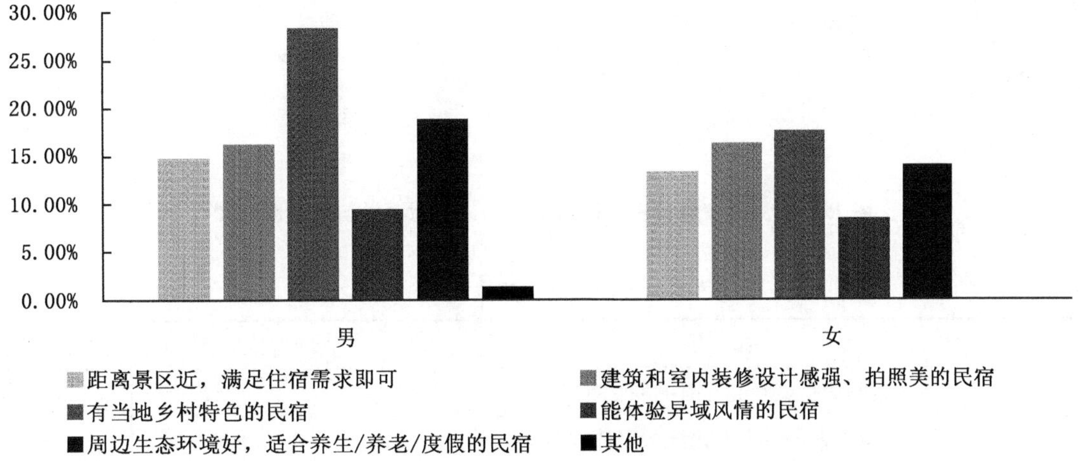

图 18 上海民宿消费者性别与产品类型偏好的交互分析

11. 消费者对于民宿的功能需求更加多元化、体验化

虽然对于民宿的住宿功能十分重视，但消费需求也呈现出向“品尝乡村美食”“体验乡村生活”“拥抱乡村生态”以及“追溯乡愁”等衍生功能过渡：85%的消费者希望住民宿能使身心得到放松；79%的消费者利用民宿来丰富周末或假期生活；78%的消费者期望在入住上海民宿时能品尝到当地的美食、新鲜的食材；74%的消费者想要通过民宿亲近自然、了解自然；68%的消费者对于了解和体验当地民俗文化抱有很大兴趣(如图 19 所示)。

12. 民宿的社交、情感价值尚未得到重视

消费者在入住上海民宿前，并未对“结交朋友”“赢得关系圈”“与当地村民愉快相处”等社交价值赋予较高的期望，也未对“唤起儿时回忆”“与家人关系更加亲密”等情感方面的价值产生足够重视，同时，这两方面价值的满意度也相对较低(如表 4 所示)。

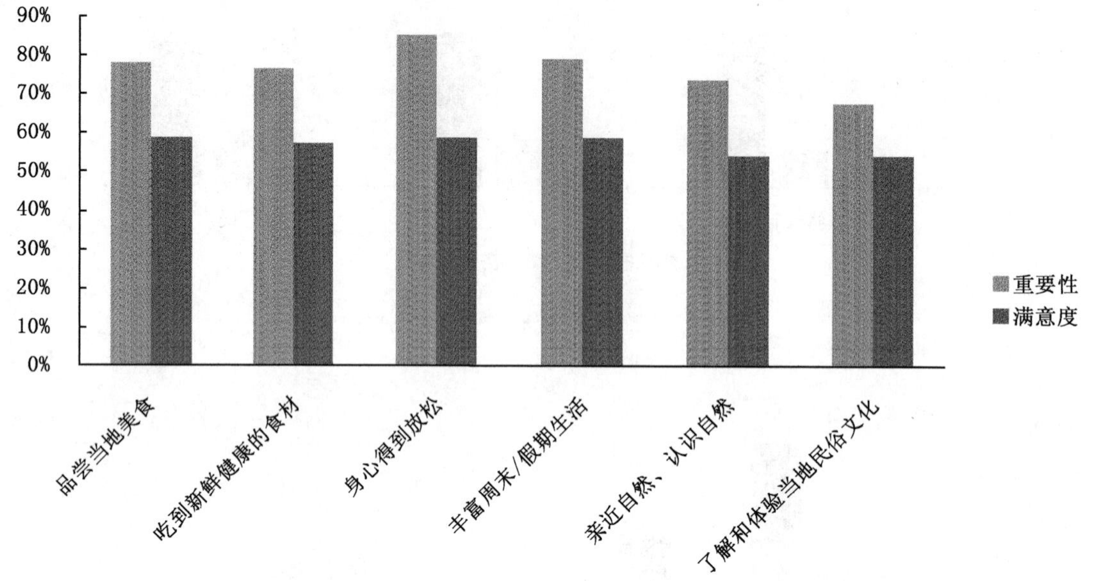

图 19　上海民宿消费者对民宿衍生功能的重要性与满意度感知

表 4　　上海民宿消费价值满意度排名后十位指标

指标层	满意度均值	重要性均值
这间民宿能唤起儿时的回忆(C31)	3.09	3.29
民宿主人提供个性化导游服务(C20)	3.09	3.56
通过这次民宿体验结识朋友、拓展人脉(C39)	3.12	3.46
通过这次民宿体验赢得关系圈(工作圈、生活圈、兴趣圈等)的认同(C40)	3.18	3.44
民宿有庭院、小酒吧等公共区域(C17)	3.24	3.5
这次民宿体验使我与家人关系更加亲密(C32)	3.29	3.51
民宿周边配套设施完善(超市、医院等)(C5)	3.29	3.62
这次民宿体验让我身体变得健康(C21)	3.32	3.56
我能与当地村民愉快地相处(C27)	3.34	3.66

二、上海市民宿发展的现实问题

(一)对民宿的概念认识不清,经营理念和发展水平参差不齐

1. 对民宿的概念和内涵的认识不清

不同区域对发展民宿跃跃欲试,但对民宿的概念界定、功能内涵、价值导向等内容了解较粗浅。或存在认识误区,或简单地将民宿定义为精品型乡村酒店和乡村度假旅馆。从"农家乐"发展而来的民宿产品,软件建设不足,不能很好地体现和贴合民宿所倡导的人文关怀价值导向。而由外部市场主体投资建设的民宿产品,也存在过度重视民宿的外在设施的现象,与本地文化和本地环境结合得不够紧密。在总体上决定了本市的民宿业态仍处于初浅化探索阶段。

2. 经验理念与发展水平参差不齐

市场发展民宿的热情很高,周边区域民宿发展迅速,上海地区普遍学习浙江的民宿发展经验进行民宿建设。然而,外部经验在上海本地的实践仍存在诸多困难,现代民宿科学经营理念的树立还需要较长时间的摸索。另外,上海本地村庄闲置率较高,内外发展动力不足,发展政策较为保守,各地对探索民宿业态仍抱有观望态度,由政府、市场和集体经济组织主导的民宿建设项目进展皆较为缓慢。

(二)各区推进民宿发展进度不一,实际困难尚未突破

1. 各区推进进度差异较大,缺乏统一的引导规范

根据课题组调研梳理可见,目前涉农 9 区的发展和推进阶段不一,如表 5 所示,浦东新区、崇明区、松江区、青浦区已针对民宿发展的具体支持政策和鼓励措施;但其他区发展民宿的进度较为缓慢,市级层面也尚未制定用于指导全市整体民宿发展的意见和政策。据此,课题组认为上海市各区民宿业发展不能一刀切,需要划分两大梯队,因地制宜,分类分级推进。

表 5　上海 9 个涉农区民宿业态推进情况调查一览(截止到 2017 年 10 月)

	各区	制定指导意见	是否正式发布	规划制定情况	是否正式试点
第一梯队	浦东	是	是	是	是
	崇明	是	是	是	是
	松江	是	是	是	是
	金山	是	是	是	是
	青浦	是	否	是	是
第二梯度	宝山	否	否	否	否
	闵行	否	否	否	否
	嘉定	否	否	否	否
	奉贤	否	否	否	否

2. 针对民宿设立和建设过程中实际困难,缺乏明确的支持政策

实际推进过程中,民宿业主面临民房、休闲农业等民宿配套土地等方面的投资风险,客流不稳定、宣传推广有难度,办证难度大、管理口径多而杂等问题。多数民宿业主认为政府在资金支持民宿发展方面有所欠缺,在证件办理、宣传推广、保障业主投资环境稳定等方面,政府应给予更大力的支持。

(三)项目用地的历史遗留问题多,新增建设用地困难

目前全市休闲农业项目中,有 90%以上的项目存在未办理合法土地利用手续的土地。随着全市休闲农业项目进入新的调整和整顿期,各区正在筛选优质休闲农业项目对未办理有关证照的土地进行合法化,休闲农业项目面临新的用地形势。同时,农村各类土地用于民宿经营和设施建设存在较大障碍,新增建设用地困难。宅基地和农民自

建房用于民宿经营，或农民自建房对外租赁，涉及农民权益保障和市场主体投资权益保障的双重挑战。各区通过“拆三还一”“指标腾挪”获得建设用地指标十分宝贵，很难用于投资大、收益慢、主体小的休闲农业和乡村旅游项目。由于土地政策、行业管理等方面的风险，也限制了投资者的积极性。

（四）民宿的开办设立在标准和准入程序上存在诸多限制

民宿作为旅馆类接待设施，其设立需要通过公安、消防、食品卫生、工商等部门的审核和批准，仍面临诸多限制：一是乡村的民房建筑多为自建房，房屋的建筑安全难以核准。二是乡村民房主要用于居民自住，通常不具备商业接待设施所需的消防设施和消防条件，在消防审核中遇到很大困难。三是开办民宿还需接入公安部门的入住管理登记系统。最终，只有通过公安、消防的特种行业许可，民宿才可正式获得工商部门的核准并开展营业。因此，民宿要获得每一步的行政许可，都面临许多现实的困难。

（五）产品供给难以满足品质化市场需求，周边竞争激烈

1. 本市民宿产品供给质量有待提高

一方面，本市民宿产品普遍存在品质与层次不高、功能与基础设施不完善、产品设计单一且创新步伐缓慢的现象，导致城市郊区难以留住游客，一日游为主，重游率下降。另一方面，本市民宿自然环境具有天生短板，与周边省市相比，我市的休闲度假环境资源较为薄弱，无法满足品质化需求；且都市发展的“灯下黑”效应仍较明显，郊区总体缺乏吸引城市居民的良好休闲环境。

2. 周边省市民宿发展迅速，竞争压力大

如莫干山等地，地域差异化体验产品给本市民宿业带来巨大竞争压力，需求正大量外溢至周边。随着区域旅游一体化程度的加深及交通条件的便利化，越来越多的本地市民前往江浙甚至更远的安徽、江西进行旅游活动，且高铁、动车和自驾等多元化交通方式日趋便捷，周边省市成为市民出游的新选择。

（六）乡村基础设施及旅游公共服务设施建设滞后，人居环境较差

由于城乡二元结构和城乡差距的存在，乡村的基础设施及人居环境普遍落后于城市区域，且距离市中心越远，其困境主要表现为：一是交通可进入性较差，特别是乡村道路条件较差，进入乡村旅游景区和休闲农业点缺少必要的道路交通标识和指引标志。二是乡村公共服务设施不足，由于接待大众游客需要有较大面积的停车场和达到一定标准的公共厕所，许多休闲农业点缺乏必要的游客服务设施。三是开办民宿后乡村生活设施难以满足市场接待和大规模旅游接待的需求，开办民宿需要对乡村进行排污纳管的统一改造，并提升用水用电设施。四是乡村人居环境较差，除重点建设美丽乡村之外，许多乡村仍不同程度存在卫生条件较差、乡村环境缺乏整理等情况。

三、上海市民宿的发展思路和主要任务

（一）指导思想

深入贯彻十九大、十九大一中全会，以及十八大以来中央各项文件精神，以五大理念为指导，把握发展民宿作为乡村振兴和加快农业供给结构改革的新机遇，在上海建设

具有全球影响力的世界著名旅游城市的目标引导下,对标国际先进水平,建设郊区高品质民宿产品,以进一步盘活“三农”资源促进乡村振兴,鼓励乡村创新创业,挖掘乡村产业新价值、锻造城市文化新空间,全力塑造都市乡村民宿发展的“上海样板”。

(二)发展思路

结合上海市各区的资源基础和民宿产业发展实际,培育与都市产业发展相得益彰的郊区休闲民宿产品与游憩空间,相互补充形成具有上海特色和一定市场影响力的民宿品牌,发展思路应重点把握以下几个方面:

一是从认识上不断统一,科学认知民宿产品和民宿发展。应采取培训、学习、宣传等多种手段,尽快树立对民宿产品概念、内涵的科学认知,培育对民宿发展条件、环境、市场与方向等的科学认识。

二是分级分类、梯度推进。针对本市各区民宿发展进程不一的现状,因地制宜,根据各区发展实际,采取分类分级、梯度推进的机制,推进试点制,鼓励一区一特,并探索多主体的民宿运营和发展机制。

三是推进三个领域的工作。主要包括出台标准与指导意见,构建多部门合作机制,加强乡村基础服务设施投入与建设。

四是逐步细化五类政策。主要是针对当前存在较突出问题和短板的方面,包括民宿准入政策、土地政策、资金政策、人才政策、奖励政策。

(三)主要任务

1. 基于各区特色,引导民宿集聚式、特色化发展

一是鼓励各乡镇开展民宿资源盘点工作,对适于开发民宿的闲置民房、村落资源都予以统计,明确本市民宿发展的潜力与规模。

二是成立镇、村两级民宿服务平台,探索民房收储、租赁与使用机制,支持农民专业合作社接受其成员委托,以成员自有宅基地上的合法房屋从事民宿经营。

三是引导民宿的集聚发展,鼓励专业化和兼业化相结合的经营形式。将乡野乡风、历史人文、创意元素有机融合,加大历史人文要素植入,形成具有地方特色的高品质民宿产品与片区。

2. 对接市场需求,促进民宿品质化、品牌化发展

一是结合大数据技术,不断跟踪和捕捉民宿及乡村休闲游憩市场需求特征,同时广泛学习借鉴不同国家与地区的民宿发展经验,积极建立“政府合理引导、法制有序规范、中介组织积极协调”的民宿发展市场机制。

二是基于特色乡村、特色农庄基础,发展和培育休闲农耕、家庭亲子、创意制作、休闲康养、森林氧吧、水岸田园等不同类型的民宿产品和业态;丰富民宿产品文化内涵,促进本地文化和乡村产业与民宿的融合,发展集观赏性、娱乐性、体验性为一体的民宿综合体验产品。同时以民宿为切入点,塑造乡村整体产业链,进一步促进乡土文化的激活和乡村活力的再生。

三是促进差异化竞争,培育上海都市特色民宿品牌。针对当前乡村民宿产品和传统农家乐同质化严重的问题,推行差异化的竞争和品牌策略,提高民宿产品的体验附加

值。充分吸取浙江莫干山、云南丽江等经验，并采取线上线下相结合的手段，通过试点打造和重点推广，积极扩大外部市场影响力和知名度。

3. 破解要素“瓶颈”，加快民宿市场准入的制度创新

一是利用政策的创新试点，采用灵活的方式破解民宿发展在用地政策方面的“瓶颈”。对民宿相对集聚的区域，结合市级土地整治，从村、镇一级调整和争取土地指标，集中布局与建设游客公共服务设施。

二是加快对现有项目的发展质量评估，对于高品质乡村旅游与民宿项目，应协调解决项目土地的合法化问题，减少资源浪费和集体经济组织资产流失。规土部门应加快研究制定本市对国家土地改革政策的配套实施细则，积极支持新建、改扩建乡村民宿项目与公共服务设施。合法合理推动农房的租赁和农地的流转，探索点状供地的集约用地形式，应允许在观赏农业型项目周边配套少量旅游服务功能用地，优化民宿旅游发展环境。

三是探索多规衔接，尽快达成旅游、农业、公安、工商、卫生等多部门针对民宿市场准入和规范经营的工作机制，为民宿营造适度宽松的准入政策。可考虑设立民宿设立和市场准入的绿色通道，对民宿的建筑安全认可及消防安全认证的工作，选择第三方机构进行检测和鉴定，在配备必要的消防、安保措施后，采取备案的形式，并定期予以检查，保障民宿经营过程中的安全。

4. 加强配套建设，加大乡村基础设施和公共服务配给

民宿发展离不开特色乡村民俗和乡村配套环境，需结合美丽乡村建设、传统历史文化村落保护、都市纯农地区发展等工作整合推进。一是多部门协同，整合农业、住建、旅游等部门优惠政策和资金支持，形成民宿发展的政策合力，重点解决民宿发展重点村镇的重要事项和主要问题。二是分步骤、有重点地主抓适宜民宿发展的区域的乡村环境整治和基础设施建设，加快民宿所依托村落的水电设施、排污纳管、内外交通等基础设施改造和旅游服务设施建设。

四、上海市民宿发展的对策建议

（一）完善民宿发展的多部门多主体协同机制

一是建立部门协调工作机制。农业、旅游、工商、公安等部门合力推进民宿的设立、运营和发展。根据各自职责领域，划分不同的工作重点，如农委统筹民宿发展总体事务，旅游局主要负责民宿发展中的发展规划、标准化等工作，工商部门主要负责民宿的准入工作等。根据简化程序、便民利民、确保安全的原则，加强对民宿日常经营活动的服务指导和监督管理。

二是发挥行业协会和集体经济组织的力量，构建多方参与的民宿开发与管理机制。建立区域民宿协会等民宿行业组织，加强民宿企业联合与自我管理，发挥社区力量与行业组织参与民宿市场管理与行业监管的中介作用。

三是支持民宿产品与其他休闲农业产品的融合。发展农业部门的作用，拓展农事体验和农产品销售；发挥旅游部门的作用，指导民宿产品开发与市场营销；发挥规土及

城乡建设管理部门的作用,规范土地使用,指导民宿建筑风貌设计与维护,完善乡村基础设施。

(二)尽快出台本市民宿发展指导意见和地方标准

一是参考各区已出台的指导意见及国内外已有文件,研究制定本市民宿发展的指导意见与管理办法,对民宿设立的建筑物设施、消防安全设备、登记制度、业主资格、经营许可、责任保险、价格管理等做出明确规定。一方面,注重实行民宿严格准入制度,守住安全底线,加强行业规范管理。另一方面,注重分级分类、因地制宜、梯度推进,适当加强民宿项目审批时的多部门一体化支持力度,设立一定"绿色通道",鼓励一部分地区率先发展,参照标准审核程序给予适当倾斜和政策奖励措施。

二是在国家旅游局已出台标准的基础上,尽快制定上海市民宿发展标准,确保引导性、鼓励性、稳定性和可持续性。探索推行民宿等级评价制度与服务质量认证制度,评选"优质示范民宿",促进民宿产业在文化内涵、软硬件建设、带动乡村发展、市场经营水平等领域的等级化发展。

(三)探索制度创新,保障企业活力和农民受益

一是编制本市民宿发展的专项规划,科学筛选民宿优先发展的集聚区点,通过多规合一,灵活保障民宿项目用地。在土地利用规划、美丽乡村规划、市政设施规划中要优先考虑民宿业发展要求,配套公共服务设施与景观环境,探索乡村土地利用的"三权分置",以多种入股、参股方式保障农村发展与农民得益。

二是降低民宿启动和经营成本,鼓励各区灵活运用政策创新和负面清单为民宿产业创造良好的发育、成长环境。对各项行政事业性收费实施免征或减收政策,享受中小企业主体的税收和贷款优惠扶持,激发基层创业活力。可设立民宿发展专项扶持资金,探索由市财政预算拨付一定资金到区县,通过竞争性分配与专家评审,用于对符合地区定位的民宿项目进行扶持,资助民宿示范村、示范户。

三是鼓励锦江、景域、携程、春秋等沪上旅游巨头及其他地区社会资本进行本市民宿产业的投资开发和管理运营。通过大众媒体、网络平台广泛宣传政府的民宿支持政策。借助现代化的大型旅游企业平台和市场化运行机制,提高民宿的科学化管理水平,促进本市民宿业形成规模,并尽快形成一定的产业势力。

四是探索农村其他要素进入民宿领域的机制和渠道。有效利用农村剩余劳动力资源和集体经济资源,通过入股、分红等形式,保障农民受益。

(四)强化城乡互动,加大要素支持和内外交流

一是强化在沪高校、政府部门、中心城区对郊区民宿发展的对口支持。鼓励资源、企业进驻,鼓励高校相关团队及毕业生在郊区民宿创新、创业。

二是打造对接市场主体的项目平台,形成市场的认知度和认可度。发挥中介平台的信用担保作用,降低中小市场主体进入的市场风险,改善民宿项目的招商形式,降低中小业主进入的门槛;并通过互联网平台,灵活运用各类宣传手段。通过乡村众筹、文创活动等集聚人气与市场流量,引爆市场热点。

三是加强与周边省份以及海外行业主体的交流、沟通与合作。通过共同举办民宿

发展论坛等形式强化政府、企业、行业协会的多领域交流。鼓励沪上民宿组团参与国内外的旅博会、旅交会，加强对外部市场的交流推介。加强上海民宿品牌营销推介，提升市场竞争力。

课题主持人：冯学钢
课题组成员：于秋阳　金　川　李晨阳

13. 上海市发展民宿问题研究(二)

摘　要

习近平总书记在十九大报告中庄严宣布,中国社会主要矛盾已经转化为人民日益增长的美好生活需要和不平衡不充分发展之间的矛盾。随着国民收入水平提升和城市发展,“回归乡村、追求本真”的消费倾向扩大了民宿市场空间;交通和通信技术发展以及居民闲暇时间的增多,拓宽了居民消费和选择途径;新型城镇化和农业现代化战略提供了民宿发展空间,国内民宿行业逐渐兴起。总体来说,上海民宿是顺应以上宏观形势,从度假旅游住宿的角度,提供美好旅游体验,缓解这一新时代新矛盾的产物。

国内相关政策出台为上海民宿发展提供了规范性的参考。国家 2017 年出台的首个民宿标准《旅游民宿基本要求与评价》,规定了全国民宿行业规范发展的总体方向;与上海相比,国内部分重点省市已走在民宿发展的前列,最具有代表性的即浙江省部分地区出台的系列文件。以 2014 年浙江省德清县出台的《德清县民宿管理办法(试行)》、2016 年杭州市出台的《民宿业服务等级划分与评定规范》和 2016 年临海市出台的《关于推进民宿型农家乐休闲旅游发展的实施意见》为代表,对民宿的服务标准、设备配置、管理制度等进行了规范,并分类管理;制定了相应扶持政策,并发布一系列农家民宿经营基本要求、开办审批表、评定表等文件。

发展民宿行业意义重大,但上海民宿发展水平相对落后于国内其他省份实践。总体来看,民宿行业发展有助于带动乡村经济发展,促进农民增收和农村集体经济发展,实现城乡一体化;有助于传统文化的传承与保护,发掘文化价值;有助于乡村生态环境保护,同时满足人民对旅游种类和高质量体验的需求。然而,上海民宿行业的发展与浙江、安徽等地相比,在规模体量、规范标准、运营管理、土地利用和政策支持等方面存在诸多不足,集中体现在:第一,发展阶段较低,上海民宿发展目前还处于自发发展的初级阶段,产品较为低端、个性化特色风格不够突出、空间相对狭小;第二,上海民宿布局比较分散、总量规模较小、经营不够规范；第三，上海民宿发展并未形成有利于“全域旅游”的内外融合大环境，没有给游客留下充分的休闲游憩和人文体验，仅停留在住宿层面，功能较为单调；第四，土地供应不够灵活，一些民宿建设项目不能很好地落地；第五，民宿发展的监管制度尚未完善，很多民宿安全卫生状况堪忧、环境污染问题明显、经营管理行为并未进行规范监察。

针对民宿的概念与类型划分，课题组提出：民宿是指利用闲置房屋或新建房屋和当地资源，通过设计和营造，以家庭投资方式或社会投资方式经营，为旅客提供具有家庭特性的住宿场所。根据民宿定义和民宿市场的实际情况，民宿可划分为：城市民宿和乡村民宿、家庭投资式经营民宿和社会投资式经营民宿、农家乐民宿和精品民宿。

明确民宿的管理规范，加快民宿标准的制定和出台，对于上海民宿行业发展具有十分重要的意义。在国家层面，国家旅游局出台了国内首个旅游民宿行业标准，从民宿的定义、评价原则、基本要求、管理规范、等级划分等方面给出了指导性意见。上海民宿发展正处于萌芽初级发展阶段，但目前在市级层面还没有出台专门的管理规范或标准。综合国家及各地的管理标准与规范，课题组提出上海市民宿管理可重点从以下几方面着手：

1. 在管理内容上，应该对上海民宿的申办条件，由消防、治安、食品、卫生等构成的安全规范，民宿的环境保护，民宿的设施设置等内容进行重点管理。

2. 在管理机构上，建议上海市民宿可实行政府管理和行业管理两种方法。政府管理主要是依托各政府部门建立上海市民宿发展联席会议工作机制，依据相关法律法规、标准、条例等进行管理；行业管理主要是依托依法成立的行业协会进行规范性监督管理，在民宿发展联席会议工作机制的指导下，可考虑在市旅游局主管下尽快成立市民宿业发展协会、在市农委下成立乡村民宿分会，开展研究相关标准、培训专业管理人员、组织对外合作交流、推动引导会员单位发展等活动。

3. 在管理办法上，上海民宿的管理可实行申办审批准入制度、分类等级评定制度；在民宿的日常管理过程中，要强化事中事后监管责任，实行经营查处联动机制。

为促进上海民宿业健康、有序、高质量发展，除了需要进一步明确相关的管理标准外，在未来还应结合上海实际，从多方面出台相关政策进一步鼓励、扶持、促进上海市民宿业的发展。课题组从六个方面，提出了促进上海市民宿业发展的政策建议。(1)**明确概念分类，完善统计体系。**在本课题报告的基础上，明确民宿的概念和类型划分，完善统计指标和统计体系。(2)**突出重点，明确总体发展思路。**尽快编制上海市民宿产业发展专项规划，明确上海市民宿经济发展的总体目标、发展方向和年度工作重点。建议上海市民宿发展以中远郊的保护村和保留村作为民宿发展的重点区域。(3)**项目试点，以点带面逐渐铺开。**选择某些自然村或自然村里的其中某几户民宿为突破，进行深度文化挖掘和精品培育。通过三年左右的努力，实现重点突破，以点带面，为后续开发积累经验、塑造典型、提供样板。(4)**整体开发，提升村庄整体环境。**对于一些有条件的自然村，可考虑将民宿开发与“美丽乡村”、特色小镇、田园综合体等统一谋划建设。打造“一村一特色、一家一主题”，突出产品的个性特色，避免同质化的重复开发。(5)**制定标准，**

加强行业监督管理。在研究报告的基础上,抓紧研究制定出台《上海市乡村民宿发展指导意见》,抓紧制订民宿质量等级标准;另外,尽快建立民宿产业发展协会。(6)**政策扶持,提升行业发展品质。**加快完善政策导向,突破制约"瓶颈",建议上海市适时研究出台专项乡村民宿产业扶持政策。重点可从加强从业人员培训、加强专项资金扶持、加强项目建设用地保障、加强整体宣传营销四个方面进行综合考虑。

随着社会经济的不断发展和居民休闲消费需求的增加,我国民宿业发展进入快车道。研究上海民宿发展的主要问题,对于推动上海民宿建设以及促进乡村社会经济发展具有重要意义。本课题自 2017 年 7 月立项以来,课题组围绕民宿发展问题搜集了大量相关资料,并积极开展了多次相关调研。课题组走访了上海市农业委员会、规划土地资源管理局、旅游局,对上海市乡村旅游及休闲农业、民宿发展的现状与存在的主要问题进行了详细调研。为了增强对民宿的感性认识,课题组还赴崇明区、浦东新区、金山区、青浦区等地进行了实地调研,走访了香朵、宁昕林、老井、水房子等民宿点;此外,还对嘉定区正在建设的向阳村"乡村新天地"等项目进行了调研。同时,为了更好地吸收国内民宿发展较好地区的成功经验,课题组于 2017 年 8 月还赴浙江德清莫干山考察了德清民宿的发展状况。按照课题计划书,课题主要从民宿业发展的宏观背景与现实意义、国内外及上海民宿业发展现状与可行性,民宿内涵与分类、上海市民宿管理的规范及管理内容,以及未来上海民宿发展的政策建议等方面进行了研究,以期能为上海民宿业发展提供决策参考意见。

一、民宿发展的宏观背景与现实意义

民宿业脱胎于农家乐、家庭旅馆、客栈等早期形式,并随着现代农业园区、美丽乡村、特色小镇、乡村旅游、郊野公园、田园综合体等建设的实践以及国民收入水平的提高和城市发展,逐渐发展并日益壮大。据调查,2014 年,我国客栈民宿仅有 30 231 家;至 2016 年末,我国客栈民宿总数已达 53 852 家,涨幅近 78%,行业发展潜力十分巨大(此处数据未包括台湾地区)。本节分别从现实背景和政策背景两个维度梳理国家和重点省市民宿行业发展的脉络,并对民宿行业发展的重要意义进行阐述。

(一)国内民宿发展的现实背景

我国的民宿早期以农家乐、家庭旅馆、客栈等形式出现。近年来,随着经济社会的不断发展、居民休闲消费需求和闲暇时间的增加,我国民宿行业发展进入快车道。总体来说,我国民宿行业发展的现实背景主要有三个方面:

第一,国民收入水平提升和个人闲暇时间的增加扩大了消费新需求。收入水平的提高和闲暇的增加会刺激人们增加对生活性服务的消费需求。全国居民人均可支配收入逐年增高,2015 年达 21 966 元,人均消费支出 15 712 元,同时闲暇时间的增加,使新型消费群体有能力、有时间实现对旅行居住个性化和个人体验偏好的愿望。

第二,交通和信息网络技术不断拓展了消费新渠道。市内交通如地铁和道路拓宽,市外交通如高铁、航空、高速公路的发展,增加了旅游产品的可及性;同时,通信技术发展使自媒体、网络传播等宣传渠道迅速扩展，居民可以更便捷地通过网络照片、经验分享、特色简介等感知民宿。

第三，新型城镇化和农业现代化等国家重大战略扩展了消费新空间。民宿之所以与酒店或旅社不同，很大程度上源于民宿的选址和内外环境的营造。小众化、拥有相对独享的私人家庭空间、利于放松身心、增强人文体验，对民宿个性化和特色化的形成尤为重要。随着新型城镇化的推进，国家对现代农业园区、特色小镇、美丽乡村建设、乡村旅游、田园综合体的支持，是民宿行业发展的重要契机。新型城镇化和农业现代化及其具体表现形式的推进，提高了乡村的城镇化水平和产业化水平，特别是“绿水青山就是金山银山”理念的实践，促进了乡村的全域旅游和人居环境的极大改善，使“看得见山水、记得住乡愁、留得住乡情”的风情小镇、历史名镇、民族村落、古村古宅等成为民宿选址和营造内外环境时所推崇的对象，为民宿的发展提供了新的发展和消费空间。

（二）国内民宿发展的政策背景

近几年，国家文件相继提出休闲农业、乡村旅游、美丽乡村、特色小镇和田园综合体等概念，民宿作为居民休闲旅游住宿的细分领域之一，其兴起和发展也是制度创新的应有之义。

1. 国家相关政策

与民宿相关的国家政策主要包括中共中央、国务院发布的1号文件，农业部促进休闲农业发展的相关规定，以及国家旅游局出台的旅游民宿规范标准。本节选取对中国民宿发展影响较大的国家政策，梳理如表1所示。

表1 “民宿”国家相关政策文件

相关文件	年份	发布单位	相关内容
《关于加大改革创新力度加快农业现代化建设的若干意见》(1号文件)	2015	中共中央、国务院	促进农村一二三产业融合发展，挖掘乡村生态休闲、旅游观光、文化教育价值，并扶持建设一批具有历史、地域、民族特点的特色景观旅游村镇，打造形式多样、特色鲜明的乡村旅游休闲产品
《关于进一步促进旅游投资和消费的若干意见》	2015	国务院办公厅	着力改善旅游消费软环境，开辟旅游消费新市场，其中文件强调大力发展特色旅游城镇，并坚持发展形式多样、特色鲜明的乡村旅游产品，并督促2020年形成300万家农家乐
《关于加快发展生活性服务业促进消费结构升级的指导意见》	2015	国务院办公厅	首次提出“客栈民宿”概念，其中在“旅游服务”任务板块指出，推动旅游服务向观光、休闲、独家并重转变，积极发展休闲独家旅游、研学旅行、工业旅游，并提出积极发展绿色饭店、主题饭店、客栈民宿、短租公寓、长租公寓、有机餐饮、快餐团餐、特色餐饮、农家乐等满足广大人民群众消费需求的细分业态
《关于积极开发农业多种功能 大力促进休闲农业发展的通知》	2015	农业部	提出加强传统民居保护修缮，鼓励发展特色民宿，鼓励因地制宜兴建特色餐饮、住宿、购物、娱乐等配套服务设施，满足消费者多样化的需求

续表

相关文件	年份	发布单位	相关内容
《美丽乡村建设指南》	2015	农业部科教司参与起草	规定了美丽乡村的村庄规划和建设、生态环境、经济发展、公共服务、乡风文明、基层组织、长效管理等建设要求,在乡村经济发展"服务业"板块,提出依托乡村自然资源、人文禀赋、乡土风情及产业特色,发展形式多样、特色鲜明的乡村传统文化、餐饮、旅游休闲产业,配备适当的基础设施
《关于落实发展新理念加快农业现代化实现全面小康目标的若干意见》(1号文件)	2016	中共中央、国务院	依托农村绿水青山、田园风光、乡土文化等资源,大力发展休闲度假、旅游观光、养生养老、创意农业、农耕体验、乡村手工艺等,大力发展休闲农业和乡村旅游,有规划地开发休闲农庄、乡村酒店、特色民宿、自驾露营、户外运动等乡村休闲度假产品
《旅游民宿基本要求与评价》	2017	国家旅游局	国家推出的首个"民宿标准",将旅游民宿定义为利用当地闲置资源,民宿主人参与接待,为游客提供体验当地自然、文化与生产生活方式的小型住宿设施。旅游民宿的评价原则也体现了民宿的特色,主要包括传递生活美学、追求产品创新、弘扬地方文化、引导绿色环保、实现共生共赢五个方面
《关于深入推进农业供给侧结构性改革、加快培育农业农村发展新动能的若干意见》(1号文件)	2017	中共中央、国务院	提出"田园综合体"概念,集循环农业、创意农业、农事体验于一体。指出围绕有基础、有特色、有潜力的产业,建设一批农业文化旅游"三位一体"、生产生活生态同步改善、一产二产三产深度融合的特色村镇,打造"一村一品"升级版。同时,丰富乡村旅游业态和产品,打造各类主题乡村旅游目的地和精品线路,发展富有乡村特色的民宿和养生养老基地

资料来源:作者整理。

从以上国家文件所体现的发展脉络来看,国内对民宿行业发展的规范性文件起步较晚,与国内民宿发展实践相比,对民宿相关规定和研究还有待进一步细化。根据中国产业调研网的统计显示:2015 年我国民宿行业市场规模已达 200 亿元人民币,预计到 2020 年,我国民宿行业营业收入将达到 362.8 亿元人民币。中国民宿发展实践如火如荼,相对而言,国家民宿相关标准制定、信用评级、等级评定、服务监管、行为规范等政策指导文件,还相对缺失。

2. 重点省市相关政策

国内长三角、滇西北、闽粤海岸等,是民宿发展较早的区域,尤其是浙江,形成了一系列关于民宿或民宿型农家乐旅游的规范文件,对上海民宿的发展具有重要的参考意义。因此,此处以民宿发展较为成熟和规范的地区为例,梳理地方民宿相关政策(如表 2 所示)。

表 2　　重点省市规范民宿发展的代表性政策文件

文件	年份	单位/机关	相关内容
《浙江省旅游条例》	2015	浙江省人大常委会	第三十一条规定,利用城乡居民自有住宅开办接待旅游者的住宿,具备相应条件的,公安及其消防机构、卫生计生、食品药品监督、环境保护等有关部门应当发放相关经营许可。民宿的范围和条件,由省人民政府根据有利于民宿发展的原则和法律、法规、规章的规定另行制定

续表

文件	年份	单位/机关	相关内容
《乡村民宿服务质量等级划分与评定》	2015	德清县市场监督管理局	文件规定了乡村民宿的术语和定义、服务质量基本要求、等级划分条件及评定规则。并将乡村民宿定义为经营者利用乡村房屋,结合当地人文、自然景观、生态环境及乡村资源加以设计改造,倡导低碳环保、地产地销、绿色消费、乡土特色,并以旅游经营的方式,提供乡村住宿、餐饮及乡村体验的场所;根据经营场地、接待设施等标准,将乡村民宿划分为标准民宿、优品民宿和精品民宿三类
《关于进一步优化服务促进农村民宿产业规范发展的指导意见》	2015	杭州市	界定了农村民宿对象;明确了农村民宿包括经营用房、消防安全、治安安全、卫生安全、环境保护、食品安全和规范管理在内的开业条件;规定了农村民宿的办证程序;并对民宿强化优质服务、开展岗位培训、制定质量标准和加强部门监管提出了要求
《民宿业服务等级划分与评定规范》	2016	杭州市	对民宿的定义、服务标准、设备配置、管理制度等进行了规范,并将民宿划分为标准民宿、特色民宿、精品民宿三类,由第三方裁定,并实行动态管理。另外对民宿提出了基本要求、服务要求和设施要求,从政策规范上树立风向标
《民宿客栈安全管理规范》	2016	安徽省质监局	安徽省首个民宿行业标准。主要包括民宿客栈餐饮、设施设备、消防、治安、客房、行李与贵重物品寄存等方面的安全管理以及日常检查、事故应急处置、报告等内容
《关于全面推进农家乐规范提升发展的意见》	2016	浙江省人民政府办公厅	提出要制定涵盖农家餐厅、农家民宿、休闲观光农(林、渔)业基地、休闲农(林、渔)庄(场)、乡村乐园等不同经营业态在内的行业标准体系,并提出根据自然条件、村庄状况和游客需求,统筹规划,区别对待,分类管理,积极支持发展农家客栈(民宿)的观点。特别地,文件提出要利用当地渔业和林业资源发展渔家(林家)客栈(民宿)
《关于推进民宿型农家乐休闲旅游发展的实施意见》	2016	浙江临海市委	文件专门针对民宿型农家乐特色镇、民宿型农家乐特色村和农家民宿户(点),制定了相应扶持办法,并随附件发布一系列农家民宿经营基本要求、开办审批表、星级划分评定细则表、特色村/镇研究评定表等文件
《关于确定民宿范围和条件的指导意见》	2016	浙江省人民政府办公厅发	对民宿范围、建筑设施、消防安全、经营管理等方面进行了界定,其中将民宿(含提供住宿的农家乐)定义为利用城乡居民自有住宅、集体用房或其他配套用房,结合当地人文、自然景观、生态、环境资源及农林牧渔业生产活动,为旅游者休闲度假、体验当地风俗文化提供住宿、餐饮等服务的处所
《浦东新区促进特色民宿业发展的意见(试行)》	2016	浦东新区政府	规定了浦东新区发展民宿的三大原则:安全原则、渐进原则和集约原则;对包括发展民宿的区域规划、经营主体、用房、生产安全、消防安全等进行了规定;说明了申办浦东新区特色民宿的程序;并制定了浦东新区特色民宿标准等文件
《崇明生态民宿服务质量等级划分与评定》	2017	崇明旅游局	规定了民宿的定义、选址、交通、公共空间、餐饮、住宿、生态环境、卫生、安全、服务人员、主题特色、服务特色,以及对民宿的管理、等级划分等进行了规范

资料来源:作者整理。

(三)推进民宿发展的重要意义

认识发展民宿的重要意义,是推动民宿建设和发展的重要前提。民宿不单纯是一种旅游业态,除了经济价值外,还可以更好地发挥社会价值,促进乡村社会经济的发展。

第一,发展民宿有助于带动乡村经济发展,促进农民增收和农村集体经济发展,实现城乡一体化。乡村民宿是乡村旅游的重要组成部分,通过发展乡村民宿不仅可以有效地盘活乡村闲置房屋,同时作为一种新业态吸引更多的游客参与乡村旅游,极大地促进乡村旅游发展。同时,当地部分农民可以直接参与民宿的建设和运营,成为民宿主人;一部分土地流转释放出来的农村劳动力可参与到当地民宿开发建设中,除了土地流转费用外,可以额外获取工资收入,鼓励和吸引更多的外出务工者返乡创业。另外,乡村中,除农民房屋外,还有一些集体的养殖场、仓库、厂房和土地等,可以成为发展乡村民宿的物质载体,因此发展乡村民宿也是壮大集体经济的一种有效方式。

第二,发展民宿有助于传统文化的传承与保护,发掘文化价值。除了经济价值之外,民宿发展也具有极大的社会价值。民宿的发展在一定程度上鼓励了对当地文化的尊重、宣扬和保护,充分挖掘了当地的民风民俗、特色物产、村落格局、乡村建筑和非物质文化遗产等,通过有效的开发,使传统文化得以有效保护、发掘利用、传承光大。同时,通过城市市民和当地居民的交流、交融,促成了外来文化与在地文化的融合。

第三,发展民宿有助于乡村生态环境保护,同时满足人民对旅游种类和高质量体验的需求。良好的生态环境是发展民宿的基础,只有拥有更好的生态环境才能吸引更多的游客前来。传统的粗放型、低效益的开发显然会给乡村环境带来破坏,而民宿作为一种高端休闲游憩活动强调生态环境的优美、人与自然的和谐,有助于提升乡村居民的环保意识,也有助于乡村生态环境的改善,是践行“绿水青山就是金山银山”的重要手段,通过发展乡村民宿使得生态保护和经济发展相得益彰。

二、国内外及上海民宿发展现状和可行性

(一)国内民宿发展实践

1. 民宿行业在中国的发展阶段

资料表明,国内最早大规模发展民宿的地区是台湾垦丁国家公园,始于 20 世纪 80 年代,最初目的是为了解决居住不足问题,随着时间推移和商业经济发展,居民利用家庭闲置住房招揽游客,民宿行业逐渐兴起。大陆民宿产业也早有发展,但因旅游饭店过分强势而掩盖和压制了民宿这一产业类型的发展,在越来越多的群体追求“简约、自然、个性、隐逸”的特殊要求下,民宿作为一类特殊的住宿产品被逐渐开发、利用。

总体来说,民宿行业发展经历了 4 个阶段(如图 1 所示),萌芽于 20 世纪 90 年代,出现了民宿初级产品,并以农家乐为主要形式;民宿行业在 2000～2010 年属于尝试与探索阶段,出现大量至今奉为经典的民宿案例,如莫干山民宿;2011～2014 年,民宿得以发展与升级,投资者开始积极寻找民宿发展空间,转为商业化运营;2015 年至今,民宿行业迅猛发展,呈现爆炸式增长的趋势。根据“去哪儿网”统计的数据,从 2015 年 10 月底到 2016 年 9 月底,登记民宿客栈数量从 42 658 家增加到 48 070 家,增长 5 412 家。另据“迈点网”统计,截至 2015 年底国内民宿从业人员近 100 万人(如图 1 所示)。

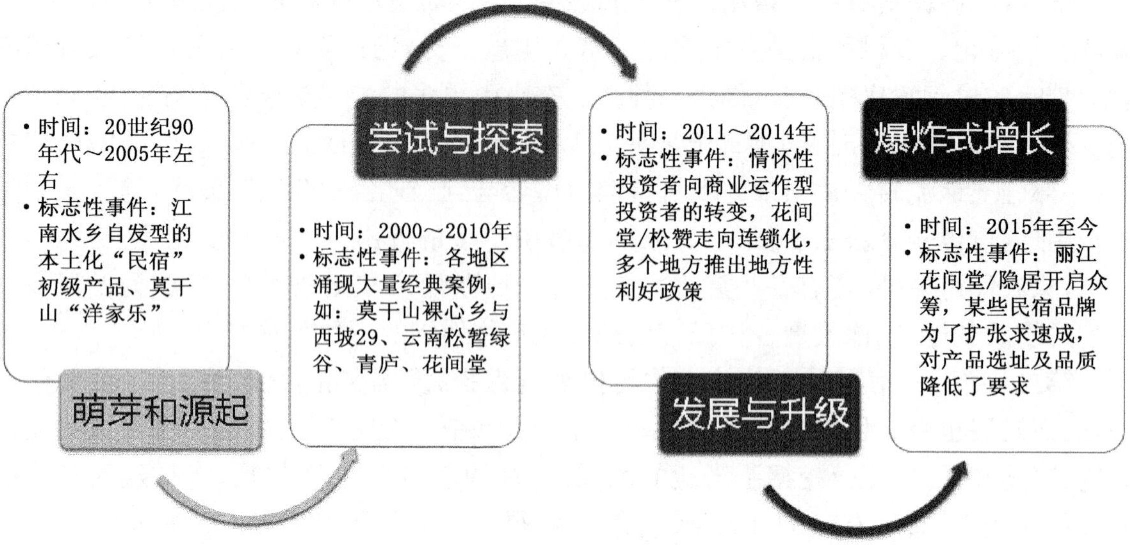

图1　国内民宿行业发展阶段

2. 国内现有民宿空间分布

据《2015 中国民宿发展研究报告》统计，2015 年全国共有 42 658 家民宿客栈，但从数据显示，国内民宿行业发展呈现区域发展不平衡的局面(如图 2 所示)。国内民宿主要分布在滇西北、川藏、湘黔桂、长三角和浙闽粤等地。

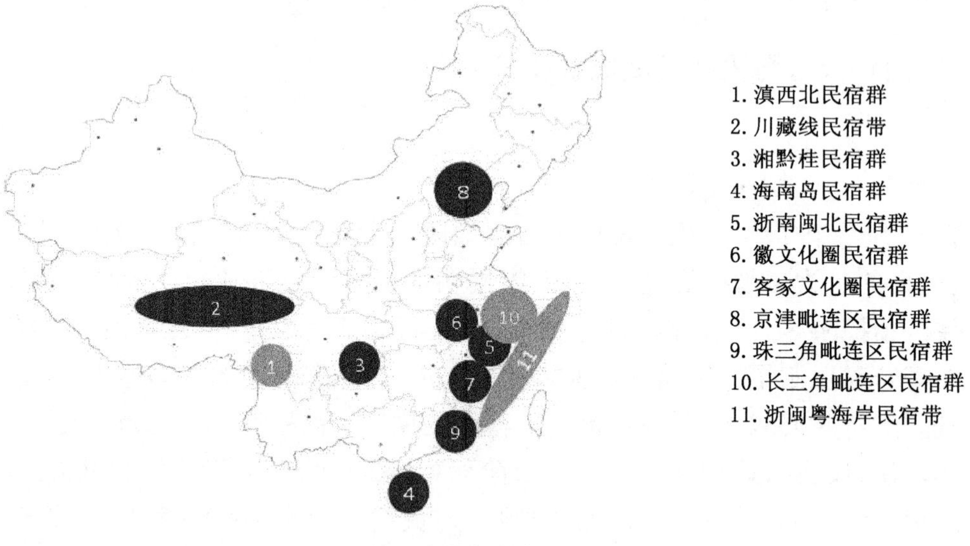

图2　全国民宿空间分布

其中，主要省市现存民宿数量统计如表 3 所示。云南省最多为 6 466 家，其次为浙江 5 669 家，北京民宿为 3 587 家。特别地，上海民宿发展相对落后，并未入列。

表 3　　2015 年国内民宿发展现状(家)

区　域	数　量	区　域	数　量
云南	6 466	广东	2 009
浙江	5 669	广西	1 778
北京	3 587	湖南	1 615
四川	3 361	江西	1 103
山东	2 829	江苏	996
福建	2 767	安徽	900
河北	2 298	海南	852

数据来源:《2015 中国民宿发展研究报告》。

3. 国内代表性区域民宿的设计与消费

根据国内民宿行业评定规范等相关文件,如杭州市《民宿业服务等级划分与评定规范》,可整理民宿的设计特点。一般来说,发展较为成熟的地区,对民宿建筑物的层数、单体建筑面积、单体客房数等有明确规定(如表 4 所示)。

表 4　　国内代表性区域民宿设计特点

区　域	民宿设计特点
深圳市大鹏新区	建筑物不超过 6 层,建筑面积不超过 800 平方米;床位平均使用面积不低于 4 平方米,床位总数不得超过 30 张
台湾省	客房数 5 间以下,总楼地板面积 150 平方米以下;原住民保留地、休闲农场、观光地区、偏远地区等民宿可放宽至 15 间、200 平方米。
浙江省杭州市	单体建筑面积 260 平方米以下,层数不超过 3 层,房间 15 间以下
浙江省乐清市	建筑物 3 层以下,客房数至少 5 套,不超过 15 间
福建省厦门市	不超过 15 间

另外,根据浩华管理顾问公司和《旅游情报》杂志推出的《精品民宿调研报告》,民宿消费群体 79%来自江浙沪地区,其中上海 54.48%,江苏 14.26%,浙江 9.82%;民宿客源 56%为女性消费者,且集中在 26 岁至 45 岁区间。

(二)国外民宿发展实践

1. 国外民宿发展的起源

国外民宿起源说法不一,一般认为国外民宿最早起源于 20 世纪 60 年代初的英国,当时英国西南部与中部人口较稀疏的农家为了增加收入开始出现民宿,民宿数量有限,且多采用 B&B(Bed and Breakfast)的经营方式,性质多属于家庭式的招待。另有学者认为从历史看,日本民办旅店的兴起更早,是民宿更早期的发展形式。

在全世界范围内,欧洲、日本等国家和地区的民宿发展相对较早,在经营准入和监管、经营方法、服务规范等方面,都积累了丰富的经验。上海作为国际城市,在发展民宿行业应借鉴他山之石,在农业园区、美丽乡村、特色小镇、郊野单元和田园综合体建设的契机,使民宿真正走上"小而美"的可连续发展之路。

2. 国外民宿发展定位和经营情况

国外民宿发展较为成熟的地区，对民宿的价格、功能、经营主体进行了规定。表 5 以英国、日本和法国为例进行说明。

总体来看，英国等国家民宿定位较低，主要满足普通平民乡土情怀的需求，以家族经营为主。同时，国外对民宿规模也进行了相关规定，限定在 3～10 间，规模较小。

表 5　　英国、日本和法国民宿发展与经营情况

国家	定位	功能特色	经营主体	规模
英国	提供的服务和设施有限，价格低廉	探索乡村奥秘，享受采收农产品、喂食牛羊的乐趣	家族经营、集体营销	3～10 间客房
日本	平民化收费、自助式服务、设备与服务等级低于一般旅馆	蕴含家庭味、乡土味和人情味，配合当地文化特色提供住宿、餐饮、运动、休闲、娱乐等功能	公营、农民经营、农协经营、准公营及第三部门经营	客房 10 间，可容纳 25 人左右
法国	服务内容和价格跨度较大	古农庄原始独特的建筑风格，感受法式农村氛围	家族经营	民宿房间最多不超过 5 间

（三）上海民宿现状与可行性分析

1. 上海民宿发展情况

目前上海尚未出台针对民宿的统一的规范性指导意见，同时上海民宿概念较为模糊、布局较为分散、统计口径不一，因此上海民宿发展的面上宏观数据较难搜集。从上海民宿发展的实际情况看，浦东、崇明、金山、青浦等地民宿发展起步较早，具有代表性，可以一定程度上反映上海民宿发展情况。

(1)浦东民宿发展情况。2016 年浦东政府发布《浦东新区促进特色民宿业发展的意见(试行)》，对特色民宿建设的基本原则、目标和规范要求进行了说明，促进浦东民宿安全、渐进、集约式发展。根据文件精神，浦东新区特色民宿要体现地方特色与文化品位，提供个性化、特色化休闲体验，形成“一家一品一特色”的总体格局。

目前，浦东新区在建或规划的大型代表性民宿项目为：川沙新镇连民村民宿项目，主打迪士尼周边名镇风光特色体验；浦东泥城镇“乡传南泥湾”项目，目标成为上海首个包含观光、旅游、体验、互动的“农业综合体”。

(2)崇明民宿发展情况。崇明县民宿发展得益于崇明政府力推的“开心农场”项目。由于政府设立了统一的门槛和标准，并有意识地引入社会资本和管理经验，因此具有“统一组织、一体化发展、专业化管理、规模化经营”的特点。2013 年崇明旅游局以有住宿的农家乐为统计口径，对全县 18 个乡镇农家乐经营状况进行了统计调查，可以帮助了解崇明民宿发展情况。据统计，崇明县提供住宿的农家乐共 202 家，床位 3 146 个，并已形成集聚发展的态势。

目前，崇明县已确定启动的大型民宿项目如：横沙 H12 开心农场、竖新东禾九谷开心农场、庙镇香朵开心农场，保留土灶烟囱，可涂鸦、垂钓、采摘，民宿定价约 1 900～2 600元/套。

(3)金山民宿发展情况。2013 年始，金山民宿逐渐发展，形成了高中低不同定位、风格各异的民宿项目(如表 6 所示)。

表 6　　上海金山区金山嘴渔村民宿项目发展情况

代表性民宿	经营主体	定位	设计特点
老井、渔家傲、半朵悠莲	设计公司老板、设计师、城镇居民	涵盖高中低价位,300～2 000 元不等	有的包含博物馆、展厅、商业设施等;风格各异,有的自带酒吧或露天花园

(4)青浦民宿发展情况。青浦自 2014 年开始实践"美丽乡村"建设,先后启动 15 个区级美丽乡村示范村,从现状看,目前青浦民宿在朱家角张马村(如表 7 所示)和金泽镇的发展较为典型。

表 7　　青浦朱家角张马村民宿发展现状

定位	高档民宿
功能	集休闲、餐饮、娱乐、艺术于一体
现状	已租借 21 栋完全空置的农民自有住房
方向	第一期计划租用 300 套农村住房,解决全村 400～500 人的劳动力就业
经营	村政府与"大司田"公司协议经营
案例	外国艺术家工作室;木船俱乐部

张马村民宿在定位、功能、经营等方面做出有益探索,张马村目前已被评为上海市美丽乡村示范村,在民宿和内外环境营造方面做出有益探索。另外,青浦金泽镇的一家命名为"米水房子"的民宿也较为成功,由于毗邻 62 平方公里的淀山湖,因此发展了以冲锋艇、皮划艇和独木舟为主题的特色娱乐活动,吸引了大批客源。

2. 上海民宿发展问题

从上海现存典型民宿的发展情况看,上海民宿发展目前存在以下几点问题:

(1)上海市民宿发展目前还处于自发发展的初级阶段。第一,上海民宿产品比较低端,大部分民宿依然处于较低水平的农家乐的发展框架下。第二,上海民宿个性化特色风格不够突出,与酒店或宾馆设计风格雷同,存在同质化倾向,将导致客户资源流失。第三,上海民宿活动外部空间相对狭小,不利于形成舒适和安逸的住宿体验。总体来看,上海民宿与周边浙江省的杭州、湖州等地区有品质、成规模的乡村休闲民宿相比,仍存在一定差距。

(2)上海民宿布局比较分散、总量规模较小、经营不够规范。总体来看,第一,上海民宿布局没有形成集聚发展的趋势,较为分散,不利于形成区域竞争优势。第二,上海民宿总量规模较小。前文表 3 列示了 2015 年中国民宿数量排行前 14 位的省市,上海并不包含在其中,与云南、北京、浙江等地相比,上海民宿发展任重道远。第三,经营不够规范。在上海,民宿的称谓和定义目前没有明确和统一的说法,"家庭旅馆""农家乐""民居客栈""特色民宿""生态民宿"等提法含义模糊,虽然构成了上海民宿发展的前身和当下实践,但民宿概念的多元化使民宿难以制定统一规范和标准。

(3)上海民宿发展并未形成有利于“全域旅游”的内外融合大环境。“全域旅游”倡导到处可看，处处可游的内外融合大环境。上海民宿的打造与周边特色资源、建筑风格、乡村大环境的衔接不够，没有给游客留下充分的休闲游憩和人文体验，仅停留在住宿层面，功能较为单调。

(4)土地供应不够灵活，一些民宿建设项目不能很好地落地。首先，上海存量集体建设用地盘活的力度和积极性不够，总体上减少了上海民宿的增量建设用地规模。其次，在土地供应方式和价格方面，与周边兄弟省市相比，上海对开发民宿新增建设用地的处理不够灵活，且支持力度相对较小。

(5)民宿发展的监管制度尚未完善。与酒店和农家乐不同的是，民宿走的是“小而美”路线，然而上海很多民宿安全卫生状况堪忧、环境污染问题明显、经营管理行为并未进行规范监察。虽然上海市质量技术监督局发布《农家乐旅游服务质量等级划分》(DB31/T299-2003)可以成为民宿质量等级划分和监察的参考，浦东新区和崇明区也分别发布了《促进特色民宿业发展的意见》和《崇明生态民宿服务质量等级划分与评定》，但距离浙江、安徽等地系统的规范监管文件，还相差较大。

总体上，上海民宿作为一种未被明确界定的新兴行业，在产品特征、行业规范、内外环境营造、土地供应和监管等方面存在一定的局限性，限制了上海民宿行业的健康发展。

3. 上海民宿发展的可行性分析

上海民宿行业市场需求较大、文化和闲置房屋等资源的积淀，以及具有丰富资本、技术和管理经验企业的集聚，为上海民宿行业的发展营造了有利的可行性空间。

首先，市场需求较大。从现实看，我国大城市人口不断积聚的过程中，出现了与拥堵、污染、高房价等相关的大城市病，且随着小城镇和乡村振兴，国民寻回“乡愁”、重返“乡村”、开拓“蓝海”的欲望增加，客观上为民宿发展提供市场空间。从数据看，据《2015中国民宿发展研究报告》，2014 年第二季度在线酒店预订市场规模达 16.7%，在线客栈民宿预订市场规模达 1.3 亿元，2015 年国内民宿达 4 万多家；且根据《精品民宿发展报告 2016》，79%民宿消费者为江浙沪客源(其中上海客源占 54.48%)，不仅说明国内居民对“个性化、特色化”民宿需求量的增加，而且江浙沪客源较多构成了上海民宿发展的区域优势。

第二，上海文化积淀深厚，乡村闲置房屋和土地资源的存在共同构成了上海民宿发展的基础。上海古镇、水乡、老街、海岛、古文化遗址、渔村以及田野自然风光等景观资源较为丰富，同时民间传统文化源远流长，拥有嘉定竹刻、顾绣、金山农民画等非物质文化遗产，各种民俗文化活动如摇快船、滚灯等也具有明显的地方特色。这些宝贵资源都可转化为不可多得的旅游资源，是上海民宿发展的基础。另外，上海农村农户的闲置房屋，以及集体养殖场、仓库和厂房，为上海民宿发展提供较多可用空间。

第三，上海现存具有丰富资本、技术和管理经验的企业，可以成为上海民宿开发主体或合作单位。2015 年末，上海拥有规模以上工业企业 8 994 个；有研发活动的单位 1 866个，研发人员 124 753 位，较大程度上说明上海民宿开发主体或合作主体的可选择性较大，对上海民宿产品的设计、包装、推广具有较大助益。

三、民宿的概念界定与主要类型划分

(一)民宿的概念

1. 有关文件规定

我国台湾地区的《民宿管理办法》将民宿定义为“利用自用住宅空闲房间，结合当地人文、自然景观、生态、环境资源及农村渔牧生产活动，以家庭方式经营，提供旅客乡野生活之住宿处所”。浙江德清县《乡村民宿服务质量等级划分与评定》中明确:“乡村民宿是指经营者利用乡村房屋，结合当地人文、自然景观、生态环境及乡村资源加以设计改造，倡导低碳环保、地产地销、绿色消费、乡土特色，并以旅游经营的方式，提供乡村住宿、餐饮及乡村体验的场所”。上海《浦东新区促进特色民宿业发展的意见(试行)》中明确:“特色民宿指利用农村依法建设的宅基地住宅，结合当地人文自然景观和生态资源，进行整体设计、修缮和改造，既保持传统乡村风貌，体现当地民居特色、生态环境，又为旅客提供品质住宿等特色服务的休闲、度假体验，介于传统农家乐与旅馆业之间的住宿餐饮业新型业态。”上海《崇明生态民宿服务质量等级划分与评定》中明确:“生态民宿指农民利用合法住宅或其他经营主体租赁农民住宅或空闲农村房屋改建，以崇明生态环境为特色，以倡导自然和谐、绿色消费、保护环境和主客共享为理念，为观光、休闲旅客提供住宿、餐饮、文化娱乐及相关服务的经营实体。”

2. 国内外实践辨析

首先，民宿不仅乡村有，城市也有；第二，民宿利用的房屋，不仅有已建的自用住宅闲置房屋、宅基地住宅、空闲农村其他房屋，在我国许多乡村民宿中还有依法新建的房屋；第三，从国内民宿业发展情况看，民宿不但有家庭方式经营，更多的是社会投资方式经营，前者表现为家庭利用自有房屋(自建的或购买的)由家庭自己经营，后者表现为社会投资者租赁他人房屋或依法新建房屋由个人或企业进行经营；第四，民宿的核心功能或本质是为游客提供短期租赁的住宿场所，不能提供住所，即使能提供餐饮和其他各种服务也不能称为民宿。

3. 民宿与农家乐的异同

不同点。一是发生的空间不同。严格意义角度的农家乐，一是发生在农村，二是发生在农村的“家”中，那些城市中的“农家餐馆”“乡村印象”等，应不属于“农家乐”范畴，故农家乐发生的空间是农村。二是功能不同。农家乐可以允许没有住宿功能，只有餐饮等其他功能，而民宿的住宿功能是必备的。三是房屋的性质可以不同。农家乐使用的房屋不管是已有的还是新建的，往往都是农村住宅物业，而民宿不管是城里的还是农村的，可以是住宅物业也可以是商业酒店物业。共同点。一是民宿与农家乐的建筑外形应需要与建筑外部环境衔接，故建筑外形设计不一定均要标准化、格式化。二是民宿与农家乐建筑内部公共活动空间往往具有小型化、家庭化的特点。

4. 民宿与旅馆酒店的异同

不同点。一是民宿在建筑外形和内部结构上往往难以标准化、格式化，而酒店在同一品牌下,往往采用标准化建筑外形和内部结构。二是民宿注重家庭环境的营造,适合家庭和亲朋好友住宿,私密性较强,而酒店一般注重公共性空间的营造,不太注重服务的个性化。共同点。一是均是住宿场所;二是都可以中高低配置;三是既可以在城市中,也可以在农村中。

综上所述,**民宿是指利用闲置房屋或新建房屋和当地资源,通过设计和营造,以家庭投资方式或社会投资方式经营,为旅客提供具有家庭特性的住宿场所。**

民宿产品的基本特征:

(1)民宿本质上是一种住宿产品,属于住宿业范畴,是住宿业中的一种独立业态,而不是一种经营实体。

(2)无论城市民宿还是乡村民宿均要利用房屋和房屋以外的各种资源(包括生产生活配套条件)。

(3)不管城市里或农村里的民宿,要为旅客创造一个舒适的住宿条件,都需要进行设计、装修、改造,配置必要的设施,提供必要的服务,加强必要的管理,即都需要对房屋和房屋外环境进行设计和营造。

(4)民宿提供的住宿产品具有家庭特性,民宿与旅馆酒店最大的区别在于,不仅房间内具有私密性,而且房间外民宿内的公共活动空间,包括厨房、厅堂、活动室也具有私密性,以保证住客在住宿期间的独享性和自由性体验。

(5)民宿可以由业主利用自己房屋申请自主经营,也可以由业主将房屋出租他人或企业,由他人或企业申请经营。

(二)民宿的分类

根据上述民宿定义和民宿市场的实际情况,我国民宿可分为下列几种类型:

1. 城市民宿和乡村民宿

城市民宿是发生在城镇地区的民宿,不包括城镇地区功能辐射溢出泛化的,达到城镇化设置标准范围内的民宿。从国内外民宿业的发展实际看,城市民宿主要是城镇居民利用自有的闲置房屋进行整套或套内房间出租,供旅客住宿。城市民宿与旅馆酒店不同。城市中不同星级的旅馆酒店,一般较多地为来城市的短期商务和观光旅客提供住宿配套服务;而城市民宿是这些城市旅馆酒店以外具有家庭性的一类住宿产品,故往往发生在城市居民的闲置房屋中。乡村民宿是发生在乡村地区的民宿,包括城镇化范围内的乡村中的民宿。乡村民宿,往往因气候、地理位置等原因,经营具有一定季节性,故乡村中配置大型、规模、标准化的旅馆酒店往往不是常态。而民宿则因规模较小,可家庭式经营,故乡村民宿往往可以作为一种乡村产业(城市民宿更侧重于家庭副业)。再加上历史原因,乡村可用于开设民宿的物业一般不太多,故乡村民宿既有利用闲置房屋,也有利用新建房屋,并且其经营主体既有业主本身,也有外来投资。

2. 家庭投资式经营民宿和社会投资式经营民宿

城市民宿主要是家庭式经营的,其外部主要利用互联网技术提供在线服务平台和结算平台,其经营主体往往利用自有自用的多余房间或整套房屋,经过装修等配套设施建设,由旅客自行入住和自行服务,房屋主人提供房屋内和城市内的相应服务支持。一般来讲,城市中经营民宿的业主往往都有一份稳定的工作,经营民宿是一种副业收入和经营事业的满足。乡村民宿,除具有住宿功能的农家乐一般由业主自我经营外,大部分标准较高的民宿都由社会租赁或依法新建房屋的企业投资经营。即使具有住宿功能的农家乐,现在的趋势也在向联合经营或股份制经营方式过渡,以增强单个农家乐的竞争力和市场适应性。乡村民宿这种企业化经营方式与乡村民宿是作为产业来经营有关,且即使家庭方式经营的乡村民宿,经营者也是以此为职业和谋生手段,故乡村民宿不是一种副业而是一种产业。

3. 农家乐民宿和精品民宿

民宿根据其配置设施和服务内容也有等级划分,浙江省德清县将民宿划为标准民宿、优品民宿、精品民宿;上海崇明将民宿分为三穗级、四穗级、五穗级;云南将民居客栈分为一星级、二星级、三星级、四星级、五星级;我国农家乐也划分为一星级、二星级、三星级。从总体看,农家乐民宿设施配置和服务内容相对质量差些,数量少些,精品民宿设施配置和服务内容质量相对高些,数量相对多些。故民宿是可以参照各类旅馆酒店星级评定的管理办法,结合民宿产品自身特点和当地实际,制定民宿质量等级评定标准的。

至于国内还有些民宿分类,如特色酒店、生态民宿、欧式民宿、中国传统民宿、自然风光民宿、历史文化民宿等,因对制定民宿管理规范和标准没有特别意义,故这里不再具体展开阐述。

四、上海民宿的管理规范与管理内容

从别墅到农村民房,民宿类型众多,然而在接待质量、卫生标准、服务态度上可谓千差万别。缺乏标准的民宿经营,导致消费者一旦遭遇权益受损,基本上处于弱势地位。比如食物中毒、财物丢失、卫生条件差等,由于经营方没有被纳入正规的工商管理系统,因此发生纠纷很难按照商业机构系统进行处罚和协调。明确民宿的管理规范,加快民宿标准的制定和出台,对于民宿行业发展具有十分重要的引导作用。

民宿作为一个舶来品,在欧美、日本经过一段时间发展已经形成一套比较成熟的管理规范,但是在国内目前还没有成熟的管理规范。前期,各地区结合地方实际,形成了一系列的地方管理标准。例如,杭州出台了《关于进一步优化服务促进农村民宿产业规范发展的指导意见》,对民宿的开业条件和办理流程进行了说明,明确了经营用房、消防安全、治安安全、卫生安全、环境保护、食品安全、规范管理以及民宿办证程序等内容。德清出台了《德清县民宿管理办法》,对民宿的申办条件、监督管理、法律责任等进行了明确规定。在国家层面,国家旅游局发布了《旅游经营者处理投诉规范》(LB/T 063-2017)、《文化主题旅游饭店基本要求与评价》(LB/T 064-2017)、《旅游民宿基本要求与评价》(LB/T 065-2017)、《精品旅游饭店》(LB/T 066-2017),要求从 2017 年 10 月 1 日起,民宿经营者必须按照新发布的行业标准执行。特别地,国家旅游局出台的国内首个旅游民宿行业标准《旅游民宿基本要求与评价》,从民宿的定义、评价原则、基本要求、管理规范、等级划分条件等方面给出了指导性意见,对民宿市场的健康发展具有重要意义，也为长期以来民宿市场杂乱而无序的情形制定了可操作的标准。不仅让旅游者在享受民宿服务的同时有了规范化的管理体系，同时民宿经营者也有了可以参照的行业标准进行建设和经营，这对于行业发展具有十分积极的作用。

上海民宿发展正处于初级发展阶段，目前在市级层面还没有出台专门的管理规范或标准。但在区级层面，浦东已经出台了《浦东新区促进特色民宿业发展的意见(试行)》，就促进浦东特色民宿发展的指导思想、发展意义、基本原则、主要目标、定义、规范要求、申办程序以及工作保障等内容做了说明，在此基础上还发表了《浦东新区特色民宿标准》。崇明区由区旅游局牵头，研究制定了政府规范性文件《崇明生态民宿服务质量等级划分与评定》，就民宿定义、选址、交通、公共空间、餐饮、住宿、生态环境、卫生、安全、服务人员、主题特色、服务特色，以及管理、等级划分等内容进行了说明。

上海发展民宿业，必须制定明确的行业管理规范，明确主要的管理内容，进而为下一步民宿的发展提供指导意见。综合国家及各地的管理标准与规范，课题组认为，上海的民宿管理规范和管理内容至少应该包括以下几个方面。

(一)民宿的管理内容

民宿管理的内容应该至少包括：民宿的申办条件，民宿的消防、治安、食品、卫生等安全规范，民宿的环境保护，民宿的设施设置等内容。

1. 民宿的申办条件

创办民宿首先应当符合辖区内土地利用总体规划、城乡建设规划、所在地旅游民宿发展有关规划，无地质灾害和其他影响公共安全的隐患，经营场地应征得当地政府及相关部门的同意。其次，民宿的房屋安全、生活用水、食品、卫生条件、环保节能、废弃物排放都应满足相应的标准。再次，申办民宿还应当明确营业时间，明确收费项目并明码标价，取得公安、消防、卫生、食品药品监管等部门颁发的住宿、餐饮、卫生等行业许可，办理工商营业执照，满足公安机关治安消防相关要求。

2. 民宿的安全规范

要求民宿应建立健全各类相关安全管理制度，落实安全责任，并对从业人员进行定期安全知识培训。民宿的安全规范应主要包括消防安全、治安安全、食品安全、卫生安全等。

(1)消防安全。民宿改造、经营首先应符合《中华人民共和国消防法》、《上海市消防条例》、公安部配套规章等法律法规及国家、上海市消防技术标准要求。另外，结合农民自建房的特点，结合《农村防火规范》等文件制定具体的标准。对建筑耐火等级、防火间距、平面布局、安全疏散、消防设施、消防车道及灭火救援设施、火灾危险源控制等制定相应的标准。特别是对于易发生危险的区域和设施应设置安全警示标志；易燃、易爆物品的储存和管理应采取必要的防护措施，符合相关法规；制定突发事件应急预案，并定期演练。

(2)治安安全。主要是为保证民宿经营场所宾客和从业人员的人身、财产安全以及查处其他违法犯罪活动等。在民宿具体管理中应当建立住宿登记制度、贵重物品保管制度；建立 24 小时值班、安全巡查、食品监控等内部安全制度；针对卖淫嫖娼、聚众赌博等违法犯罪活动及可疑人员、危险物品和可能影响安全的重大情况应建立情况报告制度,及时向派出所等相关部门报告。另外,开办民宿应遵守法律法规和乡规民约,不能影响其他周围居民的正常生活,不存在影响社会稳定的因素。

(3)食品安全。食品来源、加工、销售首先应符合《食品安全国家标准 食品生产通用卫生规范》(GB 14881-2013)。此外还应结合相应标准,重点对粗加工间、厨房、餐厅、餐具清洗间、餐饮从业人员健康情况、食品包装材料以及用水等内容进行管理。

(4)卫生安全。民宿整体上首先应整洁卫生、空气清新、无潮霉、无异味;针对卫生间、盥洗室、通风换气、防虫等制定明确管理标准。特别是客房床单、被套、枕套、毛巾等应做到每客必换,公用物品应一客一消毒。

3. 民宿的环境保护

民宿的环境保护主要是针对民宿经营场所污水、生活垃圾等进行管理,确保环境的可持续发展。民宿经营场所应具备市政污水管网纳管条件或终端污水处理设施;产生的油烟必须配套设置污染防治设施,油烟经处理后应当符合规定的排放标准;生活垃圾应建立分类体系,并纳入当地环卫系统的日常收运体系。

4. 民宿的设施设置

在民宿的设施供给上,民宿除了应提供整洁卫生、安全舒适的住宿设施、餐饮设施外,还应留有供宾客使用的厨房、厅堂以及休闲、交流的公共活动空间,配备适应所在地区气候的采暖、制冷设备,以及必要的消毒设施、应急照明设备和网络设施等。此外,还应当保持环境整洁,绿化美观,建筑和装修体现地方特色与文化。在客房数量上,国内外不同地区有不同标准。例如,法国民宿房间最多不得超过 5 间;日本客房 10 间,可容纳 25 人左右;美国 3～10 间客房;中国台湾客房数 5 间以下;杭州市规定层数不超过 5 层(含)、房间 15 间以下;国家《旅游民宿基本要求与评价》提出单幢建筑客房数量应不超过 14 间(套)。综合考虑,上海市民宿的规模亦不应过大,建议单栋 3～15 间。

(二)民宿的管理机构

目前,上海市的民宿管理机构不完善,职责分工不清晰。结合其他地区的经验,建议上海民宿可实行政府管理和行业管理两种方法。政府管理主要是依托各政府部门依据相关法律法规、标准、条例等进行管理;行业管理主要是依托依法成立的民宿行业协会进行行业监督管理。

1. 政府管理

建议建立上海市民宿发展联席会议工作机制,由分管旅游的副市长牵头,成员单位由市旅游局、市农委、市公安局、市规土局、市住建委、市发改委、市工商局、市卫计委、市食药监管局、市质监局、市绿化市容局、市环保局、市城管执法局、市统计局等有关单位和上海九个郊区领导等组成。下设办公室,办公室设在市旅游局,市旅游局负责总体统筹。其中,乡村民宿这一类,可以由市农委牵头进行专项管理。协调会议机制负责民宿发展过程中重大事项的决策及管理过程中涉及全局性、政策性问题的协调和处置。办公室负责牵头民宿的联合审批、联合执法和日常管理的指导督查。各成员单位应当按照各自职责,制定相关监督管理措施和服务政策。

2. 民宿行业协会管理

在市民宿发展联席会议工作机制的指导下，可考虑在市旅游局主管下尽快成立市民宿业发展协会，在市民宿业发展协会下设乡村民宿协会，与上海市农业旅游协会合署办公。依托协会宣传推广上海民宿、研究相关标准、培训专业管理人员、组织对外合作交流、推动引导会员单位发展。民宿业协会作为政府和民宿企业之间的“纽带”和“桥梁”：一方面，向民宿经营主体宣传政府的有关政策、法律法规；另一方面，开展有关民宿行业的信息收集、分析评价和报送反馈工作，组织行业领域内部评优争先活动，推动和督促会员提高服务质量，鼓励民宿自愿申请质量等级评定。

（三）民宿的管理办法

1. 上海民宿的管理可实行申办审批准入制度

建立联合审批工作机制，成立由公安、消防、建设、旅游、农委、卫生、环保、食品药品监管、工商等部门组成的联合审批小组，明确并固定专门工作人员，代表部门开展证照办理审批工作。民宿开办可实行部门联合审批，联合受理、联合审查、联合踏勘、一站式审批。

2. 上海民宿的管理可实行分类等级评定制度

对于上海民宿首先进行类型划分，然后针对不同的类型实行等级评定制度。结合前面有关民宿定义与类型划分的研究，建议上海市的民宿发展先行进行乡村民宿的试点。在乡村民宿中，按农家民宿和精品民宿两种类型进行规范。农家民宿重点针对分布在乡村、由家庭经营、规模较小、设施配置相对简陋和服务内容相对简单的民宿；精品民宿主要是由社会投资经营、规模较大、设施配置相对较好和服务内容和标准较高的民宿。结合国家《旅游民宿基本要求与评价》(LB/T065-2017)的要求，参照各类旅馆酒店星级评定的管理办法，结合上海市乡村民宿产品自身特点和当地实际，尽快制定上海市乡村民宿质量等级评定标准。依据乡村民宿的经营场地、接待设施、安全管理、环境保护、服务水平、主题特色等软硬件水平，结合管理部门和专家组意见进行评分等级确定。

3. 上海民宿的管理可实行经营查处联动机制

在民宿的日常管理过程中，要强化事中事后监管责任。相关职能部门、区政府按照各自法定职责，落实好日常监督管理及属地监管责任，定期进行联合执法检查、协同监管。借助公共信用信息服务平台，做好市场监管信息互联共享应用；相关部门对违反法律法规的要及时查处，涉及多部门的，由民宿发展联动工作机制办公室牵头实施联合执法。

五、上海民宿发展的主要举措与建议

为促进上海民宿业健康、有序、高质量发展，要守住依法合规、安全底线，在行政审批制度改革的大背景下，创新开放，降低准入门槛，加强事中事后监管。目前，上海市民宿的相关管理办法还没有出台，除了需要进一步明确相关的管理标准外，在未来还应结合上海实际，从多方面出台相关政策进一步鼓励、扶持、促进上海民宿业的发展。

(一)明确概念分类,完善统计体系

摸清行业发展现状是明确产业发展思路的重要基础,当前上海民宿研究最大的困难在于民宿的概念和分类不清,以至于管理部门和研究人员都很难对民宿数量、规模、分布等进行统计,从而对上海市民宿业发展的现状也很难形成共识。下一步,应在本报告的基础上,确认民宿的概念和类型划分,建立相应的统计指标和统计体系。

(二)突出重点,明确总体发展思路

摸清行业发展现状之后,尽快明确产业发展总体思路。先行编制上海市乡村民宿产业发展专项规划,明确上海市民宿经济发展的总体目标、发展方向和年度工作重点。例如,浙江省德清县结合莫干山国际休闲旅游度假区总体规划和德清县旅游总体规划、“十三五”旅游专项规划等,按照高端、生态、精致、特色的休闲度假发展方向,不仅编制民宿旅游项目专项规划,做出全面细致可操作的民宿产业规划设计;同时还按照打造特色、实现多元化发展的要求,将民宿产业发展纳入民宿较集中的村、镇经济社会发展规划,推动产业集聚,形成板块效应。

另外,在总体发展思路上,建议上海市民宿发展**以中远郊村庄布局规划中的保留保护村范围作为民宿发展的重点区域**,既满足城市居民远离城市需要的距离感,同时乡村风貌更加原汁原味。先期以具备自然人文资源、基础设施和环境整治较先行的镇村作为优先考虑因素,确立民宿发展的集中区域。同时,结合上海镇村规划、乡村旅游及休闲农业发展规划、郊野公园建设、特色小镇建设等,形成上海乡村民宿重点发展集聚地带。

(三)项目试点,以点带面逐渐铺开

建议以基础条件较好的保护村和保留村为发展重点,按照田水路林村统筹,选择某些自然村或自然村里的其中某几户民宿,进行深度文化挖掘和精品培育。通过两到三年的积极努力,实现重点突破,以点带面,为后续开发积累经验、塑造典型、提供样板。例如,浙江德清注重精品项目的打造,围绕莫干山,随着裸心谷、法国山居、郡安里等项目竣工开业,目前共有不同主题的农/洋家乐项目 530 个,其中已建成有法国山居、西坡、遥远的山等精品民宿项目 150 余个,平均每个项目投资额达 660 万元,集聚效应不断显现。

目前,崇明、浦东、金山、青浦等都已具备了较好的发展基础,可在这些地区的基础上进一步挖掘精品民宿,深度扶持开发,重点突破。例如崇明区政府力推的“开心农场”,目前已签约 10 余家,意向签约启动项目 7 家,通过由政府部门统一设立相关门槛和标准,引入外来资本和先进管理经验,依托现有的农业基础和农户房屋,不仅促进了乡村旅游及乡村民宿的发展,同时也提高了农民收入。再例如,浦东新区川沙新镇连民村民宿项目,主打迪士尼周边名镇风光特色体验,是《浦东新区关于促进特色民宿业发展的意见(试行)》发布后第一批落地试点的民宿项目,被认为是浦东新区民宿业发展的起点,也是一个样板。

(四)整体开发,提升村庄整体环境

对于一些有条件的自然村,可考虑将民宿开发与“美丽乡村”、特色小镇、田园综合体统一谋划建设。打造“一村一特色、一家一主题”，突出产品的个性特色，避免同质化的重复开发。通过整体开发，村民的闲置用房可以委托租赁给第三方合资企业，原有租金通过市场化手段进一步优化，提升村民收益。同时，除民宿外的其他农事体验活动和土特产经营项目，作为民宿经济的配套延伸产品，有助于丰富服务产品供给，提高游客的乡村体验价值。例如，嘉定区向阳村的“乡村新天地”项目，提出保留村宅、农田和乡村肌理，在打造“美丽乡村”的基础上升级改造成果，探索新的乡村旅游发展模式。发展目标是成为中国乃至世界的乡村典范，并实现城乡产业经济全面协调发展、农民增收的发展目标。向阳村将成为嘉定区首个引进民宿项目的自然村。向阳村的整体改造将彻底摒弃“房地产开发”概念，保留农田，改造农舍，打造精美民宿，留住村民的心。运营方还将考虑在田园间建设别样风格的建筑或全新改造现有农用仓库，用于开展各种文化艺术和传统农业结合的活动。

（五）制定标准，加强行业监督管理

加强行业监管，避免因政策供给不足而影响民宿业有序、健康、可持续发展。明确规范民宿到底由哪个部门管理、有哪些行业规则，出了问题是否有相关部门和规则可以追源。目前，国家层面已经出台了《旅游民宿基本要求与评价》，国内其他很多城市也都出台了相关的指导建议或等级标准以规范和指导民宿业健康发展。

第一，在研究报告的基础上，建议上海市当前可先行研究制定出台《上海市乡村民宿发展指导意见》明确相关制度和政策，提高制度供给和保障能力；在指导意见的基础上，抓紧制订民宿质量等级标准，鼓励民宿经营主体参与开展民宿等级评价。第二，针对目前上海民宿主要以个体、零散方式为主，建议学习借鉴外地先进经验做法，尽快建立民宿产业发展协会，制定行业规范，着力提升组织化程度。构建政府部门引导、专业团队指导、经营户积极参与的发展格局。政府部门重点做好政策引导和市场监管，行业协会重点是加强行业自律和标准化、规范化建设，专业团队负责指导经营户开展市场调查，找准市场定位，开发适销对路的民宿经营项目。

（六）政策扶持，提升行业发展品质

加快完善政策导向，突破制约“瓶颈”，适时研究出台专项产业扶持政策。国务院办公厅印发的《关于加快发展生活性服务业促进消费结构升级的指导意见》，首次将民宿客栈明确为生活服务类的细分产业，并提出投融资担保、税收减免等多项优惠政策。国内其他城市或地区（杭州、德清等）的成功经验表明，专项扶持政策是促进民宿经济快速发展的重要助推器。建议上海市以全面对接国家政策为依据，适时研究出台支持民宿产业发展专项政策。重点可以考虑从以下四个方面着手：

第一，加强从业人员培训。民宿经营品质不能光靠地方政府的政策、规划等，也需从业人员素质的提高。加强对从业人员的培训，依托旅游院校或者相关行业协会，提高从业人员的服务意识和经营理念。同时，加强民宿业主培育，提升民宿主体素质。另外，特别要多途径建设一支符合民宿发展需要的创意、策划和运营队伍。

第二，加强专项资金扶持。建立上海市民宿发展专项基金，大力推进民宿规范提升，对授牌“民宿经营”的民宿，享受统筹营销、以奖代补等扶持政策。鼓励民宿自愿申请民宿质量等级评定,被评定为较高级别的,可考虑给予相应的政策或资金扶持。民宿发展联席会议工作机制可组织开展民宿品质管理综合考核,负责对获得服务质量等级评定的乡村民宿进行监督管理。每年复核一次,在检查和复核时,如果服务质量水平下降,达不到规定要求的,由民宿发展联席会议办公室提出意见,限期整改,整改达不到要求的进行降级处理或取消相应的称号。对于优胜单位,则考虑利用专项基金给予表彰奖励。

第三,加强项目建设用地保障。在符合城市总体规划和土地利用总体规划的前提下,加大乡村旅游重点项目用地保障和政策扶持力度。对于重点乡村旅游项目,可考虑将用地需求纳入区政府年度新增建设用地统筹安排中,国土资源部门要优先安排建设用地指标,及时报批、及时供地。对确实需要使用允许建设区以外土地的,应按规定做好土地规划修编工作。鼓励盘活存量低效建设用地,积极支持利用存量建设用地(包括集体经济组织的存量建设用地)发展乡村旅游及乡村民宿业,允许用地单位在不改变用地主体、不重新开发建设等前提下,充分利用存量房产和土地,发展乡村民宿相关设施和业态。对农用地或未利用地,未改变用途和功能、未固化地面、未破坏耕作层的生态景观用地等,建议不认定为建设用地。

第四,加强整体宣传营销。单家民宿往往没有能力进行整体宣传营销,可考虑由政府出面,进行整体包装统一宣传,打造上海民宿品牌,重点可从以下几个方面开展。主流媒体专题宣传:借助国内主流媒体、各类旅游时尚类杂志进行宣传;新媒体强势宣传,通过微信、微博、网站等视频网站和自媒体机构进行宣传,例如优酷、携程、爱驾、几何民宿等;特色活动创新宣传,挖掘各类民俗、农事活动,开展有影响力的节庆和体验活动;与经营平台开展合作,吸引爱彼迎、携程、同程、蚂蜂窝、途家等专业化公司,参与投资开发和运营管理,推动民宿经济不断做大做强。

课题主持人:朱建江
课题组成员:李　健　薛艳杰　戴伟娟　杨传开　刘玉博

14. 中华鲟保护管理对策研究

摘　要

上海因水而生、因水而兴，长江口是上海社会经济高速可持续发展的生态基础和屏障。中华鲟作为我国特有珍稀濒危物种、国家一级重点保护野生动物，是长江口生态环境的重要组成部分和生态健康的关键指示物种和旗舰物种。面对当前长江口社会经济的高速发展和水域生态环境的快速变化等新形势，加强中华鲟保护管理对策研究，提升保护区科学管理水平，不仅仅是保护和留住我国特有珍稀濒危物种，更为重要的是以此为基础保护好长江口生态环境，建立科学、合理、合法的保护途径和管理措施，打造崇明生态名片，符合长江经济带"共抓大保护"和上海市"崇明世界级生态岛"建设等重大战略需求。

中国水产科学研究院东海水产研究所在上海市农业委员会的指导下，通过系统梳理中华鲟保护管理的发展历程及举措，剖析中华鲟保护方面存在的突出问题及原因，评估上海中华鲟保护管理方面的实施效果，尤其是《上海市长江口中华鲟自然保护区管理办法》存在的问题和当前的适用性，通过借鉴国外在濒危物种的保护和自然保护区管理及立法的实践经验，分析指出中华鲟保护管理在法制建设上的必要性和可行性，并针对薄弱环节提出了相应的管理对策，提出了中华鲟保护地方立法建议和基本框架。

为加强中华鲟的保护管理，提升自然保护区的科学管理水平和法制建设，本研究系统梳理了我国中华鲟保护管理工作的发展历程，厘清了中华鲟保护管理上的重要举措及其关键节点，呈现了我国中华鲟保护管理工作的沿革与现状。通过对比分析，对中华鲟保护方面，尤其是以上海市长江口中华鲟自然保护区管理存在的突出问题及原因进行了剖析，提出了中华鲟保护管理与地方立法建议。

一、中华鲟保护及管理存在的问题

2005 年 4 月实施的《上海市长江口中华鲟自然保护区管理办法》(下称《办法》)为中华鲟及其生存环境的保护提供了法律依据,为保护区的建设和管理提供了法制保障。该法规针对性强,实施多年来取得了一定的效果,但随着社会环境的日益变化以及中华鲟保护经验的不断累积,现有规章也逐渐显示了它的不足和缺陷,而这些问题已经严重制约了保护区的进一步发展。为了进一步查找分析中华鲟保护管理工作中存在的“瓶颈”问题与制约因素,通过问卷调查及文献研究,着重分析了中华鲟保护管理及立法方面的具体问题。

(一)中华鲟保护及管理方面的具体问题

1. 中华鲟关键栖息地和生活史未完全探明

中华鲟亲鱼从进入长江口开始生殖洄游到完成繁殖活动返回大海,需要在长江中停留 18 个月以上,在此期间,其迁移行为和活动规律等仍然不甚清楚,限制了有关保护对策和措施的实施。

2. 中华鲟监测和救护体系建设有待完善

目前中华鲟在长江口的时空分布状况尚不完全清楚,且中华鲟常因捕捞、航运和污染事故等因素出现误捕、致伤甚至致死现象。目前除两个省级中华鲟自然保护区配置相关监测救护设施外,其他江段及沿海区域缺乏资源和信息共享及联动机制,导致该范围内大部分受伤中华鲟不能及时得到救护造成资源损失,同时不利于对中华鲟自然资源的有效监测。

3. 长江口生态环境和关键栖息地亟待修复

长江口中华鲟索饵场受污染、航运、挖砂作业等人类活动影响,生态环境发生了显著改变。特别是索饵场的饵料生物资源和结构已发生明显改变,导致长江口中华鲟幼鱼的食物组成发生明显改变,使索饵场环境容纳量明显降低,不利于中华鲟幼鱼的摄食生长与资源补充,亟须提高和改善现有关键栖息地(产卵场、索饵场和产前栖息地等)的生态环境适合度。

4. 中华鲟自然保护区管理力量相对薄弱

目前上海长江口中华鲟自然保护区内人类活动的干扰程度仍不断升级,长江的水污染可导致中华鲟幼鱼出现畸形甚至直接致死,航道整治和挖砂作业破坏了中华鲟的关键栖息地,密集的航运占据了中华鲟大量的洄游空间并经常导致中华鲟机械损伤。而这些人类活动属于长江中下游流域性共性生态问题,涉及多个部门协作的生态问题,需要联合多个部门进行综合整治才能取得实效,相关的配套能力建设和管理制度均需要进一步加强。同时上海长江口中华鲟自然保护区作为省市级自然保护区,常常在协调地区经济发展过程中不断让步,需要及时提升保护区的级别,使保护区的功能完整性得到有效保护。

另外,目前中华鲟自然种群的保护主要依靠沿江渔政部门和中华鲟自然保护区来完成,管理力量相对薄弱。而从事中华鲟人工养殖的部门包括科研单位和企业,但各部门之间联系较少，不利于建立健康可持续的中华鲟人工群体。

5. 渔业捕捞不够规范及过度密集

在上海至攀枝花约 3 500 公里的长江干流，合法渔船密度达到了 2.6 艘/公里，渔民密度为 7.9 人/公里，渔业捕捞压力已经严重影响了中华鲟亲鱼的自然繁殖过程和幼鱼的降海洄游过程。

（二）中华鲟保护立法方面的具体问题

1. 法律法规的片面性和落后性

《办法》作为《自然保护区条例》的下位法，过于侧重对保护区的行政管理，将立法目的定位于加强自然保护区的建设、管理和保护自然环境、自然资源管理，从而轻视整个生态系统的完整性。此外，该办法的实施已经十多年，随着社会的不断发展和生态环境的不断变化，自然保护区的工作出现了很多新变化、新问题。

2. 法律效力不足、配套法律法规不完善

鉴于长江口优越的地理位置以及丰富的自然资源，决定了该区域必然是不同主管部门权力范围的重合处和矛盾点。各管理部门从本部门的利益角度出发来管理该区域，必然会产生管理纠纷和冲突，而矛盾解决的标准主要在于不同部门权力背后的法律法规的效力等级。《办法》属于地方性规章，在具体的实践执法活动中，严重限制了保护工作的完整性和流畅性。另外，还应注重加强自然保护区相关配套法规的制定，如有关管理机制、管理机构、资金管理、土地权属等管理方面的立法。其次，已有的法律内容对于一些问题采用了模糊处理的形式，很多条文在运用中的操作性不强。

3. 管理措施可操作性不强

《办法》规定了较多的管理措施和手段，其中有些较为模糊，不具有较好的可操作性。同时，当前《办法》所规定的行政处罚措施受限颇多。对于执法主体的执法队伍与执法能力建设问题，《办法》并未做出相关规定，导致保护区管理处执法能力不足和对行政执法认知不明确的尴尬局面，很多的措施缺乏操作性。

4. 缺乏公众参与制度和激励机制

《办法》基本上没有规定公众参与制度。虽然中华鲟保护是政府相关部门的本职工作，但是缺乏社会公众的理解和支持，保护的效果势必大打折扣。同时，《办法》对于奖励的规定适用范围狭窄，需对建设管理保护区以及在有关科学研究中做出显著成绩予以奖励。

5. 缺乏环境评价和生态补偿机制

综观整部《办法》的内容，它强调对保护区内具有直接的破坏性行为予以规范和管理，但它明显没有建立起有效的制度对保护区周边开发行为进行限制。事实上，对于保护区内的濒危物种，乃至整个保护区来说，最具有影响的绝不是非法捕捞，破坏界标等类似行为，而是具有潜在深远影响，波及范围广的大型工程建设。如果不能对类似建设工程施加有效的生态限制，不能严格按照环境评价制度评价其对生态环境和物种资源的不利影响，势必会影响保护区的整体生态功能。

二、国外在物种保护和自然保护区管理及立法的实践经验

通过借鉴国外在鲟鱼及濒危物种保护和自然保护区管理及立法的实践经验，结合上海市长江口中华鲟保护管理存在的问题，有以下几点值得我们借鉴：

（一）在保护和管理方面

通过标准有效的种群和生活史及关键生境信息集成，为鲟鱼保护的有效管理提供理论基础和依据；实施统一有效的自然保护区管理，制定总体统一的渔业管理计划，为其他定量研究和应用评估提供所需的连续监测数据；加强自然保护区部门人员各方面的能力建设、建立生态补偿机制以及资金管理预算机制，满足保护生物多样性的要求；通过规范的渔业捕捞和严格的捕捞禁令，使鲟鱼得到充分的保护；重视生境保护和关键栖息地修复，为这些活动提供了大量资金和政治支持，以及国际谅解与合作。

（二）在立法方面

建立完善的法律体系，保障立法的系统性和可持续性；制定高位阶保护区综合立法，对全国的濒危动物和自然保护区实现总体宏观规范指导，提供法律依据；进行地方性立法，完善配套法规，加强执法力度，提高立法的可操作性；建立健全自然保护区奖惩制度和公众参与立法；立法中注重海洋开发保护的科研教育服务；通过立法制定环境影响评价和生态补偿机制，为相关机构开展环境治理工作提供了制度保障。

三、建议

通过对中华鲟地方保护状况梳理和问题剖析，结合国外在鲟鱼及濒危物种保护和自然保护区管理及立法的实践经验，提出了几点关于上海市长江口中华鲟自然保护区保护、管理及立法方面的建议。

（一）中华鲟保护及管理的建议

1. 加强与科研单位和高等院校的合作，探明关键栖息地和生活史

加强与海洋类高等院校合作，加大对河口自然资源和中华鲟的调研，调查探明当前中华鲟产卵场的位置、产卵活动发生的时间、产卵批次和规模，查明发生繁殖活动的亲鱼数量，产出的中华鲟子代数量和行为活动规律等。结合历史研究，建立动态的数据库，综合分析中华鲟产卵场、自然繁殖和关键生活史过程的变动状况，主要影响因素，未来的变动趋势，并提出相应的保护对策和措施。

2. 建设监测和救护体系共享和联动机制

开展长江沿岸和近海水生生物自然保护区、关键栖息地（产卵场、索饵场、越冬场等）的联合保护行动，建立资源监测、共享和联动机制。将中华鲟列为共同关注对象，实现信息和技术共享。实施中华鲟资源的全流域和海区监测。建立长江沿岸和海区快速、高效、互联的救护网络，及时对致伤中华鲟进行救治，减少中华鲟自然资源损失。

3. 修复生境和关键栖息地

设法提高和改善现有关键栖息地（产卵场、索饵场和产前栖息地等）的生境适合度；有条件地进行产卵场空间容纳量扩增，提高自然繁殖效果，增加自然资源补充贡献；掌

握现有产前栖息地的分布，开展长江口中华鲟索饵场生态修复技术研究，改善现有栖息地环境质量，提高现有栖息地的生态容量。

4. 加强自然保护区管理

完善中华鲟自然保护区条件、基础设施和管理设施等能力建设，加强保护区执法力度；加强保护区的管理规范，努力减少各种人类活动对现有保护区的干扰，维持保护区功能完整性，参照国家级自然保护区管理，并尽快将保护区升级为国家级自然保护区，提高保护效力。

5. 成立中华鲟保护行动联盟，实施长江中下游生态综合整治

充分利用与中华鲟保护相关的社会资源，成立中华鲟保护行动联盟，制定针对联盟的详细保护计划和任务，通过多方力量共同参与，为中华鲟拯救行动提供强有力的支撑保障。

开展长江沿岸各部门的生态联合整治，实现流域环境的综合治理。加强国家和地方管理机构之间的沟通和协调，建立打击破坏长江生态环境违法行为的跨部门协作机制；联合长江中下游相关的水利、航运、环保等部门，研究制定整治方案，分步骤进行清理整顿。

(二)中华鲟保护管理的立法建议

1. 提升立法宗旨

确立可持续发展、系统性保护和生态优先的立法理念。从生态系统整体性出发，充分考虑中华鲟自然保护区所处地理环境的重要性和特殊性、物种的生物特性和珍稀性、栖息环境的生态系统性和整体性以及中华鲟国际重要湿地的国际义务等，才能制定一部对中华鲟物种资源和栖息水域生态环境进行系统保护的自然保护区法规。

2. 提高立法层次

应由先行的地方政府规章提升到地方性法规，以提高自然保护区综合性立法的法律效力，同时体现地方性特色，这是中华鲟自然保护区的特殊性所决定的。

3. 完善自然保护区立法体系，加强自然保护区配套法律的制定

在立法中，建立地方特色鲜明的保护区相关配套法规的制定，如管理制度、资金管理制度、土地权属制度、公众参与制度等，形成政府、相关部门、公众、科研单位、非政府组织团体积极参与的合作型管理机制，消除现行立法间的冲突，做到自然保护区各相关行政主管和管理部门间的统一和协调。

4. 提高地方自然保护区立法的质量，提高立法的可操作性

立法时，应当结合保护区管理处多年的保护和管理经验，积极扩充和完善现有《办法》中的规定，建立完整的功能区管理制度、审核批准制度、行为禁止制度、执法处罚制度等。

5. 从严执法，明确法律责任

针对中华鲟这一濒危物种的保护，必须采取最严格和最严密的保护措施，尤其是对非法捕捞行为必须从严执法，在坚持《办法》的原有规定同时，提高处罚标准，提高违法者违法成本，加强执法力度，更利于自然保护区的保护。

6. 完善公众参与和激励制度

立法根据保护区的特性和中华鲟的特性及相关工作的特殊性，通过具体的制度来实现公众参与，尤其是要赋予与保护区范围调整有密切利益关系的附近居民和单位要求听证的权利。《办法》中的奖励条款需扩大现有的奖励面，明确物质奖励的内容，这样才能使公众更积极、更愿意参与保护区的建设。

7. 完善环评制度和生态补偿机制

立法要建立起真正适用于保护区实际的环评制度，应当规定在工程建设前，作业单位必须提交生态环境影响报告书。由保护区管理处组织专家论证、上报、审批。审批通过的，作业单位才能开展相关建设，审批不通过的，作业单位不能开工建设，否则由保护区管理处实施罚款等行政处罚。在设立环境评价制度的基础上，进一步完善生态补偿机制，运用政府和市场手段，调节生态保护利益相关者之间利益关系的公共制度。

一、中华鲟保护管理的发展历程

中华鲟(Acipenser sinensis)，英文名 Chinese sturgeon，隶属鲟形目(Acipenseriformes)，鲟科(Acipenseridae)，鲟属(Acipenser)，是我国特有的典型江海洄游性鱼类，目前仅分布于长江流域及我国东南沿海大陆架水域，最远可洄游至朝鲜西海岸。中华鲟是长江的“旗舰物种”，在长江流域生态健康方面具有重要的指示作用；同时中华鲟作为古老的、介于软骨鱼类与硬骨鱼类之间的软骨硬鳞鱼类，在研究鱼类进化、地质、地貌、海浸等地球变迁方面具重要意义，有“活化石”和“水中熊猫”之称。近 20 多年来，因环境污染和沿江修建水利工程阻断了中华鲟生殖洄游通道，使其生态环境遭到严重的破坏，种群处于濒危状态，中华鲟被我国列为国家一级重点保护野生动物，也被世界自然保护联盟(IUCN)列为极危级(CR)保护物种。

20 世纪 80 年代以来，国家开始明令禁止对长江口中华鲟的商业捕捞，采取了成立中华鲟研究所、列入国家一级保护动物名录、设立自然保护区等一系列相对较为系统的保护管理措施；加大了中华鲟保护生物学研究，掌握了中华鲟的基本生活特征，保育技术达到了国际领先水平，在一定程度上对自然种群实施了保护。对中华鲟保护管理的发展历程大致可分 3 个时期。

(一)初始阶段(1981～1991 年)

该阶段的主要特征是中华鲟被列为国家一级保护动物，其生物学研究和资源保护工作得到广泛重视。由于是针对葛洲坝水利工程截流后，开展的长江中段中华鲟自然资源保护，主要措施有：在全长江水系实行禁捕，救治放流误捕中华鲟，每年科研用鱼若需捕捞控制在 100 尾以内；在宜昌至荆州沙市江段建立中华鲟保护站，沿江各渔政单位也负起保护长江鱼类的责任，在崇明建立了中华鲟幼鱼抢救站。另一方面，攻克了人工繁殖和中华鲟苗种放流关键技术，自 1984 年起，每年向长江投放 40 万～130 万尾鲟苗和少量幼鲟，并成立了中华鲟研究所，专门负责中华鲟的人工繁殖和放流。

重要大事件及保护举措：1981 年，中华鲟资源保护集中研究的起始；1982 年，中华鲟研究所成立；1983 年，中华鲟商业捕捞全面禁止；1983 年，中华鲟人工繁殖成功并开始增殖放流;1988年,国家颁布《野生动物保护法》;1988年,上海崇明中华鲟暂养保护站成立;1989年,中华鲟被列为国家一级保护动物。

(二)起步阶段(1992～2004年)

该阶段的主要特征是沿江中华鲟保护管理机构的逐步成立,保护工作得到进一步加强。随着对中华鲟自然繁殖生态和产卵条件等研究的加深,以及我国有关野生动物保护法规的建立和完善,建立自然保护区已成为保护物种资源的一项重要措施,在这一阶段,我国建立了3个中华鲟保护区,即上海市长江口中华鲟自然保护区(省级,2002年)、湖北省宜昌中华鲟自然保护区(省级,1996年),以及江苏省东台市中华鲟自然保护区(省级,2000年)。

重要大事件及保护举措:1992年,上海崇明中华鲟幼鱼抢救中心成立;1996年,湖北省人民政府批准建立宜昌中华鲟自然保护区,世界自然保护联盟(IUCN)将中华鲟列入红皮书;2000年,厦门市成立厦门中华鲟繁育保护基地;2002年,上海市人民政府批准建立长江口中华鲟自然保护区;2004年,江苏省东台市建立中华鲟自然保护区。

(三)发展阶段(2005～2017年)

该阶段的主要特征是保护区管理制度/办法的制定、颁布和实施,保护管理意识得到进一步加强。中华鲟保护措施的区域范围及国际上的影响持续扩大,通过近50年的研究,中华鲟相关研究达到了一定的水平,比较清楚地掌握了中华鲟的洄游特性和生活史过程,在繁殖群体时空动态及自然繁殖活动监测、产卵场环境需求、人工繁殖和苗种培育、营养与病害防治等方面均具有比较深入的研究。此外,在生殖细胞保存和移植等生物工程技术领域也取得了明显进展。野生中华鲟的人工驯养及大规模放流获得成功。为了规范中华鲟保护区的建设和管理,切实加强对中华鲟及其栖息环境的保护,上海市将中华鲟自然保护区管理办法列为立法项目。

重要大事件及保护举措:2005年,《上海市长江口中华鲟自然保护区管理办法》审议通过;2007年,"中华鲟物种保护技术研究"成果获得了国家科技进步二等奖;2008年,上海市长江口中华鲟自然保护区被列入国际重要湿地名录;2008年,中华鲟赴港,香港海洋公园参与中华鲟保育;2009年,武汉市举行第6届世界鲟鱼养护大会;2010年,中华鲟等保护物种进驻北京市水生野生动物救治中心;2012年,全国水生野生动物保护分会、上海市长江口中华鲟自然保护区管理处联合举办保护中华鲟等珍稀水生生物公益活动;2015年,农业部关于印发《中华鲟拯救行动计划(2015～2030年)》的通知;2017年,宜昌市渔政船检港监管理处拟制定《长江湖北宜昌中华鲟自然保护区管理办法》。

二、中华鲟保护存在的问题及原因

尽管国家和地方政府不断地采取措施来挽救和保护中华鲟这——濒危物种,但该项保护工作不仅是一项复杂繁琐的系统工程,更在于它具有其他环境保护工程所不具有的特殊难度,这其中既有物种自然特性的影响,又有人为活动的干预。中华鲟保护存在的问题有:

（一）中华鲟物种自身的脆弱性和对环境的特殊依赖性，导致保护难度十分巨大

在葛洲坝截流之前，中华鲟的洄游距离超过 3 000 千米，截流之后其洄游距离仍在 1 800 千米以上。洄游距离越长，在洄游过程中幼鲟的死亡概率必然越高。中华鲟初次性成熟年龄较高，雌鲟为 14 年以上，雄鲟为 8 年以上，且每完成一次产卵洄游需历时 15～20 个月。这种高成熟年龄和长繁殖周期，导致了这一种群的恢复和增长速度非常缓慢。意味着中华鲟种群一旦遭到彻底破坏，恢复的难度十分巨大。

中华鲟对产卵条件具有特殊的依赖性。它的繁殖系统活动受水温、地质、流速、含沙量、气候等多种因素影响，一旦天然的产卵场遭到人类破坏，短时间内无法自动形成替代产卵场。中华鲟产卵存活率也较低，天然产卵场所产出的卵在孵化期间极易被敌害鱼类所吞食。此外，中华鲟营底栖生活，主要依靠触觉和嗅觉搜寻食物，这种被动的摄食方式要求饵料生物的活动能力较弱，且对饵料生物的丰富度有很大的依赖性。

（二）长江水质恶化和渔业的非法捕捞，严重威胁中华鲟自然群体的生存

长江流域年废水排量约占全国的 1/3，而处理率仅为 30%左右，大量污水得不到及时处理导致长江整体水质恶化。此外，长江口汇集上游来水，造成流域污染物聚集。该区域水体富氧化日趋严重，引发河口及附近水域水体氧亏，甚至是缺氧，破坏水域生物群落结构。大部分活动能力弱的自游生物幼体、底栖生物缺氧而亡，中华鲟丧失大量生存饵料。

遍布长江的各类插网、张网、滚钩等严重伤害性渔具以及电、毒、炸等非法捕鱼方式，严重威胁中华鲟的生存。近年来大型中华鲟被网具误捕，船舶螺旋桨击打致死现象时有发生，仅 2007 年就发生了十多起伤亡事故。每年因误捕而受伤或者死亡的幼鲟更是高达千尾以上，其中只有少数误捕的幼鲟能及时被保护区所抢救。

（三）长江重大水利工程的影响，降低了中华鲟的繁殖存活率

重大水利工程包括中游江湖隔绝与围湖造田、三峡工程、南水北调工程等都对中华鲟的繁殖造成了不同程度的影响。江湖隔绝导致湖泊对江河的调蓄作用日益减弱，大面积的围湖造田极大地减少了水生生物栖息面积，江湖间的洄游通道被阻隔，导致水生动物资源急剧下降，水生生物多样性受到严重威胁。

长江三峡工程建成后，作为季节性调蓄水库，工程的运行显著改变了长江口径流固有的时空分布。在每年 10 月中华鲟产卵的高峰期，三峡水库要由 145 米水位蓄水至正常的 175 米水位，下泄流量的减少将缩小产卵场的实际水面，进而影响中华鲟的自然繁殖规模。而且产卵场面积的变化加剧了人类活动对繁殖的干扰，降低中华鲟的繁殖存活率。

（四）人工保种群体规模有限，面临难以持续健康发展困境

尽管目前人工保种群体已具有一定的数量，但目前性成熟个体数量有限，后备亲体来源单一，全人工繁育仍不成规模，且子二代个体的种质质量呈严重下降趋势。因此，如果自然种群衰退，通过人工群体来实现对自然群体的补充，或实现人工群体的自维持，仍存在较大困难。

（五）公众环保意识的不足和不良的消费习惯，导致食用中华鲟屡见不鲜

改革开放以来，人们片面注重经济发展，对于环境保护，对于珍稀濒危动物则缺乏社会责任心，没有真正意识到生态保护与生物多样性维护的重要性，导致公众普遍缺乏对颜危物种保护的积极性和参与热情。此外，我国长期存在消费野生动物的不良习惯，尤以较发达地区更为严重。尽管政府明令禁止食用珍稀濒危动物，但社会效果并不理想，各种野味消费行为依然屡见不鲜。客观存在的不良市场需求推动了商贩非法捕捞与狩猎野生动物的行为。如果不能及时纠正不良的社会趋势，中华鲟的保护便不能得到真正实现。

（六）国家层面关于濒危动物保护管理和立法存在内在问题，导致中华鲟保护和管理针对性不强

例如，虽然国家成立了中华鲟研究所，但主要偏重于中华鲟的人工繁殖及放流工作，并没有大范围地普及中华鲟的生物学知识和保育价值；在湖北和上海等地虽然建立了中华鲟自然保护区，然而中华鲟出现的水域远远超出了保护区的范围，在非保护区，各种水利工程、滥捕、航运及水环境污染仍然长期存在，这对中华鲟的资源恢复和保护产生了巨大的负面影响，需在全社会尤其是长江流域范围进行全面的中华鲟保育活动介绍和推广，让全社会都参与到其中。

对于中华鲟等濒危动物保护及其自然保护区的建设和管理方面，我国已经基本形成相应的法律体系，具有相对的完整性，这其中既包括宪法中的相关条款，还包括不同行政法规，部门规章以及其他类型的规范性法律文件。与中华鲟保护相关的主要法律是《野生动物保护法》《环境保护法》《海洋环境保护法》和《自然保护区条例》。农业部制定了不少针对水生动植物保护和利用的行政规章：《水生动植物自然保护区管理办法》《水生野生动物保护实施条例》《水生野生动物利用特许办法》《中国水生生物资源养护行动纲要》。这些法律法规对于中华鲟的保护也很具有指导意义，它们以专章的形式确定了生物多样性保护和濒危物种保护的制度措施，涉及自然保护区建设、濒危物种的救护与繁殖、管理经营等多方面。但是，我国关于濒危物种保护的核心规定由于散见于不同的法律法规，例如《野生动物保护法》《环境保护法》和《自然保护区条例》等。这种分散的立法极不利于完整保护制度的建设，现有的法律法规都是从各自的角度切入濒危物种的保护，容易导致内容重复或者产生内容真空，缺少针对中华鲟等濒危物种保护的专门立法，原有的管理办法跟不上当前日益变化的实际情况，许多具体保护工作无法可依、陷入被动。

三、上海市长江口中华鲟自然保护区的发展历程与现状

中华鲟为溯河产卵洄游鱼类，中华鲟每年10～11月在长江上游江段产卵，孵化后的稚鱼于次年4月底陆续到达长江口，在此停留5～6个月（5～10月份），进行索饵育肥，逐步完成自身的渗透压等各项生理调节，为10月份回归大海做好准备。在海洋中生活10～15年，直到初次性成熟后，再回到长江口，为数月后洄游到上游产卵摄取充足的营养。中华鲟的洄游习性决定了长江口是中华鲟幼鱼及其产卵群体洄游过程中数量

最集中、栖息时间最长、顺利完成各项生理调整的天然场所。另外，中华鲟在长江口期间极易遭到插网和深水网作业的误捕。因而长江口中华鲟自然保护区的建立最为关键，是中华鲟自然保护和人工放流有无成效的重要前提，亦是一个有力的保障。

长江口的中华鲟保护和研究工作始于20世纪80年代初，于1988年建立了中华鲟暂养保护站，1992年，建立上海市中华鲟抢救中心。2002年4月，上海市府批准建立上海市长江口中华鲟自然保护区。次年7月，上海市长江口中华鲟自然保护区成立。保护区北起八滧港，南起奚家港，从西到东由崇明岛东滩已围垦的外围大堤与吴淞标高负5米的等深线围成，以水域为主，还包括潮上滩、潮间带滩涂和部分露出水面的湿地和浅滩等陆地，总面积为696平方公里(如图1所示)。周边相邻区域分别有九段沙湿地自然保护区和崇明东滩鸟类自然保护区。

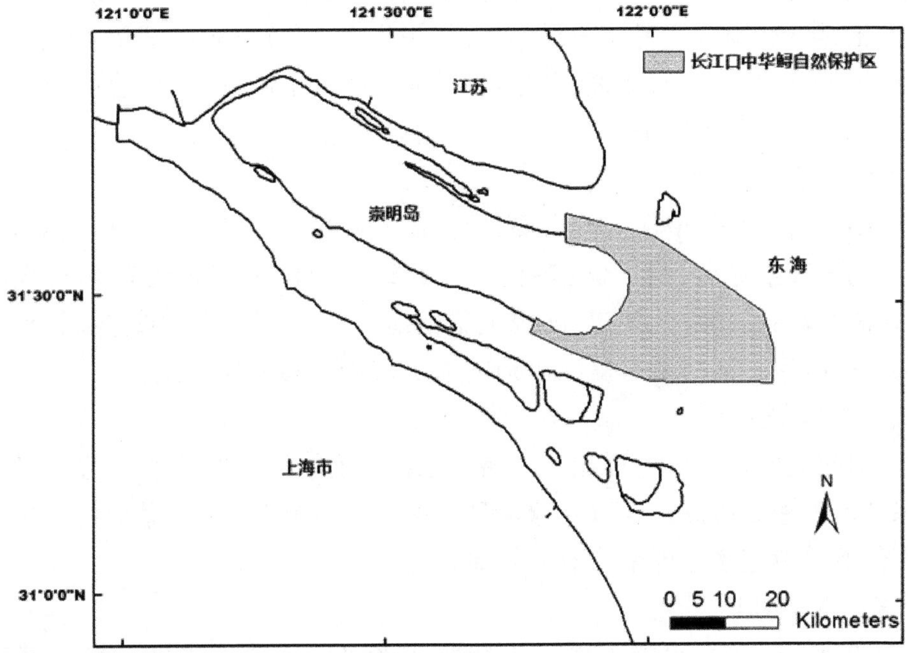

图1　长江口中华鲟自然保护区位置

2003年7月长江口中华鲟自然保护区成立的同时，上海市长江口中华鲟自然保护区管理处也完成了组建，隶属于市农委，属于农业部管辖，主要保护长江口以中华鲟为主的水生生物及其栖息环境。具体职责主要包括：(1)贯彻执行自然保护区相关的、中华鲟保护相关的法律法规和方针政策。(2)制定并实施保护区的日常管理制度和措施，科学执法、科普宣传及综合管理等工作。(3)及时救治和处置伤病中华鲟及其他保护区内的濒危动物。(4)主持中华鲟的人工增殖放流工作，协助开展中华鲟科学调查研究。(5)生态环境的监测修复。保护区的保护经费主要来源于财政专项拨款、国内外组织或者个人捐赠以及法律允许的其他筹资。

2005年3月15日，为加强长江口中华鲟自然保护区的管理，保护中华鲟及其赖以栖息生存的自然生态环境和自然资源，根据有关法律和《中华人民共和国自然保护区条例》等法规，上海市人民政府颁布了《上海市长江口中华鲟自然保护区管理办法》，并于同年4月15日开始实施，这是专门针对长江口中华鲟自然保护区而制定的第一部地方政府规章，也是上海市中华鲟及其生境保护的核心规章。其主要管理制度和措施内容如下。

1. 禁渔期制度

《办法》规定每年5月1日至9月30日实施封区管理。在这段中华鲟幼鱼集中活动的时间段内，禁止任何单位和个人从事渔业等生产经营活动，最大限度保护中华鲟幼鱼的生长免受人类活动的影响。即使是在非封区期间，渔民也要接受一定程度的限制，即此时进入保护区从事渔业活动的，应当依法办理捕捞许可证。

2. 不利行为的禁止

《办法》不仅明确罗列了五种禁止行为的内容，即破坏、损毁或者擅自移动保护区界标和保护设施；排放、倾倒或者弃置污染物；采用投毒、爆炸或者电捕等方式采捕水生动植物；搭建、爆破、钻探；挖泥、烧荒、开垦，而且通过兜底的方式将其他可能影响中华鲟栖息生存环境的行为囊括进来。

3. 科学研究的控制

出于对中华鲟及其生境保护的需要，保护区并不排斥相关的科学研究项目，但依然采取了一定的管理措施。保护区管理机构以行政许可的方式来管理相对人的科研申请，为此《办法》做出了相应的规范，即规定了申请的条件、应当提供的资料、审批程序等各项内容。此外，保护区对所有提出申请的人员实施总量控制计划。

4. 外围作业的控制

《办法》对相关的作业单位提出了义务，要求作业单位在保护区周边建设重大工程前，应与保护区管理处协商。经过专家论证，如果工程的建设可能保护区的生态和环境产生影响，作业单位应当立即采取有效控制措施。

5. 突发事故的处理

《办法》中所称的突发事故主要是指造成或者可能造成保护区污染或者破坏的事件，例如沉船、排污等。面对此类事件时，《办法》规定肇事者应当在事发之后应立即采取措施并向管理处和当地环保部门报告，接受调查处理。

6. 中华鲟的救护

《办法》不仅规定了保护区管理处在中华鲟救治上的主要职责，而且规定了渔民的放生义务，即渔民在捕捞作业时如果误捕中华鲟，应当立即无条件放生。为了提高受伤中华鲟的救治成功率，《办法》将义务主体扩大到任何单位和个人，即如果发现中华鲟受伤搁浅或者误入港湾而被困，应当及时通知保护区管理处并采取应急救护措施。在规定义务的同时，《办法》也赋予了相应的权利，行政相对人因保护或抢救中华鲟而遭受财产损失，可以向保护区管理处申请补偿，管理处按照有关规定和标准，给予适当补偿。

7. 法律责任

《办法》关于法律责任的内容主要围绕行政责任和刑事责任来展开，而前者更是规定的重点。针对不同的行政违法行为，《办法》明确了不同的行政处罚机关。其中，违反禁渔期制度，擅自移动和破坏保护区界标或者在保护区内进行挖泥、烧荒、开垦、搭建、爆破、钻探等活动，由保护区管理处负责处罚，方式以财产罚为主。而对于在保护区内以破坏性方式进行捕捞，任意处置污染物，或者捕杀重点保护的水生野生动物，由环保、渔业等行政主管部门按照相关法律、法规的规定予以处罚。至于刑事责任则规定得比较原则，即违反《办法》，情节严重构成犯罪的，依法追究刑事责任。

《办法》实施十多年来，为上海市长江口中华鲟及其栖息环境的科学有效保护提供了法律依据，为保护区的建设和管理提供了法制保障。长江口中华鲟及其栖息环境的保护工作取得了巨大的成效，保护区的生态功能得到了很好的维护，其他珍贵、濒危水生野生动物也受益于保护区良好的生态环境而得到保护，该规章实施的社会效益明显。中华鲟自然保护区位于长江入海口，地理位置十分独特，为典型的河口海岸湿地。在物种保护、水域生态保护、生物多样性保护、环境修复、科学研究等方面具有不可替代的重要作用。2008 年 2 月 2 日，上海市长江口中华鲟自然保护区所属的崇明东滩湿地被列入《国际重要湿地名录》，更是表明长江口中华鲟自然保护区的保护工作对环境保护、生态文明的建设具有重要的意义。

四、上海市长江口中华鲟保护方面存在的突出问题及原因

2005 年 4 月实施的《上海市长江口中华鲟自然保护区管理办法》为中华鲟及其生态环境的保护提供了法律依据，为保护区的建设和管理提供了法制保障。2005 年至今，保护区管理处总计巡航 45 500 余海里，累计驱赶非法捕捞船只 1 000 余艘次，登临检查 650 余艘次，警告和教育 1 800 余人次，开展行政处罚 25 余案次。该法规针对性强，实施多年来取得了一定的效果，但随着社会环境的日益变化以及中华鲟保护经验的不断累积，现有规章也逐渐显示了它的不足和缺陷，而这些问题已经严重制约了保护区的进一步发展。为了进一步查找分析中华鲟保护管理工作中存在的“瓶颈”问题与制约因素，通过问卷调查及文献研究，本文着重分析了中华鲟保护管理及立法方面的具体问题。

(一)中华鲟保护及管理方面的具体问题

1. 中华鲟关键栖息地和生活史未完全探明

中华鲟亲鱼从进入长江口开始生殖洄游到完成繁殖活动返回大海，需要在长江中停留 18 个月以上，在此期间，其迁移行为和活动规律等仍然不甚清楚，限制了有关保护对策和措施的实施。

2. 中华鲟监测和救护体系建设有待完善

目前中华鲟在长江口的时空分布状况尚不完全清楚，且中华鲟常因捕捞、航运和污染事故等因素出现误捕、致伤甚至致死现象。目前除两个省级中华鲟自然保护区将中华鲟作为重点保护对象，并配置相关监测救护设施外，其他江段及沿海区域虽然也设有水生生物自然保护区，但缺乏资源和信息共享及联动机制，导致该范围内大部分受伤中华鲟不能及时得到救护造成资源损失，同时不利于对中华鲟自然资源的有效监测，建立中华鲟监测和救护网络成为迫切需要。

3. 长江口生态环境和关键栖息地亟待修复

长江口中华鲟索饵场受污染、航运、挖砂作业等人类活动影响，生态环境发生了显著改变。特别是索饵场的饵料生物资源和结构已发生明显改变，导致长江口中华鲟幼鱼的食物组成发生明显改变，使索饵场环境容纳量明显降低，不利于中华鲟幼鱼的摄食生长与资源补充，亟须提高和改善现有关键栖息地（产卵场、索饵场和产前栖息地等）的生境适合度。

4. 中华鲟自然保护区管理力量相对薄弱

目前以保护中华鲟索饵场为目标的上海长江口中华鲟自然保护区内水工建设、航道疏浚、航运、污染和捕捞等人类活动的干扰程度仍不断升级，长江的水污染可导致中华鲟幼鱼出现畸形甚至直接致死，航道整治和挖砂作业破坏了中华鲟的关键栖息地，密集的航运占据了中华鲟大量的洄游空间并经常导致中华鲟机械损伤。而这些人类活动属于长江中下游流域性共性生态问题，涉及多个部门协作的生态问题，需要联合多个部门进行综合整治才能取得实效，相关的配套能力建设和管理制度均需要进一步加强。同时上海长江口中华鲟自然保护区作为省市级自然保护区，常常在协调地区经济发展过程中不断让步，需要及时提升保护区的级别，使保护区的功能完整性得到有效保护。

另外，目前中华鲟自然种群的保护主要依靠沿江渔政部门和中华鲟自然保护区来完成，管理力量相对薄弱。而从事中华鲟人工养殖的部门包括科研单位和企业，但各部门之间联系较少，不利于建立健康可持续的中华鲟人工群体。

5. 渔业捕捞不够规范及过度密集

在上海至攀枝花约 3 500 公里的长江干流，合法渔船密度达到了 2.6 艘/公里，渔民密度为 7.9 人/km，渔业捕捞压力已经严重影响了中华鲟亲鱼的自然繁殖过程和幼鱼的降海洄游过程。相关科研单位的超声波跟踪显示，3 尾入海后再回到长江进行自然繁殖的亲鱼中，2 尾都因渔业捕捞活动导致死亡。渔业捕捞活动（包括合法捕捞和非法偷捕）已经成为导致中华鲟自然种群数量下降的重要因素之一。通过打击非法捕捞，降低捕捞强度，一方面可确保中华鲟自然繁殖群体能够顺利到达产卵场进行自然繁殖，另一方面可保证中华鲟繁殖群体、野生幼鱼和人工增殖放流幼鱼可以顺利入海。

（二）中华鲟保护立法方面的具体问题

1. 法律法规的片面性和落后性

《办法》作为《自然保护区条例》的下位法，继承了《自然保护区条例》的立法理念与目的，过于侧重对保护区的行政管理，将立法目的定位于加强自然保护区的建设、管理和保护自然环境、自然资源管理，从而轻视整个生态系统的完整性。事实上，保护区通过自身的建设和发展所要达到的是多元化的价值和追求，既保持生态，维护生物多样性，又保障生物资源的合理利用，促进可持续发展。也就是说管理和建设本身只是手段，将手段本身作为立法不符合国际对于保护区的主流观点。

此外，该办法的实施已经十多年，随着社会的不断发展和生态环境的不断变化，自然保护区的工作出现了很多新变化、新问题。例如，保护区已被纳入国际重要湿地名录，因时间关系《办法》的现有规定中必然缺乏湿地保护的相关内容，自然没有考虑到国际重要湿地保护的特殊性，无法完全满足实际需求，无法完全保护自然保护区。

2. 法律效力不足、配套法律法规不完善

鉴于长江口优越的地理位置以及丰富的自然资源，决定了该区域必然是不同主管部门权力范围的重合处和矛盾点。各管理部门从本部门的利益角度出发来管理该区域，必然会产生管理纠纷和冲突，而矛盾解决的标准主要在于不同部门权力背后的法律法规的效力等级。第一，《办法》属于地方性规章，就地方的法律效力层级而言，作为地方政府规章的《办法》必须服从于地方性法规。在具体的实践执法活动中，一旦管理处与其他行政部门产生管理内容上的重合和矛盾，只要对方依据的是高于《办法》的地方性法规，保护区的管理机构就必须在相关职权上予以退让或回避，严重限制了保护工作的完整性和流畅性。第二，消除现行立法间的冲突，做到自然保护区立法间的统一和协调，还应注重加强自然保护区相关配套法规的制定，如有关管理机制、管理机构、资金管理、土地权属等管理方面的立法。另外，保护区成立后出于立法的迫切性需要，为此立法者选择了地方政府规章这一形式，因为与地方性法规相比，它无须人大或者其常委会审议和通过，程序相对简单，立法用时少。但是同时，由于采用规章的立法选择也决定了立法技术上主要以原则性的规定和基础的保护制度为主，已有的法律内容也相对粗糙，不够具体、细致和全面，对于一些问题采用了模糊处理的形式。因为模糊，所以最大的问题就是很多条文在运用中的操作性不强，《办法》已经不能够满足保护区保护工作的实际需要，亟须考虑对现有规章进行完善总结并上升为地方性法规。

3. 管理措施可操作性不强

《办法》规定了较多的管理措施和手段，其中有些具有较好的可操作性，例如禁渔期制度。同时，当前《办法》所规定的行政处罚措施受限颇多。对于执法主体的执法队伍与执法能力建设问题，《自然保护区管理条例》和《管理办法》并未做出相关规定，导致保护区管理处执法能力不足和对行政执法认知不明确的尴尬局面，很多措施缺乏操作性。例如(1)《办法》没有具体规定中华鲟自然保护区的区域构成(核心区、缓冲区和实验区)，虽然在实践工作中，管理处也大致划定出三个区域的界限，但缺乏法律法规的明确界定会导致不同主体对区域划分认定产生分歧，管理机构和行政的权责不明晰，影响管理处的日常工作。(2)《办法》规定对保护区周围的作业进行控制，但没有说明“周围”的具体含义。(3)《办法》规定由专家论证环境影响，却没有具体的流程和程序。(4)《办法》规定了作业单位的事先协商和事中补救义务，却没有规定违反该义务所应承担的法律责任。对于保护抢救中华鲟遭受财产损失，做出了补偿的大致规定。但补偿范围并不明确，财产损失的外延过于宽广，补偿的标准太过模糊，究竟什么是适当补偿?(5)《办法》没有考虑长江口流域的特殊性，对某些特殊行为缺乏管理，例如缺乏对外来流动渔民作业的管理，禁止行为过于狭窄、许可行为的审批没有可操作性、外围作业的控制不够清晰、行政处罚的标准太低等。(6)保护区及周边水域生物呈多样性，保护区实际工作开展中，会接触到中华鲟之外的其他物种。从生态学来看，这些珍稀野生动物是保护区自然生态环境的一部分，自然也在保护区的保护范围之内，但由于《办法》中相关规定的不明晰，使得保护区在开展相应工作时面临“无法可依”的局面。

4. 缺乏公众参与制度和激励机制

《办法》基本上没有规定公众参与制度。自然保护区与当地经济发展存在着矛盾。保护区所处的崇明岛是一个农业区，经济不发达，农业是当地的支柱产业。保护区地区居民主要以从事农业种植养殖和渔业捕捞为主，群众生活水平不高，对自然资源的依赖性很大。设立自然保护区就必须占用该地方的土地和资源，直接对当地社区经济，甚至居民的基本生存产生不利影响。同时，随着人口的增长和社区经济的发展，水产捕捞活动对保护区的自然生态环境的压力越来越大。除此之外，渔民进入保护区作业的现象时有发生，向保护区水域倾倒排放污染物的现象还存在。虽然中华鲟保护是政府相关部门的本职工作，但是缺乏社会公众的理解和支持，保护的效果势必大打折扣。毕竟，濒危物种保护乃至整个环境保护，都不仅仅是保护区管理处的职责，当地民众的配合和支持也是必不可少的。因此，例如保护区范围的调整、外围工程作业控制等方面都直接关系到保护区附近居民的生存和发展权利，应该赋予这些居民要求听证的权利。

同时，一切单位和个人主体都具有保护自然环境和资源的义务，当发生破坏或者侵占自然保护区情况时，原则上赋予该义务主体以检举和控告的权利。但这类情况与本人的利益无关时，这种权利大多处在搁置状态。《办法》对于奖励的规定适用范围狭窄，即必须对建设管理保护区以及在有关科学研究中做出显著成绩。而且含义不明确，“显著”的标准不明确，奖励的形式也不确定。寥寥无几的条文并没有能够建立起真正的公众参与制度与实际激励制度，很难发挥公众对自然保护区发展监督和促进的作用，使得自然保护区的相关工作显得“孤立无援”，无法促使更多社会力量参与到中华鲟及其生态环境的保护。

5. 缺乏环境评价和生态补偿机制

上海市作为我国的经济中心、国际金融中心，其快速的发展必须占用大量的自然资源和社会资源。长江口水域对于上海市的经济发展有着至关重要的作用，而保护区大范围水域的确定，势必会对长江口水域开发、国际航道建设以及周边相关工程的实施带来一定程度的制约，导致经济发展与保护区争夺“地盘”，利益难以平衡。同时，保护区的管理和运营需要大量的资金投入，其资金来源的主要渠道仍是上海市财政拨款，可以说上海市的经济发展水平又直接决定了保护区的财力保障。因此，在保护濒危物种的同时，如何尽量减少对经济发展的不利限制，在全力促进经济发展的同时，如何保护好环境、维护好生物的多样性，这是一个两难的选择。综观整部《办法》的内容，它强调对保护区内具有直接的破坏性行为予以规范和管理，也就是说在保护区的范围内做到对中华鲟及其生态环境的最基本保护，但它明显没有建立起有效的制度对保护区周边开发行为进行限制，仅有的外围作业条款由于缺乏可行性显得苍白无力。事实上，对于保护区内的濒危物种，乃至整个保护区来说，最具有影响的绝不是非法捕捞、破坏界标等类似行为，而是具有潜在深远影响、波及范围广的大型工程建设。如果不能对类似建设工程施加有效的生态限制，不能严格按照环境评价制度评价其对生态环境和物种资源的不利影响，势必会影响保护区的整体生态功能。为了实现更长远的、潜在的生态利益，立法者应当要完善和尽快建立环境评价和生态补偿机制。

五、国外鲟鱼类自然保护及管理的实践经验

世界鲟鱼品种约有27种，主要分布在亚洲、欧洲和北美洲，北半球的太平洋、大西洋和北极海水系，密西西比河、黑海、咸海地区，以及鄂毕河到科累马河等北极水系。主要有两个密集分布区，一个是欧洲东部的黑海、里海、咸海地区；一个是环绕北太平洋两岸的亚洲东部和北美洲西部地区。我国拥有鲟鱼9种，其中史氏鲟、中华鲟和达氏鳇为主要品种。欧洲有鲟鱼9种，其中俄罗斯鲟、裸腹鲟、闪光鲟和欧洲鳇为主要品种。北美洲有鲟鱼11种，其中高首鲟、美洲鲟、中吻鲟和匙吻鲟为主要品种。作为一类长寿命以及经济价值极高的名贵鱼类，鲟鱼对流域的生态、文化和经济上都有至关重要的意义，其保护是流域鱼类和野生动物管理责任的保护优先事项。鲟鱼虽然个体大，寿命长，但性成熟晚，幼鱼成活率低，种群补充不足，而且要进行生殖洄游，受到各种环境干扰的因素很多。过量捕捞、生态环境的恶化正在严重威胁世界鲟鱼的生存，近年来，在20多种鲟类鱼中，已有13种被列入国际濒临灭绝动物红皮书。有关国家和国际组织已对此高度重视，为了拯救和保护这一珍贵物种，《濒危野生动植物种国际贸易公约》组织已将所有种类的鲟鱼都列入保护名录，在贸易上实行严格的管理。美国、加拿大、俄罗斯、罗马尼亚等国家先后制定了保护法规、加强执法管理、实行禁捕期和禁捕区、建立保护区、在水坝上修建过鱼设施、开展鲟鱼的科学研究、开展人工养殖，并进行大规模的放流工作。俄罗斯和美国都已在很多水利工程上修建了鱼道、鱼梯等过鱼设施。俄罗斯现有鲟鱼养殖场80余个，养殖放流苗种和饲养商品鲟。美国已建立了20个鲟鱼保护区，约有20个州开展了鲟鱼放流增殖项目。此外，意大利、德国、波兰、匈牙利、罗马尼亚、法国、以色列、日本等国也都在鲟鱼的保护管理、科学研究、养殖放流等方面做了大量工作，并取得了较好的社会效益和经济效益。纵观这些国家对鲟鱼的保护和管理措施，结合上海市长江口中华鲟保护管理存在的问题，有以下几点值得我们借鉴：

(一)标准有效的种群和生活史及关键生境信息集成

许多国家在各自的河流流域系统中启动了鲟鱼生境和生命史研究，通过制定尽可能标准的抽样和评估技术进行鲟鱼研究(年龄、规模结构等)，记录种群的状况和来源，建立养殖和放流参数，着重明确了鲟鱼生活史中各个阶段行为及洄游行为和路线；确定了各个生命阶段的关键栖息地和栖息地要求、关键的季节性栖息地、关键栖息地的威胁因素及对鲟鱼的不利影响，为鲟鱼保护的有效管理提供理论基础和依据。

除了准确地监测外，各国还将为信息建立为中央数据库，用以长期项目研究和估测鲟鱼种群的数量变化。例如，美国大西洋国家海洋渔业委员会通过标记和回捕鲟鱼，收集大西洋鲟运动和补充群体数据；通过免费提供标签来鼓励回捕带标签鱼的报告，建立中央数据库记录所有回捕鱼类的详细生物信息。海湾鲟鱼恢复/管理计划和国家统计局长期收集墨西哥湾沿海河流的鲟鱼和产卵栖息地的信息，估计每年春季进入苏万尼河的鲟鱼数量和增长量。

(二)统一有效的自然保护区管理

鲟鱼恢复养护的基本问题与濒危状态和经济价值之间的明显矛盾有关。在国家一

级实现恢复项目需要进行强有力的管理力和区域协调力。例如，美国大西洋鲟自然保护区对大西洋鲟的管理是各州和其他区域管辖实体的责任，并统一了涉及许可证、捕获规格、渔具、季节和报告要求的许多规定，并且大西洋国家海洋渔业委员会负责为大西洋鲟鱼制定总体统一的渔业管理计划(FMP)，包括详细的长期监测和评估指标体系，为其他定量研究和应用评估提供所需的连续监测数据；并通过定期评估来确定自然保护区所有活动的优先次序和资金，修改管理计划和政策，帮助规划者和管理者评估计划执行的程度。

自然保护区管理还需加强部门人员各方面的能力建设，满足保护生物多样性的要求，部门人员包括行政、保护、科研和教育、资源利用、社区事务等。应对部门人员组织定期培训，如学习新技术和设备，以改善工作人员成员的专业能力，使他们能够更有效地工作来改善自然保护区的资源管理。另外，当地社区的管理关系着自然保护区管理与地方社区之间的协调统一。国外自然保护区解决这一问题的措施有：(1)在国家层面建立生态补偿机制。这些机制可能包括资助贷款用于扶贫或保护资金。(2)自然保护区建立社区事务部门，以促进周边社区的经济发展解决这些社区的具体要求，平稳发展与保护之间的关系。许多国家的研究表明，由于管理活动成功推动了当地社区参与活动，管理计划能更有效地完成。(3)提高周边社区的生活水平，解决储备金与其周边之间冲突，作为重要组成部分，也是一个重要的标准自然保护区管理。可以找到许多方法来促进社区经济发展。例如，为当地公民提供管理职位的储备金，发展旅游业也会降低成本监测和保护，其他例子包括通过引进人才和资金，提高当地社区的生产力帮助当地公民提高生态教育和投资意识环保。保护区资金不足也是一个国家的系统性的问题，资金短缺和资金低效管理直接影响自然保护区的管理效能。国外解决该问题采取的措施有：(1)加强政府投入，寻求公共和国际资金，促进国际项目合作。(2)分配这些资金采取公平机制，确保保护区能获得足够的支持来帮助恢复生态系统或维持生物多样性。(3)加强预算管理，以确保预算有效地用于保护生态系统。政府应引导资金运用，促进员工素质培养，以及控制基础设施投资。

(三)规范的渔业捕捞和严格的捕捞禁令

在美国，海湾鲟鱼得到充分的保护，例如大西洋鲟鱼的捕捞在所有州都受到严格的限制或停止。大西洋国家海洋渔业委员会(ASMFC)完成了为大西洋鲟鱼制定的渔业管理计划(FMP)。其中最重要的建议是，每个国家通过捕鱼活动禁令限制捕捞量；建议控制最小收获尺寸(213 厘米)，并规划在未来几年内实施更为严格的捕捞规定，如所有鲟鱼捕捞应于 2005 年终止，并持续 30～40 年的暂停禁令，以保证两代鲟鱼有机会至少产卵一次，以保护鲟鱼免遭过度捕捞。在加拿大的圣劳伦斯河修复管理项目中，为防止大西洋鲟鱼的过度捕捞，除了规定总净量和最小网眼尺寸(17.8 厘米)，从 1994 年开始，还规定所有渔网必须注册业主名称，并有计划地规范捕鱼季节和鱼类捕捞最小尺寸以防止过度捕捞。

(四)重视生境保护和关键栖息地修复

由于产卵、移徙是鲟鱼生活史的重要阶段，因此河流和海洋生境信息的可获得性和获取是鲟鱼生物多样性保护和恢复的主要条件,因此保护和修复关键栖息地至关重要。为保护多瑙河鲟种群,乌克兰政府确定了与鲟鱼可持续管理、恢复自然栖息地和迁徙路线的保护措施的12个目标,其中4个与栖息地保护、管理和恢复有关,包括在多瑙河三角洲建造过鱼通道以及重新开放迁移路线,避免因大坝的阻碍导致鲟鱼不能到达上游产卵栖息地的影响;通过恢复产卵场,消除因亚种群体的分离导致近亲繁殖等负面影响;恢复鲟鱼胚胎的自然产卵和发育所必需的砾石和沙河床;改善水质,使其必须符合健康鲟鱼群体在其生命周期中所需的条件,并为这些活动提供了大量资金和政治支持,以及国际谅解与合作。例如,正在规划中的欧盟跨欧运输网络的基础设施项目的建设,直接威胁多瑙河的许多自由流动区段和生态价值领域,这些区段是多瑙河鲟鱼高价值的自然区域,只有通过政府之间的重视和支持以及相互谅解和协作,才能有效保护鲟鱼的关键栖息地。

六、中华鲟保护及管理的建议

从上海市长江口中华鲟自然保护区的管理现状以及存在的问题看,为适应保护区实践工作的需要,为了能够更好地保护好中华鲟及其生境,通过对中华鲟地方保护状况梳理和问题剖析,结合国外在鲟鱼的保护管理和自然保护区管理实践经验,提出了几点关于上海市长江口中华鲟自然保护区保护及管理的建议。

(一)加强与科研单位和高等院校的合作,探明关键栖息地和生活史

加强与海洋类高等院校的合作,加大对河口自然资源和中华鲟的调研,调查探明当前中华鲟产卵场的位置、产卵活动发生的时间、产卵批次和规模,查明发生繁殖活动的亲鱼数量,产出的中华鲟子代数量和行为活动规律等。结合历史研究,建立动态的数据库,综合分析中华鲟产卵场、自然繁殖和关键生活史过程的变动状况,主要影响因素,未来的变动趋势,并提出相应的保护对策和措施。

(二)建设监测和救护体系共享和联动机制

开展长江沿岸和近海水生生物自然保护区、关键栖息地(产卵场、索饵场、越冬场等)的联合保护行动,建立资源监测、共享和联动机制。将中华鲟列为共同关注对象,实现信息和技术共享。实施中华鲟资源的全流域和海区监测。建立长江沿岸和海区快速、高效、互联的救护网络,及时对致伤中华鲟进行救治,减少中华鲟自然资源损失。

(三)修复生境和关键栖息地

设法提高和改善现有关键栖息地(产卵场、索饵场和产前栖息地等)的生境适合度;有条件地进行产卵场空间容纳量扩增,并且在合适的江段新建人工产卵场,从而提高自然繁殖效果,增加自然资源补充贡献;掌握现有产前栖息地的分布,开展长江口中华鲟索饵场生态修复技术研究,改善现有栖息地环境质量,提高现有栖息地的生态容量。

1. 通过现有产卵场或潜在产卵场的河床地形、河床质改良或修缮工程,改善现有中华鲟产卵场的流场、河床质等条件,扩大现有中华鲟自然产卵场繁殖容量,提高自然繁殖规模和效果。

2. 有条件地筛选合适江段进行中华鲟产卵场和产前栖息地的修复和改良。

3. 通过河床底部环境、饵料生物等生态修复，改良索饵场生态环境，提高幼鱼在河口区索饵生长以及入海前生理调节效果，提高中华鲟幼鱼阶段成活率。

4. 对中华鲟的洄游和栖息分布规律进行进一步研究，了解中华鲟洄游通道的功能。

5. 针对中华鲟的自然繁殖需求，建立有助于恢复和促进中华鲟自然繁殖的生态调度方式，开展相关研究和试验。

(四)加强自然保护区管理

完善中华鲟自然保护区条件、基础设施和管理设施等能力建设，加强保护区执法力度；加强保护区的管理规范，努力减少各种人类活动对现有保护区的干扰，维持保护区功能完整性，参照国家级自然保护区管理，并尽快将保护区升级为国家级自然保护区，提高保护效力。

1. 加强中华鲟保护区能力建设：依据现有保护区基础建设条件，完善保护区基础设施、管护条件建设。

2. 加强保护区管理，提升执法力度：禁止一切损害或破坏现有保护区的活动，如严禁保护区核心区内进行航道疏浚工程、护坡护岸工程以及码头建设、桥梁建设等涉水工程建设；禁止在保护区内的一切采石挖沙和开矿作业。

3. 保护区周边污染源筛查治理：禁止一切未达标污水直接排放到保护区江段；规范保护区内航运路线和航行限制，严格限制船舶航行路线，禁止船舶越界航行等。

4. 保护区全年禁渔：按照《自然保护区条例》和《水生动植物自然保护区管理办法》规定，保护区内实施全年禁渔；取消商业捕捞活动，解决渔民转产转业；严禁在保护区内使用定钩、深层网具作业，严禁电鱼和炸鱼等非法作业行为。

5. 提升保护区级别：逐步推进现有中华鲟自然保护区升级为国家级自然保护区。

(五)成立中华鲟保护行动联盟，实施长江中下游生态综合整治

充分利用与中华鲟保护相关的社会资源，成立中华鲟保护行动联盟，制定针对联盟的详细保护计划和任务，通过多方力量共同参与，为中华鲟拯救行动提供强有力的支撑保障。

开展长江沿岸各部门的生态联合整治，实现流域环境的综合治理。加强国家和地方管理机构之间的沟通和协调，建立打击破坏长江生态环境违法行为的跨部门协作机制；联合长江中下游相关的水利、航运、环保等部门，研究制定整治方案，分步骤进行清理整顿。

七、国外在濒危物种和自然保护区立法的实践经验

国外对于濒危物种和自然保护区的立法方面的实践较早，已经形成了比较成熟的法律体系，相关保护细则也做得比较细致，对生态环境及物种的保护起到了重要的作用，其在濒危动物保护和自然保护区立法方面的经验可以借鉴。国外发达国家主要通过法律法规的形式来加强约束与管理，如美国、英国、日本、新西兰等发达国家先后制定了一系列法律法规对濒危物种加强管理与保护。美国先后出台了《侵犯保护区法》《濒

危物种法》《国家野生动物保护区系统管理法》《国家野生生物庇护所管理法》等法律法规，对保护濒危动物和自然保护区管理及立法发挥了重要作用。英国颁布了《野生生物与乡村法》《环境保护法》等来加强对生物和环境的保护。日本先后推出《自然环境保全法》与《环境基本法》，加强了自然环境保护的力度。新西兰相继颁布《保护区法》与《自然保护区法》对自然保护区的管理进行立法。欧盟生物多样性保护战略规划出了一个明确的行动框架，从根本上预测、防止及解决使生物多样性显著降低或丢失的原因，以逆转目前生物多样性降低或丢失的趋势，并使欧盟领土内外的物种和生态系统处于满意的保护状态。发达国家对濒危动物和自然保护区管理及立法的相关管理办法及法律法规的出台，对于保护生态环境和保持生态的多样性发挥了重要作用。

综观美国、英国、日本等发达国家对水生野生动物保护的国际条约，以及各国相关法规，结合上海市长江口中华鲟保护管理存在的问题，尤其是在法律法规体系建设、保护区管理模式等方面，有以下几点值得我们借鉴。

（一）完善的法律体系，保障立法的系统性和可持续性

国外水生野生动物保护立法的目的在于实现人与动物、人与自然之间的和谐，从而在保护野生动物的同时实现人类经济、文化和社会的协调发展。对于人类而言，基因价值、生态平衡和生物多样性是人类实现可持续发展的关键因素。而野生动物对于维护生态平衡意义十分重大，在一些较脆弱的生态系统中，一个物种就会决定整个系统的存亡。实际上，国外有关水生野生动物保护法规已将传统财产法中动物这一特殊的“物”提升到一个前所未有的保护高度。所以，从可持续发展的角度，从生态系统和生物多样性角度、野生动物自身保护需要的角度、维护人类健康的角度、文明进步的角度而言，对水生野生动物的保护并不仅仅是为了利用，而是为了生态平衡和生物多样性的维持，为了人与自然的和谐共处，为了人类自身的可持续发展。

从生态系统和生物多样性角度加强水生野生动物栖息地的保护。物种的完整性依赖于生态系统的完整性，保护栖息地是保护水生野生动物的最佳手段。这种措施不仅代价小，而且能全面综合保护生态系统中的所有物种，维持健康完整的食物链。1971年《国际重要湿地特别是水禽栖息地公约》指出，应通过各成员国之间的合作加强对世界湿地资源的保护及合理利用，以实现生态系统的持续发展，并要求各缔约国应在湿地建立自然保护区，以促进对湿地和水禽的保护，并采取充分措施予以看管。日本1918年《野生动物保护和狩猎法》也规定建立野生动物保护区以加强对野生动物的保护并促进其繁育。在野生动物保护区内禁止狩猎，而且可在保护区内划出特殊保护区，以限制砍树、结构建设或开垦湿地等活动。

中华鲟是野生动物，其保护立法应明确以可持续发展作为指导思想和基本原则。中华鲟是洄游性水生野生动物，对中华鲟的保护立法既要充分考虑其资源特性、流动性、复杂性等一般水生生物特性，又要考虑其江海洄游性的独特性。中华鲟保护区是典型的河口湿地系统，对中华鲟及其生态环境的保护立法应充分考虑个体与个体（生态系统的其他个体）、个体和整体（湿地生态系统）的关系。

(二)制定高位阶保护区综合立法,保障法律效力。

濒危物种的保护和自然保护区管理是一个系统且复杂的工程,它需要一部专门的法律作为核心去指导相关保护制度的建设,并且调整好保护工作中所产生的种种社会关系。当前,许多国家都针对濒危物种的保护和自然保护区建设与管理的需要,颁布濒危动物和自然保护区专项法律,对全国的濒危动物和自然保护区实现总体宏观规范指导,提供法律依据。如美国颁布《海洋保护区法》,加拿大颁布《海洋保护区法》。1973年美国国会通过了《濒危物种法》,它被认为是保护濒危物种及其生境的最核心的法案。我国现有的《中华人民共和国自然保护区条例》为国务院环境保护行政主管部门的法规,《海洋自然保护区管理办法》和《海洋特别保护区管理办法》为国家海洋局的部门规章,《中华人民共和国水生动植物自然保护区管理办法》为农业部的部门规章,均非经由全国人民代表大会产生的法律法规,在法律体系中为下位法,普及程度不高,低位阶法律的法律效力有限,难以统御整个自然保护区立法体系捉襟见肘的尴尬局面,不利于我国自然保护区规建和管理工作,特别不利于我国自然保护区大局观的确立。制定高位阶的综合立法已经成为自然保护区立法发展的必然趋势,将部门法规上升为法律,成为我国自然保护区法律体系中的基本法,明确自然保护区法的目的与指导思想,规定自然保护区规划的地位编制程序和基本要求,进一步细化自然保护区的审批程序和条件,理顺自然保护区的管理体制,实行公众参与制度。同时,也应以自然保护区建设与管理的实际状况,管理工作中的实践问题为依据,做出相应规定。注重法律制度的调整和完善,实现立法的体系化、科学化,为保护区的管理提供稳定的制度保障。

(三)进行地方性立法,完善配套法规,加强执法力度,提高立法的可操作性

地方性立法是成熟的国家立法体系的重要组成部分,成熟的自然保护区的地方立法较之全国性立法应当更具有针对性、执行性、操作性。许多国家注重法律的可操作性,将排污许可、环境影响评价、企业排污监控、生态恢复等预防措施纳入法制化。地方性法律条款应尽可能细化,可操作性要强,应当避免执法的随意性,提高执法的公平公正性。但是,目前我国自然保护区地方立法中,有些方面甚至是立法的缺失,现存部分自然保护区立法的可操作性较差,降低了执法效率。要真正科学有效地保护好中华鲟及其生态环境,进行中华鲟自然保护区地方性法规的立法是唯一可行的办法,这是地方性法规的特性所决定的。

许多国家对自然保护区的规建和后期管理体制的建立会根据自然保护区的具体情况,将自然保护区和具体区域自然保护区的配套法规区别开来,并在制定和完善配套法规的过程中,让更多专家和利益相关者都参与进来,使得配套法规立法更加成熟、更加稳定,体现法律的权威性和普遍性。例如,自然保护区的规建耗资巨大,吸引着众多的投资者,因此,自然保护区基金管理条例等配套法规明确主体规制、投资机制、监管机制、资金使用机制等。自然保护区土地的管理,是自然保护区管理的一个重要组成部分。在国外,若自然保护区是建立在私有土地上,国家就往往通过征用、征购、购买或者邀请私人参与建立自然保护区。若建立在国有土地上,国家往往通过无偿转让方式交给具有土地所有权的地方政府或联邦,让地方政府或联邦建立自然保护区。倘若联邦

不享有土地所有权，那只能由享有土地所有权的地方政府建立自然保护区，而联邦政府则对自然保护区的建立和管理提供政策支持。我国《自然保护区土地管理办法》规定保护区的土地所有权属于国家或集体，并依法确定的土地所有权和使用权，不因自然保护区的划定而改变。即保护区的管理机构没有保护区土地的所有权，也没有使用权和审批权。这使得保护区职能机构无法对区域内的自然资源和生态进行完整的保护和管理。某些权力部门出于经济利益的考量，可能完全忽略保护区的生态平衡要求，进行破坏性的资源开发和利用，最终影响保护区的生态发展。为此，在中华鲟自然保护区立法中，应明确保护区的土地和水域权属制度。

执法和守法息息相关，通过新西兰立法实践及加利福尼亚州的立法实践经验可以认识到，获得法律的公开支持可促进合作执法，使用户团体乐于协助这些规章制度执法。同时，需要加强执法力度，对于违反法律法规的处罚标准如果过低，容易造成违法者违法成本过低，不利于自然保护区的保护。综观我国有关自然保护区的立法可见，大多数立法只是原则性列举了应该被处罚的行为，或者以禁令的形式，禁止某些破坏自然保护区行为，而对处罚的具体条款和处罚的具体执行机构并没有太多的设计，这样使得目前我国自然保护区在处罚方面的立法不够完整，在处罚的具体操作性立法方面显得单薄了一些。

另外，在执法建设方面还需要明确定义违法行为，才能有效对危害濒危物种及其生态环境的行为进行制约和处罚，提高实践中的行政执法效果。例如，美国将主要的针对濒危物种的不法行为以"夺取"来表达，并且明确了它的含义。即"夺取意味着骚扰、伤害、追捕、猎取、射杀、损伤、杀死、诱捕、捕获、搜集或试图从事上述任何活动之行为"。"夺取"违法意味着任何人，无论是政府还是私人都要承担相应的法律责任。因此，对不法行为的描述应当明确定义，模棱两可的法律规定直接导致了许多危害濒危物种及其生态环境的行为得不到制约和处罚，影响了实践中的行政执法效果。

（四）建立健全自然保护区奖惩制度和公众参与立法

公众的参与在中华鲟生态保护中的作用不可忽视。公众的保护意识越强，对海洋生态保护的力度越大。国外许多国家通过国家宪法确立公民的环境权。有的国家通过法律法规规定公众获得环境信息的权利。从国外经验来看，长江口中华鲟自然保护区应该致力于构建政府、企业和公众共同参与中华鲟生态保护的管理机构。从现阶段来看，主要任务是培养公众的保护意识，向公众宣传中华鲟生态保护的意义和目标。通过公共媒体大力宣传，将保护知识及早普及于学校教育课程，组织多种志愿公益活动，有利于从源头降低因人类行为给生态环境带来的不良影响。另外，自然保护区立法可以兼顾奖励措施。从上文的分析中可知，公众的参与在如今自然保护区立法及实践方面扮演着越来越重要的角色。通过立法，明确自然保护区建设、规划、监管、监测等任何一个过程中的奖励制度，更有利于激发公众、相关利益者、科研工作者等方面的积极性。提高公众参与自然保护区立法及实践互动性，也是我国自然保护区立法由"自上而下"，逐渐转变为"自上而下"与"自下而上"立法模式相结合的必由之路。

（五）注重海洋开发保护的科研教育服务

中华鲟保护研究越来越受到重视，通过科研可深入了解濒危物种的基础知识和种群现状，政府部门之间和专家学者、民间团体、高校之间加强合作能够提高当地保护中华鲟的能力和人才培养水平，得到中华鲟的救护和繁衍的先进经验。同时与国内外一些保护基金会合作，争取更多资金和技术支持。（1）与国外相比，我国在濒危动物保护方面科研仍处于初步阶段，在技术人才方面仍有较大的差距，因此有必要提供好这方面的服务。（2）加强海洋信息服务。加大对河口自然资源和中华鲟的调研，建立动态的数据库。（3）加强科研成果的运用。可以加强与海洋类高等院校合作，走出一条高校、企业、政府产学结合的新路子，将基础研究成果应用于中华鲟生态保护中。

（六）环境影响评价和生态补偿机制

美国、加拿大、澳大利亚、德国、英国等多个国家通过的环境立法采用了环境影响评价方法，或制定了专门的环境影响评价法规，具有法律约束力的环境影响评价程序已得到广泛应用，环境影响评价已构成环境与发展之间关系的重要纽带。韩国通过制定《海洋环境管理法》确立了海域利用影响评价制度，从而改善了以前海域利用协议制度存在的问题。而且，依据对海域环境的影响，将适用对象分为简易海域利用协议项目、一般海域利用协议项目以及海域利用影响评价项目等。完善保护区环境评价制度有助于提高对保护区生态环境保护和管理的有效性与执行可行性，还能加强对区域开发利用协议制度的履行强制力与生态环境评价的专业性，并完善了事后管理体系等。

20 世纪 70 年代，国外开始了对自然保护区生态补偿的研究，建立了完备的法律法规，为相关机构开展环境治理工作提供了制度保障。英国通过规范的立法对环境和自然保护区进行评估。瑞典也通过立法的形式对生态补偿进行规范，主要侧重对生物多样性的保护，并通过环境影响对补偿区域进行评估。美国采用水土保持补偿机制，对流域内水土保持的保护者给予经济补偿，而资金来源于水土保持的受益者。例如纽约市通过征税、发行公债和基金等方式筹集资金，补贴 Catskill 流域上游的生态环境的保护者，激励其改变生产生活方式，调动其保护流域生态环境的主动性。国外的理论研究与实践经验，为我国自然保护区生态补偿制度的建立提供了宝贵的借鉴作用。我国在自然保护区生态补偿制度上应当遵循“保护者受益、损害者付费、受益者补偿”“统筹协调、共同发展”“政府主导、市场参与”“公平公开、权责一致”的原则设计生态补偿机制。

八、中华鲟保护的地方立法建议

从上海市长江口中华鲟自然保护区的立法现状以及存在的问题看，为适应保护区实践工作的需要，完善中华鲟保护的法律法规，也为了能够更好地履行职责，保护好中华鲟及其生态环境，有必要出台一部与中华鲟保护相关的地方性法规，即在现有政府规章的基础上予以修改和扩充。通过对中华鲟地方保护状况梳理和问题剖析，结合国外在濒危物种的保护管理和自然保护区管理及立法的实践经验，当前上海市长江口中华鲟自然保护区的立法目标主要应包括。

(一)提升立法宗旨,确立可持续发展、系统性保护和生态优先的立法理念

长江口中华鲟自然保护区是一个比较脆弱的生态系统,无论作为中华鲟的生态环境,还是国际重要湿地,都具有不可逆性,即一旦遭到破坏,其生态功能就将完全丧失,且无法恢复。生境平衡如若打破,单纯的救护和增殖制度都不能改变中华鲟的珍稀现状,也不能将中华鲟带离灭绝的危险。因此,只注重保护生物资源,而忽视对其栖息环境的保护是不可取的。首先,遵循可持续发展原则,体现我国环境资源保护与经济和谐发展的立法理念。在进行长江口中华鲟自然保护区立法时应最大限度地控制浪费资源、破坏生态系统的行为。在此基础之上,通过制定科学的制度和措施来合理地运用保护区内的生物资源和湿地资源,以促进经济与社会的发展。自然保护区立法就是以规范化的方式引导人们合理利用区域内的自然资源,推进保护和发展的相互良性作用。其次,在中华鲟自然保护区立法时,从生态系统整体性出发,充分考虑中华鲟自然保护区所处地理环境的重要性和特殊性、中华鲟物种的生物特性和珍稀性、中华鲟栖息环境的生态系统性和整体性以及中华鲟国际重要湿地的国际义务等,才能制定一部对中华鲟物种资源和栖息水域生态环境进行系统保护的自然保护区法规。最后,中华鲟自然保护区立法的目的应该是通过保护中华鲟这一特殊性物种,来保护长江口水域生态环境。保护长江口水域生态环境是中华鲟自然保护区立法的最终目的。因此,在协调保护区内经济发展与环境利益关系时,都要始终贯彻生态优先原则,在经济利益与环境利益发生冲突时,优先考虑保护环境利益,其实质在于反对以牺牲生态利益为代价来换取经济的一时发展,它要求我们判断保护区内活动或行为的标准应该是:先不论对中华鲟产生什么影响,只要是对保护区的生态产生可能或潜在威胁,就应该被限制或禁止。

(二)提高立法层次

应由先行的地方政府规章提升到地方性法规,以提高自然保护区综合性立法的法律效力,同时体现地方性特色,这是中华鲟自然保护区的特殊性所决定的。在提高地方自然保护区立法层次方面应立足于两个基本原则:首先是体现保护区自身特色原则,其次是易于操作原则。地方自然保护区立法只有立足于这两项原则,才能做到与国家自然保护区立法的有机结合,使自然保护区立法得到真正意义上的实施。

(三)完善自然保护区立法体系,加强自然保护区配套法律的制定

由于长江河口对于当地社会和经济发展、对于中华鲟保护的“双重重要性”,以及中华鲟的江海洄游性特性,都需要我们在立法中建立地方特色鲜明的保护区相关配套法规的制定,如管理制度、资金管理制度、土地权属制度、公众参与制度等,形成政府、相关部门、公众、科研单位、非政府组织团体积极参与的合作型管理机制,消除现行立法间的冲突,做到自然保护区各相关行政主管和管理部门间的统一和协调。

长江口中华鲟自然保护区的管理机构是保护区管理处,隶属于上海市农委,实践中是全额财政拨款的行政执法类事业单位。《办法》中对保护区管理处的性质没有明确,因此还需要进一步明确保护区管理处和农委的关系,并明晰保护区主管行政单位、所在地人民政府及管理处的权责内容。

上海市长江口中华鲟自然保护区的建设和管理经费主要由上海市财政统一安排,

适当自筹为辅，并结合国际组织、外国政府或国内外民间团体对保护区建设的资助。《办法》中规定了保护区资金来源的多种方式，但缺乏对资金使用的规定。因此还需要明确相关资金使用的基本原则，即专款专用，严禁截留、挤占、挪用项目资金，并做好项目资金使用的审计工作。明确管理处应定时向社会公众和国内外捐赠人公布或说明资金的使用状况，并接受社会各界的监督。

长江口中华鲟自然保护区位于崇明岛东滩湿地，其主要部分是水域，依然有相当一部分滩涂，但是《办法》没有对土地权属做出规定。依据《上海市滩涂管理条例》规定，上海市水务局是本市开发利用滩涂的行政主管部门，对批准开发利用滩涂的，由水务局核发滩涂开发利用许可证，确认其滩涂使用权。由此可见，对于中华鲟保护区范围内的滩涂，不仅是保护区管理处，即使是上海市农委也没有滩涂的管理审批权。中华鲟自然保护区是位于崇明东滩湿地的一个完整的生态系统，将保护区内的滩涂使用审批权交给其他部门，将极不利于保护区管理处开展保护工作，因此应当改变现有状态，即坚持土地所有权不改变的情况下，将自然保护区内的滩涂使用审批权交由保护区管理处的上级单位，即上海市农委行使，保护区管理处则负责受理相对人申请，审查项目可行性报告，召开听证，依据听证结果决定是否上报批准。其他区域的滩涂使用权依旧按照《上海市滩涂管理条例》执行。同时，在中华鲟自然保护区立法中，保护区的水域权属制度需要明确，并应承认自然保护区的养殖权和捕捞权，并依法设定养殖权和捕捞权的许可条件和行使条件。也就是在确定水域权属制度的前提下，确立许可制度。

（四）提高地方自然保护区立法的质量，提高立法的可操作性

《办法》的首要立法目的是加强对保护区的管理，对不利行为的禁止和处罚是管理处的工作重心，其他职责则要求较低，规定得比较原则。例如《办法》没有具体规定中华鲟自然保护区的区域构成（核心区、缓冲区和实验区），导致管理机构和行政的权责不明晰，禁止行为的范围不明确，影响管理处的日常工作。《办法》还缺乏对外来流动渔民作业的管理，禁止行为过于狭窄、许可行为的审批没有可操作性、外围作业的控制不够清晰、行政处罚的标准太低等。因此，在制定高层次的地方立法时，应当结合保护区管理处多年的保护和管理经验，积极扩充和完善现有《办法》中的规定，建立完整的功能区管理制度、审核批准制度、行为禁止制度、执法处罚制度等。

（五）从严执法，明确法律责任

中华鲟的生存现状和长江口现有的生态局面决定了《条例》立法的基本原则应是“以保护为主，利用为辅”，即“从严保护原则”。首先针对中华鲟这一濒危物种的保护，必须采取最严格和最严密的保护措施，除了中华鲟种族繁衍需要救护或研究外，其他利用行为必须禁止，尤其是非法捕捞行为必须严厉打击。从严执法的前提是明确法律责任，它主要有三种形式，即民事责任、行政责任和刑事责任。有关破坏自然保护区种种行为的刑事责任和行政责任是保护区地方立法责任规定的重点。刑事责任已经在我国刑法中有了较为完整和完善的规定。《办法》中行政法律责任是执法依据的重点，实现形式主要有：责令恢复、责令改正、责令采取补救措施、没收违法所得和罚款。《办法》第21条前5款根据不同类型的禁止行为，规定了不同幅度的罚款限额。然而，还应当在

坚持《办法》的原有规定同时，提高处罚标准，提高违法者违法成本，加强执法力度，更利于自然保护区的保护。

（六）完善公众参与和激励制度

我国正式确立公众参与制度是在 2002 年 10 月 28 日颁布的《环境影响评价法》。该法规定了建设项目、规划对环境影响的评价，确立了公众参与制度，规定对环境会产生重大影响的项目，规划要召开论证会、听证会。因此，在中华鲟自然保护立法中，可以根据保护区的特性和中华鲟的特性及相关工作的特殊性，通过具体的制度来实现公众参与。例如，保护区范围调整程序中应当加入听证环节，即自然保护区评审委员会审议方案后，应当向全社会公告，并组织听证，尤其是要赋予与保护区范围调整有密切利益关系的附近居民和单位要求听证的权利，并且应当规定听证的结果应是最后决定结果的重要参考意见，如果市政府没有采纳听证结果，应予以说明理由。

《办法》中的奖励条款将对象限定在保护区的建设、管理和有关的科研做出显著贡献的人，缺乏对渔民物质奖励的正面刺激，无法调动保护区范围内渔民的保护积极性。因此，在坚持渔民的相对义务的同时，应当规定相应的奖励措施，扩大现有的奖励面，明确物质奖励的内容。使相对人真实感受到保护工作的价值和意义。这样才能使公众更积极、更愿意参与保护区的建设。

（七）完善环评制度和生态补偿机制

保护与发展之间的矛盾永远是资源环境保护的焦点。对于中华鲟自然保护区来说，其位于长江入海口，与“黄金水道”有着极大的重复区域，上海市近年来又一直以国际航运中心为建设目标，在长江口水域及其周边地区存在大量的工程，这些工程建设的过程对保护区生态的影响绝不小于传统的破坏生态资源的行为，因此要保护好中华鲟这一濒危物种，要维护好长江口的生态环境，就必须在保护区建立起完整和完善的环评制度。《办法》提出了外围作业控制，这一规定虽然具备了某些环评的要素，但它并不是真正的和完整的环境影响评价制度，它的适用范围并不明确，例如外围的具体范围不清，重大工程的衡量标准没有规定。同时，违法协商义务的法律后果也没有规定，也就是说协商义务履行与否完全无法对工程建设进度产生任何影响。制定地方法规必须改变这一现状，建立起真正适用于保护区实际的环评制度。首先必须明确长江口中华鲟自然保护区的区域构成，即核心区、缓冲区与实验区的具体范围。保护区域内不同的构成部分对行政相对人的义务要求程度是不同的。同时要完善《办法》的现行规定，即不仅要求作业单位与保护区管理处进行协商，还应当规定在工程建设前，作业单位必须依据作业的规模和性质提交与之相匹配的生态环境影响报告书。由保护区管理处组织专家论证该项工程的现实和潜在的生态影响，并将结果上报市农委审批。审批通过的，作业单位才能开展相关建设，审批不通过的，作业单位不能开工建设，否则由保护区管理处实施罚款等行政处罚。

在《国务院关于落实科学发展观加强环境保护的决定》（国发〔2005〕39 号）指出：要完善生态补偿政策，尽快建立生态补偿机制。生态补偿机制是以保护生态环境，促进人与自然和谐发展为目的，根据生态系统服务价值、生态保护成本、发展机会成本，运用政府和市场手段，调节生态保护利益相关者之间利益关系的公共制度。尽管在《办法》第十三条关于外围作业的控制中规定了：在保护区周边进行重大建设工程的，作业单位应当事先与保护区管理处协商，经专家论证可能对保护区内的自然资源及其生态环境产生影响的，作业单位应当采取有效控制措施。应该可以看作生态补偿的一种体现。这条规定本身存在不足，可操作性不强。为此，在中华鲟自然保护区立法中，应在设立环境评价制度的基础上，进一步完善生态补偿机制。

九、上海市长江口中华鲟自然保护区管理条例基本框架

加强中华鲟的保护管理，提升自然保护区的科学管理水平和法制建设，不仅仅是保护和留住我国特有的珍稀濒危物种，更为重要的是以此为基础保护好长江口生态环境，建立科学、合理、合法的保护途径和管理措施，打造崇明生态名片，符合国家和上海市的重大战略需求。完善上海市长江口中华鲟自然保护区立法，将《办法》升格为地方性法规是一项系统工程，需要大量的调查研究。本项目从加强中华鲟保护管理体系法治建设的角度出发，采用理论研究、比较分析、文献调查和问卷调查等方法，在理论支撑的基础上，从回顾保护工作的发展历程着手，实地调研上海中华鲟保护区保护管理的发展现状，剖析存在的原因，尤其是《上海市长江口中华鲟自然保护区管理办法》存在的问题和当前的适用性，通过文献对比和借鉴国内外对于自然保护区管理及立法的实践经验，结合当前上海市经济社会发展需求，分析指出中华鲟保护管理在法制建设上的必要性和可行性，并针对薄弱环节提出相应的对策措施，初步提出上海市长江口中华鲟自然保护区地方性法规立法的基本框架，为中华鲟保护的地方立法做铺垫。

附件：

上海市长江口中华鲟自然保护区管理条例（草案）

课题主持人：赵　峰

课题组成员：张婷婷　庄　平　张　涛　马　莹
岳冬冬　王思凯　王　妤　杨　刚

附件：

上海市长江口中华鲟自然保护区管理条例(草案)

总　则

第一条　为加强长江口中华鲟自然保护区(以下简称保护区)管理，保护中华鲟及其赖以生存的自然生态环境和自然资源，实现可持续发展，根据《中华人民共和国环境保护法》《中华人民共和国野生动物保护法》《中华人民共和国自然保护区条例》等有关法律、法规，结合保护区实际，制定本条例。

第二条　保护区内及其周边和从事规划、建设、保护、管理以及其他与保护区相关活动的单位和个人，必须遵守本条例。

第三条　保护区是经市政府确定，以中华鲟及其赖以栖息生存的自然生态环境为主要保护对象的特殊区域。保护区属海洋和海岸生态系统类型，河口水域的海洋/海岸湿地，位于崇明岛东滩，北起八滧港，南起奚家港，由崇明岛东滩已围垦的外围大堤与吴淞标高负 5 米的等深线围成，其关键控制点地理坐标分别为 31°36.5′N、122°00′E；31°29′N、122°13′E；31°22′N、122°14′E 和 31°22′N、122°00′E，总面积 69 600 公顷。保护区区界以上海市人民政府颁发的水域滩涂权证为准。保护区区界标志、核心区、缓冲区及实验区界标，由其管理机构负责设置，未经原批准机关同意，不得变更。

第四条　保护区的范围可以根据滩涂淤涨、中华鲟分布和活动情况的变化进行必要的调整。保护区范围的调整由市农委会同崇明区政府及相关行政管理部门提出方案，经自然保护区评审委员会评审后，由市环保局进行综合平衡，提出审核建议，上报市政府批准并予以公布。

第五条　任何单位和个人都有保护中华鲟保护区内及周围自然环境和自然资源的义务，对破坏、侵占中华鲟保护区的违法行为有权进行制止和举报。

鼓励自然人、法人或者其他组织以志愿者服务、捐赠等形式参与中华鲟自然保护区的保护工作。

第六条　中华鲟自然保护区建设和管理工作应当坚持生态保护优先和可持续发展的原则，实行科学管理、系统规划、严格保护，实现自然保护、生态建设与区域发展相协调。

机构职责

第七条　上海市人民政府应当加强对中华鲟保护区工作的领导，适时听取关于中华鲟保护区建设和发展的工作汇报，对中华鲟保护区管理工作进行监督和指导。

第八条　上海市农业委员会为保护区行政主管部门，应当组织有关部门编制中华鲟保护区的保护、发展、合理利用的总体规划和实施方案并组织实施，同时报上海市人民政府备案。

第九条　保护区的建设与管理应当纳入本市国民经济和社会发展计划。保护区行政主管部门负责做好配套资金的安排落实工作，用于保护区建设、保护和管理。保护区生态效益补偿资金应当优先用于保护区的建设、保护和管理。

第十条 保护区所在地的县、乡（镇）人民政府应当履行中华鲟自然保护区生态保护主体责任，依照本条例协调当地有关部门做好保护区的保护工作，负责宣传贯彻相关法律、法规，提高辖区内单位和个人自觉保护自然资源及生态环境的意识。

中华鲟自然保护区所在地县级以上人民政府环保、发展改革、财政、国土资源、住房和城乡建设、交通运输、水利、农业、畜牧、旅游、工商、公安等相关部门应当在各自职责范围内，制订保护公约，建立联防保护机制，划定责任区，共同做好中华鲟保护区的保护和管理工作。

第十一条 上海市农业委员会所属的上海市长江口中华鲟自然保护区管理处（以下简称管理处），具体承担保护区日常管理工作。管理处为公益性事业单位。其主要职责：

（一）宣传、贯彻执行国家有关自然保护的法律、法规和方针政策；

（二）编制保护区总体规划、建设发展规划以及制定各项管理制度，并组织实施；

（三）保护保护区内自然资源和生态环境，并制定保护措施；

（四）建造抢救、救护和暂养设施，负责中华鲟的保存、接收、救护、医治等；

（五）组织、协调有关部门开展科学研究活动和生态环境监测，建立自然资源档案，定期对中华鲟的活动规律、种群数量和行为习性进行巡视；

（六）组织实施中华鲟的人工繁殖和增殖放流；

（七）开展自然保护宣传教育活动，建立科普示范基地；

（八）审核、办理入区手续，负责对入区人员的管理和指导；

（九）组织开展和管理科研、教学、参观、考察、旅游等活动；

（十）依法查处破坏保护区自然环境、自然资源及保护设施的违法行为；

（十一）法律、法规、规章规定的其他职责。

保护与管理

第十二条 任何单位和个人不得擅自调整中华鲟自然保护区的范围和功能区。确需调整的，应当依照自然保护区调整管理的条件和程序执行，避免破坏生态系统、生态过程的完整性和生物多样性。

第十三条 保护区分为核心区、缓冲区、实验区，由管理处划界立标，并予以公告。核心区禁止除管理人员以外的任何单位和个人进入。确因科研需要，必须进入核心区从事科学观测、调查活动的，应向管理处提出申请，经上海市农业委员会审核，报国务院渔业主管部门批准。

缓冲区禁止开展旅游和生产经营活动。因教学科研的需要，经管理处批准可以从事非破坏性科学研究、教学实习和标本采集活动。

实验区内，不得建设污染环境、破坏资源或者自然景观的生产经营设施。建设其他项目，其污染物排放不得超过国家规定的污染物排放标准。在实验区开发旅游项目的，由管理处提出方案，经上海市农业委员会批准。

第十四条 核心区、缓冲区不得占用。实验区确因建设需要必须占用的，按有关法律、法规规定办理。

第十五条 因教学实验和标本采集等需进入保护区从事有关科学研究活动的，应当向保护区管理处提交书面申请；境外组织或者个人进入保护区从事科学研究、教学实验和标本采集活动的，应当向市农委提交书面申请。

书面申请应当包括以下内容：

（一）申请人的基本情况；

（二）进入保护区实施的具体项目和主要目的；

（三）预定活动的时间、内容、规模、人数、范围以及使用的相关设备等。

市农委或者保护区管理处应当自受理申请之日起 20 个工作日内，做出审批决定。经审批同意的发给《保护区通行证》；不同意的应当书面说明理由。进入保护区从事科学研究等活动需捕捉中华鲟或者采集中华鲟鱼类标本的，经受理申请的部门审核，并向国务院渔业行政主管部门申请特许捕捉证后，方可从事相关活动。

第十六条 进入保护区应当持有下列证件：

（一）从事科学研究、教学实习、参观考察、拍摄影视照片等活动的，凭管理处颁发的入区证件。

（二）进入保护区内码头停靠的船舶凭管理处颁发的入区证件。

（三）区内工作及居住的人员凭管理处颁发的通行证。

第十七条 保护区禁止从事下列活动：

（一）破坏、损毁或者擅自移动保护区界标和保护设施。

（二）排放、倾倒或者弃置污染物。

（三）采捕水生动植物。

（四）搭建、爆破、钻探。

（五）挖泥、烧荒、砍伐、开垦。

（六）其他影响中华鲟及其栖息生存环境的活动。

第十八条 因科学研究、人工繁殖、展览或者其他特殊情况，确需捕捞、出售、收购中华鲟或者其产品的，经上海市人民政府农委行政主管部门审核后按法定程序报批。

第十九条 因防汛抗灾、灾害性天气影响等紧急情况进入保护区的，应当遵守保护区的各项规定，并向管理处通报；相关情形消除后，应当立即退出保护区。

第二十条 因发生事故或者其他突发性事件，造成或者可能造成保护区污染或者其他破坏的，有关单位或者个人应当立即采取措施，并及时向保护区管理处报告，接受调查处理。

第二十一条 在中华鲟保护区内的单位、渔民和经批准进入中华鲟保护区的人员，必须遵守中华鲟保护区的各项管理制度，接受中华鲟保护区管理站管理。

第二十二条 在中华鲟自然保护区内开展有害生物防治活动，不得使用危害野生动物及其栖息地安全的药物或者方法。防治单位应当制定防治方案，并于防治活动实施前二十日向中华鲟自然保护区管理机构报备。

第二十三条 经上海市人民政府批准，中华鲟自然保护区管理机构应当在进出中华鲟自然保护区的主要路口和保护区重点区域设置检查站点，对进出保护区的车辆、人员进行登记检查。

第二十四条 在保护区周边进行重大建设工程的，凡是对中华鲟生存或保护区生态环境造成影响（包括潜在影响的），作业单位应当事先与保护区管理处协商，并执行专门的环境评价制度，取得环境保护主管部门批准的环境影响评价文件。

第二十五条 在中华鲟自然保护区周围进行有关活动对中华鲟及其栖息地造成不利影响的，中华鲟自然保护区管理机构应当向有关人民政府提出治理建议。有关人民政府应当及时予以处理。

第二十六条 开发建设活动造成中华鲟自然保护区自然资源和自然环境破坏的，按照谁破坏、谁治理，谁受益、谁补偿的原则，实行生态损害赔偿、补偿制度，具体办法由上海市人民政府制定。

第二十七条 任何单位和个人发现受伤、搁浅或者因误入港湾、河汊而被困的中华鲟及其他珍贵、濒危水生野生动物的，应当采取应急救护措施，并及时报告保护区管理处；发现中华鲟及其他珍贵、濒危水生野生动物已经死亡的，应当交由保护区管理处妥善处理。

因保护、抢救中华鲟及其他珍贵、濒危水生野生动物发生财产损失的，可以向管理处申请补偿；经调查情况属实的，由管理处按照有关规定和标准，给予适当补偿。

相关补偿标准由管理处制定并公布实施。

第二十八条 鼓励社会公众积极参与保护区的建设、管理和有关的科学研究工作。市农委对在保护区的建设、管理和有关的科学研究工作中的单位和个人及公众做出显著成绩，有下列事迹之一的，应当给予表彰或奖励：

（一）在长江口中华鲟资源调查、保护管理、宣传教育等方面有突出贡献的；

（二）严格执行本条例以及相关法律、法规成绩突出的；

（三）拯救、繁殖长江口中华鲟成绩显著的；

（四）查处破坏长江口中华鲟资源案件做出重要贡献的；

（五）对制止和举报破坏中华鲟保护区自然资源及保护设施行为的；

（六）在保护管理工作中，有其他特殊贡献的。

相关表彰及奖励标准由管理处制定并公布实施。

第二十九条 保护区的保护经费主要来源于以下渠道：

（一）财政专项拨款；

（二）国内外组织或者个人捐赠，设立保护区专项资金；

（三）法律允许的其他筹集方式。

法律责任

第三十条 违反本条例第十三条规定的，由中华鲟自然保护区管理机构责令改正，并按照下列规定予以处罚：

（一）未经批准进入中华鲟自然保护区核心区的，处 3 000 元以上 3 万元以下罚款。

（二）在中华鲟自然保护区的缓冲区内建设生产经营设施，从事生产经营活动、旅游活动，或者在实验区内建设污染环境、破坏自然资源、自然景观的生产经营设施的，责令停止违法行为，恢复原状或者限期拆除，没收违法所得，处 10 万元以上 20 万元以下罚款。

（三）在中华鲟自然保护区的实验区内及周围区域，建设其他项目，其污染物排放超过国家规定的排放标准的，责令停止违法行为限期采取治理措施，消除污染，处 10 万元以上 20 万元以下罚款；拒不改正的按照原处罚数额按日连续处罚；情节严重的，报经有批准权的人民政府批准，责令停业、关闭；构成犯罪的，依法追究刑事责任。

（四）擅自进入保护区从事科学研究等活动的，由保护区管理处责令改正，并可以根据不同情节处以 1 000 元以上 10 000 元以下的罚款。

第三十一条 违反本条例第十七条规定的，除依照有关法律、行政法规给予处罚外，由中华鲟自然保护区管理机构责令停止违法行为，限期恢复原状或者采取其他补救措施；有违法所得的，没收违法所得，按照下列规定予以处罚：

（一）违反第一项规定的，擅自移动或者破坏保护区界标的，由保护区管理处责令恢复原状或者赔偿损失，并可以根据不同情节处以 5 000 元以上 10 000 元以下的罚款。

（二）违反第二项规定的，在保护区内排放、倾倒或者弃置污染物的，处 1 万元以上 10 万元以下罚款；对保护区生态环境资源造成破坏情节严重的，处 10 万元以上 20 万元以下罚款。

（三）违反第三项规定的，在保护区内从事捕捞等生产活动的，由保护区管理处责令改正，有违法所得的，没收违法所得，并根据不同情节处以 1 000 元以上 2 万元以下的罚款；构成犯罪的，依法追究刑事责任。

（四）违反第四、第五项规定的，在保护区进行搭建、爆破、钻探等活动的，在保护区进行挖泥、烧荒、开垦等活动的，由保护区管理处责令恢复原状或者采取其他补救措施，并可以根据不同情节处以 2 000 元以上 2 万元以下的罚款；对保护区生态环境资源造成破坏情节严重的，处 2 万元以上 10 万元以下罚款；构成犯罪的，依法追究刑事责任；

（五）违反第六项规定的，给中华鲟保护和保护区的生态环境造成损失的，处 1 万元以上 10 万元以下罚款；构成犯罪的，依法追究刑事责任。

第三十二条 中华鲟自然保护区内有关渔业、国土资源、环境保护、交通运输、水利、农业、畜牧、旅游等方面的行政处罚权，由中华鲟自然保护区管理机构集中统一行使，其他有关部门不再行使。

第三十三条 对拒绝、阻碍保护区执法人员依法执行公务的，由公安机关依照《中华人民共和国治安管理处罚条例》处罚；构成犯罪的，依法追究刑事责任。

第三十四条 上海市农委行政主管部门、长江口中华鲟管理处和其他有关部门工作人员滥用职权、玩忽职守、徇私舞弊，致使自然资源和生态环境遭到破坏的，由所在单位或上级机关给予行政处分；构成犯罪的，依法追究刑事责任。

第三十五条　违反本条例规定，应当承担法律责任的其他行为，依照有关法律、法规的规定执行。

第三十六条　当事人对市农委或者保护区管理处做出的具体行政行为不服的，可以依照《中华人民共和国行政复议法》或者《中华人民共和国行政诉讼法》的规定，申请行政复议或者提起行政诉讼。

参考文献

[1]王有基，袁明哲，吴芳丽等．长江流域中华鲟保育进展、存在问题及对策分析[J]．生物学通报，2013 (12)：1—5.

[2]陈锦辉．上海市长江口中华鲟自然保护区地方性法规立法研究[T]. 2011．上海海洋大学．

[3]黄芳洁．我国水生野生动物保护存在的问题及对策研究[J]．现代农业科技，2010 (10)：305—306+308.

[4]曲丽娜．我国水生野生动物保护存在的问题及对策研究[J]．科技创新与应用，2013 (27)：160.

[5]卫青青．中华鲟保护的地方立法研究[T]. 2012．复旦大学．

[6]上海市长江口中华鲟自然保护区管理办法[J]．新法规月刊，2005 (02)：229—233.

[7]闫晨曦．厦门市珍稀海洋物种国家级自然保护区中华白海豚(Sousa chinensiS)保护和管理的分析与评价[T]. 2012．山东大学．

[8]成克武，周晓芳，臧润国等．加拿大《濒危物种法》对我国野生物种保护的启示[J]．全国生物多样性保护及外来有害物种防治交流研讨会，2008：5.

[9]贾丽娟，樊恩源，王晓梅等．美国濒危物种管理及其对我国的启示[J]．江苏农业科学，2012 (02)：262—266.

[10]李醒和田瑶．加拿大环境影响评价制度的比较与启示[J]．行政与法，2014 (04)：99—102.

[11]杨世和．美国的野生动物保护管理[J]．吉林林业科技，1994 (06)：60—62.

[12]袁明哲，陈姗，胡梦红等．加强物种保护教育 培养公众保育意识——以长江口中华鲟保育研究为例[J]．生物学通报，2014 (07)：12—15.

[13]林宗浩．韩国的海洋环境影响评价制度及启示[J]．河北法学，2011 (02)：173—179.

[14]黄涛珍，李爱萍．国外生态补偿机制对我国流域生态补偿的启示[J]．水利经济，2014 (06)：35—38，70—71.

[15]闫雪．我国自然保护区生态补偿制度研究[T]. 2015．东北林业大学．

[16]王敏敏．国外海洋自然保护区的法律保护研究及对我国的启示[D]. 2010．中国海洋大学．

[17]李英俊．吉林省湿地保护管理对策的研究[J]．吉林林业科技，2011 (06)：32—35.

[18]王勇智．我国海洋工程海洋环境影响后评价指标体系的研究[T]. 2010．中国海洋大学．

[19]新疆维吾尔自治区卡拉麦里山有蹄类野生动物自然保护区管理条例[J]．新疆日报(汉)，2017：7.

[20]博尔塔拉蒙古自治州温泉新疆北鲵自然保护区管理条例．博尔塔拉报，2009，p. 003.

[21]QUAN J, OUYANG Z, XU W et al. Assessment of the effectiveness of nature reserve management in China[J]. Biodiversity and Conservation, 2011, 20 (4): 779—792.

[22]SMITH T I J and CLUGSTON J P. Status and management of Atlantic sturgeon, Acipenser oxyrinchus, in North America[J]. Environmental Biology of Fishes, 1997, 48 (1—4): 335—346.

[23]SMEDEREVAC-LALIC M, JARIC I, VISNJIC-JEFTIC Z et al. Management approaches and aquaculture of sturgeons in the Lower Danube region countries[J]. Journal of Applied Ichthyology, 2012, 28 (3): 488—488.

[24]MCLEOD C, HILDEBRAND L and RADFORD D. A synopsis of lake sturgeon management in Alberta, Canada[J]. Journal of Applied Ichthyology-Zeitschrift Fur Angewandte Ichthyologie, 1999, 15 (4—5): 173—179.